主审◎徐　静

长征精神
与反贫困研究

洪名勇◎主编

中国社会科学出版社

图书在版编目（CIP）数据

长征精神与反贫困研究/洪名勇主编 . —北京：中国社会科学出版社，2016.12

ISBN 978 – 7 – 5161 – 9775 – 2

Ⅰ . ①长…　Ⅱ . ①洪…　Ⅲ . ①扶贫—研究—中国　Ⅳ . ①F124.7

中国版本图书馆 CIP 数据核字（2017）第 007568 号

出 版 人	赵剑英
责任编辑	戴玉龙
责任校对	孙洪波
责任印制	王　超

出　　版	中国社会科学出版社
社　　址	北京鼓楼西大街甲 158 号
邮　　编	100720
网　　址	http：//www. csspw. cn
发 行 部	010 – 84083685
门 市 部	010 – 84029450
经　　销	新华书店及其他书店

印　　装	北京君升印刷有限公司
版　　次	2016 年 12 月第 1 版
印　　次	2016 年 12 月第 1 次印刷

开　　本	710 × 1000　1/16
印　　张	22.75
插　　页	2
字　　数	339 千字
定　　价	96.00 元

前　言

　　2015 年 11 月 29 日，国家有关部门印发《中共中央国务院关于打赢脱贫攻坚战的决定》（以下简称《决定》）提出：2020 年农村贫困人口实现脱贫，确保我国现行标准下农村贫困人口实现脱贫，贫困县全部摘帽，解决区域性整体贫困。这意味着，解决农村贫困问题已经成为中国"十三五"期间经济社会发展的重点任务之一。从全国贫困人口分布看，在《决定》所讲的 7000 多万农村贫困人口中，贵州还有 623 万人，是农村贫困人口分布最多的地区。习近平总书记 2015 年 6 月 16 日至 18 日在贵州考察期间进行了一系列重要讲话，2015 年 6 月 30 日贵州大学长征文化研究院、省委党史研究室以专版形式就有关问题进行了研讨，为深入、系统学习研究习近平同志重要讲话精神，学校决定围绕"长征精神与反贫困问题"，设立校级重大专项进行研究。习近平强调，消除贫困、改善民生、实现共同富裕，是社会主义的本质要求，是我们党的重要使命。改革开放以来，经过全国范围有计划、有组织的大规模开发式扶贫，我国贫困人口大量减少，贫困地区面貌显著好转，但扶贫开发工作依然面临十分艰巨而繁重的任务，已进入啃硬骨头、攻坚拔寨的冲刺期。贵州如何反贫困？贵州扶贫情况如何不仅影响中国扶贫战略的目标能否如期实现，而且还影响中国全面建成小康社会的目标能否如期实现。进行扶贫攻坚和反贫困，不仅需要我们调整扶贫战略，转变扶贫方式，由粗放式扶贫向精准式扶贫转变、由大水漫灌向精准滴灌转变，而且除进行项目、资金、物资的扶贫之外，更为重要的是精神上扶持。正如习近平同志所讲的，扶贫更要扶志。"志"是什么？"志"就是志气，意愿，即心之所向，未表露出来的长远打算。"志"从何来？"志"的形成不仅需要加强精神文明建设，更需要一种精神来进行引领。扶贫攻坚，反贫困，2020 年如期实现脱贫目标，不仅要在投入、体制机制、对象瞄准等方面下工夫，更需要有一种精气神。翻开历史，我们发现：长征精神是一笔宝贵财富，是一种重要的、看不见的资源，对于今天的反贫困意义重大。2015 年 6 月 30 日，贵州大学长征文化研究院、省委党史研究室以专版形式就有关问题进行了研讨，为深入、系统学习研究习近平同志重要讲话精神，我们决定围绕"长征精神与反贫困问题"，设立校级重大专项进行研究，以期扎实推进学校长征文化研究院这一重要科研平台的建设和发展。

洪名勇

2016 年 2 月 27 日

目　录

专题一　遵义会议精神的科学内涵、价值和意义[①]

习近平总书记2015年6月16日视察贵州遵义时指出："要运用好遵义会议历史经验，让遵义会议精神永放光芒。"他在其他讲话中也曾指出："要把红色资源利用好、把红色传统发扬好、把红色基因传承好。"习近平总书记还特别关心贵州的贫困问题，嘱咐陪同视察的贵州各级领导要关心革命老区的建设和发展，做好发展和保护生态这两件大事，使贵州与全国同期建成全面小康社会。党的十八大明确提出了在2020年全面建成小康社会的奋斗目标，并制定了经济、政治、文化、社会、生态文明五位一体的宏伟蓝图。贵州省委、省政府根据党的十八大精神，也制定了与全国同步建成小康社会的蓝图和奋斗目标，然而，贵州革命老区大多数是贫困山区，是贵州实现与全国同步建成小康社会的短板，要让贵州37个革命老区与全省发展同步，就必须深入挖掘长征精神、遵义会议精神对促进贵州革命老区发展的精神价值，注入精神动力，创新发展模式，促进贵州革命老区与全省乃至全国同步建成小康社会。我们要牢记习近平总书记的重要指示，深入研究遵义会议精神的科学内涵及其时代价值和意义，在新常态下，大力弘扬中国共产党革命传统精神，以社会主义核心价值观为引领，加强思想文化建设，构筑贵州"精神高地"，助推贵州社会发展。

一　遵义会议及遵义会议精神形成的历史背景

遵义会议精神，是中央红军在长征途中转战贵州时创立的。可以

---

① 本专题执笔人：罗玉达。

说，没有长征，就没有遵义会议及其精神的诞生，而没有遵义会议及其
精神，也就不会有红军长征的胜利，就不会有长征精神、延安精神等，
中国革命的历史进程将会改写，中国革命能不能胜利就成了大问题。因
此，要深入研究遵义会议精神的科学内涵、价值和意义，就必须首先弄
清楚红军为什么要进行二万五千里长征？红军长征初期的苦难历程，中
央红军在长征中，是怎样神奇地摆脱国民党几十万大军围追堵截，实现
中国革命伟大转折的？

（一）红军为什么要进行长征？

20 世纪 30 年代中期，为了打破几十万国民党军队的围追堵截，中
央红军被迫进行战略大转移，在漫漫征程中，红军经受了人世间异乎寻
常的苦难。自然环境造成的苦难不在话下，每天飞机大炮，几十万敌军
围堵，缺衣少粮，武器简陋，还要战斗，没有钢铁般的意志和藐视死亡
的坚强信念，是很难坚持走完二万五千里长征的。中国共产党领导的红
军，在异常艰难困苦的征途中，谱写了人类历史上从未有过的长征这一
伟大壮丽的英雄史诗。那么，红军为什么要进行长征？

红军第五次反"围剿"的失利，是中央红军被迫进行长征的直接
原因。从现在发掘的史料考证，早在 1931 年，中共中央的领导权就由
留学苏联的王明、博古等人所把持，开始了长达四年的第三次"左"
倾教条主义的错误统治，他们拒绝毛泽东、朱德等同志在军事指挥上所
创立的"游击战"、"运动战"，政治上实行农村包围城市、"工农武装
割据"的战略，拒绝红军第一、第二、第三次反"围剿"胜利的经验，
军事上采取"御敌于国门之外"的方针，与强敌展开堡垒战、阵地战，
政治上坚持"城市中心论"，强迫红军去攻打大城市，想在一夜之间实
现苏联十月革命那样的城市暴动，夺取政权，迅速实现中国革命的胜
利，错误地批判拥护毛泽东正确主张的同志。这些行为致使中央苏区地
盘逐渐缩小，红军指战员伤亡惨重。第五次反"围剿"失利直接导致
中央红军进行战略大转移，在被迫进行大转移的过程中才逐渐有了各种
策略和目的。"长征"，这一人类历史上的伟大壮举和英雄史诗，则是
在红军长征结束后，重新回顾和认识评价这一段不平凡的历史岁月时，
才被人们叫响的。红军长征的早期则只有失败和苦难，中期、后期虽然
有了胜利的喜悦，但仍然充满着艰险、死亡和各种考验。

（二）长征初期的苦难历程

1934 年 10 月，中央红军在经历了第五次反"围剿"的失败后，开始了举世闻名的二万五千里长征。当时，中共中央的总负责人是秦邦宪（博古），军事指挥上取决于德国军事顾问李德，这个所谓的军事专家完全不了解敌军和我军的力量对比，只知把书本上学的军事知识硬搬到战场上，以堡垒战对堡垒战，阵地战对阵地战，完全不懂得弱军战胜强军要在运动中集中优势兵力及诱敌深入的道理，致使红军在第五次反"围剿"中严重失利，被迫转移。为了撤出有生力量，使它免遭打击，中共中央作出了痛苦的选择，离开苏区，向西转移，寻找新的生存地。可究竟在西部什么地方建立起新的根据地呢？如此重要的问题最初也只是一个模糊的设想。1934 年 9 月 17 日，博古向共产国际执行委员会发出绝密电报征求意见；30 日，共产国际致电中共中央："考虑到这样一个情况，即今后只在江西进行防御战是不可能取得对南京军队的决定性胜利的，我们同意你们将主力调往湖南的计划。"[①] 为了组织并指挥这次突围和西进，中共中央成立了"三人团"，据周恩来回忆，他"只开过两次会，一次在李德房中，一次在中央局"。[②]

红军突围从 1934 年 10 月 10 日开始。由于保密工作做得好，这一行动并没有被蒋介石发觉，等到蒋介石真正弄清楚红军去向时，已经是 20 天后的事了。但由于红军将所有坛坛罐罐都带上，行动迟缓，蒋介石才有时间调动部队在西、南这两个方向预设了四道封锁线。

1934 年 11 月中旬，中央红军突破国民党军队封锁线，进入湘南嘉禾、临武。解放军档案馆现存的一份《野战军人员武器弹药供给统计表》表明，中央红军出发时，共有 8.6 万人，3.3 万支枪，平均每支枪还不到 56 发子弹，梭镖 6000 杆，马刀不到 900 把。这样的数据意味着长征中的红军士兵超过半数的人是赤手空拳的，而他们面对的却是装备精良、数量庞大的几十万国民党军队。

蒋介石集结重兵，设置近 150 公里封锁线，试图将中央红军一举剿

---

① 中共中央党史研究室第一研究部编：《联共（布）、共产国际与中国苏维埃运动（1931—1937）》（14），中共党史出版社 2007 年版，第 256 页。

② 中共中央文献研究室编：《周恩来传》第 1 卷，中央文献出版社 1998 年版，第 342 页。

灭。虽然红军突破了第三道封锁线，但在抢渡湘江时却遭受重击，损失惨重。正当中央红军突破国民党军第四道封锁线时，蒋介石又调集五六倍于中央红军的兵力，试图布下一个严密的"大口袋"歼灭中央红军；同时要各地方军阀势力分兵围歼中央红军。中央红军尽管突破了第四道封锁线，但惨烈的"湘江战役"之后，红军从 8.6 万人锐减到 3 万余人。各种不良情绪在红军队伍中蔓延开来，博古也因此而试图自杀，面对鲜血染红的湘江，有人开始对未来红军的前途产生怀疑。

（三）"通道转兵"启生机

距湖南怀化 200 多公里有一个侗族自治县，原名叫"罗蒙"，在宋崇宁年间改名为"通道"。1934 年 12 月 10 日，中央红军进入通道县境内。这支疲于奔命的红军部队，突破敌人多道封锁线来到这个湘、桂、黔三省交界的边陲小县，不管是命运的安排，还是某种巧合，就在这么一个小县，通道，使中央红军开始摆脱厄运，开启了死而复生的大门。

当时，李德、博古等人不顾红军兵力损失惨重，对敌人夹击围歼之势置若罔闻，仍然坚持"左"倾冒险主义从通道北上，与红二、红六军团会师，中央红军处在生死存亡的转折点。为了挽救红军、挽救党、挽救中国革命，找到红军生存发展的大道，已失去军事指挥权的毛泽东不顾丢个人安危，开始了扭转和纠正错误军事指挥的系列活动，与中央政治局委员洛甫（张闻天）、王稼祥同志和红军高级将领多次讨论并交换意见，对第五次反"围剿"以来的失利进行深入分析并寻找解决办法，一致指出通道北上湘西是十分危险的，对红军是十分不利的，甚至是致命的，力主向敌人统治薄弱的贵州进军。毛泽东的正确主张逐渐得到了中央政治局成员和红军高级将领的支持。

1934 年 12 月 11 日，中共中央在湖南与贵州交界的通道县（今县溪镇）恭城书院召开了"通道会议"，会议由周恩来召集，讨论红军战略行动方向问题。经过一个多小时的激烈争论，中央接受了毛泽东的正确主张，放弃中央红军向北与红二、红六军团会师的计划，决定向西转入敌人统治薄弱的贵州山区，实现了中共党史上著名的"通道转兵"。"通道转兵"打乱了蒋介石的军事部署，开启了中央红军从失败走向胜利的大道。

西进贵州，避实击虚，是当时红军唯一正确的选择。中央纵队进入贵州境内后，军委命令在湘西活动的红二、红六军团采取行动，调动并牵制黔阳、芷江、洪江的敌人，以策应中央红军向黔北进军。

"通道转兵"，对红军而言，的确自此步入了一条生机勃勃的通天大道。而一度被剥夺了党内、军内领导职务的毛泽东，也就此重新崛起，才有了中央红军在长征途中转战贵州彪炳史册的以遵义会议为标志的系列会议的胜利召开。

（四）遵义会议的科学界定和遵义会议精神的形成

遵义会议有狭义和广义之分。狭义的遵义会议是指 1935 年 1 月 15—17 日，中国工农红军渡过乌江攻占遵义城后，在遵义召开了中共中央政治局扩大会议。在遵义会议上，经过激烈的争论，明确了红军战略战术方面的是非问题，解决了当时党内所面临的最迫切的军事问题和组织问题，结束了"左"倾教条主义错误在党中央的统治，毛泽东同志当选中共中央政治局常委，确立了毛泽东同志在党和红军的领导地位。这次会议在极端危急的历史关头，挽救了红军、挽救了党，挽救了中国革命。这次会议是中国工农红军自第五次反"围剿"以来从失败走向胜利的伟大转折，许多研究者称之为生死攸关的伟大转折。从此中国共产党人在毛泽东同志的正确领导和毛泽东思想的武装下，一切的艰难困苦都不在话下，都是可以并且能够克服的。"遵义会议"由此闻名于世，正因为此，许多国人只知有"遵义"而不知有"贵州"。

近年来，中共党史研究专家和人文社会科学专家，开始从广义上研究遵义会议，把遵义会议取得的成果作为一个过程来研究，认为广义的遵义会议，是以 1935 年 1 月 15—17 日在遵义召开的中共中央政治局扩大会议为标志的系列会议，包括 1934 年 12 月 11 日的"通道会议"，1934 年 12 月 18 日的"黎平会议"，1934 年 12 月 31 日晚至次日凌晨的"猴场会议"，1935 年 1 月 15—17 日的"遵义会议"，1935 年 2 月初（具体日子不可考）的"鸡鸣三省会议"，1935 年 2 月 5—9 日的"扎西会议"，1935 年 3 月 10 日、12 日的"苟坝会议"，1935 年 5 月 12 日的"会理会议"，1935 年 5 月 31 日的"泸定会议"。广义的遵义会议强调的是事物发展的过程，从这个意义上理解，遵义会议精神实际上就是红军指战员在转战贵州途中所创立，在漫漫长征路中所不断发扬，在战争实践中面临生死存亡严峻考验而表现出来的坚定的理想信念所支撑的大无畏革命精神。

这一系列的会议都是红军在极端困难的情况下，围绕如何摆脱国民

党军队的围追堵截，就中央红军进行战略转移而进行的。可以说"通
道会议""黎平会议""猴场会议"是"遵义会议"得以顺利召开，党
和红军取得伟大转折的准备，"鸡鸣三省会议""扎西会议""苟坝会
议""会理会议""泸定会议"则是巩固"遵义会议"成果，并在战争
实践中，充分展示毛泽东同志在中国革命战争中杰出的军事指挥才能和
高超的军事指挥艺术，逐步确立以毛泽东同志为领导核心的中央领导集
体，标志着我们党从幼年的党走向成熟的党，红军指挥员和众多红军士
兵在毛泽东为核心的中央领导集体指挥下，取得了人类战争史上"长
征"胜利的奇迹。这需要强大的人类意志和精神力量才能办到的事，
被毛泽东思想武装起来的红军官兵做到了。这种以坚定的理想信念所
支撑的大无畏革命精神，又是与红军挺进贵州，强渡乌江，激战娄山
关，四渡赤水，回师遵义，佯攻贵阳，奔袭昆明，巧渡金沙江，抢渡
大渡河，飞夺泸定桥，爬雪山、过草地、突破腊子口等长征中许多可
歌可泣的英勇战斗紧密联系、不可分割的。

二　毛泽东与遵义会议和遵义会议精神

　　研究和传承遵义红色文化革命传统蕴涵的革命精神，最重要的就是
要研究遵义会议精神，这就必须要首先研究毛泽东与遵义会议和遵义会
议精神的关系。

　　遵义会议在中共党史和中国近代现史上的重要意义和历史地位，党
内外都已经形成了广泛共识。1945 年党的六届七中全会上通过的《关
于若干历史问题的决议》明确认定了遵义会议在中共党史上的伟大功
绩。新中国成立以来，研究红色文化的学者对"井冈山精神""长征精
神""延安精神""西柏坡精神"等的归纳和提炼已逐渐取得共识，党
史界、学术界唯独对"遵义会议精神"的研究和提炼至今还处于热烈
的讨论阶段，以至 2015 年 1 月 15 日在历史名城遵义举行的纪念遵义会
议 80 周年大会上，中央宣传部部长刘奇葆同志在讲话中，也只采用了
"遵义会议革命传统"的提法。这是什么原因呢？有学者认为，用党的
一次会议名称命名某种"精神"欠妥，中国共产党自诞生起 90 多年的
历史，在领导中国人民进行浴血奋战的新民主主义革命、社会主义革命

和社会主义建设过程中开的会议很多，如用某一会议的名称命名某种
"精神"，那要做出很多"精神"的概括和提炼。一般地说，传达某次
"会议精神"，是指该会议的意义、内容和现实指导作用等，照这样的
理解，遵义会议的重大意义、内容和作用乃至历史功绩和地位，早已有
定论。遵义会议的会议精神早在红军转战贵州时期及之后的一段时期就
已经传达到全党并坚决执行了，今天再来研究"遵义会议精神"似乎
没有必要。近年来，随着中共党史研究的不断深入，多数党史研究专家
和研究红色文化的学者都认为，"遵义会议精神"不能简单地理解为一
次会议的精神，"遵义会议精神"是我们党将马克思主义基本原理与中
国革命具体实际相结合而产生的中国化马克思主义的伟大实践，是毛泽
东思想的重要组成部分。如果说井冈山时期是毛泽东思想的孕育时期，
那么，广义的遵义会议时期则是毛泽东思想从理论到实践的形成和充分
展示的开始，直到延安时期趋于成熟。从这个意义上说，没有"遵义
会议精神"，就没有"长征精神"和"延安精神"的诞生。毛泽东同志
的才能在转战贵州特别是广义遵义会议期间的革命实践，逐渐为中共高
层和广大指战员所承认和接受，从而形成以毛泽东同志为核心的第一代
党中央领导集体。中国共产党才从一个幼年的党成长为一个坚强的，能
够领导红军，能够领导全中国人民进行英勇革命斗争，从而不断走向胜
利，最后夺取全国政权，建立新中国的政党。应该把"遵义会议精神"
与"红船精神""井冈山精神""长征精神""延安精神""西柏坡精
神"一起，视为中国革命精神传统，是我们党的宝贵精神财富，至今
对我们正在进行的中国特色社会主义现代化建设有着极其重要的理论和
现实意义。因此，有必要对"遵义会议精神"进行深入持久的研究，
以利于保护和传承。

一个政党的成熟，有三个标志：一个成熟的纲领，一个成熟的理
论，一个成熟的领袖集团。广义的遵义会议彰显出来的精神和实践，符
合这三个标志。按照著名党史研究专家石仲泉的见解，遵义会议后毛泽
东的领导核心地位，是由三个因素形成的。首先是"势"。"战争的大
势将军事领导推到了最重要的位置。谁能领导军队，谁就能发挥核心作
用。"其次是"才"。"有了'势'，没有那个本事、没有那个才能，同
样不能成为核心。"再次是"场"。"这就是毛泽东的活动场所和工作环
境。遵义会议改组过的中央政治局，跟博古主持中央政治局时的情况大

不一样。那时，毛泽东被排斥、受压抑、处于逆境，才能得不到发挥。遵义会议后完全变了，中央政治局的 4 个常委，能够发挥核心作用的就只有张闻天、周恩来和他（指毛泽东同志）三人了，而张、周都很尊重他。"① 毛泽东借这个"势"，有了这个发挥才能的"场"，才能扮演历史舞台的主角。笔者赞成石仲泉的见解。不过，笔者认为，如果用一句话来概括，遵义会议最大的历史功绩是选对了人！遵义会议上当时最迫切要解决的是军事问题和组织问题，在改组中央领导机构过程中，因为选举了毛泽东同志进入中央政治局并成为常委，以后的局面就大为改观。中央红军三万余人，在前有重兵阻击，后有重兵追赶的万分危急时刻，要跳出国民党几十万大军的包围圈，最高军事指挥层没有一位有着超人胆识、经天纬地才能的领袖人物，是不可能的。正是在这样的客观条件下，王稼祥、张闻天两位同志才会接受毛泽东的见解，才会从我党第三次"左"倾路线的阵营中分化出来，坚定不移地支持毛泽东同志，才会有"通道会议""黎平会议""猴场会议"和"遵义会议"的成功召开；另外，毛泽东同志个人的才能也是极其重要的条件，早在井冈山斗争时期，毛泽东同志和朱德同志一起创立的第一支中国工农红军——"朱毛"红军，在四面白色恐怖的形势下，却能站稳脚跟，形成农村包围城市，实行工农武装割据的局面。在敌强我弱的情况下，毛泽东冲破教条主义的束缚，第一个把马列主义普遍真理与中国具体革命实践相结合，正确认识中国的社会性质、中国国情和军阀混战的形势，认为只要红军采取正确的战略战术，就有可能打败敌人的进剿，建立中华苏维埃政权，形成农村包围城市，实行工农武装割据，逐渐夺取全国胜利的战略。这就是毛泽东著名的"农村包围城市"的理论。毛泽东和朱老总在井冈山斗争、第一次反"围剿"、第二次反"围剿"、第三次反"围剿"战争中积累并概括的运动战、游击战、诱敌深入、声东击西及集中优势兵力，各个歼灭敌人的军事理论和实践；党指挥枪，而不是枪指挥党的原则；红军是人民的子弟兵，打土豪、分田地，注意做群众工作，建立根据地，把马克思主义基本原理与中国具体革命实践相结合，在广大指战员和党的各级干部中早已深入人心。第三次"左"倾路线

① 石仲泉：《遵义会议评价的科学历史观——纪念遵义会议 75 周年》，成都春晓印务有限公司 2014 年版，第 335—336 页。

占统治地位后，完全推翻了毛泽东和朱德在土地革命战争实践中总结的经验和理论，照抄照搬苏联经验，搞御敌于国门之外，城市中心论，阵地战、堡垒对堡垒，致使红军第五次反"围剿"惨败，中央苏区完全丧失，被迫实行大转移，在转移途中，又不愿意放弃原定与红二、红六军团会合的计划，处处被动挨打，导致许许多多的红军指战员血染疆场，无数人牺牲。在情况万分危急时刻，中共高层和广大指战员在革命战争的极端困境中思考：排挤毛泽东同志是不对的，没有毛泽东参加的军事指挥就要失败。这时，沉默许久的毛泽东出于对中国革命高度负责的大义，为了挽救在极端困境中的党和红军，挽救中国革命，开始与王稼祥、张闻天同志谈自己的主张，分析红军失败的原因，指出红军的前途和战略撤退方向，王稼祥、张闻天同志逐渐接受了毛泽东同志的正确主张，通过第五次反"围剿"失败的现实，周恩来同志也在反思，开始站到毛泽东一边，才会有"通道会议""黎平会议""猴场会议"的激烈争论和停止军事顾问李德指挥权的决定。在 1935 年 1 月 15—17 日遵义会议上，毛泽东同志才会顺利进入中央最高层，当选为常委。又经过"鸡鸣三省会议""扎西会议""苟坝会议""会理会议""泸定会议"和摆脱国民党军围追堵截的系列激战，毛泽东同志才逐渐成为第一代中央领导集体的核心。正如邓小平同志后来讲的那样："在历史上，遵义会议以前，我们党没有形成过一个成熟的党中央。……我们党的集体领导，是从遵义会议开始逐步形成的。"① 毛泽东思想从广义的遵义会议起，再一次绽放出无限精神力量的光辉。红军在转战贵州的 4 个多月中，再一次显示出毛泽东的军事指挥才能。20 世纪 60 年代初，第二次世界大战时期英国陆军元帅蒙哥马利曾两次访问中国，拜访毛主席时竖起大拇指说到毛主席指挥的三大决战了不起！毛主席回答说，那不算什么，我一生中指挥过很多战争，最得意之笔是在贵州境内的"四渡赤水"之战。毛主席这样高度评价"四渡赤水"之战，笔者理解是因为当时关系到党和红军的生死存亡吧！当然也关系到他本人的政治军事生涯的生死存亡吧！从此中国共产党领导的人民军队开始了北上抗日、救国救民的伟大事业，纲领趋于成熟。有了毛泽东思想的指导、有了以毛泽东为核心的中央领导集团的正确领导，从此中国共产党人就有

① 邓小平：《邓小平文选》第二卷，人民出版社 1994 年版，第 320—343 页。

了主心骨和统帅，中共高层各位领袖人物才有了充分发挥才能的条件和舞台，才能导演出现代中国革命战争史上和新中国成立后发展过程中一幕幕威武雄壮的话剧来。

三　遵义会议精神的研究视角和现实提炼

什么是"精神"？笔者曾在《贵州"精神高地"构筑要以社会主义核心价值观为基础和灵魂》一文中对"精神"一词作过这样的表述："'精神'，是一种蕴藏在人们身体中的巨大能量，这种巨大能量通过人的认知形成世界观、人生观、价值观，形成志向、信仰、意志、决心，作用于外部世界而发挥出来。能不能激发出蕴藏在人民群众中这种巨大的精神正能量，汇聚成改天换地的志向、决心、意志，就成为决定人们命运的主观因素。中国新民主主义革命时期，在物质条件匮乏的情况下，中国共产党人在毛泽东思想的武装下，以巨大的精神力量战胜了各种艰难困苦，带领全中国人民发扬'井冈山精神''遵义会议精神''长征精神''延安精神'和'西柏坡精神'，浴血奋战，取得了土地革命战争、抗日战争、解放战争、抗美援朝战争的巨大胜利。这充分证明了精神力量在一定的情况下能够弥补物质条件的不足，反而能成就伟业。"[①]

（一）遵义会议精神的研究视角

从逻辑视角和理论维度来说，"井冈山精神""遵义会议精神""长征精神""延安精神""西柏坡精神"、"抗美援朝精神"和"两弹一星精神"等都属于毛泽东思想的范畴。毛泽东思想是在中国新民主主义革命、社会主义革命和社会主义建设的最初时期，把马列主义基本原理与中国具体革命和建设实际相结合而产生的中国化的马克思主义。毛泽东思想是在中华民族和中国人民被帝国主义、封建主义、官僚资本主义"三座大山"压迫得喘不过气来，而近代中国许多仁人志士向西方寻求真理、救国之道又总是以失败告终的情况下，迫切需要一个能够领导人

---

① 罗玉达：《贵州"精神高地"构筑要以社会主义核心价值观为基础和灵魂》，《贵州省社会科学学术论文集》，2014 年，第 50—52 页。

民在苦难中求生存、求解放的坚强的政党和思想理论这样一个大背景中产生的思想理论。毛泽东思想的理论来源，概括地说，就是马列主义理论、中国优秀民族文化思想传统和中国伟大的新民主主义革命、社会主义革命和社会主义建设实践。在如何走俄国人的路的问题上，一种是不顾国情、照抄照搬马列教条和苏联革命经验，搞城市中心论。一种是把马列主义普遍真理与中国具体革命实践结合起来，认清中国的社会性质、中国的阶级和阶级斗争状况，认清中国的国情，在坚持马列主义革命理论进行武装斗争的同时，走农村包围城市，实行工农武装割据，逐步夺取全国胜利的道路。毛泽东同志以非凡的政治勇气和杰出的思想理论创新能力，最早将马列主义普遍真理与中国具体革命实际相结合，努力将马克思主义中国化，写下了《中国的红色政权为什么能够存在?》《井冈山的斗争》《关于纠正党内的错误思想》《星星之火，可以燎原》等闪烁着马克思主义中国化的光辉论著；1930 年 5 月，又写下了《反对本本主义》（原题是《调查工作》）这篇著名的、最能体现毛泽东思想风格的著作。文章一开头就提出一个重要命题："没有调查，没有发言权"，"你对于某个问题没有调查，就停止你对某个问题的发言权"，"我们说马克思是对的，决不是因为马克思这个人是什么'先哲'，而是因为他的理论，在我们的实践中，在我们的斗争中，证明了是对的。我们的斗争需要马克思主义。"又说"马克思主义的'本本'是要学习的，但是必须同我国的实际情况相结合。"文章指出："我们的调查工作的主要方法是解剖各种社会阶级，我们的终极目的是要明了各阶级的相互关系，得到正确的估量，然后定出我们正确的斗争策略，确定哪些阶级是革命的主力，哪些阶级是我们应当争取的同盟者，哪些阶级是要打倒的。我们的目的完全在这里。"毛泽东同志还在这篇文章中鲜明地提出，共产党人要在斗争中开创新局面，"中国革命斗争的胜利要靠中国同志了解中国情况。"① 这篇文章已表现出毛泽东思想的三个基本点：实事求是、群众路线、独立自主。标志着毛泽东思想的初步形成。

广义的遵义会议时期，是毛泽东思想在战争实践中进一步展开、接受实践检验的时期。在残酷的战争环境中，毛泽东同志和毛泽东思想逐

---

① 中共中央文献研究室：《毛泽东传》（一），中央文献出版社 2013 年版，第 222—224 页。

渐赢得了党内高层和广大指战员的信任和拥护，这不是偶然的。贵州省党史研究室主任徐静教授在《遵义会议精神与毛泽东思想》一文中对此作了这样的阐述："从这个意义讲，遵义会议为毛泽东思想的最终形成奠定了坚实的政治基础，开启了马克思主义中国化的全新历程。"①这是很有见地的阐述。以遵义会议为新的起点，毛泽东同志在领导红军转战贵州经过一系列的激战跳出敌人包围圈后，又经过爬雪山、过草地，激战腊子口，奠基吴起镇，把中国革命的大本营放在陕北。一经条件允许，毛泽东就开始了伟大的理论创造。毛主席曾回忆这一段历史说："遵义会议时，凯丰说我打仗的方法不高明，是照着两本书去打的，一本是《三国演义》，另一本是《孙子兵法》。""其实，打仗的事，怎么照书本去打？那时，这两本书，我只看过一本——《三国演义》。另一本《孙子兵法》，当时我并没有看过。……从那以后，倒是逼使我翻了翻《孙子兵法》。"第三次"左"倾教条主义者曾诋毁毛泽东是"山沟里出不了马克思主义"，红军到达陕北后，毛泽东就发愤读书，总结中国革命的经验，研究中国革命的规律，写下了《论反对日本帝国主义的策略》《中国革命战争的战略问题》《实践论》《矛盾论》《中国革命战争的战略问题》等光辉论著。1938 年 5 月，毛泽东写作并发表了《抗日游击战争的战略问题》，从 5 月 26 日至 6 月 3 日，他又作了《论持久战》的长篇演讲，不久后发表，轰动中外。这些著作，奠定了毛泽东同志伟大政治家、思想家、军事家的地位，被列为中国人民抗日军政大学的必读教材。1939 年 12 月，又组织编写了《中国革命和中国共产党》，其中第二章"中国革命"是毛泽东亲自写的，第一章"中国社会"是毛泽东修改定稿的。党的七大上，毛泽东作了《论联合政府》的报告；西柏坡时期，毛泽东写作出版了《论人民民主专政》的著作，为即将建立的新中国，提出了符合中国实际的国家学说。

　　毛泽东为什么能够做出这样巨大的理论创造？"一方面因为他始终立足于无限丰富的中国革命斗争实践中，他认识上的每一步深化，都来源于对客观实际生活中种种新情况和新问题的细心观察和深入思考，来源于反复同了解实际情况的人交换意见，集思广益，从来不做那种脱离实际的个人苦思冥想；另一方面在于他勤奋地刻苦地钻研马克思主义著

---

① 　徐静：《遵义会议精神与毛泽东思想》，《中共党史研究》2013 年第 12 期。

作。他的办法是：'读马克思主义理论就在于应用，要应用就要经常读，重点读，读些马列主义经典著作，还可以从中了解马克思主义发展过程，在各种理论观点的争论和批判中，加深对马克思主义普遍真理的认识。'他曾对曾志说：'我写《新民主主义论》时，《共产党宣言》就翻阅过多少次。'"① 为了使全党切实担当起自己的历史责任，毛泽东号召大家要努力学习马克思主义的理论，研究民族的历史和当前运动的情况与趋势。毛泽东指出："今天的中国是历史的中国的一个发展，我们是马克思主义的历史主义者，我们不应该割断历史。从孔夫子到孙中山，我们应当给以总结，继承这份珍贵的遗产。这对于指导当前的伟大的运动，是有重要的帮助的。"②

伟大的理论产生伟大的精神，伟大的理论又必然产生于伟大的时代和宏伟的事业。中国近代以来人民的深重灾难，帝国主义列强的入侵，封建专制的衰落，民族资产阶级的软弱无能，军阀割据的混乱局面，这一切的"势"，都呼唤着伟大政党和历史巨人的出现，中国共产党的诞生，毛泽东的刻苦勤学、过人胆识，使他在20世纪三四十年代成为中国现代史上最了不起的历史巨人。由此看来，遵义会议精神的研究绝不能只是研究中国工农红军转战贵州这一段史实，遵义会议精神研究的理论维度要求我们要将其放到中国革命、建设和改革的艰辛探索的宏大历史视角来审视，要放到毛泽东思想基本原理的理论创造这一逻辑视角来审视，才能跳出关于遵义会议精神内涵应该怎样概括提炼才科学的争论。

历史视角与史实相联系，与实践维度相一致。研究"遵义会议精神"的内涵除了要坚持逻辑视角和理论维度外，还要坚持历史视角和实践维度。中国著名党史研究专家石仲泉在《遵义会议评价的科学历史观——纪念遵义会议75周年》这篇文章中讲到这样一个观点：中国新民主主义革命28年的历史，以遵义会议为分期，正好是前后两个14年，遵义会议是党的历史发展的转折点。"遵义会议前的14年，建党之后第一次国共合作参与领导的头6年的大革命运动是党的历史光辉一页，接着遭到大革命失败和接二连三的'左'倾错误的曲折，特别是

① 中共中央文献研究室编：《毛泽东传》（二），中央文献出版社2013年版，第576页。
② 毛泽东：《毛泽东选集》第2卷，人民出版社1991年版，第534页。

第五次反'围剿'的失败和湘江战役的严重挫折。遵义会议后的 14 年，党在总结历史经验和抗日战争新鲜经验的基础上，创造性地回答了什么是新民主主义革命和怎样进行新民主主义革命的一系列根本问题，实现了马克思主义中国化的第一次历史性飞跃，创立了毛泽东思想体系，中国新民主主义革命才走出了一条胜利之路。"① 石仲泉同志研究了前 14 年对后 14 年五个方面的影响："一是遵义会议的前 14 年对中国革命的基本问题已有初步认识，为后 14 年进一步认识中国革命的规律和特点奠定了思想基础。二是遵义会议的前 14 年对中国特色的革命道路进行了艰辛开拓，为后 14 年概括中国革命道路的理论奠定了实践基础。三是遵义会议的前 14 年建立广大苏区的革命实践和在苏区开始的政治、经济、文化和社会等方面的草创建设，为后 14 年在抗日民主根据地和解放区的新民主主义建设提供了初步经验。四是遵义会议的前 14 年对党的建设和人民军队建设的可贵探索积累的丰富经验，为后 14 年总结中国革命胜利的三大法宝和决定党的性质的三大优良作风奠定了认识基础。五是遵义会议的前 14 年培养和造就了一大批优秀领导干部，为后 14 年形成党的第一代成熟的领导核心和骨干力量，领导全党和全国人民夺取抗日战争和解放战争的胜利作了干部准备。"② 这五个方面对比总结，是符合中国新民主主义革命实践和历史进程的。这给我们一个启示，遵义会议精神的提炼和概括，一方面要以毛泽东思想的理论创造为坚实思想基础，"遵义会议精神"与"井冈山精神""长征精神""延安精神""西柏坡精神"有着紧密的不可分割的内在联系，这是"遵义会议精神"的共性；另一方面，"遵义会议精神"既然产生于红军转战贵州期间，遵义会议又是中国新民主主义革命的转折点，那就应该有其特殊性，有其鲜明的个性特征。这种鲜明的个性特质，并不是贵州的地域性，而是中国新民主主义革命发展阶段的表现，鲜明的个性特征应该主要体现这个伟大的转折点。贵州群山林立，河流纵横，为"四渡赤水出奇兵，毛主席用兵真如神"提供了客观地理条件，但毕竟是："西风烈，长空雁叫霜晨月。霜晨月，马蹄声碎，喇叭声咽。雄关

---

① 石仲泉：《遵义会议评价的科学历史观——纪念遵义会议 75 周年》，成都春晓印务有限公司 2014 年版，第 326—327 页。
② 同上。

漫道真如铁，而今迈步从头越。从头越，苍山如海，残阳如血。"毛泽东的这首《忆秦娥·娄山关》，写出了当时党和红军的艰难处境，虽然娄山关一战取得了胜利，但怎样突破国民党几十万大军的围追堵截，还是一个摆在党和红军面前的、需要破解的难题。广义的遵义会议时期，可以说是考验革命者意志是否坚强的艰难时期，也是考验毛泽东军事指挥才能的艰难时期。还有多少难关需要去突破，还有多少敌人需要去战胜！中国革命的前途需要有多大的勇气去闯出一条新路！漫漫征途、史诗般的长征要在革命者的脚下去完成。中央红军转战贵州时期毕竟是中国革命处于低潮的时期！贺子珍在回忆毛泽东这个时期时曾说："毛泽东在遵义会议以后，有很大的变化，他更加沉着、练达，思想更加缜密、周到，特别是更加善于团结人了。"①

（二）遵义会议精神的现实提炼

笔者从以上逻辑视角和理论维度、历史视角和实践维度的考量，将遵义会议精神表述为：实事求是、破除迷信的精神；独立自主、勇于创新的精神；民主集中、选贤任能的精神；坚定信念、敢于担当的精神。

1. 实事求是、破除迷信的精神

毛泽东思想的精髓就是实事求是，遵义会议堪称坚决贯彻毛泽东"实事求是、破除迷信"思想路线的典范。

在遵义会议前召开的通道会议、黎平会议、猴场会议上，毛泽东同志坚持实事求是，一切从实际出发的原则，在认真总结敌情变化的基础上，分析了与红二、红六军团会合的危险，指出博古和李德的错误主张，进而为红军的前进道路指明了方向。遵义会议对博古和李德的"左"倾冒险主义进行了实事求是的严厉批评，也对红军长征途中的错误思想和行为进行了批评分析，为党和红军今后开展党内工作和崇尚新风树立了光辉典范。正因为一切从实际出发，坚持实事求是的思想路线，才理清了长征以来党自身存在的问题。

正因为一切从实际出发，坚持实事求是的思想路线，才对中央红军长征时期面临的最危急也是最迫切的军事路线问题和组织领导问题进行了正确分析，从而作出了正确选择；正因为一切从实际出发，坚持实事

---

① 王行娟：《贺子珍的路》，作家出版社 1985 年版，第 214 页。

求是的思想路线，才在土城战役失利的情况下，科学分析敌我双方兵力的变化，及时撤出战斗，才有了后来四渡赤水的胜利；正因为一切从实际出发，坚持实事求是的思想路线，在遵义会议后召开的鸡鸣三省会议和苟坝会议，中央红军组成了新的"三人指挥小组"，采取灵活机动的战略战术，很快改变了被动挨打的局面。可以说，以毛泽东同志为核心的第一代中央领导集体，在将马克思主义基本原理同探索中国新民主主义革命相结合的道路上，因为坚持了实事求是的思想路线，敢于坚持真理，破除迷信，才找到了一条属于自己的道路，才开创了中国革命从失败走向胜利的新局面。

正如《共产党宣言》里所述："随时随地都要以当时的历史条件为转移。"① 国际共产主义运动历史经验与教训也表明，任何国家的革命和建设，都要一切从实际出发，根据本国的基本国情，找出一条适合本国需要的革命发展道路。俄国十月革命成功的根本原因就在于列宁正确运用马克思主义基本原理，在分析俄国国情的基础上，准确把握斗争形势，找出了一个适合俄国实际情况的革命道路。

人们正确的认识，来源于不断探索，过程往往充满曲折，我党对马克思主义的认识，也经历了一个从教条式理解到理论联系实际的过程。正如毛泽东同志在《实践论》中说的那样："通过实践而发现真理，又通过实践而证实真理和发展真理。从感性认识而能动地发展到理性认识，又从理性认识而能动地指导革命实践，改造主观世界和客观世界。实践、认识、再实践、再认识，这种形式，循环往复以至无穷，而实践和认识之每一循环内容，都比较地进到了高一级的程度。这就是辩证唯物论的全部认识论，这就是辩证唯物论的知行统一观。"② 中国革命的成功就在于以毛泽东为代表的中国共产党人坚持一切从实际出发，破除封建迷信，根据中国的基本国情，找出一条适合本国需要的革命道路，开辟了一条具有中国特色的农村包围城市、武装夺取政权的新民主主义革命道路，实现了马克思主义中国化的一次历史性飞跃。遵义会议成为马克思主义中国化的历史起点，是我党在政治上走向成熟的重要标志。

---

① 马克思、恩格斯：《马克思恩格斯选集》（第一卷），人民出版社 1995 年版。
② 毛泽东：《毛泽东著作选读》上册，人民出版社 1986 年版，第 136 页。

2. 独立自主、勇于创新的精神

1922 年中国共产党加入了共产国际组织，寻求共产国际的帮助。中国共产党的成立，尤其是第一次国共合作的形成，共产国际起到了十分重要的作用，这对于幼年时期缺乏经验的中国共产党来说，这种帮助是十分必要的，也是不可缺少的，但也埋下了深深的隐患。共产国际对中国的实际情况了解太少，派到中国来指导工作的代表大都比较年轻且革命经验不够，大革命的失败同他们指导中的失误有不可忽视的关系。共产国际组织与中国共产党之间建立起来的是领导与被领导关系，这就为共产国际可以直接干预和掌控中国共产党的各项事务提供了条件，甚至可以直接确定中国共产党的领导机构及其党的领导人选。处在幼年时期的中国共产党，对中国革命如何才能胜利，目标策略是什么，队伍怎样组织，群众如何动员，怎样搞军事斗争等，都还处于早期探索阶段，没有明确的方向，共产国际的指导就显得尤为重要。八一南昌起义、党的全国代表大会、八七会议都是在共产国际组织的指导和批准下进行的。中国共产党的领导班子，也是在共产国际的组织和选择下确立的。1927 年 7 月，陈独秀因不遵守"国际训令"而被剥夺了在中国共产党的领导权，被迫离开中央领导岗位，八七会议瞿秋白主持中央工作，六届四中全会博古、李德上台，长征前夕的六届五中全会，中央政治局委员名单和 1934 年中央红军实施战略转移的决策，都是共产国际批准后进行的。那时，凡中共所议重大事项，所作出的重大决议，都跟共产国际的指示密不可分。真正独立自主做出决定的事情，恐怕只有朱毛红军井冈山斗争的经验，那时的毛泽东却常常遭到指责和批判。

召开遵义会议为中国共产党人开始独立自主决定自己的命运提供了历史机遇。毛泽东同志曾说："我们认识中国，……真正懂得独立自主，是从遵义会议开始的。"① 这是因为，遵义会议是在摆脱共产国际的干预和掌控下，第一次独立自主地运用马克思主义基本原理解决自身组织和军事问题的。从客观方面来看，由于敌人的破坏，中国共产党与共产国际在通信联系上处于失联状态，中国共产党与共产国际组织联系中断，无法继续得到共产国际组织的直接指示，只能独立自主地面对严峻的现实问题，这在客观上促使中国共产党走向独立自主。从主观方面

---

① 《毛泽东文集》第 8 卷，人民出版社 1999 年版，第 39 页。

来看，经过长征初期的一系列挫折的经验，红军高级将领和干部已经在实践中懂得，要夺取中国革命的胜利，必须走中国自己的创新道路。在这样的主客观作用结合下，共产党人意识到：只有独立自主，自主决策，勇于创新，才能从当时的险恶环境中迈向胜利，扭转中国共产党深陷泥潭的命运。遵义会议后，党开始不受干扰地、独立自主地解决中国革命和党自身的重大问题，采取了有别于博古、李德军事路线的做法。毛泽东同志根据敌我形势的变化，扬长避短，采取灵活机动的战略战术，展开了新型的运动战。在与川军激战不利的情况下，中央红军在毛主席的英明指挥下，四渡赤水出奇兵，一反长征初期被动挨打的局面，从被迫转移变为主动调敌、牵着敌人的鼻子走，很快粉碎了几十万军队的围追堵截，跳出了敌人的包围圈。遵义会议形成的独立自主、勇于创新的精神，指引着党和红军走出被"围剿"的险情，最终赢得了长征的伟大胜利，中国共产党从此成为能够肩负起挽救民族危亡，建立新中国的伟大政党。

3. 民主集中、选贤任能的精神

在广义的遵义会议前，党内的民主集中制很不健全，正确与错误、是与非的斗争未淋漓尽致地表现出来。李德在军事指挥上的独断作风，使得中国共产党和红军承受了巨大的损失，党内缺乏民主，盲目遵从共产国际组织的指示，排挤打击以毛泽东同志为代表的正确路线，宗派主义、教条主义思想作风盛行，不听从红军指战员的意见，不听从群众的呼声，导致党和红军陷入绝境。

党的民主集中制是在民主基础上的集中和集中指导下的民主相结合的制度。民主集中制是无产阶级政党、社会主义国家机关和人民团体的根本的组织原则。它规定了领导和群众、上级和下级、部分和整体、组织和个人的正确关系，在制定和修正一些重大问题的决策前需进行充分讨论，实行少数服从多数原则，然后才作出决议或决定的制度。对违反党的利益和人民利益的人和事，必须采取相应措施予以纠正。民主集中制是胜利推进革命和建设事业的重要组织原则。遵义会议是我们党从幼年走向成熟，依据民主集中制原则，自己解决自身重大军事和组织问题的一次会议。遵义会议从进行的过程和结果看，充分体现了民主集中、选贤任能的精神。

从通道会议到遵义会议再到会理会议，党和红军开始纠正错误，真正让民主集中制在革命队伍中践行发扬起来。在遵义会议前期的通道会议上，毛泽东同志不顾中央红军总负责人博古、李德北上湘西的固执己见，先与张闻天、王稼祥等同志沟通，使西进贵州的主张获得支持，又得到朱德、周恩来对其意见的赞赏，与大多数红军指挥员达成共识；六天后的 1934 年 12 月 28 日，黎平政治局会议召开，会上民主集中的原则得到贯彻，经过激烈讨论，正式决定同意毛泽东的主张，红军放弃北上湘西，改为西进贵州；12 月底的猴场会议上一方面再次肯定黎平会议的正确战略主张，另一方面彻底否定博古、李德的"左"倾错误领导，会上还有一项重大决定就是：改变过去李德个人包揽整个军事指挥权的行为改为党指挥枪，一切重大问题由政治局集体决议。

　　1935 年 1 月 15—17 日召开的遵义会议，更是党贯彻民主集中制的典范。出席会议的政治局委员有毛泽东、张闻天、周恩来、朱德、陈云、博古，候补委员有王稼祥、刘少奇、邓发、何克全，还有红军总部各军团的负责人刘伯承、李富春、林彪、聂荣臻、彭德怀、杨尚昆、李卓然及中央委员会秘书长邓小平、军事顾问李德及翻译伍修权。因脱离了共产国际组织的指示，会议采取广泛民主集中的方式，各个领导逐个发表自己的看法，博古作为党中央总书记发表了第五次反"围剿"的总结报告，其中强调了第五次反"围剿"失败的外部原因，避开他跟李德在军事指挥上的主观严重错误，参会的大多数人都很不满意。其后，周恩来作了第五次反"围剿"的军事工作汇报，汇报从正面审视了反"围剿"在战略战术中存在的问题，主动承担了个人在军事指挥中的责任，同时直截了当地批评了博古和李德。随后，张闻天发言，批判了李德、博古等在军事指挥上的严重错误。紧接着毛泽东作了长篇发言，认为博古的报告太强调客观原因，而在主观方面避重就轻。毛泽东深刻分析了第五次反"围剿"中李德、博古在军事指挥上的严重错误，分析了红军前四次反"围剿"取得胜利的原因，用事实反驳了李德、博古在军事指挥上所犯的主观方面的"左"倾教条主义错误，接着对红军在敌强我弱情况下，打破"围剿"应该采取的战略战术作了深刻的论述。王稼祥接着发言，完全赞同毛泽东同志的分析，对李德、博古的错误进行了严厉批评。周恩来、朱德、李富春、聂荣臻、刘少奇、陈云、彭德怀等也赞成了王稼祥的意见，都作了开诚布公的发言。遵义会议中，党内展开了激烈的争论，会议气氛严肃而祥和，对同志的错误进行了严厉的批评，但又充满了推心置腹的团结情怀，与会同志都表现出了高度的党性。遵义会议期间，前后召开了三四次会议，大家的意见都得到了充分的发表。虽有尖锐的交锋和争论但没有人身攻击，虽有严厉的批评但没有以势压人，就是在作出决议（《中央关于反对敌人五次"围剿"的总结决议》）后，仍然允许一些同志保留意见。在遵义会议上，毛泽东同志的正确意见得到了中央政治局扩大会议与会大多数同志的拥护，推举他进入中央政治局并成为常委，同时撤销博古、李德的最高军事领导权，也充分体现了党的民主集中制原则。会议按照党的"民主集中制"原则，畅所欲言地发表意见，集体讨论和决定党与红军面临的生死存亡重大事务，尤其是选举了毛泽东进入中央政治局并成为常委，参加军事指挥，这是一件了不得的事。正因为推举了毛泽东同志进入中央最高层，并参加军事指挥，中国革命才从巨大危机中解救出来，党和红军才有了主心骨。党的民主集中制原则在遵义会议以及围绕遵义会议前后召开的系列会议之所以能得到正确的贯彻，一方面是党不再受共产国际的干扰，能够开始实事求是、独立自主地讨论和决定自己的重大事项；另一方面，是我们党经过 14 年的磨炼，已经懂得要将马列主义普遍真理与中国革命具体实际相结合，才能走出一条适合中国革命道路的道理。在血的教训面前，党的高层和红军指挥员们才会自觉地团结在以毛泽东为首的党中央周围，竭力推举出自己的领袖人物。

　　民主集中、选贤任能的精神，是遵义会议最大的亮点和特点。这时的毛泽东尽管不是党中央的一把手，但他在之后的战争实践中所以能成为实际的领导核心，靠的是能将马列主义普遍真理与中国革命的具体实践相结合，善于唯物辩证地分析敌我双方的军事部署和力量对比，善于集中红军指战员的智慧做出准确的判断，采取相应的战略战术打破敌人的围堵，寻找战机打击敌军薄弱之处，迷惑敌军指挥官，调动敌军向有利于我之方向运动，将古今战争史上的战例进行创造性发挥，以少胜多地将军事指挥的智慧发挥到出神入化的艺术境界，夺取战役和战斗的胜利，从而实现战略转移的目标，使人不得不佩服，领导核心不是以势压人形成的，领袖不是自封的，而是在革命战争的险恶环境中逐渐为全党全军所认识和接受的。对此，周恩来曾说：谁做"书记"并不重要，重要的是谁掌军权？谁来领导打好仗？只有在战争中不断得到军队拥护的人，才能真正成为党的领袖。遵义会议后，毛泽东之所以能充分展示军事指挥才能，这与周恩来的谦逊作风和朱德、王稼祥的密切配合是分不开的。基于此，以毛泽东同志为核心的中央领导集体才有可能在遵义会议后的革命斗争实践中逐渐形成，这是符合史实的。广义的遵义会议彰显出来的民主集中、选贤任能精神，表明我们党不愧是一个以马克思主义革命原则和革命风格建立起来的无产阶级革命党，有了以毛泽东同志为代表的第一代中央领导集体的英明领导，中国革命从此就有了走向胜利的组织保障。

遵义会议后，民主集中制在党中央新的领导集体中，得到了高度重视和很好的执行，通过民主集中制解决遵义会议上的一些残留问题。就以遵义会议后的扎西会议和苟坝会议来说，扎西会议彻底结束了"左"倾教条主义，重新对政治局常委进行分工，张闻天取代博古在党内负总责，毛泽东、周恩来负责军事，成立以毛泽东、周恩来、王稼祥总负责军事的新"三人团"，对军权适当集中，放弃攻打敌人防守严密的打鼓新场，毛泽东同志也从此走上了革命"总舵手"的岗位；而苟坝会议的召开标志着中央组织完成调整。各个会议经过民主程序确立了毛泽东同志的领导地位，是对遵义会议精神的再落实。

4. 坚定信念、敢于担当的精神

坚定信念、敢于担当，是遵义会议精神的又一经典之笔。1934 年 10 月 10 日开始，中央红军在进行战略大转移的过程中，在进入贵州之前，在李德、博古等错误军事指挥下，一直处于被动挨打状态，湘江血战，红军官兵损失惨重，革命处在危急关头，中央领导层和广大红军指战员都没有放弃，表现了高度的革命自觉、坚定的革命信念、敢于担当的精神。就是有了这种坚定革命信念和敢于担当的精神，中央高层才能纠正自身的错误，中国革命才实现了转危为安。历史一再证明，坚定信念、敢于担当，是我党我军革命精神的起点，是中国革命实践的开篇，是今天我们进行中国特色社会主义现代化建设、全面建成小康社会、实现中华民族伟大复兴的伟大精神支柱。

强大的精神凝聚力和正确的价值观取向以及共同为胜利目标而团结奋进的坚定信念，是任何组织、机构想要发展壮大都不可或缺的因素。在 1927 年大革命失败以后，中共 30 多万党员和革命群众被国民党反动派屠杀，摆在中国共产党面前的是生死抉择的严峻考验，广大有志青年继续跟随着党的脚步，依然没有放弃共产主义的信仰，他们联合起来高

举革命的大旗，利用身边有限资源武装起来，面对险恶环境的挑战毫不
退缩，靠的就是坚定的信念和对美好未来的展望。中国共产党经过战争
失败的洗礼和牺牲后，留下的革命领导和红军战士成为中国革命的中坚
力量！中国共产党坚定信念、实现转折，重写历史的进程，是从遵义会
议开始，那也是红军最为艰难的历史时期。遵义会议的召开，团结了整
个党和群众，将革命精神拧成一根绳子，再将革命精神最大化，选任优
秀的干部，引导革命坚定信念，抵制教条主义，坦然面对和修正自身的
错误，实事求是地将马列主义与中国具体实际相结合，发扬遵义会议精
神，深入分析和研究克敌制胜的重要法宝，摆脱敌人飞机大炮狂轰滥炸
给我们造成的困境，建立与发展新的革命根据地，壮大红军队伍，冲破
几十万敌军的围堵，实现长征的胜利。邓小平在回顾遵义会议时曾说：
为什么过去我们能在非常困难的情况下奋斗出来，战胜千难万险使革
命胜利呢？就是因为我们有理想，有马克思主义信念，有共产主义
信念。

遵义会议在思想、政治、组织、军事等方面程度不同地结束了
"左"倾冒险主义在党中央的统治，逐步确立了以毛泽东为代表的新的
中央的正确领导，把党的路线转变到马克思列宁主义的轨道上来，因而
在危急关头挽救了党，挽救了红军，挽救了中国革命，成为中国共产党
和中国革命生死攸关的转折点。遵义会议的伟大转折表明：遵义会议是
正确取代错误、失败走向成功的起始点和关节点。

遵义会议是中国新民主主义革命时期一次伟大转折，在党的历史
上，将民主、任贤、担当的精神发扬得淋漓尽致。周恩来同志从中国革
命最高利益出发，将党内委托的军事指挥权交给了毛泽东同志。毛泽东
同志临危受命，不计前嫌，在革命的危急关头，挺身而出，以一个共产
党员对革命的高度责任感和担当精神，勇敢面对中国革命挫折，认真总
结经验教训，带领中国共产党前进。各个中央领导人不顾自身职务、权
利、名誉及地位，以大局为重，博古受到了严厉而彻底的批判，在会上
虽然没有完全承认自己的错误，但按照党的少数服从多数的原则，仍以
革命大局为重，不考虑个人得失，主动交权让位，表现了崇高的革命品
格；到了延安后，仍然奋力做好党分配给他的工作。毛泽东、周恩来、
朱德、彭德怀坚持真理，张闻天、王稼祥修正错误，民主集中，以理服
人，纠正了过去党内民主不健全的局面，真正意义上实现了民主集中制

的原则，坚持"惩前毖后，治病救人，既要弄清思想，又要团结同志"的方针，保留了坚持错误路线的博古和李德的意见，不歧视、不排斥不同意见者，避免了可能造成的党内分离。

遵义会议坚定信念、勇于担当的精神，实现了中央领导层的平稳过渡，维护了党的团结统一，妥善处理了党内存在的分歧和矛盾，确保了遵义会议的成功召开。遵义会议后，党的高层实现了空前的团结，这种坚定信念、勇于担当的精神，激发起红军广大指挥员和红军战士遇难不馁的斗志，时刻把革命的重任放在首位，力挽狂澜，艰苦奋斗，终于冲破险阻，战胜了几十万国民党军的围堵，转危为安，转败为胜，实现了红军长征的胜利。

四　遵义会议精神的时代价值和现实弘扬

遵义会议是中国共产党人第一次独立自主地运用马克思列宁主义来解决当时军事和组织问题的会议，这次会议改组了党的领导核心，确立了党的实事求是的思想路线和军事路线，是决定党的生死存亡的重要会议。遵义会议是我们党真正能够独立自主地决定自己命运的开始，为党的不断壮大和发展提供了重要前提，这次会议缔造出的遵义会议精神更是党和国家不断前进的精神动力。今天，我们重温遵义会议及其所蕴含的精神，依然彰显出其光芒四射的时代价值：大力弘扬遵义会议精神，对于党在新的历史时期领导全中国人民努力实现中华民族伟大复兴"中国梦"的宏伟事业来说，有着深刻的理论意义和现实意义。

（一）遵义会议精神为加强党的先进性建设，巩固党的执政地位提供了宝贵精神财富

遵义会议精神是长征精神的生动体现，而长征精神是长征胜利的经验与教训的体现，也是共产党在长征时期的先进性的体现。通过回顾红军长征的这段历史，了解党带领人民群众英勇抗战、不畏艰险的革命精神，以及党在长征途中不断加强自身建设，充分发挥模范带头的作用，以此来指导我党的进步和发展。随着时代的不断变化和发展，国家和人民都对党提出了新要求，在新形势之下，我党应该坚持遵义会议精神，不断发现自我建设的本质规律，全面加强党的思想、政治、组织、作风、制度建设，提高党的执政能力，增强人民群众对党的领导的信心，巩固党的领导地位。

自改革开放以来，西方的个人主义、拜金主义等错误观念不断侵入我国，受其影响国内一部分人的世界观、人生观、价值观出现了偏差，其中也包括一部分共产党员。在物质利益的驱使下，党内出现了贪污腐败、形式主义等不良现象，严重影响了党在人民群众中的形象，再加上西方资本主义观念的传播，也使得人民对于党的执政能力产生了怀疑。在面对党的信任度降低和人们不断追求更高的物质、精神需求的压力下，推动我党的先进性建设是十分有必要的。要提高党的先进性，首先就是要加强思想、政治建设。保持党的思想的先进性是我党一直所坚持的优良传统，也是遵义会议精神带给我们的经验。长征的顺利完成证明了坚定不移的理想信念及实事求是的思想路线对于党和国家的重要性，在新时期的背景之下，仍然需要从中国的具体国情、党情出发，将马克思主义与党建相结合，走出一条具有中国特色的党建之路，运用马克思主义的理论思想来武装广大党员同志的头脑，提高党员的思想政治觉悟，增强党性修养，坚定社会主义、共产主义的理想信念，并始终坚持解放思想、实事求是、与时俱进的思想路线，保证党的正确思想方向。其次就是要加强党的组织、作风建设，将党建设成为坚强的领导核心，不断完善党内的组织制度，严格遵守党的原则、纪律，提高党员干部的整体素质，使党员能够真正发挥出模范带头的作用，并与人民群众保持紧密的血肉联系，坚持全心全意为人民服务的宗旨，相信群众、依靠群众、从群众中来到群众中去，大力弘扬长征中的团结精神和群众精神。最后就是要加强党的制度建设，通过制度来保证党的先进性，不断完善党的民主集中制，坚持党对军队的绝对领导，以及权力的集中，同时也要充分发扬党内民主，健全党内的民主机制，发挥民主与集中的双重优势。在遵义会议精神中充分吸收红军长征的伟大精神，并在这些精神的指导下不断加强党的纯洁性和先进性建设，增强人民群众对党的信心，树立党的形象，巩固党的地位。

遵义会议彰显出的"实事求是、破除迷信的精神，独立自主、勇于创新的精神，民主集中、选贤任能的精神，坚定信念、敢于担当的精神"等革命传统精神，直到今天对于中国共产党人来说，仍然是取之不尽、用之不竭的宝贵精神财富。中国之所以能够将侵略者赶出我们的领土，建立起新中国，并逐渐改善人民的生活水平，快速发展经济，一步一步地提高在国际社会中的地位，让全世界对我们刮目相看，都是由于我们国家在危难之时选择了中国共产党，在它的带领之下，我们打败了国民党反动势力，打退了日本帝国主义，保住了祖国的大好河山。在遵义会议时期，中国共产党人直面自身在军事上和组织上所犯的错误，勇于承担错误所造成的严重后果，积极予以纠正。重新确立了实事求是的思想路线和军事路线，改组了党中央领导核心，通过民主集中的组织原则，选出才能出众的毛泽东同志进入中央领导核心，毛泽东同志从战争的客观形势出发，采取灵活机动的战略战术，经过四渡赤水出奇兵，在中国革命危急关头化险为夷，挽救了党，挽救了红军，挽救了中国革命。在当今全球化的浪潮中，中国难免会面对来自各个国家、各个方面的冲击，尤其是我国正处在全面深化改革的特殊阶段，很容易会在各种不同的思想和观念中迷失，因此要坚持马克思主义的指导思想，坚持中国共产党的领导，坚定对共产主义的理想信念，在建设具有中国特色的社会主义的前进的道路上也可能会遭遇各种困难和挑战，这就需要共产党人能够充分弘扬遵义会议的精神，一方面，要不断提高党的先进性建设，实事求是、独立自主的重要精神是遵义会议带给党和国家的重要法宝。在新时期背景下，坚持从中国的具体国情和党情出发，运用马克思列宁主义、毛泽东思想、邓小平理论、"三个代表"重要思想以及科学发展观等重要理论作为指导，始终保持党和国家的与时俱进。另一方面，则要加强党内民主，完善民主协商制度、民主集中制度，积极听取民主党派以及广大人民群众的意见，健全党内的民主机制，同时也要坚持权力的相对集中，充分发挥民主和集中的共同作用。只有不断壮大自己的实力，提高执政水平，保持共产党在人民群众心目中的良好形象，才能够巩固共产党的领导地位，从而更好地带领广大的人民群众朝着目标不断前进。

（二）高度重视遵义会议精神的时代价值，构建中国时代精神

遵义会议精神是党和人民的宝贵精神财富，同时也是社会主义核心价值观的思想来源和现实基础。

党的十六届六中全会明确提出："马克思主义指导思想，中国特色社会主义共同理想，以爱国主义为核心的民族精神和以改革创新为核心的时代精神、社会主义荣辱观，构成了社会主义核心价值体系的基本内容。"党的十七大报告进一步强调："社会主义核心价值体系是社会主义意识形态的本质体现。要巩固马克思主义指导地位，坚持不懈地用马克思主义中国化最新成果武装全党、教育人民，用中国特色社会主义共同理想凝聚力量，用以爱国主义为核心的民族精神和以改革创新为核心的时代精神鼓舞斗志，用社会主义荣辱观引领风尚，巩固全党全国各族人民团结奋斗的共同思想基础。"① 自从社会主义核心价值体系四个方面的基本内容提出后，全党全国人民在中国特色社会主义建设实践中，思想和言行逐渐凝聚起来，积极践行社会主义核心价值体系提出的各个方面基本要求，取得了很大的成就，党风、政风、民风、社会风气实现了根本好转。但是，在实际社会生活中，要记住社会主义核心价值体系四个方面的内容，是很难的，人民群众学习和践行起来，也不是很得心应手。社会生活实践的需要，提出了进一步概括提炼社会主义核心价值观的命题，于是，出现了全国性的讨论热潮，迫切需要将社会主义核心价值体系四个方面的丰富内容提炼成言简意赅、耳熟能详、容易践行的核心价值观。党的十八大报告明确提出了"富强、民主、文明、和谐，自由、平等、公正、法治，爱国、敬业、诚信、友善"24 字社会主义核心价值观，是对社会主义核心价值体系四个方面内容的高度浓缩与精辟概括，反映了中国特色社会主义最基本、最核心、最重要的社会关系、价值目标和价值追求，是凝聚人们思想和行为的价值准则。

　　社会主义核心价值体系与社会主义核心价值观是有机联系、内在统一的整体。一方面，社会主义核心价值体系是社会主义核心价值观的基础与前提，是社会主义核心价值观形成发展的原则与依据；另一方面，社会主义核心价值观又是社会主义核心价值体系的内核与精髓，是社会主义价值体系中居主导地位、起支配作用的价值理念，决定社会主义核心价值体系的基本特征和发展方向，引领社会主义核心价值体系的建构，充分体现社会主义核心价值体系四个方面的要求。两者内在地统一于中国特色社会主义理论与实践。

　　遵义会议精神为社会主义核心价值体系和核心价值观提供了丰富的

---

　　① 胡锦涛：《高举中国特色社会主义伟大旗帜　为夺取全面建设小康社会新胜利而奋斗》，人民出版社 2007 年版。

思想来源和时代价值。社会主义核心价值观作为社会主义核心价值体系的核心表达，体现出社会主义核心价值观的内在要求，它表明了国家、社会、个人三个层面的价值目标，要实现富强、民主、文明、和谐的社会主义现代化国家的目标，要建设自由、平等、公正、法治的美好和谐社会，要培养爱国、敬业、诚信、友善的良好公民。在三个层面的社会主义核心价值观学习践行中，都必须在马克思主义的指导之下，立足于中国特色社会主义共同理想，坚持遵义会议倡导的实事求是、破除迷信，独立自主、勇于创新，民主集中、选贤任能，坚定信念、敢于担当的重要精神。如今人们的生活条件得到了极大的改善，对于精神的需求也不断增长，重视精神文明的建设无疑是新时期的重要任务之一，遵义会议所蕴含的强大精神力量，对于精神文明建设来说也是必不可少的。中国共产党人在长征中所经历的人和事，在历经磨难中创造的精神，是现实的社会生活中的人们最好的教科书。以社会主义核心价值体系和核心价值观为引领，大力弘扬遵义会议精神等革命传统精神，有效地将其与我国优秀传统文化等其他精神力量整合在一起，构建中国时代精神，是实现中华民族伟大复兴"中国梦"宏伟目标最生动的教材。中国在未来发展的几十年中，不但要建成中国特色社会主义现代化的经济强国、政治强国、军事强国，还要努力建成中国特色社会主义现代化的文化强国。在新的历史时代，大力弘扬遵义会议精神等革命传统精神，是我国时代发展的需要，是国际竞争中大国博弈的需要，更是我们提振自身精神的需要。

（三）遵义会议精神是推动全面深化改革，实现中华民族伟大复兴"中国梦"的精神动力

当今世界，在经济全球化、世界多极化的大背景下，我国作为世界上最大的社会主义国家，除了要满足国内人民日益增长的物质和精神追求外，还担负着壮大社会主义、维护世界和平和发展的责任。因此，我国在已有的历史条件下，就要不断地推动发展，提高我国的综合实力与国际地位。建设中国特色社会主义现代化，实现伟大复兴的"中国梦"是我国的具体目标，追求这一目标的过程，对于我国来说也是一场具有新的意义的长征。在过去的几十年里我们已经走过了这段长征的一大半，现在已经到了最后冲刺阶段，胜利的曙光就在前方。在这关键的时期，我们千万不能松懈，仍然要坚持党的领导，充分发扬长征精神和遵义会议精神，保证前进方向的正确性，争取早日实现我们的目标。

在面对全球化所带来的种种机遇与重重挑战时，中国特色社会主义现代化建设仍然离不开共产主义理想信念的指导，以及正确的路线方针的指引。共产主义是我们的终极理想，而社会主义现代化则是实现共产主义的基础，我国现阶段的目标就是要在 21 世纪中叶能够达到中等发达国家的水平，人民生活全面达到小康，基本实现现代化，更为具体的目标则是在建党 100 周年时，国家经济更加健康，各项制度、设施也更加完善，全面达到小康水平；到新中国成立 100 周年时，能够全面实现现代化，建成富强、民主、文明、和谐的社会主义国家。在追求这一目标的过程中，我们必须坚持共产主义、社会主义的正确方向，促进我国经济、政治、文化、社会、生态的全方位发展，只有这样才能将市场经济下的消极因素转化为积极因素。除此之外，在建设社会主义现代化的过程中也离不开遵义会议实事求是、破除迷信的精神，中国特色社会主义实质上就是实事求是的结果，是马克思主义与我国的具体国情相结合的体现，现代化建设中所设定的目标也是与我国国情相适应的。在面对国内外的种种问题时，我们没有模式可以参照，只能坚持一切从实际出发的实事求是的思想路线，在共产党的带领之下，坚定不移地走具有中国特色的社会主义道路，才能够推动国家和民族的全面发展。密切联系人民的群众精神是遵义会议精神中的重要组成部分，也是建设社会主义现代化中所必须坚持的。人民群众是历史的创造者，要实现国家发展的目标，要与强大的外部力量相抗争，就必须要获得广大人民群众的支持和拥护，贯彻落实党的群众路线方针，从人民群众的根本利益出发，为人民谋利益，为人民做实事，加强与人民群众的血肉联系，充分调动起人民群众的积极性和创造性，为实现现代化的目标奠定坚实的群众基础。与此同时我们还要大力弘扬红军长征中艰苦奋斗的精神，在发展过程中我国将不可避免地会遇到很多的困难和阻碍，但是我们不能轻易地被这些困难所吓倒，而应该迎难而上、奋勇当先。只有发扬了我党在红军长征中的伟大精神，才能够更好、更快地推动我国社会主义现代化的建设，才能够全面推动我国建设小康社会的进程，才能够不断壮大我国的综合力量，从而实现中华民族伟大复兴的中国梦。

（四）遵义会议精神是推动个人全面发展，成为社会主义可靠接班人最好的教科书

在全面深化改革、促进我国全方位发展的过程中，需要大力弘扬长征文化和遵义会议精神，需要培养出能够为国家发展做出贡献的高素质人才，只有提高了全体公民的整体素质，推动个人的全面发展，才能实现国家的全面发展。在社会主义市场经济的背景之下，我们所面临的国内外形势十分严峻，西方资本主义国家的先进科技和知识进入到我国的同时，其所存在的拜金主义、享乐主义以及极端个人主义也不断侵蚀着国人的思想，影响了我国社会风气，损害了我国优秀的传统思想，也动摇了人民的理想信念。在这一巨大的挑战之下，我们不能坐以待毙，而应该大力弘扬长征文化和遵义会议精神，坚决与困难相抗争，帮助人们树立起正确的世界观、人生观、价值观，促进人的全面发展，为国家进步和发展提供大批的合格人才。

面对西方错误思想观念的不断抨击，首先就是要坚定人们社会主义、共产主义的理想信念。理想信念是人们对于未来的向往，是人们世界观、人生观、价值观的集中体现，是人们实践活动的精神支柱和精神动力。当年红军之所以能战胜长征途中各种艰难险阻，靠的就是对共产主义、社会主义坚定的理想信念，靠的就是对党对人民的无限忠诚。正是在这一信念的支撑下，红军才能够度过那些苦难的岁月，最后取得长征的胜利。如今在全球化的大背景下，我们的国人尤其是广大青年，更需要坚定自己的理想信念，有了坚定的理想信念，才能够保证正确的方向，而不受西方腐朽思想的侵害。其次就是要学习红军长征中的艰苦奋斗的精神。在现代社会中，人们的生活水平极大提高，物质需求和精神需求在一定程度上都得到了满足，特别是大部分的年轻一代都没有体会过饥寒交迫的感觉，容易满足于现状，形成铺张浪费的生活习惯，因此就需要利用长征精神和遵义会议精神等革命传统红色文化对人们进行教育，培养人们形成勤俭节约的意识和努力拼搏的精神，并树立起正确的消费观念，不盲目进行攀比，坚持从自己做起、从小事做起的思想和行为。最后就是要提高国民的集体主义意识，受到西方个人主义的冲击，国内一部分群众出现了盲目追求个人利益，而不惜牺牲集体利益的情况，因此进行集体主义教育、培养人们的集体主义意识和团队意识，使人们在生活中正确处理好个人和集体之间的关系，这无论对于国家还是个人来说都是非常重要的。只有不断促进人们精神意识的提高，推动个人的全面发展，才能更好地推动国家的发展，为建设社会主义培养一代又一代的可靠接班人。

（五）大力弘扬遵义会议精神，努力促进贵州发展

大力弘扬长征文化和遵义会议精神，对于促进贵州全省特别是贵州革命老区经济社会发展，有着巨大的精神价值和时代价值。

贵州是地处中国西南部的内陆山区省份，是全国唯一没有平原的省份。贵州有 26 个国家级贫困县，又大多在革命老区。红军转战贵州时，贵州革命老区的人民群众对中央红军摆脱国民党几十万大军的围追堵截，在人力、物力上给予了巨大支持，为红军长征和中国新民主主义革命的胜利做出了很大贡献。新中国成立后，虽说党和国家一直很关心贵州的发展，在扶贫攻坚上给予了很多政策和资金上的扶持，特别是两次西部大开发，中央对贵州的基础设施建设（能源开发和公路、铁路的改造等）支持力度很大，现在已经实现了县县通高速；然而，贵州在后发赶超的路上，仍然有很多短板需要弥补，特别是贵州革命老区的贫困问题仍未得到根本解决。1988 年，时任贵州省委书记的胡锦涛同志，与贵州省委、省政府领导同志一起进行了认真调研，倡导在贵州毕节率先建立了一个反贫困的"毕节实验区"，基本内容是：控制人口、变输血为造血的反贫困模式，注意恢复生态，保住青山绿水。2005 年，胡锦涛总书记视察贵州，仍然十分关心"毕节实验区"的事情，20 年过去了，"毕节实验区"取得了很大成就，但仍然存在不少问题，革命老区的贫困问题仍然困扰着人们。究其深层次原因，精神上的贫困是其根本。按照国家发展蓝图，2020 年，也就是"十三五"期间，全国要全面建成小康社会。贵州长期发展滞后，提出了既要"赶"又要"转"的战略规划，而贵州革命老区又是贵州实现跨越式发展的短板。可见，深入研究长征与贵州革命老区发展问题，意义十分深远。贵州有着天然而丰富的革命传统精神，红军长征转战贵州给我们留下了丰富的长征精神和遵义会议精神，我们要将长征精神和遵义会议精神与贵州全省特别是革命老区的发展联系起来，用长征精神和遵义会议精神激发人们改变贫穷落后的斗志，在"十三五"期间，打一场贵州革命老区反贫困的人民战争，从经济社会发展上彻底改变贵州革命老区贫穷落后面貌。

扶贫先扶智，要实现彻底改变贵州全省特别是革命老区贫穷落后面貌，就必须特别注重长征精神和遵义会议精神与贵州精神高地的建构问题。习近平总书记 2015 年 9 月 9 日给"国培计划（2014）"北京师范大学贵州研修班参训教师的回信中指出："扶贫先扶智。让贫困地区的孩子们接受良好教育，是扶贫开发的重要任务，也是阻断贫困代际传递的重要途径。"① 从大教育的视角看，将长征精神和遵义会议精神与社会主义核心价值观结合起来，融入贵州精神高地建构，探讨贵州精神文明建设中存在的问题及原因，构筑贵州精神高地实现的路径，激发广大干部群众干事创业的决心和意志，是时代赋予贵州人民的重大课题。

在此基础上，要加强长征精神和遵义会议精神与贵州全省特别是革命老区基层党组织建设研究，从基层政权建设入手，将长征精神和遵义会议精神融入基层领导干部思想政治素质教育过程中，打造一支思想作风过硬，特别能吃苦、特别能战斗、特别能奉献、特别能干事创业的"四能"干部队伍。俗话说得好，村看村，户看户，群众看干部。要实现从经济社会发展上彻底改变贵州全省特别是革命老区贫穷落后面貌，加强贵州革命老区村、乡（镇）一级基层党组织建设和村、乡（镇）一级基层政权建设，是改变贵州全省特别是革命老区贫穷落后面貌的组织保障。

长征精神和遵义会议精神诞生在 20 世纪 30 年代中期，那时的中国社会处在天下大乱阶段，要荡涤一切污泥浊水，建构一个新世界，必须进行革命战争。现在的中国社会，是一个蒸蒸日上、繁荣昌盛的社会，社会治理的形式和内容都发生了巨大变化。然而，长征精神和遵义会议精神等革命话语作为党的意识形态的重要组成部分，有利于培养公民的国家认同感和政治认同感，有利于引导公民追求高尚的道德观念。这对于近几年来中国的市场化取向出现的社会消极因素和丑恶现象更具有抑制和防范作用。长征精神和遵义会议精神对促进社会上层更多地关心社会下层、关心广大人民群众的切身利益、构建和谐社会有着巨大的功能和作用。大力弘扬长征精神和遵义会议精神，探讨贵州革命老区社会治理的有效路径，把长征精神和遵义会议精神与贵州全省尤其是革命老区社会治理的关系联系起来，处理好改革、稳定和发展的关系，是改变贵

---

① 习近平：《让贫困地区孩子接受教育是扶贫重要任务》，http：//news. sohu. com/20150
910/n420774489. shtml。

州全省尤其是革命老区贫穷落后面貌、实现社会和谐极其重要的一环。

胡锦涛同志任贵州省委书记时，就特别关注贵州的反贫困和贵州的生态建设问题。胡锦涛同志任总书记后，曾多次指示贵州的同志要注意发扬革命传统精神，注意革命老区的人口控制、扶贫攻坚和恢复生态三件事。习近平同志 2015 年 6 月视察贵州时，特别强调"要运用好遵义会议历史经验，让遵义会议精神永放光芒"，"要保住发展和生态两条底线"，"既要金山银山，又要绿水青山"。将长征精神和遵义会议精神与贵州全省特别是革命老区生态文明建设联系起来，虽说难度较大，但却特色鲜明，亮点纷呈。贵州是长江、珠江上游的屏障，生态建设关系整个中、东部地区，国家高度重视贵州的生态文明建设。2013 年，全国最美乡村联盟大会在贵州黔西南州举行；2014 年，国家又将贵州列为全国生态文明建设先行省。贵州在工业、农业等方面是比不上全国其他省区的，如果将贵州红色文化、山地文化、民族文化和生态文化有机整合起来，贵州就有着独特的优势。然而贵州革命老区又大都处在喀斯特地容地貌的山区，其生态环境既十分重要又十分脆弱，加强长征精神和遵义会议精神与贵州生态文明建设研究，有着极其重大的理论价值和现实价值。

总之，1934 年中国工农红军在第五次反"围剿"失败后，为了粉碎国民党军队的围追堵截，在敌强我弱的情况下决定实行战略大转移，进行了二万五千里长征。在长征过程中，历经千辛万苦，不断与强敌进行激战，还要战胜自然界如雪山、草地等各种险恶环境造成的苦难，在历经了种种磨难之后终于取得了长征的胜利，与此同时也形成了伟大的长征精神和遵义会议精神。在新的历史时期，我们重温和深入研究长征精神和遵义会议精神，发掘其中蕴含的精神价值和时代价值，大力弘扬长征精神和遵义会议精神，从中吸取智慧和力量，提振人们的精神境界，坚定理想信念，积极投身于贵州省现代化建设的宏伟事业中，为实现中华民族伟大复兴"中国梦"而努力奋斗，有着深远的历史和现实意义。

参考文献

[1] 中共遵义市委办公室、政策研究室、党史研究室编：《遵义会议永放光辉——纪念遵义会议 80 周年论文集》，成都春晓印务有限公司 2014 年版。

［2］石仲泉：《遵义会议与遵义会议精神——纪念遵义会议80周年》，《遵义会议永放光辉——纪念遵义会议80周年论文集》，成都春晓印务有限公司，2014年12月版，第1—11页。

［3］石仲泉：《遵义会议评价的科学历史观——纪念遵义会议75周年》，《遵义党史党建》2010年第1期。

［4］中共遵义市委"遵义会议精神"课题组：《大力弘扬遵义会议的五种精神》，《遵义党史党建》2004年第1期。

［5］张黔生：《毛泽东与遵义会议精神》，《遵义党史党建》2004年第1期。

［6］费侃如：《遵义会议研究的新动态》，《遵义党史党建》2008年第2期。

［7］徐静：《遵义会议精神与毛泽东思想》，《中共党史研究》2013年第12期。

［8］中共中央文献研究室编：《毛泽东传》（一）（二）（三）（四）（五），中央文献出版社2013年版。

［9］金一南：《苦难的辉煌》，华夏出版社2009年版。

专题二　长征精神的当代价值[①]

长征，是指 1934 年 10 月至 1936 年 10 月，中国工农红军第一、第二、第四方面军和第二十五军自长江南北各革命根据地被迫转向西北革命根据地的战略大转移。红军长征以中央红军离开中央苏区为起点，以 1936 年 10 月三大主力在甘肃会宁和今属宁夏的将台堡会师为终点，"历时两个寒暑，纵横 14 个省（四川省分出重庆市，按现在地域说为 15 个省市），进行了 600 多次重要战役战斗，渡过了近百条江河，越过了约 40 座高山险峰，经过了 10 多个少数民族地区"[②]，最终取得了长征的伟大胜利。长征的胜利，不仅使红军主力转移到抗日的前沿阵地，为开展中国革命的新局面创造了重要条件，而且还孕育了伟大的长征精神。

一　国内外研究概况

关于长征精神，20 世纪七八十年代国外学者对此进行了相关研究，近年来研究成果较少，而国内学术界对此一直比较关注，并且从多个方面进行了比较细致、深入、系统的研究，取得了丰硕的成果。

1. 国外研究概况

英国传教士勃沙特的《神灵之手》（1936 年出版）是第一部向西方世界介绍中国长征的著作，它真实地记录了红军的战斗生活历程和政治思想工作的实况，揭示了红军灵活多变的战略战术和红军的统战工作艺术；美国记者埃德加·斯诺在其著作《红星照耀中国》（1937 年出

---

①　本专题执笔人：李传兵。

②　石仲泉：《红军长征和长征精神》，《中共党史研究》2007 年第 1 期，第 55 页。

版）一书中，高度赞扬了红军在长征中所表现出来的顽强斗争意志和惊人的革命乐观主义精神；美国记者艾格尼丝·史沫特莱在其著作《伟大的道路》（1956 年出版）一书中，细致地描述了毛泽东、朱德等人在长征途中同张国焘分裂主义做斗争的情况，赞扬了红军在长征路上的英雄气概，向世人展示了长征精神；美国作家海伦·福特斯的著作《续西行漫记》（1960 年出版）以及德国友人王安娜的著作《中国——我的第二故乡》（1964 年出版）等，均从不同方面讲述了长征故事并阐述了其历史意义。20 世纪 70 年代的主要著作有：英国中国问题专家迪克·威尔逊的《一九三五年长征：中国共产党生存斗争的史诗》（1971年出版）、英国杭尔德的《走向自由的长征》、日本宾户宽的《中国红军——困难与险峻的二万五千里》等。20 世纪 80 年代以来，一些国外学者以改革开放为契机加强了对长征的研究，使得这方面的著述获得了极大丰富，主要著作有：美国著名记者哈里森·索尔兹伯里的《长征——前所未闻的故事》（1986 年出版）、美国学者本杰明·杨的《从革命到政治：长征与毛泽东的崛起》（1990 年出版）、英国青年李爱德和马普安的《两个人的长征》（2005 年出版）等。

2. 国内研究概况

国内官方和学界对长征精神一直比较关注，并且从多个方面对此进行了比较细致、深入、系统的研究，取得了丰硕的成果。学者们分别从长征精神的形成、科学内涵、当代价值以及长征精神继承与弘扬的路径等多个方面进行了研究，其中学者们普遍对长征精神的科学内涵和当代价值问题给予了关注。

（1）关于长征精神的内涵

关于长征精神的科学内涵问题，自长征精神这个概念提出以来，官方、学术界就展开了对长征精神的内涵的探讨，中央一些领导同志包括毛泽东、杨尚昆、江泽民、胡锦涛等对此就有很明确的论述，其中尤以江泽民同志于 1996 年 10 月 22 日在纪念红军长征胜利 60 周年的讲话中关于长征精神的精辟概括影响最大，他指出："伟大的长征给党和人民留下了伟大的长征精神。这种精神，就是把全国人民和中华民族的根本利益看得高于一切，坚定革命的理想和信念，坚信正义事业必然胜利的精神；就是为了救国救民，不怕任何艰难险阻，不惜付出一切牺牲的精神；就是坚持独立自主，实事求是，一切从实际出发的精神；就是顾全大局、严守纪律、紧密团结的精神；紧紧依靠人民群众，同人民群众生死相依、患难与共、艰苦奋斗的精神。"① 随后不少学者在论述长征精神的内涵时，也大多采用这种说法，但同时也有学者以此为基础，根据需要或进行扩展或进行浓缩。例如，袁传银在《论长征精神的科学内涵》一文中指出，"长征精神的科学内涵包括五大基本方面，这就是：坚定的共产主义信仰精神，强烈的爱国主义精神，知难而进的自强不息精神，团结互助的合作精神，以及艰苦朴素的勤俭精神"②。时至今日，关于长征精神的内涵表述尚无定论，仍有专家学者针对此问题提出自己的观点，可谓仁者见仁、智者见智。但总体而言，他们的观点是趋于一致的，只是表述不同、角度不同而已。

（2）关于长征精神的当代价值

关于长征精神的当代价值，学者们一致认为长征精神具有重大的现实价值，他们分别从思想政治教育、青少年教育、党的建设、中国特色社会主义建设以及"中国梦"等多个视角对长征精神的当代价值进行了积极探讨。

第一，关于长征精神的思想政治教育价值。刘晓鲁在《长征精神及其对大学生思想政治教育的启示》一文中从爱国主义精神、艰苦奋斗、团结奋斗、加强组织纪律性四个方面详细论述了长征精神对大学生思想政治教育的重要价值。莫坷在《浅谈长征精神的德育价值》一文中指出，长征精神具有凝聚向心、感召激励、规范导向和教育塑造四个方面的德育价值。第二，关于长征精神对党的建设的价值。曾文怡在硕士论文《长征精神及其时代价值研究》中指出，汲取中国共产党在长征中加强党的先进性建设的丰富经验，对于当前从思想建设、政治建设、组织建设、作风建设以及制度建设五个方面推进党的先进性建设，不断提高党的执政能力，具有十分重要的意义。第三，关于长征精神对中国特色社会主义建设的价值。冯莎、蒋家胜在《弘扬长征精神，建设社会主义文化强国》一文中探讨了长征精神对于我国建设社会主义文化强国的时代价值。曾斌、赵绍成在《论弘扬长征精神对革命老区和谐社

---

① 江泽民：《在红军长征胜利 60 周年大会上的讲话》，《人民日报》1996 年 10 月 23 日。
② 袁传银、乔翔：《论长征精神的科学内涵》，《武汉大学学报》（人文科学版）2006 年第 6 期，第 676 页。

会建设的现实意义》一文中从理想信念、实事求是、顾全大局、党群
关系四个方面论述了长征精神对革命老区构建和谐社会具有很强的现实
意义。第四，关于长征精神对实现中国梦的价值。陈娜、陈明富在
《长征精神对实现中国梦的启示》一文中指出，实现"中国梦"，必须
坚定理想信念，坚持党的绝对领导，坚持实事求是的思想路线和党的群
众路线，弘扬团结、友爱、协作和艰苦奋斗精神①。汪勇在《长征精神
与中国梦》一文中指出，长征精神是实现中国梦的强大精神动力、必
要保障和重要思想基础，是实现中国梦、建设中国特色社会主义核心价
值观的重要内容。

　　从总体上来看，当前关于长征精神的内涵的研究成果比较丰富，各
位专家、学者从不同的角度、不同的层次对此进行了丰富而有益的阐
释，他们的观点是趋于一致的，只是表述不同、角度不同而已；但是时
至今日，关于长征精神的内涵仍未形成定论，依然值得结合史实和当前
实际，在借鉴以往研究成果的基础上继续深入、广泛地探究。学界一致
认为，长征精神具有重要的现实价值，学者各自从不同的角度对此进行
了阐述，从内容来看，这方面的研究成果视角比较狭小，而且不成系
统，缺乏深度。因而，如何系统、深入、多视角、多层次研究长征精神
的内涵及当代价值，如何运用好长征的历史经验，让长征精神永放光
芒，仍然是一项值得广大专家、学者继续研究的重大课题。

二　长征精神的科学内涵

　　归纳官方及专家学者的观点，同时根据长征的历史大背景、历史意
义，本着尊重历史、求得"最大公约数"、顺应时代需要的原则，长征
精神的内涵可简明扼要地提炼和概括为"忠诚理想、坚定信念，不惧
艰难、不怕牺牲，独立自主、实事求是，民主团结、顾全大局，心系群
众、依靠群众"。这样的概括和表述，既能够充分体现长征精神的个
性，又能够体现贯穿于井冈山精神、苏区精神、延安精神、西柏坡精神

---

① 参见陈娜、陈明富《长征精神对实现中国梦的启示》，《贵州师范大学学报》（社会科
学版）2014年第6期，第45页。

等众多红色文化精神的共性；既能够比较完整地把握长征精神所具备的历史特征和深刻内涵，又能够体现其鲜明的时代特征。

1. 忠诚理想、坚定信念

忠诚理想、坚定信念是红军战胜一切艰难险阻、克敌制胜的强大精神支柱和不竭力量源泉，是长征精神的灵魂所在。长征是第五次反"围剿"失败后党和红军的一个"迫不得已的选择"，或者说是一个"没有选择的选择"。在长征途中，红军不仅遇到了数十万敌军的围追堵截，而且经受了恶劣自然环境的挑战，甚至还遭遇了来自党内的挑战，许多红军战士血洒疆场、身没沼泽和雪山。然而，长征最终还是以胜利而告终。正是由于始终忠诚理想、坚定信念，正是由于拥有如此强大的精神支柱和力量源泉，我们党和红军才克服了千难万险，历经艰辛困苦，取得了最后的胜利。因此，可以这样说，长征的胜利是共产主义崇高理想所激发的革命忠诚、革命热情的胜利，是无产阶级革命必胜信念所激发的革命精神、革命斗志的胜利，正如邓小平所指出的那样，"为什么我们过去能在非常困难的情况下奋斗出来，战胜千难万险使革命胜利呢？就是因为我们有理想，有马克思主义信念，有共产主义信念。"①

2. 不惧艰难、不怕牺牲

不惧艰难、不怕牺牲的艰苦奋斗精神和革命英雄主义，是长征精神的集中反映。一部红军长征史，就是人民军队不惧艰难、不怕牺牲的奋斗史。长征途中，红军不仅要克服艰苦的物质条件、长途行军作战的艰苦，而且还要克服恶劣的自然环境。首先是艰苦的物质条件。红军长征中，大部分路程靠吃野菜、草根、树皮充饥，后续部队连这些都吃不上，就将各种皮革制品煮着吃，实在没有吃的、喝的，就只能靠拾拣马骨头和马粪中没有消化的青稞充饥，靠喝人尿、马尿解渴。除了衣食无着、忍饥受冻之外，药物也是异常奇缺，一些士兵生病了，由于缺少药物，无法得到治疗而死亡。其次是长途行军的艰苦。长征途中，由于各方面原因，红军不得不常常依靠长途行军奔袭敌军，战斗异常频繁、跋涉异常艰苦，常人难以想象。正如斯诺在《西行漫记》中所写的那样："路上一共三百六十天，有二百三十五天用在白天行军上，十八天用在

---

① 《邓小平文选》第 3 卷，人民出版社 1993 年版，第 110 页。

夜间行军上。……总长五千英里的路上只休息了四十四天，平均每走一百一十四英里休息一次"①。最后，是恶劣自然环境带来的艰苦。海拔4000多米的川康雪山，气候寒冷、氧气稀薄、无路可寻，吞噬了万千红军战士的生命；连鸟兽都不便出没的川西草地，沼泽遍地、人迹罕至、饮食没着落，使万千红军战士命丧于此。虽然面临重重艰难险阻，但是红军将士依然凭借不畏艰险、不怕牺牲的艰苦奋斗和革命英雄主义精神完成了伟大长征。

3. 独立自主、实事求是

坚持独立自主、实事求是，是长征精神的灵魂所在。自第五次反"围剿"失败并被迫长征开始，中央就与共产国际失去了联系，而后无论是从通道会议到遵义会议，再到最后的会理会议等 8 个主要会议构成的第一个系列会议，还是从两河口会议到最后的俄界会议等 7 个主要会议构成的第二个系列会议，还是从哈达铺会议直到瓦窑堡会议的第三个系列会议②，均是中央红军在没有共产国际的指导下召开的；从强渡乌江到智取遵义再到四渡赤水，最后到三大主力会师陕甘宁，期间每一个战役的胜利也都是在没有共产国际的指挥下进行的。独立自主离不开实事求是，没有实事求是，独立自主就成了无原则的党内争斗。长征过程中，中国共产党人在深入总结历史教训的基础上，不断排除"左"、右干扰，把马克思主义与中国革命具体实践相结合，用中国化的马克思主义指导中国革命实际，使得红军长征从被动走向主动、从失利转向胜利，实现了伟大的转折，最终取得了长征的伟大胜利。因此，可以这样说，长征的胜利就是"独立自主、实事求是，一切从实际出发的精神"的胜利。

4. 民主团结、顾全大局

民主团结、顾全大局，是长征胜利的重要保证。前面提到，红军长征面临着敌军、恶劣自然环境以及党内斗争三个方面的挑战，在应对和处理这些挑战的过程中实现了全党、全军、军民的空前团结，充分体现了民主团结、顾全大局的精神。第一，长征实现了全党和全军的空前团

---

① 斯诺：《西行漫记》，三联书店 1979 年版，第 179 页。
② 参见石仲泉《红军长征和长征精神》，《中共党史研究》2007 年第 1 期，第 59—60 页。

结。在与博古、李德的"左"倾冒险主义的斗争中，遵义会议集中解决了当时最为紧迫的军事问题和组织问题，然而并没有批政治路线错误，同时毛泽东不断做张闻天、王稼祥的思想工作，坚持不接受博古当一把手；长征途中，红军各部队围绕党的作战部署，紧密协同与配合，在极其艰难困苦的条件下，形成了坚不可摧的战斗集体，粉碎了国民党反动派的围追堵截，取得了一个又一个的胜利。第二，长征实现了军民的空前团结。红军各部队在经过民族宗教地区的时候，严格遵守三大纪律、六项注意，认真贯彻、落实党的民族政策和宗教政策，积极宣传群众和动员群众入党参军，并且帮助各地方人民群众建立人民政权和革命政权，从而实现了军民的空前团结。

　　5. 心系群众、依靠群众

　　心系群众、依靠群众，是红军克服千难万险取得长征胜利的决定性因素，是长征精神的精髓。红军所到之处，纪律严明、秋毫无犯，不进民宅，不违禁令，不拿群众一针一线，不动群众一草一木，救死扶伤，认真贯彻和落实党的民族政策和宗教政策，争取和团结民族宗教地区的上层人士；同时红军积极宣传北上抗日的目的和方针，宣传动员群众，并帮助各民族群众建立起人民政权和革命武装。广大党员干部和红军将士爱国为民的实际行动赢得了各民族人民群众的衷心爱戴和大力支持，沿途各族群众深切感受到共产党好、红军好，当地广大人民群众积极主动地从政治、经济各个方面帮助红军，许多人还直接入党参军。因而，可以这样说，红军之所以能战胜千难万险，最终实现战略转移的目标，一个重要的原因就是我们党及其领导的红军始终心系群众、紧紧依靠群众。

三　我国当前社会生活中存在着精神缺失问题

　　改革开放以来，中国面临着从传统社会向现代社会、从相对封闭的社会向全面开放的社会、从同质的单一型社会向异质的多样型社会的深刻转变。在这种转型过程中，我国市场经济快速发展、国家综合实力显著提升、人们的物质生活和精神生活满足程度得到大幅的提升，但不可否认的是，国人的精神世界状态与精神生活状况面临着多重挑战，主要表现为：理想信念缺失，物质主义和功利主义蔓延；艰苦奋斗精神弱化，享乐主义、奢靡之风渐盛；务实精神欠缺，形式主义、官僚主义盛行；集体主义观念淡化，个人主义、利己主义有所抬头；群众路线思想弱化，脱离群众危险加剧。"当精神缺失已成习惯，死亡也成习惯。"著名时评人、"大眼"李承鹏的这句话，看似危言耸听，但却道出了如今这个物欲横流社会价值缺失的事实，这就需要我们进一步拓展视域，深入分析当代中国人精神生活的现实困境。

1. 理想信念缺失，物质主义、功利主义蔓延

在社会转型过程中，由于受到市场经济的冲击和西方异质文化的入侵，人们的思想观念发生了深刻的变化，一方面，原有的信仰落后于时代的步伐，新的信仰体系还未建立；另一方面，理想信念在人们心目中的地位不断降低，失去它曾经的强大吸引力。与此同时，不同程度地出现拜金主义、物质主义、功利主义等道德滑坡现象。可以说，在很大程度上，理想信念被弱化了。这种弱化在广大人民群众身上表现为：人们在传统观念中，曾经所追求的那些神圣、崇高、理想的东西或已被抛弃或被打破，在做任何事情的时候都把"利"字摆到第一位，形成了一种重物质轻精神的大趋势；很多人或多或少地觉得空虚、迷茫、孤独、痛苦，找不到自己生存的意义，从而陷入了精神生活的困境。在党员干部身上又主要表现为：少数党员干部在理想信念上也发生了动摇，不能正确看待我国在改革开放和市场化进程中出现的问题，不能正确分析判断形势；有些人对马克思主义、共产主义、社会主义和共产党产生怀疑；有些人只信鬼神不信马列，为实现自己的"升迁梦"而大搞封建迷信活动。因此，理想信念缺失、物质主义和功利主义蔓延对我国的社会主义现代化建设是一个极其危险的因素。

2. 艰苦奋斗精神弱化，享乐主义、奢靡之风渐盛

改革开放以来，随着我国市场经济的快速发展，一方面人民的生活条件得到了明显改善、生活水平显著提高，另一方面不惧艰难、不怕牺牲的精神有所弱化，贪图享乐、不思进取、享乐主义、奢靡之风趁虚而入并如野草般悄然滋生蔓延开来。当前，享乐主义与奢靡之风在社会及普通群众身上主要表现为：有些人沉迷于社会物欲横流之中不能自拔，追求奢侈消费，铺张浪费、大吃大喝、讲排场、比阔气；有些人意志不坚定，心理承受能力差，贪图享乐、不思进取。享乐主义与奢靡之风在

党政机关及党员干部身上主要表现为思想空虚，精神懈怠，"和尚撞钟、得过且过"；利用职权公款吃喝、公款旅游、公款嫖赌，任意挥霍，浪费人民的财富；有的地方虽有"国家级贫困县"之名，却有名无实，政府机关大楼豪华气派如"白宫"、公务用车一辆比一辆豪华等等。享乐主义、奢靡之风不仅腐蚀人们的心灵、败坏党风、政风和社会风气，而且严重损害了党和政府在人民群众心目中的光辉形象，削弱了党和政府的公信力，侵蚀了党群干群关系的基础，任其发展只会失民心、遭民怨、激民愤。

3. 务实精神欠缺，形式主义、官僚主义盛行

当前，一些党员和干部务实精神欠缺，形式主义、官僚主义盛行，导致党群关系恶化。形式主义的危害是只图虚名、不务实效，官僚主义的危害是脱离群众、当官做老爷，形式主义与官僚主义就像一对孪生兄弟，两者具有很强的"共生性"，其共同本质就是脱离实际、脱离实践、脱离群众。主要表现为："有的常年坐在办公室，很少下基层，很少接触群众，对下情若明若暗，接'地气'不够；有的一切从本本出发，唯上、唯书、不唯实；有的故步自封、因循守旧，思想和工作落后于客观形势的要求；有的不按客观规律办事，急功近利，急于求成以至蛮干、瞎干；有的为了迎合或满足某种需要，说假话、大话、空话，甚至弄虚作假；有的怕担风险，明哲保身，明知是错的，却听之任之，不批评制止；有的不喜欢听真话、实话，不愿意修正错误、择善而从"①。凡此种种，都违背了我们党实事求是的思想路线，不仅造成公共资源的浪费，而且直接损害了党同人民群众的血肉联系，使广大人民群众对党和政府失去信任，进而导致双方关系紧张，甚至是尖锐对立，动摇党执政的社会基础。

4. 集体主义观念淡化，个人主义、利己主义有所抬头

集体主义作为调节个人利益与集体利益的原则，是社会主义价值观的核心，是社会主义精神文明的重要标志。新时期，随着我国改革开放的不断深入和经济市场化程度的不断提升，我国团结友爱、互相帮助、一心为公、无私奉献的集体主义观念逐步淡化，西方的极端个人主义和

---

① 习近平：《坚持实事求是的思想路线》，《学习时报》2012 年 5 月 28 日第 1 版，第 2 页。

极端利己主义等腐朽的价值观念作为一种"舶来品"随之涌入。有些人为了一己之私、为了局部小团体的利益，不惜损害集体利益，甚至是国家利益，破坏安定团结的政治局面；有些人用权不公、以权谋私，而不是为群众谋福祉；有些人重感情、轻原则，以关系代替政策，藐视法律权威，甚至出现"不给好处不办事，给了好处乱办事"的现象；有些人盯着位置干、盯着前程看，一切以个人晋升为目的，为了晋升不惜牺牲个人利益迎合领导，不惜牺牲群众利益讨好领导。个人主义与利己主义虽是两个不同的概念，但它们之间又有共同之处，两者都以自我为中心，以实现自我利益为目的，危害极大。当前，在实现中国梦的过程中，我国急需一个安定团结的政治局面和社会环境，而集体主义观念淡化，个人主义、利己主义泛滥，必将对此构成严重挑战。

5. 群众路线思想弱化，脱离群众危险加剧

长期以来，我们中国共产党一直坚持群众路线，密切联系群众，全心全意为人民服务，保持党同人民群众的血肉联系。历史和现实证明，这是我们党的最大政治优势。时至今日，我们党仍然视群众路线为党的生命线，不断创新党的群众路线理论，并付之于行动。但不可否认，当前，在一些党员和干部中，党的群众路线思想有所弱化，脱离群众危险在加剧，这是我们党目前面临的最大的执政风险。主要表现为：有些人宗旨意识淡薄，只为老板服务、为人民币服务，就是不服务群众，而且还大肆利用手中的权力谋取个人私利、为所欲为；有些人为了所谓的"政治前途"，不顾群众需要和当地实际，大搞"形象工程""政绩工程""面子工程"，只求经济的快速发展，不顾及民生需要，不考虑人民的幸福；有些人在工作中形式主义、官僚主义作风严重，高高在上，脱离群众、脱离民生、脱离实际，不知道群众的所思所想，不了解群众的所急所难等等。凡此种种，都是脱离群众的现实表现，究其原因，除了社会阶层结构的嬗变、利益矛盾显性化、利益诉求碎片化、公民政治参与不均衡、决策机制不完善、党员干部教育和管理软化等外部因素外，最主要的还是由于一些党员干部自身思想上出了问题，宗旨意识淡化，理想信念动摇。

四　长征精神对当代中国具有
重要的精神引领作用

今天，虽然历史条件发生了翻天覆地的变化，中国已从半个世纪前的半殖民地、半封建国家成为一个正在进行现代化建设的社会主义国家，中国共产党已从一个领导人民群众为夺取全国政权而奋斗的党变为掌握全国政权并领导国家建设的执政党，但是长征精神并未过时；相反，长征精神作为战争时期民族精神和时代精神的充分展现而凝结的一种红色文化，是中国精神在特定时期的典型呈现。当前，在实现"中国梦"这一新的伟大征途上，坚持和弘扬长征精神，不仅有利于这一伟大精神在新的历史时期得以继承和弘扬，而且是我们今天所从事的事业的现实需要。

1. 忠诚理想、坚定信念是我们的事业在任何时期都不可或缺的风向标和动力源

理想信念作为一种能动地作用于人类社会发展进程的巨大精神力量，无论是对于个人，还是对于一个国家、民族和政党，都极为重要。科学而崇高的理想信念，是一个人不懈努力、执着追求、披荆斩棘、攻坚克难的动力源泉；是一个国家、民族和政党团结奋斗、奋勇前行的精神旗帜，是国家生命力、凝聚力和感召力的源泉。作为一名中国人，尤其是一名党员干部，只有牢固树立共产主义理想，始终坚定社会主义和共产主义必胜的信念，才能始终保持昂扬向上、积极进取的精神状态，才能不断将我们的事业推向前进。

长征的胜利，是忠诚理想、坚定信念的胜利。长征是为追求"民族独立梦"、"人民解放梦"而进行的伟大壮举，而如今实现"中国梦"则是中国走向国家富强、民族振兴、人民幸福的正确道路，两者都是实现共产主义理想的必然之路。实现中华民族伟大复兴的"中国梦"，同样需要全体人民忠诚理想、坚定信念。对此，习近平同志就曾强调："实现中国梦必须弘扬中国精神。这就是以爱国主义为核心的民族精

神，以改革创新为核心的时代精神。"① 而 20 世纪 30 年代中国共产党领导红军在实现"民族独立梦"、"人民解放梦"过程中形成的长征精神，是中国精神在特定时代的典型呈现和生动演绎。当前是全面建成小康社会的决定性阶段和实现中华民族伟大复兴中国梦的关键时期，面对全球化环境下"西化"、"分化"思想侵袭的新形势，面对理想信念缺失、物质主义和功利主义蔓延的新情况、新问题，有些人认为共产主义理想只是一种可望而不可即的空想，因而对马克思主义产生了怀疑，出现了信仰危机；有些人对党的领导缺乏信心，认为党无力领导中国走向富强、领导人民实现幸福；有些人对社会主义道路产生怀疑，认为当前我国走的是资本主义发展道路等等，这些问题如果不能得到正确的对待和处理，就会导致共产主义理想信念产生动摇、政治方向迷惑，也就会对社会主义现代化建设造成不良的影响，给全面建成小康社会、实现民族复兴伟业造成极大的阻碍。由此可见，实现"中国梦"，理想信念至关重要。

在实现"中国梦"的过程中，全面建成小康社会、全面深化改革、全面依法治国、全面从严治党是关键环节，构成了实现中国梦的动力系统。从民族复兴伟业的动力系统来看，"四个全面"是一项伟大的系统工程，它的推进必须有理想信念的支撑和保障。广大人民群众尤其是党员干部，只有牢固树立共产主义的远大理想和中国特色社会主义共同理想，坚定共产主义和中国特色社会主义必胜的信念，才能真正处理好在推进"四个全面"过程中遇到的各种艰难险阻；才能有效地抵制市场经济发展过程中所带来的各种负面效应；也才能以社会主义核心价值观为统领，在追求民族梦、国家梦过程中实现个人梦想。总之，在新的历史条件下，忠诚理想和坚定信念依然是我们民族复兴事业的动力机制和导向系统。

2. 不惧艰难、不怕牺牲的艰苦奋斗精神是我们必须时刻保持的政治本色

不惧艰难、不怕牺牲的艰苦奋斗精神，在不同的时代里，在不同的民族中，具有不同的内涵。在我国，艰苦奋斗精神表现为一种不惧艰

---

① 习近平：《在第十二届全国人民代表大会第一次会议上的讲话》，《人民日报》2013 年 3 月 18 日第 01 版。

难、不怕牺牲，锐意进取、坚韧不拔、奋发有为的精神状态和为人民的利益乐于奉献的行为品质，这种精神状态和行为品质来源于中华民族勤奋节俭、刻苦耐劳、自强不息的美德，是中华民族几千年来的文化积淀和民族象征，是中华民族五千年文明史铸就的优良传统，是中国社会前进的巨大推动力。从某种意义上来说，一部中华民族史，就是一部中华民族不惧艰难、不怕牺牲的奋斗史。

长征的胜利，是不惧艰难、不怕牺牲的艰苦奋斗精神的胜利。我们党正是始终把艰苦奋斗精神作为传家宝，坚持艰苦奋斗的政治本色和优良传统，才成长壮大、成就伟业的。从某种意义上来说，一部中国共产党党史，就是一部靠艰苦奋斗起家、发展、壮大、成就伟业的历史。毋庸置疑，不惧艰难、不怕牺牲的艰苦奋斗精神，不论是过去，还是现在，乃至将来，都具有无可争辩的时代价值。当前，我们党正在团结带领全国各族人民为实现"中国梦"而奋斗，这是新的伟大长征。在新的征途上，我们必须深刻地认识到，我国正面临着错综复杂的国际新形势，我国仍处于并将长期处于社会主义初级阶段的基本国情没有变，而且依然不可避免地会遇到各种困难和风险，尤其是面临着艰苦奋斗精神弱化，享乐主义、奢靡之风渐盛这样一大挑战，这就需要我们继续保持艰苦奋斗作风、弘扬艰苦奋斗精神。

具体而言，艰苦奋斗精神的当代价值，首先体现在实现中国梦需要勇于攻坚克难。在实现"中国梦"的征程中，面对重重困难和各种挑战，难免会遇到巨大的阻力、遭受巨大的压力，这就需要我们以更高的政治觉悟和热情、更大的政治勇气和智慧以及壮士断腕的决心，突破各种利益固化的藩篱，消除各种不正当行为，带领人民群众破难前行。其次，实现中国梦需要继续勤俭建国。当前，面临党风政风不纯、经济发展不可持续、享乐主义和奢靡之风滋生蔓延等现实问题，亟须我们在政治上要通过大兴艰苦奋斗之风、带头厉行勤俭节约来保持和发展党的先进性，在经济上要通过节约能源资源、转变经济发展方式和资源利用方式来实现经济的可持续发展，在社会上要通过抵制奢靡享乐、铺张浪费不正之风来营造一个勤俭节约的良好氛围。最后，实现"中国梦"需要善于开拓创新。在社会主义初级阶段的背景下实现"中国梦"，在发展中国家的基础上建设现代化，在13亿多人口的国度中实现共同富裕，这些都是过去从来没有过的全新探索、全新实践。这就要求我们以开拓创新的精神寻找新方法、探索新路径、积累新经验、采取新举措，用创新走出新路，用创新实现新梦。①

3. 独立自主、实事求是的优良作风是我们研究、解决新情况和新问题的重要法宝

实事求是，即从客观实际出发去认识事物的本质，探求客观事物内部及事物与事物之间的规律性，它不仅是中国共产党人认识世界和改造世界的根本要求，而且是党带领人民不断取得中国革命、建设、改革胜利的重要法宝。独立自主，即"把马克思主义基本原理同中国具体实际相结合，走自己的路"，它既体现了马克思主义的科学世界观，又继承和弘扬了自强不息的中华民族精神。无论是过去、现在还是将来，独立自主始终都是我们的立足点，是我们事业取得胜利的重要法宝。实事求是、独立自主作为毛泽东思想活的灵魂的基本构成，作为我们党在革命、建设、改革中形成的优良作风，始终是我们研究、解决新情况和新问题的重要法宝。

长征的胜利，也是实事求是、独立自主的优良作风的胜利。遵义会议以后，我们党认识到了党和红军濒临绝境的危险，在深入总结历史教训的基础上，以马克思主义理论为指导，依靠中国人自己的力量去了解中国的情况、解决中国的问题，走符合中国国情的道路，这才使处于困境中的党和红军焕发生机、转危为安，最终取得了长征的伟大胜利。回顾我们党 90 多年的历史可以清楚地看到，什么时候坚持独立自主、实事求是，我们党的路线方针政策就能够符合客观实际、体现发展规律、顺应人民意愿，党和人民的事业就会顺利发展；反之，离开了独立自主、实事求是，党和人民的事业就会遭受损失甚至严重受挫。

当前，在实现"中国梦"的过程中，我们必须深刻认识到，我国仍处于并将长期处于社会主义初级阶段的基本国情没有变。在这种国情下，面对这一过程中出现的一系列新情况和新问题，尤其是务实精神欠缺，形式主义、官僚主义盛行这一现实挑战，我们没有现成的模式可以借鉴，跟在西人后面亦步亦趋不行，单靠照搬老祖宗的"本本"也不行。形势的新发展、人民的新期待，要求我们必须遵循解放思想、实事求是的思想路线，坚持独立自主、自力更生的优良作风，在中国特色社

---

① 参见辛鸣《中国梦：内涵·路径·保障》，《理论导报》2013 年第 1 期，第 21 页。

会主义理论的指导下，在"中国梦"的指引下，不断探索前进。正如胡锦涛在党的十七大报告中所指出的那样，"在我们这样一个人口众多的发展中社会主义大国，任何时候都必须把独立自主、自力更生作为自己发展的根本基点，任何时候都要坚持中国人民自己选择的社会制度和发展道路……坚持中国的事情按照中国的情况来办、依靠中国人民自己的力量来办"①。只有在正确理论的指导下，在伟大复兴梦的引领下，以独立自主的优良作风和实事求是的科学精神创造性地开展各项事业，我们才能无往不胜。

4. 民主团结、顾全大局在任何时候都是我们的事业取得胜利的重要保证

民主团结，首先强调的是民主，发扬民主有利于最大限度地获得广大人民群众以及党员干部对党的路线、方针、政策的认同与支持，有利于最大限度地实现广大人民群众以及党员干部思想的一致，还有利于实现全党、全军以及军民的团结统一。民主团结也强调团结，团结就是力量，团结就是胜利。众多事实表明，国家、政党不能保持团结统一，是政党垮台、国家变色的重要原因。顾全大局就是要增强全局观念，坚持以大局为重，强调个人利益要服从国家利益、集体利益，眼前利益要服从长远利益，小道理要服从大道理，归根结底还是要民主团结。发扬民主、团结统一、顾全大局，在任何时候都是我们事业成功的根本保证。

长征，既是积极发扬党内民主的光辉范例，也是全党团结、全军团结、军民团结的光辉范例。在长征中，没有这种广泛的党内民主，遵义会议可能就不会得以顺利召开，大多数人支持毛泽东领导党、领导红军的想法和意愿就无法得以实现，一系列正确军事决策无法得以制定、落实，胜利自然也就无从谈起；没有这种团结友爱协作精神，红军不可能生存下来，不可能获得强大的生命力和战斗力，更谈不上长征的胜利。因此，长征的胜利，是民主团结、顾全大局的胜利。当前，我国正处于改革攻坚期、发展关键期、矛盾凸显期，党面临着复杂、严峻的考验和危险，在此形势之下，民主团结、顾全大局的精神仍然是我们民族复兴伟业取得胜利的重要保证。

---

① 《十七大以来重要文献选编》（上），中央文献出版社2009年版，第805页。

具体而言，民主团结、顾全大局精神的当代价值，首先体现在实现"中国梦"需要我们有一个思想上统一、政治上坚强、组织上巩固的无产阶级政党，有一个坚强的中央领导集体及核心。在实现"中国梦"的过程中，我们仍应像当年红军一样，牢固树立视团结如生命的政治品格，严格遵守维护团结这条政治纪律，绝不允许个人主义、利己主义滋生蔓延，绝不搞山头主义、宗派主义，自觉维护全党、全军、全国各族人民以及军民的团结。一个团结统一的政党，离不开一个在实践中形成的、经得起实践检验的中央领导集体及其核心，有了这样一个坚强的领导集体及其核心，才能保证党的思想路线、政治路线和组织路线的正确，使党具有战胜一切艰难困苦的强大生命力和创造力，才能保证民族复兴伟业的顺利完成。其次，实现"中国梦"需要发扬民主、凝聚共识。在实现"中国梦"的过程中，面对社会结构深刻变动、利益格局深刻调整、思想观念深刻变化，我们会不可避免地遇到诸多治理危机，不民主、不平等现象时常存在，这就亟须我们本着求同存异的原则，积极借鉴民主协商这一民主理念资源，充分利用政协平台，在事关"中国梦"的议题上广泛开展各类协商，以减少分歧、凝聚共识。最后，实现"中国梦"需要团结一切可以团结的力量。我国是一个由56个民族、13亿人口组成的命运共同体，"中国梦"既是中华民族复兴之梦，同时也是人民幸福之梦，实现这一梦想是56个民族的共同责任，是所有炎黄子孙的共同任务。各民族及人民必须以对民族发展负责任、对子孙后代负责任的态度，紧紧依偎在中华民族这个大家庭里，紧密团结在中国共产党及其领导集体周围，为实现中国梦汇集起磅礴力量。

5. 心系群众、依靠群众，在任何时候都是我们事业取得胜利的决定性因素

心系群众，即始终把人民群众的安危冷暖挂在心上，始终把人民群众的切身利益放在心中最高位置，保持与人民群众的血肉联系，绝不脱离群众，它不仅体现了"一切为了群众"的价值取向，而且体现了我们党全心全意为人民服务的根本宗旨。依靠群众，即尊重人民群众的主体地位和首创精神，主动以人民为师、时刻向人民学习，善于发动和组织群众，它是党一切工作的力量之源、活力之源，中国共产党的一切智慧和力量均源自广大人民群众的实践。心系群众、依靠群众体现了马克思主义关于人民群众问题的世界观，是党的群众观点，是群众路线的核

心内容。在任何时候，这都是我们事业取得胜利的决定性因素。

群众路线作为中国共产党人在革命和建设的长期实践中形成和发展起来的根本政治路线和组织路线，是中国共产党的生命线，是我们党的传家宝，是我们党发展壮大、克敌制胜的重要法宝。坚持党的群众路线，无论是过去、现在还是将来，都是我们事业取得胜利的决定性因素。当前，在实现伟大复兴的"中国梦"的过程中，面对群众观点和群众路线弱化、脱离群众危险加剧的挑战，依然需要我们牢记和践行党的为民宗旨，实现好、维护好、发展好广大人民群众的根本利益，同时不断凝聚中国力量、凝聚人民群众的力量。这充分体现了心系群众、依靠群众对于实现中华民族伟大复兴"中国梦"的极端重要性。

具体而言，心系群众、依靠群众对实现中国梦的现实价值，主要体现在两个方面。首先，心系群众为中国梦的实现提供了思想保障。"中国梦"是人民幸福之梦，其崇高价值取向就是持续不断地为最广大人民群众谋福利。中国共产党所开创的道路归根结底是为人民求利益、谋幸福，而实现这一目标的关键就在于在思想上确立一切为了群众的价值理念。心系群众强调的就是一种为民的价值取向，这种价值取向要求我们树立和践行全心全意为人民服务的宗旨，坚持权为民所用、情为民所系、利为民所谋，切实为 13 亿中国人民创造更加美好的生活，努力实现人民幸福。这无疑为"中国梦"的实现提供了思想保障。其次，依靠群众为"中国梦"的实现提供了力量保障。"中国梦归根到底是人民的梦，必须紧紧依靠人民来实现，必须不断为人民造福。实现中国梦必须凝聚中国力量。这就是中国各族人民大团结的力量。"① 唯有始终坚持人民群众主体地位，发挥人民群众的首创精神，最大限度地团结一切可以团结的力量，通过每一个人的不懈奋斗和艰苦努力，将 13 亿中国人的智慧和力量汇集而成的磅礴力量转化为实现"中国梦"的不竭动力，才能最终托举起伟大的"中国梦"。同时，我们还应该认识到，实现"中国梦"，虽然使命光荣，但是任务极为艰巨——它不仅涉及的范围广、人员多，而且面临的困难很艰巨、挑战也很多，这就需要全国各族人民为之付出辛勤劳动和艰苦努力。

---

① 习近平：《在第十二届全国人民代表大会第一次会议上的讲话》，《人民日报》2013 年 3 月 18 日第 01 版。

五　把握时代特征，大力弘扬长征精神

长征，是一个永远说不尽的话题，是一部永远读不完的巨著，而蕴含其中的长征精神则更是一座永远取之不尽的精神宝库。随着我国改革开放的日渐深入和社会主义现代化建设的迅速推进，"现在，我们比历史上任何时期都更接近中华民族伟大复兴的目标，比历史上任何时期都更有信心、有能力实现这个目标"①。而实现这个目标，必须把握时代特征、结合新的时代条件，不断赋予长征精神以新的时代内涵，与时俱进地弘扬长征精神，并将其转化为推动各项工作的精神动力，为实现中华民族伟大复兴而不断创造新的业绩。

1. 加强理想信念教育，牢固树立中国特色社会主义共同理想

忠诚理想、坚定信念，在现阶段就是要牢固树立中国特色社会主义共同理想，增强中国特色社会主义自信，坚信"中国梦"一定能够实现。首先，要通过坚持不懈的理论学习，"巩固马克思主义指导地位，坚持不懈地用马克思主义中国化最新成果武装全党、教育人民，用中国特色社会主义共同理想凝聚力量"②，把广大党员干部的思想统一到中国特色社会主义的伟大旗帜上来，做共产主义远大理想和中国特色社会主义共同理想的坚定信仰者和忠实践行者。其次，通过党性和理想信念教育，使领导干部对纷繁复杂的国际和国内环境有准确而成熟的判断，对党、国家和民族的前途有清醒而正确的认识，能够正确把握和处理个人利益与党和国家的利益之间的关系，自觉献身于民族复兴伟业之中。最后，要不断加强思想道德修养，培养积极向上的生活情趣，树立良好的社会公德、职业道德、家庭美德，讲党性、重品行、做表率，做社会主义道德的示范者、引领者和维护者，以良好的精神状态为实现伟大"中国梦"而奋斗。

2. 发扬艰苦奋斗精神，着力营造艰苦创业、勤俭建国的社会氛围

当今的中国，虽已不是建国初期那个一穷二白的落后国家，但即便

---

① 习近平：《承前启后　继往开来　继续朝着中华民族伟大复兴目标奋勇前进》，《人民日报》2012 年 11 月 30 日第 01 版。

② 《中国共产党第十七次代表大会文件汇编》，人民出版社 2007 年版，第 33 页。

是在实现"中国梦"的今天，我们仍面临着严峻挑战和重重困难。这就要求我们继续发扬艰苦奋斗，着力营造艰苦创业、勤俭建国的社会氛围。首先，要努力改造主观世界，提高政治素养和个人修养，这是培养艰苦奋斗精神的治本之举。共产党员和各级领导干部要通过认真学习马克思主义理论和其他专业知识，通过向人民群众学习，不断改造主观世界，永远保持共产党人思想上的纯洁性，才能抵制诱惑、经受考验。其次，领导干部要身先士卒、争做表率，这是培养艰苦奋斗精神的关键环节。当前，各级领导干部要用自己的行动影响和带动广大党员和人民群众，做党员和群众的表率，让艰苦奋斗、勤俭节约的精神蔚然成风。再次，要注重树立和弘扬先进典型，这是培养艰苦奋斗精神的强大动力。新时期，我们要在实现"中国梦"及构建资源节约型社会的过程中，培育和树立一批具有时代特色的艰苦奋斗、勤俭节约的先进典型，充分发挥先进典型的示范、推进、激励和启发作用，推进"中国梦"的顺利实现。最后，要建立系统而完善的规章制度和监督机制，这是培养艰苦奋斗精神的重要保证。培养艰苦奋斗、勤俭节约精神，除了采取以上措施外，最为重要的一点是要制定一整套能够有力地遏制奢靡之风、防止和减少腐败的关于廉政建设方面的规章制度，同时还必须建立起全方位、多途径的一系列监督机制。

3. 弘扬求真务实精神，以务实作风推进民族复兴的伟业

新时期，针对形式主义和官僚主义滋生蔓延的问题，我们必须弘扬求真务实精神，以务实作风推进中华民族伟大复兴"中国梦"这一伟大事业。具体而言，第一，大兴调查研究之风，切实发现和深入分析实现复兴伟业过程中面临的各种现实问题。大兴调查研究之风，切实发现和分析现实问题，是求真务实的根本方法。当前，领导干部需要大兴调查研究之风，深入基层、根植群众，认真倾听群众呼声，善于发现并深入分析各种现实问题，为最终解决问题奠定基础。第二，发扬理论联系实际之风，切实解决在实现"中国梦"过程中面临的各种现实问题。理论联系实际，切实解决各种现实问题，是求真务实的关键。这就要求我们必须以强烈的历史责任感，潜心学习新知识，研究新事物，思考新情况，解决新问题；必须坚持用鲜血和生命为代价换来的实事求是，解放思想、与时俱进，一切从实际出发，大兴求真务实之风，察实情、办实事、求实效。此外，还应该加强制度建设，以规章制度来克服形式主

义、官僚主义的顽症，改进领导干部的工作作风并提高其办事效率，以务实作风实现"中国梦"。

4. 弘扬集体主义精神，最大限度地增强整个社会的凝聚力

当前，要实现中华民族的伟大复兴的"中国梦"，离不开一个安定团结的和谐政治环境和社会环境，这就要求我们必须弘扬集体主义精神，最大限度地增强整个社会的凝聚力和向心力。因此，在实现中国梦的过程中，我们需要一方面主动甄别、揭露、抛弃一些与广大人民群众的根本的、长远的利益相悖的共同体，"虚幻"、"冒充"的集体，建设"真正的集体"，为弘扬集体主义创造良好的社会条件；另一方面，集体主义的宣传教育也要与时俱进、不断更新，即在集体主义的宣传教育中，应该把个人的丰富个性、特长和自觉创造精神摆在更突出的位置，从而使得个人的作用能够在集体事业中得到更好的发挥，使得个人的正当利益得到应有的尊重和满足，最终实现集体价值与个人价值的双赢。只有充分调动各方面的积极性，充分尊重和满足各方面的利益诉求，使得大家能够紧密团结在中华民族这个大家庭之中，我们才能最大限度地增强整个社会的凝聚力，从而凝聚起磅礴的复兴力量。

5. 创新党的群众工作，努力构建适合时代发展的和谐党群关系

新时期，在加强党同人民群众的血肉联系上，需要坚持贯彻党的群众路线，尤其需要不断创新党的群众工作方法、创新群众工作制度。首先必须适应群众工作的新特点、新要求，学会运用新的方法、新的手段不断创新党的群众工作方法，这是构建和谐党群关系的关键举措。这就要求我们要善于学习新的知识，并将其与具体实际相联系，不断创新群众工作的理念、思路，不断丰富群众工作的载体；要因地制宜、因人而异、因时而变地采用灵活多样的工作方法和技巧，提高群众工作的成效。其次，要以改革创新的态度创新群众工作制度，这是构建和谐党群关系的制度保障。具体而言，需要改进工作方法、协调利益关系以及党群联合共建，培养群众对创新党群工作制度的认识和参与力；积极改善社会环境，规范制度创新，为党的群众工作制度创新提供健全的保障和良好的氛围；通过调查研究及时发现群众工作制度设计中存在的问题，并针对这些问题对不适应现实情况的制度加以改进和修订，从而不断完善党的群众工作制度；加强对党的群众工作制度落实的组织领导、监督检查以及考核评估。

参考文献

[1]《邓小平文选》第 3 卷，人民出版社 1993 年版。

[2]《中国共产党第十七次代表大会文件汇编》，人民出版社 2007 年版。

[3]《十七大以来重要文献选编》（上），中央文献出版社 2009 年版。

[4] 斯诺:《西行漫记》，三联书店 1979 年版。

[5] 石仲泉:《红军长征和长征精神》，《中共党史研究》2007 年第 1 期。

[6] 辛鸣:《中国梦:内涵·路径·保障》，《理论导报》2013 年第 1 期。

[7] 陈娜、陈明富:《长征精神对实现中国梦的启示》，《贵州师范大学学报（社会科学版)》2014 年第 6 期。

[8] 袁传银、乔翔:《论长征精神的科学内涵》，《武汉大学学报（人文科学版)》，2006 年第 6 期。

[9] 习近平:《承前启后 继往开来 继续朝着中华民族伟大复兴目标奋勇前进》，《人民日报》2012 年 11 月 30 日第 01 版。

[10] 江泽民:《在红军长征胜利 60 周年大会上的讲话》，《人民日报》1996 年 10 月 23 日。

[11] 胡锦涛:《坚定不移沿着中国特色社会主义道路前进 为全面建成小康社会而奋斗》，《人民日报》2012 年。

[12] 习近平:《坚持实事求是的思想路线》，《学习时报》2012 年第 1 期。

[13] 习近平:《在第十二届全国人民代表大会第一次会议上的讲话》，《人民日报》2013 年 3 月 18 日第 01 版。

专题三　长征精神的动态演化[①]

　　长征精神具有永恒价值与永久魅力，一直受到党和社会及理论界的广泛关注。一般说来，长征时期是指从 1934 年 10 月开始，中国共产党在第五次反"围剿"失败后被迫领导工农红军离开中央苏区根据地，到 1936 年 10 月 9 日红军三大主力一、二、四方面军在甘肃会宁胜利会师结束。红军进行了震惊中外的二万五千里长征。在中国共产党领导的新民主主义革命伟大实践中，产生了井冈山精神、长征精神、延安精神、西柏坡精神四大革命精神。它们都是在物质条件异常艰苦情况下取得的伟大成就，充分显示了中国共产党领导的革命军队的非凡勇气与崇高精神。而长征精神则是其中最具有特殊性的，即红军一直处于"大游击和大流动"[②] 的相对动态的环境。因此，长征精神更具有典型性和世界性意义，"是当今时代无与伦比的一次史诗般的远征"，也是我党最具特色的革命精神，历久弥新。"长征精神"一直是红色文化的重要资源，它不仅属于中国，也属于世界，是人类精神史诗上的华丽篇章。

　　对 80 多年来"长征精神"的动态演化进行一番研究，总结经验，揭示其存在的问题，对进一步深化"长征精神"的理论和实践探索都具有重要的意义。第一，研究的学术价值。对长征精神的动态演化进行系统的研究，有利于我们对长征精神的丰富内涵、长征精神的历史意义与现实意义、怎样理解长征精神、在新时期如何继承和发扬长征精神等问题进行纵向或横向的梳理，提供学术参考。第二，研究的应用价值。长征精神的动态演化研究可以帮助我们在历史的语境中，找到人类精神的动力和价值。总结和反思长征精神宣传过程中的历史经验与教训，并深度透视相关现实问题，为扎实推进"四个全面"建设提供指导作用。

---

①　本专题执笔人：胡芳。
②　《毛泽东选集》第 1 卷，人民出版社 1991 年版，第 231 页。

一　长征精神的动态演化历程

长征精神作为最重要的红色文化之一，是中国共产党在领导红军进行革命过程中形成的革命精神，也是当代中国精神的重要内容。长征精神是近代以来中华民族在反抗外来侵略争取民族独立解放的重要精神支柱。但长征精神不仅仅是特殊时期革命精神形态，也是中国社会意识形态的重要内容，它将作为一种文化形态延续。长征的动态演化历程也是民族精神与时代精神的统一。文化动态建构理论从社会认知的视角出发，把文化的影响看成是内隐的过程，认为文化对人的心理和行为的影响是人在特定的文化环境中习得一种内隐文化，形成内隐文化理论对人发挥作用，不同文化形成的内隐文化理论也不同，导致人们在认知、情绪、动机及行为上的差异。① 依此分析，长征精神作为一种文化形态，首先它的形成不是一蹴而就的，是经历过萌芽、发端、形成、升华等过程的；其次，对长征精神的认识和研究，也是推动挖掘长征精神丰富内涵的学理前沿；再次，作为一种精神传承，一定是文化与时代性相互作用的结果。因此，从广义上讲，长征精神的动态演化历程包括长征精神历史形成的动态演化历程、长征精神学理提炼的动态演化历程、长征精神社会价值的动态演化历程。

（一）长征精神历史形成的动态演化历程

"长征精神"是中央红军在长征途中克服了千辛万苦所体现的"不怕艰难险恶"的革命精神。长征精神萌芽于五四运动前后，最早表现为1919年的"爱国、进步、民主、科学"的"五四精神"，其核心是爱国主义，民主与科学也深深地影响了中国共产党的领导者。发端于中国共产党成立以后蓬勃发展的伟大工人运动和农民运动，形成了为实现共产主义理想而奋斗的革命信仰。无数革命先烈，正是为了实现这样一个崇高的理想，毫不犹豫地献出了自己的生命。夏明翰在《就义诗》中写下"砍头不要紧，只要主义真。杀了夏明翰，还有后来人"的豪

---

① 参见侯玉波、张梦《文化"动态建构"的理论和证据》，《西南大学学报》（社会科学版）2012年第4期。

言壮语，方志敏在《可爱的中国》中发出"敌人只能砍下我们的头颅，决不能动摇我们的信仰"的坚定誓言。正因为他们能坚守于共产主义信仰，执着于解放全中国，让广大穷苦人民摆脱受压迫、受剥削的生存状态的革命信念，他们才能排除万难、坚决斗争、无私无畏、不怕牺牲。长征精神基本形成于土地革命战争，1927 年"八七会议"是中国共产党的第一次重大转折。会议坚决反对和结束了政治上的右倾投降主义错误，毛泽东同志提出了"枪杆子里面出政权"的著名思想，确定了土地革命和武装反抗国民党反动统治的总方针，在中国革命紧急关头及时地向党和全国人民指明了斗争方向，给正处在思想混乱和组织涣散的中国共产党指明了新的出路，为挽救党和革命做出了巨大贡献。"不怕艰难险恶"的长征精神直接继承了"军民团结、艰苦奋斗"的井冈山精神，以及瑞金中华工农兵苏维埃共和国执政经验中破除了等级观念和特权思想，破除了鄙视劳动和劳动人民的旧道德观念，树立了平等意识，保护了妇女、儿童和老人的合法权益，引导建立了新型家庭关系，树立与国民党旧习气截然不同的社会新风尚。长征精神是在特定的极端恶劣环境下对红军的身心艰巨考验的胜利结晶。1934 年 10 月，第五次反"围剿"失败后，中央红军被迫离开中央根据地实行战略大转移，进行历时两年，行程约二万五千里的长征。长征是人类历史上的伟大奇迹。在历时两年的殊死征战中，中央红军共进行了 380 余次战斗，挫败了几十万敌军的围追堵截，共击溃国民党军数百个团，攻占 700 多座县城。红军以坚强无比的革命毅力走过了福建、江西、广东、湖南、广西、贵州、四川、云南、西康、甘肃、陕西 11 个省，翻越了 18 座大山，跨过了 24 条大河，踏过了荒无人烟的草地，翻越了连绵起伏的雪山，经过了汉、苗、壮、彝、回、藏等 2 亿人口以上的不同民族地区，创造了世界性的英雄业绩。其间经历了中国共产党的第二次重大转折——"遵义会议"。1935 年 1 月，中共中央在长征途中的贵州遵义召开政治局扩大会议。会议结束了"左"倾教条主义错误在党中央的统治，确立了以毛泽东为代表的新的中央正确领导，成为中国共产党和红军的历史上生死攸关的转折点。

长征突显了红军特别能吃苦的精神。毛泽东指出，红军行军二万五千里实现了从南到北的"长征"大转移，长征所经地区是蒋介石统治最薄弱的一环，也是帝国主义势力最弱的地区，少数民族最集中的地方，面临着重重困难，即物质条件缺乏、人口稀少、交通不便、气候条件也不好等，但毛泽东强调，这些我们的军队都能克服，长征的胜利就是中国共产党领导下红军的艰苦奋斗、不屈不挠精神的胜利。

长征中善于团结、顾全大局的集体主义也是非常重要的精神财富。除了与少数民族搞好团结外，中国共产党还十分注意党内团结，搞好红一、红四方面军的团结，最为典型的就是同张国焘军阀作风做斗争，争取军队的团结。

长征的胜利展示了中国共产党领导革命战斗的非凡能力。毛泽东指出，红军长征胜利的根本原因是有中国共产党的领导。他强调："没有共产党，这样的长征是不可能设想的。"① "因为中国共产党有着非凡的领导力，它的领导机关，它的干部，它的党员，是不怕任何艰难困苦的。"② 中国共产党带领红军以坚定无比的信念和意志克服了一个个难以想象的困难，其中的艰难困苦是世所罕见的。历时两年的长征途中，不仅每日天上有几十架飞机的侦察轰炸，地下还有几十万敌军围追堵截，而且路上遇到了无数的艰难险阻，"从前红军长征过草地的时候，有五十天没有饭吃，吃树皮，这只有共产党能做到，别人是做不到的。"③ 红军却开动了每人的两只脚，长驱二万五千余里，纵横11个省。他们气吞山河、勇往直前的革命英雄主义和革命乐观主义，"重要的是在困难的时候不要动摇。"④ 长征途中，红军伤亡惨重，原本30万人的军队，到达陕北时，只剩下25000人了，还不到1/10，但革命乐观主义精神一直激励着红军奋勇前进。"在长征中，我们的人员减少了，当然也不高兴。但是总的来说，我们觉得是有希望的，不管怎样困难。"⑤ 而 "克服困难最根本的办法，是把可能碰到的一切困难向同志们讲清楚，把中央决定要过草地北上抗日的道理向同志们讲清楚"⑥。

长征增强了党和军队的凝聚力，为中国革命继续前进奠定了基础。

---

① 《毛泽东选集》第 1 卷，人民出版社 1991 年版，第 150 页。

② 同上。

③ 《毛泽东文集》第 2 卷，人民出版社 1993 年版，第 193 页。

④ 《毛泽东文集》第 8 卷，人民出版社 1999 年版，第 174 页。

⑤ 同上书，第 213 页。

⑥ 中共中央文献研究室：《毛泽东年谱（1893.12—1937.06）》修订本（上），中央文献出版社 2013 年版，第 466 页。

当1935年冬季中央苏区红军长征到陕北时，只剩下7000人，成了"皮包骨"。留下的这点力量，不要看轻了它，它的发展前途是很大的。"三万人比三十万人哪个更强大？因为得到了教训，不到三万人的队伍，要比三十万人更强大。"① 因为"我们的军队和军队中的干部是'闯州过府'的，是经过二万五千里长征的，是见闻广博而有经验的。"② 长征过的老干部容易强调从军队来的力量，这也是有道理的，当年没有红军北上是不可能有现在这样大的力量，而只能进行游击战争。毛泽东分析，之所以能取得长征的胜利，是因为有中国共产党领导下的红军队伍的纯洁性。毛泽东指出："长征二万五千里不是因为有统一战线，而是因为太纯洁。"③ 红军所以艰难奋战而不溃败，"支部建在连上"是一个重要原因。党的组织，现分班有小组，连有支部、营部、团委四级。有着严密的军纪——"三大纪律、八项注意"，同时仔细地建立与群众的关系。毛泽东强调："对群众纪律的加强，与扩大红军是成正比例的。"④

（二）长征精神学理提炼的动态演化历程

根据中国社会的时代特征和主要矛盾的变化，将长征精神学理提炼的动态演化历程主要分为以下四个阶段：长征行军途中、革命战争时期（包括抗日战争和解放战争）、社会主义革命和建设初期、建设中国特色社会主义"新长征"。

第一阶段（1934年10月—1936年10月）："艰苦奋斗不屈不挠的精神"——长征行军过程中对长征精神的概括。

长征是空前的伟大事业，艰苦奋斗不屈不挠的精神。长征是被迫的战略转移，长征战事频繁，条件异常艰苦。由于长征途中，一直处于战争或剧烈的运动中，所以没有时间和条件来总结和广泛宣传，因此，关于长征精神的内涵我们可以从长征途中发生的历史事件、文学作品、宣传布告等中提炼。据考证，最早提出关于长征的评价是在1935年8月5日，中共中央政治局在沙窝会议通过的决议中指出："一方面军一万

---

① 《毛泽东文集》第8卷，人民出版社1999年版，第174页。
② 《毛泽东文集》第3卷，人民出版社1996年版，第69页。
③ 《毛泽东文集》第6卷，人民出版社1999年版，第14页。
④ 中共中央文献研究室：《毛泽东年谱（1893.12—1937.06）》修订本（上），中央文献出版社2013年版，第469页。

八千里的长征是中国历史上的空前的伟大事业"。而提出长征精神内涵是在 1935 年 11 月 13 日，中共中央在《中国共产党中央委员会为日本帝国主义并吞华北及蒋介石出卖华北出卖中国宣言》中明确提出：红一方面军"经过二万五千余里的长征。跨过了十一省的中国领土，以一年多艰苦奋斗不屈不挠的精神，最后胜利的到达了中国的西北地区，同陕甘两省原有的红军取得了会合"。长征行军过程中文学作品主要有 1935 年毛泽东的诗词《忆秦娥·娄山关》《念奴娇·昆仑》《七律·长征》《十六字令三首》《清平乐·六盘山》《六言诗·给彭德怀同志》，以及 1936 年 2 月长征即将结束时的《沁园春·雪》，还有陈云于 1935 年 8 月完成的《随军西行见闻录》。红军具有乐观主义、英雄主义和坚忍不拔的意志。1935 年 10 月，毛泽东就写过著名七律诗——《七律·长征》："红军不怕远征难，万水千山只等闲。五岭逶迤腾细浪，乌蒙磅礴走泥丸。金沙水拍云崖暖，大渡桥横铁索寒。更喜岷山千里雪，三军过后尽开颜。"毛泽东热情地讴歌了中国工农红军在经历千难万险的长征途中所表现出的乐观主义精神和革命英雄气概，表现了中国共产党革命必胜的决心与信心，号召人们学习红军战士不怕死、不怕苦的革命精神。

红军长征是中华民族百折不挠、顽强拼搏的象征。长征途中，由于一直处于"大游击和大流动"的不稳定状态，没有时间和精力对长征精神进行总结和宣传，在红军到达陕北后，中共中央才获得可能去系统地总结和宣传长征精神。毛泽东指出，长征是历史上的第一次，长征是宣言书，长征是宣传队，长征是播种机，长征宣告了帝国主义和蒋介石围追堵截的破产，红军的胜利，红军是英雄好汉；同时，长征在 11 个省广泛地宣传了中国共产党的革命宗旨和革命纲领，播下了革命的种子；长征又是宣传队，这是中国共产党建立以后第一次最大范围、最大规模地与少数民族交流、沟通和互动，也是党的民族工作、民族政策奠定基础的过程，开创了符合中国实际的马克思主义民族观。首次提出"长征"① 是 1935 年 5 月的《中国工农红军布告》："中国工农红军，解

---

① 1935 年 5 月的《中国工农红军布告》首次用了"红军万里长征"一语，此前，提法是"突围行动"和"长途行军"；遵义会议后提出"西征"。"万里"是从瑞金算起的行程，"长征"则表现了红军渡过金沙江，摆脱了几十万敌军的围追堵截，变被动为主动后的振奋和自豪。"长征"一词很快就用开了。1935 年 9 月中央政治局《关于张国焘同志的错误的决定》首次提出"二万余里的长征"。到陕北后，毛泽东的讲话第一次提出了"二万五千里长征"的概念。

放弱小民族；一切夷汉平民，都是兄弟骨肉。可恨四川军阀，压迫夷人太毒；苛捐杂税重重，又复妄加杀戮。红军万里长征，所向势如破竹；今已来到川西，尊重夷人风俗；军纪十分严明，不动一丝一粟；粮食公平购买，价钱交付十足；凡我夷人群众，切莫怀疑畏缩；赶快团结起来，共把军阀驱逐；设立夷人政府，夷族管理夷族；真正平等自由，再不受人欺辱；希望努力宣传，将此广播西蜀。"布告是由红军总政治部宣传部主编《红星报》的陆定一起草，并经朱德总司令首肯传播开来的。他用短短的 156 个字，痛斥了四川的军阀欺压夷人的种种罪行，描述了中国工农红军纪律严明，实行民族平等政策，希望与夷人共同打倒军阀的革命愿望。布告采用了六言骈句，通俗易懂，简明扼要，脍炙人口，易记易传。"长征又是宣传队。它向十一个省内大约两万万人民宣布，只有红军的道路，才是解放他们的道路。不因此一举，那么广大的民众怎会如此迅速地知道世界上还有红军这样一篇大道理呢？"[1] 执行正确的民族政策既是红军顺利渡过长征劫难的重要法宝，也是红军革命的一次实践宣传。由于统治阶级长期对彝族剥削和压迫，彝族与汉族的关系僵持、隔阂很深。早在红军来到彝族之前，国民党已散布了大量诬蔑红军的谣言，包括"红军来了要普烧普杀、共产共妻，要杀得鸡犬不留，连娃娃也要杀了煮来吃"；"红军中有妖精，每天吃一个七至十二岁的男童"；"红军头上长有八只脚，红头发，红胡子，红军是俄国人"等等。对于那些淳朴的乡民来说，这些宣传的确让他们感到恐怖，人民纷纷躲藏到山里，观看红军的动静。毛泽东反复强调："要教大家尊重少数民族，团结好少数民族。"[2] 先遣队在进入大凉山彝民区时，就遭到手持土枪、长矛的彝民拦阻，还扒光了他们的衣服。但红军坚决不开枪反抗，并耐心地向他们说明红军的政策，是为受压迫的穷苦人打天下的，路经此地是借道北上，这样才解除了彝民的敌视和猜忌。红军进到村寨后，从不随便占用民房，大批部队主要住在破庙里，有的露天宿营，有的得到老百姓的同意分散住在群众家里。住在百姓家里的红军常常会帮助群众打扫屋院、挑水，与群众亲如一家，借用东西归还，损

---

① 《毛泽东选集》第 1 卷，人民出版社 1991 年版，第 150 页。
② 中共中央文献研究室：《毛泽东年谱（1893.12—1937.06）》修订本（上），中央文献出版社 2013 年版，第 466 页。

坏东西赔偿。耳听为虚，眼见为实。当地人民发现红军才是真正帮助和解放他们的人民军队。刘伯承还与彝族沽鸡头人小叶丹在海子边彝海结盟。由于执行了正确的民族政策，红军顺利通过大凉山彝族区。长征的历史实践，开启了各民族同呼吸、共命运的奋斗征程，造就了各民族人民在革命斗争中的守望相助和水乳交融；长征精神激励着各民族共同团结奋斗、共同繁荣发展的意志和决心，推动了抗日战争和解放战争的伟大胜利。红军长征，走到哪里都受到当地群众的热烈欢迎，红军为人民服务，也得到了当地群众的大力支持。

第二阶段（1936年10月—1949年10月）：一不怕苦、二不怕死的革命英雄主义精神——历时较长的革命战争时期对长征精神的概括与宣扬。

这段时期战争成为主题，中国共产党一切工作中心都围绕着抗日战争和解放战争进行，因此，继承与发扬长征精神成为这个时期的精神宝藏和精神支柱。而长征成为塑造党和红军英雄形象的绝好素材。党中央到达陕北后，随着处境和条件的改善，对长征的宣传力度不断加强，对长征精神的挖掘也更广泛更深入。为了争取外部支援，改善物质条件，迫切需要向全世界宣传中国这支红色军队的英勇事迹，以消除国民党丑化宣传对红军造成的形象损害，扩大其影响。1936年6月，毛泽东等中共主要领导人接受了埃德加·斯诺——首位来自美国的西方记者的采访，中共还向他提供了大量长征亲历者的回忆资料，斯诺为期4个月对延安苏区的访问，成为对外宣传中国共产党和红军的重要材料。1936年8月，毛泽东向参加长征的同志发出信函，并向各部队发出电报，发起集体创作，拟出版《长征记》，动员干部和同志就自己所经历的行军、战斗、部队工作，或是民情风俗、奇闻逸事等，择其精彩有趣的片段写出来。《二万五千里》约30万字，最终于1937年2月汇编成册，但直到1942年11月才付印出来，并更名为《红军长征记》。这是一部纪实性报告文学，亲历者在比较近的时间内回忆对于长征鲜活的个人感受，真实地表达了红军指战员的革命英雄主义和革命理想主义，这是一次以群体性的形式对长征精神的集中概括，具有很高的史料价值。此时，长征精神的丰富内涵被多维度地挖掘出来，提出"百折不回、勇往直前的革命理想主义精神；一不怕苦、二不怕死的革命英雄主义精神；团结友爱、互帮互助的革命集体主义精神；因地制宜、审时度势的革命现实主义精神；服从组织、顾全大局的革命全局主义精神。"共产党人和革命者从事革命活动的目的就是要为革命利益而奋斗，在个人利益与革命利益发生矛盾时，要"以革命利益为第一生命，以个人利益服从革命利益"①。始终把革命利益放在首位，极大地激发了革命者为集体而献身的斗争，革命队伍形成了前所未有的向心力和凝聚力。值得注意的是，这时期长征精神，更多的是赋予政治性内容，即提倡一种革命精神。

第三阶段（1949 年 10 月—1978 年 12 月）："艰苦奋斗是我们的政治本色"——社会主义初期建设对长征精神集体主义的提倡。

1949 年 10 月 1 日，毛主席在天安门城楼上向世界宣告新中国的成立，中国革命取得了巨大的胜利，人民翻身当家作主，建立了无产阶级政权。社会主要矛盾也从革命战争向百废待兴的社会主义建设转变，长征精神也赋予了新的内涵。1949 年 3 月，毛泽东在中共七届二中全会上的报告中指出："夺取全国胜利，这只是万里长征走完了第一步。……中国革命是伟大的，但革命以后的路更长，工作更伟大，更艰苦。"② 将"万里长征"含义扩大化，指新民主主义革命、社会主义革命和建设。这时的中心任务是以经济建设为中心，大力发展生产力。党的工作中心也由乡村转到了城市。将长征精神融入社会主义改造、"一五"计划建设、"大跃进"、人民公社化运动中。长征精神也在社会主义建设的大潮中不断延伸，而"艰苦奋斗"精神是其核心。毛泽东指出："我们要提倡艰苦奋斗，艰苦奋斗是我们的政治本色。"

关于长征的研究也出现了一个新的高潮，最为突出的是出版了红军长征回忆录专集——《星火燎原》的第三集，1958 年至 1982 年，共编辑出版了 10 集。但是这时的长征研究存在着一定的历史与政治相纠结的问题，主要表现为突出政治至上，强调伟人的力量；突出集体主义，轻视个人需求。而这种情况在"文化大革命"时期达到高潮。1975 年 10 月纪念红军长征胜利 40 周年，当时国内的政治形势依然复杂，"四人帮"控制纪念活动，宣传中阶级斗争的痕迹明显，其重点还是点评《水浒传》、"反修防修"以及农业学大寨。

---

① 《毛泽东选集》第 2 卷，人民出版社 1991 年版，第 361 页。
② 《毛泽东选集》第 4 卷，人民出版社 1991 年版，第 1438 页。

第四阶段（1978 年 12 月至今）：革命为民、实事求是、联系群众——社会主义改革对长征精神的高度概括。

1986 年 10 月 22 日，时任中央军委副主席的杨尚昆代表中共中央、国务院和中央军委在纪念红军长征胜利 50 周年大会上发表讲话《总结历史经验　继承和发扬长征精神　在改革开放和现代化建设中建功立业》，对长征精神作了高度概括："对革命理想和革命事业无比忠诚、坚定不移的信念；就是不怕牺牲，敢于胜利，充满乐观，一往无前的英雄气概；就是顾全大局，严守纪律，亲密团结的高尚品德；就是联系群众，艰苦奋斗，全心全意为人民服务的崇高思想。"① 这是"文化大革命"结束后，第一次对长征精神作出准确的阐释。后经过 10 年的改革开放伟大进程，1996 年 10 月 22 日，江泽民同志在纪念红军长征胜利 60 周年大会上，对长征精神做过全面概括：伟大的长征精神，"就是把全国人民和中华民族的根本利益看得高于一切，坚定革命的理想和信念，坚信正义事业必然胜利的精神；就是为了救国救民，不怕任何艰难险阻，不惜付出一切牺牲的精神；就是坚持独立自主、实事求是，一切从实际出发的精神；就是顾全大局、严守纪律、紧密团结的精神；就是紧紧依靠人民群众，同人民群众生死相依、患难与共，艰苦奋斗的精神。"② 至此，长征精神的丰富内涵基本形成。胡锦涛在 2006 年 7 月 25 日中共中央政治局进行第 33 次集体学习的讲话中指出，长征是中国共产党领导中国人民英勇革命的壮丽史诗。包括长征在内的中国革命史，是中国共产党人光荣革命传统和中华民族伟大民族精神的集中反映。我们应该十分珍惜和充分运用这个精神宝库，在改革发展任务艰巨繁重的新形势下，在深刻变化的国际环境中，更加注重用中国历史特别是中国革命史来教育干部和人民。

（三）长征精神的社会价值动态演化

文化动态建构理论强调文化与情境的交互动态作用，即当特定的文化情景进入人们的思维时，激活了人们的内隐文化加工机制，用于解释当前的刺激情境或引导个人行为时，文化的影响才发挥作用。当行为情

---

① 杨尚昆：《总结历史经验　继承和发扬长征精神　在改革开放和现代化建设中建功立业》，《人民日报》1986 年 10 月 23 日，第 4 版。

② 《江泽民文选》第 1 卷，人民出版社 2006 年版，第 590 页。

境发生变化，文化对行为的效应可能会加强、削弱或者以另一种方式发挥作用。已有的实证研究结果表明，当情境因素彰显时，相比北美被试而言，东亚的被试更易于调整自己的归因方式，将行为归因于环境而非个体，从而更不容易犯基本归因错误。当然，当人们缺乏认知资源时，中国被试更多地作出外在型归因。① 因此，长征精神社会价值是与时代的主要矛盾和主要任务紧密相连的。在中国共产党90多年的历史中，形成了很多可歌可泣的"红色精神"。这些精神都与长征精神有着某种密切的关联。

（1）长征精神与革命战争。毛泽东非常重视发挥人的精神的能动作用，"人是要有一点精神的"，他强调是否发扬革命传统，是我国民主革命能否取得胜利的重要因素。而长征精神是我党最具特色的革命传统，长征精神所表现的大无畏革命英雄主义精神是抗日战争、解放战争的革命之精髓；艰苦奋斗的作风是革命胜利的纪律保证；密切联系群众是"全心全意为人民服务"的根本体现；实事求是是战争以少胜多、以弱胜强的最强大法宝。"改变作风、提高素质"延安精神是长征精神在全国抗战与国民党外压形势下的伟大发扬，是中华民族从挫败走向复兴的精神转折时期。

（2）长征精神与社会主义建设。长征精神作为一种精神力量，从它形成的时候起，就对中国的革命和建设事业发挥着极其重要的作用。"谦虚谨慎、戒骄戒躁、艰苦奋斗"的西柏坡精神是党面临着由农村向城市、由革命党向执政党、由夺取政权向建设国家的历史性转变，面临着革命胜利和即将执政的新的考验，继续发扬"万里长征精神"是其坚实的精神动力。20世纪50年代，我国社会主义建设之所以取得举世瞩目的成绩，一个重要的原因就是由于继承和弘扬了长征精神的革命传统，广大党员和人民讲理想、讲纪律、讲为人民服务，爱党、爱国家、爱社会主义。无论是"艰苦奋斗、勇于开拓"的"北大荒"精神，还是"自力更生、艰苦奋斗、勇攀科学高峰"的"两弹一星"精神，抑或"服务人民、助人为乐、勤俭节约、爱岗敬业"的雷锋精神，都是长征精神"艰苦奋斗、不屈不挠"的当代继承。

---

① 参见侯玉波、张梦《文化"动态建构"的理论和证据》，《西南大学学报》（社会科学版）2012年第4期。

　　（3）长征精神与社会主义精神文明、社会主义核心价值体系。虽然红军长征离我们的时代已经久远，但长征精神作为特定历史时期的产物，它所绽放出的为解放劳苦大众的革命理想信念、那种不惧艰难的乐观精神、勇于奉献的英雄主义精神却是永远不会过时的，是人们所一直追求的。在不断深化改革、讲求竞争和理性至上的现代社会，无论是国家，还是企业、个人，在人们的内心世界里或许更加渴望激情与信仰作为精神支撑。从这个意义上说，长征精神具有普世价值的光芒，完全可以具有跨越时代的精神品质，而成为新时代的价值走向。改革开放初期，邓小平就提出把长征精神融入社会主义精神文明。当今，我们需要把长征精神融入社会主义核心价值体系。党的十七届六中全会提出，社会主义核心价值体系是兴国之魂，是社会主义先进文化的精髓，是巩固全党全国各族人民团结奋斗的共同思想道德基础。伟大的长征精神是中国共产党宝贵的精神财富，它与中华民族优秀的传统美德一脉相承，并随着时代的发展不断更新。当前社会，需要我们继续挖掘、大力弘扬长征精神的深刻内涵，把长征精神融入社会主义核心价值体系的建设中，为建设新的长征路，即中国特色社会主义道路提供强大的精神动力。胡锦涛指出："在新长征的征途上，我们一定要把长征精神作为加强社会主义精神文明建设的重要内容，作为在全体人民特别是青少年中进行理想信念和思想道德教育的重要内容，坚持不懈地发扬光大，把长征精神一代一代传下去。"① 胡锦涛强调，要把学习包括长征精神在内的中国革命史与推进马克思主义的中国化紧密结合起来，与加强理想信念教育紧密结合起来，与加强党的先进性建设紧密结合起来，推动和谐社会的发展。

　　（4）长征精神与改革开放。传统的长征精神在改革开放的经济建设热潮中焕发出新的内涵。1978 年 12 月党的十一届三中全会成为中国共产党的第三次重大转折，从根本上冲破了长期"左"倾错误的严重束缚，会议重新确立了解放思想、实事求是的思想路线；提出把工作重点转移到以经济建设为中心的社会主义现代化建设上来，实行改革开放的新决策；重新确立了党的正确的组织路线，决定健全党的民主集中

---

① 胡锦涛：《在纪念红军长征胜利 70 周年大会上的讲话》，人民出版社 2006 年版，第 9 页。

制，健全党规，严肃党纪，加强党的领导机构，系统地清理重大历史是非问题，端正了党的指导思想，重新确立了党的马克思主义的正确路线，揭开了党和国家历史的新篇章，是新中国成立以来中国共产党历史上具有深远意义的伟大转折。邓小平强调："毛泽东同志正确处理党内问题的政策，使大家团结起来了，渡过了最困难的时刻，完成了长征。"① 他强调："只要我们大家团结一致，同心同德，解放思想，开动脑筋，学会原来不懂的东西，我们就一定能够加快新长征的步伐。让我们在党中央和国务院的领导下，为改变我国的落后面貌，把我国建设成现代化社会主义强国而奋勇前进！"在改革开放的新征程中，当前我国改革已经进入攻坚期和深水区，我们仍需要发扬敢于啃硬骨头，敢于涉险滩的精神，这种精神就是不畏艰险、排除万难、坚忍不拔、勇往直前的长征精神的深刻写照。要继续发扬长征的军民团结、全心全意为人民服务的奉献精神，来落实好中央各项惠民政策，更多关注困难群众，把群众工作做实、做深、做细。

（5）长征精神与"四个全面"。在新的长征路上弘扬长征精神——将传统的长征精神同新时期建设社会主义的"新长征"有机地结合起来。贯彻落实"四个全面"战略，即全面建成小康社会、全面深化改革、全面依法治国、全面从严治党，仍然需要"坚定不移的革命理想、无所畏惧的革命英雄主义、全心全意为人民服务的宗旨、实事求是的思想路线"的长征精神做支撑。胡锦涛指出："我们继承和发扬红军长征的光荣革命传统，就要大力加强党的执政能力建设和先进性建设，更好地担当起执政为民、执政兴国的历史重任。"② 结合今天的改革发展，我们所有的工作也都需要密切联系群众，走群众路线，与群众充分沟通，特别是涉及广大群众切身利益的政策和方案要充分考虑群众的利益和需求，使改革和发展得以顺利进行。站在新的历史起点上，习近平强调，我们永远不能忘记自己是从哪里走来的，永远都要从革命的历史中汲取智慧和力量，把理想信念的火种、红色传统的基因一代代传下去，让革命事业薪火相传、血脉永续。

---

① 《邓小平文选》第 1 卷，人民出版社 1994 年版，第 339 页。
② 胡锦涛：《在纪念红军长征胜利 70 周年大会上的讲话》，人民出版社 2006 年版，第 11 页。

走在新长征路上，我们应继承和发扬当年红军长征的精神，把长征这份宝贵的精神财富变成推动我们各项事业前进的巨大力量。红军长征的路是艰苦的、漫长的；新长征的路会更艰苦、更漫长。因此，我们追忆长征、纪念长征、发扬长征，就是要更好地把这种宝贵的精神财富传承下去，为实现人民的解放，维护好、实现好人民的利益，谋取人民的幸福，争取社会主义现代化建设"新长征"的胜利作出最大的努力与贡献。

二　长征精神动态演化的转变特点

当今中国社会文化处在快速的转变之中，长征精神作为一种实践哲学，它的丰富内涵也随着时代的变换和社会主要矛盾的变化而发生深刻的转变。主要有以下特征：

（一）从革命性向政治性、建设性转变

长征精神本是革命时期的产物，是中华民族精神和共产党人革命精神的凝聚，其英雄神勇、艰苦奋斗的精神，充分显示了共产主义革命理想的崇高信仰，表现了中国共产党无坚不摧的战斗力量。这 80 年来，长征精神内涵的性质却主要发生了三次变化：一是从长征开始到新中国成立前，表现为革命性。长征结束后，特别是遵义会议之后，这种革命精神在很长一段时间里都是中国共产党军队和党的工作的精神支柱。二是新中国成立到党的十一届三中全会前，表现为政治性。随着新中国成立，战争基本结束，中国共产党从革命党转变成执政党，其主要任务也发生了变化：革命战争时期的主要任务是让劳苦大众摆脱帝国主义、封建主义和官僚资本主义的剥削和压迫，求得生存，获得解放；新中国成立初期的主要任务是让人们吃得饱、穿得暖，行使当家作主的权利。这时长征精神的传统革命性向政治性过渡，突出强调集体主义精神。三是改革开放以来，长征精神转向建设性。以"创新、协调、绿色、开放、共享"的五大发展理念，推进经济、政治、文化、社会和生态文明"五位一体"的建设。

（二）从政治向经济、精神文化倾向转变

长征精神的本质就是实现人民解放。长征精神的时代价值也发生了

巨大的变化，其内容由最初实现人民政治上的解放，逐渐到改善民众的经济状况，随着社会主义市场经济的深入发展，民众除了对经济改善要求外，对丰富精神文化生活提出了更高的要求，特别是一些党员干部理想信念不坚定，缺乏干事创业的精气神；一些领域道德失范、诚信缺失等精神缺"钙"现象，迫切需要长征精神振奋人心，为精神注入活力。因此，长征精神的时代价值的内容与特征发生了由政治倾向，向经济倾向，再向精神文化倾向的转变。

（三）从单一维度向多样维度转变

无论是长征精神的理论研究，还是对长征精神的实践，都向更深、更广、更加灵活的方式转变，其视角也从单一维度转向多样维度。很长一段时间，我们对长征精神的宣传教育主要是"灌输"式的。因为在社会环境相对封闭、利益构成相对简单、人们思想相对单纯的社会，采用灌输教育的模式是一种有效的方法。随着社会主义市场经济体制在我国的确立和发展，社会利益关系日趋复杂，人的主体性充分发展，过去生硬的灌输教育已不能满足人们个性化的需求，大众普遍要求民主、平等、对话的教育方法。在这种背景下，长征精神应多维度地通过发挥主体参与度等的"柔性"力量来实现凝聚人心、维护社会稳定的"硬"的政治功能，达到潜移默化、润物无声的效果。

（四）从整体性转向个体性

民众对长征精神的关注和体验从整体性转向个体性，即发生了从集体主义整体性活动到个体性体验的转变。纪念长征精神的活动随着社会的发展，其形式也更加多样化，富有时代气息，最典型的就是近年来"重走长征路"缅怀先烈的各项活动。在几十年各种"重走长征路"的活动中，"走"的形式已经越来越"花样百出"，"步伐"也越来越现代化了。起初是步行，接着是骑自行车、摩托车，后来发展为自驾车。大、中、小学生除了参观传统的"红色文化"教育基地进行实地感受外，在网络化时代，教育形式也开始走向虚拟化，如2005年四川省委宣传部联合当地报业集团实行"网上重走长征路"活动，按设定的长征路线游历并答题"攻关"；2006年7月，中国教育电视台在七一期间推出"百万青少年重走长征路"活动，该活动采用网络游戏如"红小鬼闯关"等形式来吸引青少年的参与，即将长征中发生的事件、故事等以各种惊险形象的游戏设置层层关卡，将现实的长征故事、图片或歌谣等移植到虚拟的网络世界中，展现信息时代的混合趋向。革命圣地在人们心目中意味着一种特殊的精神和文化。不同的群体其"红色情结"也是各具特色：老年人主要来自当年翻山越岭艰苦岁月的岁月回忆；中年人主要是接受教育，到实地感悟，通过参观有一个直观印象，而其中先进工作者和劳动模范居多；"红色旅游"也是党员干部接受革命教育的首选课题；大、中、小学生多半是为了接受爱国主义教育。因此，全国各地的革命圣地、故居、旧址等"红色"景点的旅游越来越呈现"红火"势头。据有关部门统计，到革命圣地的游客中，年轻人占到一半，而年轻人的个体性体验更为显著。

（五）从重政治教育转向淡化政治色彩

对于民众而言，政治不是他们生活直接关注的焦点，他们更青睐于日常生活的精神延续。因此，长征精神只有逐渐淡化政治色彩，才能真切地融入民众的生活。我们可以看到，过去长征精神作为政治话语范围，现正在被商业文化重新反刍，"红色"圣地的政治教育被旅游式、体验式、创作式和慰问式等多种形式代替。长征精神也从浓重的政治色彩转向政治教育色彩的淡化，彰显出这个社会越来越开放的趋向。在信息时代、网络时代，革命话题正以轻松的形式，以亲民的姿态，以多元的价值观回归民间。

三　"长征精神"动态演化的理论反思

长征精神是指中国共产党领导红军和长征途中11个省的人民实现民族的解放与自由的历史实践过程中凝结而成的观念意识形态，它不仅仅包括红军的革命精神，也包括经过红军长征洗礼的人民所形成的民族革命文化精神和文化形态。它抒写了"壮士长征，气薄霄汉"的艰苦卓绝、众志成城的精神气魄，并开启和创造了中国新的政治文化形态。应该说，长征精神是以马克思主义政治价值观为主导的革命创造精神，融合了西方"主权在民、社会契约"等民主精神、平等精神，以及极大地延承并发扬了中国传统政治文化重心性、重伦理、重修身、重至善、重道德的民族特性，是中华民族百折不挠、自强不息的民族精神的最高表现。它鲜明地回答了在特定的历史时期"革命向何处?"、"革命服务于谁?”的革命时代问题,具有鲜明的实践性、先进性、创造性和群众性。“红军长征,推动我们党更加深入地思考中国革命问题、特别是党的思想理论指导问题”①,长征精神是保证我们革命和建设事业从弱小走向强大的精神力量。而这种新的政治文化形态在新民主主义时期最突出的表现就是毛泽东思想,长征精神有力推动了毛泽东思想的形成和发展。从长征精神的发展来说,它蛰伏于近代反帝国主义的革命精神,起源于1919年的“爱国、进步、民主、科学”的五四精神(其核心是爱国主义),发展于“军民团结、艰苦奋斗”的井冈山精神,而这些精神在长征这一特殊的环境下达到成熟。长征中不惧艰难、乐于吃苦的革命乐观主义,无坚不摧、勇于战斗的革命英雄主义,独立自主、重于求实的创新胆略,顾全大局、善于团结的集体主义,一直都是中国共产党在抗日战争和解放战争时期的重要革命精神。

纵观80年来国内外长征精神的动态演化,虽然在深度和广度上逐渐拓展了长征精神的内涵及其时代价值,但仍存在诸多问题需要解决,主要有以下几点:

(一) 长征精神理论研究重内在结构而轻外在结构

从广义上讲,长征精神为红军长征中的“人、物、事、魂”的统一体。即长征途中,对革命有着一定影响的革命领导人或革命志士和为革命事业而牺牲的革命烈士等“人”;在他们生活或战斗过的革命旧址和遗址之“物”(包括革命志士或烈士所用之物);进行了有着重大影响的革命活动或历史事件,通过这些“事”,体现的革命精神之“魂”。

从目前学术界和理论界已有的研究成果来看,国内对长征精神的研究主要集中于“原子式”的解读:如对“人”、“物”、“事”的史料研究;或侧重于“魂”的研究,即主体(中国共产党领导下的红军)的内在结构,理智要素、情感要素、意志要素等方面的总结。而对中国共产党长征精神的外部结构,即意识形态、制度规范、政党作风、组织心理等,却研究成果不多。把“人、事、物、魂”结合起来研究,总结其规律、经验或教训的高水平的成果不多。

以长征精神中的军队“民主主义”为例,红军的民主的内容是平

① 胡锦涛:《在纪念红军长征胜利70周年大会上的讲话》,人民出版社2006年版,第7页。

等主义实践和民主主义实践的完整的混合体。红军民主是在坚持士兵朴素平均主义的基础上，通过利益认同进行动员的有效方法，也是保障队伍价值认同的纪律原则。长征的胜利，是红军在中国共产党的领导下巨大的凝聚力的必然结果，可以说中国共产党在党和军队，包括当地苏维埃政府一直实行的民主主义有着密切的关系。在新的"平等、民主、求是"政治作风指导下，中国共产党与当地的居民和少数民族，以及社会党外人士形成了巨大的抗日"合力"，民主主义是我们党的法宝。1928年11月25日，毛泽东写给中共中央的报告《井冈山的斗争》中就指出，军队内的民主主义是红军破坏封建雇佣军的重要武器，大部分红军士兵是在战争中被俘的雇佣军。毛泽东想把这些封建军国主义以前的仆从改造成为一支革命军队，他的努力包括对苏维埃、地方势力和军队的整合，也包括对党和军队的整合，但整合是以军队自身的民主结构为中心的，这对于吸收和鼓励新分子来说是最重要的："红军的物质生活如此菲薄，战斗如此频繁，仍能维持不败，除党的作用外，就是靠实行军队内的民主主义。……军队内的民主主义制度，将是破坏封建雇佣军队的一个重要武器。"[1] 毛泽东指出，当时的中国不但工农群众需要民主主义，军队更加需要民主主义。军队实行民主制度，官兵一致。红军的官兵只有职务的分别，没有阶级的分别。官长应关心爱护士兵，尊重士兵的人格，规定官长不许责打和辱骂士兵，官兵吃穿一样，待遇平等，士兵有开会说话的自由。在连以上建立士兵委员会，监督经济开支，士兵代表审查决算，监督和批评干部。红军就像一座火炉，俘虏兵过来马上就能融化，其法宝就是民权主义的影响，官兵平等，士兵觉得有尊严，虽然感觉红军的物质生活较差，不如白军的好，但精神上得到了解放，打仗也更加勇敢。1928年红军的群众政治活动与它的经济平等主义同样有趣，建立在连、营和团一级的士兵委员会有责任监督军官、代表士兵的利益、参与对士兵的管理、在军队里执行政治训练，并在人民中指导群众运动。这时（与后来的实践相反），毛泽东认为有了士兵委员会，在军队中这些相应的级别上就没有必要建立政治部了。再有一个例子，就是毛泽东在中共八届二中全会讲话中赞扬了无产阶级革命精神的自觉性。他说，辽西战役的时候，正是秋天，锦州那个地方出

---

[1] 《毛泽东选集》第 1 卷，人民出版社 1991 年版，第 65 页。

苹果，老百姓家里有很多苹果，我们战士一个都不去拿。这是我们党的领导和教育的结果。中国共产党领导的革命军队其严明的纪律是建立在士兵们的自觉性上的。战士们会自觉地认为，吃了人民的苹果是很卑鄙的，而不吃才是高尚的。无产阶级的革命精神就是由这里出来的，就是这些看似简单直接的措施，却十分有效地将主要成分为农民的（长征时党员中农民的比例达 90% 以上）红军塑造成风骨傲然的铁军战士。

那么，如何将长征精神的这些内涵通过丰富的材料、逻辑论证阐述出来，这会为长征精神的丰满性注入更多鲜明的活力，也为继承和实践长征精神提供可操作性的"范式"。

（二）实践长征精神重形式而轻内容

研究长征精神，其根本就要将这种精神付诸实践。毛泽东强调："人是要有一点精神的。"支撑人最可靠的力量不是物质而是精神，精神不仅决定一个人的人格优劣，还关系一个民族和国家的文明兴衰，继承与发扬长征精神是中华民族精神延续的重要资源。但是在开展各种实践长征精神的活动中存在着重形式而轻内容的现象，主要表现在以下几个方面：

第一，纪念活动重形式轻内容。"文化大革命"结束后，长征纪念逐步具有固定和集中的特点，每隔 10 年都会举行纪念长征胜利的盛大活动，如 1986 年、1996 年、2006 年分别召开了纪念红军长征胜利 50 周年、60 周年、70 周年的大会，其规格很高，一般由中共中央总书记发表重要讲话，还有各宣传部门、学术界都会举办丰富多彩的纪念活动。但纵观这些活动，我们会发现纪念活动存在着严重的重形式而轻内容等问题：一是重宣传轻落实。纪念长征胜利活动的目的就在于发扬长征精神，即从口头承诺落实到实践中。而在实践过程中，往往重宣传形式，而缺少对行动的落实。二是上面"热"，下面"冷"。每当纪念长征胜利几十周年时，在党中央"高度重视"之下，各宣传部门、新闻媒体也会顺势而为，广泛报道，除了组织党员举办政治学习、参观红色教育基地外，缺乏民众的广泛参与。这是因为传统的由政治性主导的宣传活动吸引力不大，形式单一，普通民众的感觉是在"作秀"，他们更渴望看到长征精神能在党员的工作和日常行为中的具体体现。三是"热"的背后缺少持续性。近年来，革命精神和红色文化呈现出"火热"态势，但在这股"热潮"的背后却有很多地方值得我们冷静思考，就是这种"热"能持续多久？这种由政治主导，主要由政府发起并埋单的活动缺少可持续的机制，这样必然会造成投入与收益不成正比，造成不必要的资源浪费。"长征精神"也难免会"一阵风"。

第二，实践长征精神的主体应该是党员干部，而不是中小学生。"长征精神"作为一种坚守理想信念的爱国主义，是中国共产党在非常革命时期能够取得胜利的重要精神法宝。"长征精神"也融入到了中华民族意识，成为一种爱国主义传统。这种精神的传承除了凝聚人心，号召民众发挥这种坚持不懈的奋斗精神，战胜发展中的各种艰难险阻外，更直接的意义是中国共产党在从革命党转向执政党后政治意识形态的重要内容，教育党员干部继承并贯彻长征精神，更好地为人民服务，履行执政党的义务。但如果把这种"爱国主义"教育的重点或主体转移到普通民众，甚至是中小学生身上时，则反而会产生一些消极的结果：一是会削弱党员干部的纪律自觉性，弱化行政官员的敬业精神和开拓精神；二是会泛化爱国主义革命精神，而丧失精神传承的实际意义；三是缺少可操作性的爱国主义教育会造成中小学生品德教育的虚空化。

第三，实践长征精神的重点是教育党员。长征的胜利或者说长征精神的本质是中国共产党在革命过程中不断发展和完善的结果，而这重要的法宝就是用科学的方法教育党员。邓小平也强调："怎样研究党的历史，总结经验教训，教育党员，这是一个很严重的问题。"① 当前，我们党面临"四大考验"和"四大危险"。"四大考验"即长期执政的考验（我们党在长期执政、执政环境日趋复杂、执政基础有所变化的背景下，如何加强和改进自身建设，以巩固党的执政地位）、改革开放的考验（如何在全面深化改革开放的同时，坚持和发展中国特色社会主义）、市场经济的考验（我们党既要经受住市场经济对党负面影响的考验，又要经受住市场经济所引发的意识形态安全的考验）、外部环境的考验（我们党面临的国际大环境和周边环境日趋复杂严峻，包围、遏制、打压、分化、唱衰中国的行径日趋激烈）。"四大危险"即精神懈怠危险（有的党员干部缺乏理想信念，缺乏自信，缺乏斗志）、能力不足危险（有的党员干部难以胜任所肩负的历史重任，难以应对诸多挑战）、脱离群众危险（有的党员干部高高在上，不愿深入群众，背离了

---

① 《邓小平文选》第 1 卷，人民出版社 1994 年版，第 345 页。

党同人民群众密切联系的优良传统）、消极腐败危险（一些领域腐败现象易发多发，严重侵蚀着我们党的肌体）。在建设中国特色社会主义的新长征中，我们党面临着比当年红军更加复杂的环境，毛泽东在新中国成立前夕的中国共产党第七届中央委员会第二次全体会议上就提出过著名的"糖衣炮弹"说，这种预言在和平年代的今天却出现并滋长起来，如何把长征精神有效地贯彻到教育党员中是我们面临的主要问题。胡锦涛指出："在新长征的征途上，我们一定要紧紧围绕党的历史使命和中心任务，紧紧抓住发展这个党执政兴国的第一要务，坚持科学执政、民主执政、依法执政，以加强党的执政能力建设和先进性建设为重点，继续推进党的建设新的伟大工程，全面加强党的思想建设、组织建设、作风建设和制度建设，不断提高党的创造力、凝聚力、战斗力。"①

（三）反思长征是长征精神应有之义

值得注意的是，除了长征精神的正能量之外，长征本身也存在着诸多问题需要我们警惕：

第一，红军被迫长征是国民党反动派错误地发动了"围剿"，而置国家民族危亡而不顾的行动。长征是在中国内战时期进行的，而且还面临日本侵略者这一强大外敌（1931 年"九一八"事变的爆发，日本全面侵华），长征不能重演。毛泽东指出，中国内战的特点，是"围剿"和反"围剿"攻防两种战斗形式的长期反复，并且包括一次一万多公里的伟大的战略转移（长征）这样一种东西在里面。② 毛泽东强调，防止内战是全国抗日统一战线的首要前提，"停止内战，共御外辱"是中国共产党为建立广泛的抗日民族统一战线而采取的一项策略方针，但是也要时刻提防被动挨打局面，因为蒋介石必然要破坏革命势力，所以在新环境中要时刻保持清晰的头脑。因此，"内战时还可以有长征，现在则绝不能有长征。"③（笔者注：此处"内战"指十年内战时期；"现在"指 1942 年）。

第二，长征是因为中国共产党犯了"左"倾机会主义错误。毛泽

---

① 胡锦涛：《在纪念红军长征胜利 70 周年大会上的讲话》，人民出版社 2006 年版，第 12 页。

② 《毛泽东选集》第 1 卷，人民出版社 1991 年版，第 194 页。

③ 《毛泽东文集》第 2 卷，人民出版社 1993 年版，第 437 页。

东指出，长征不仅是蒋介石"围剿"，存在敌我力量悬殊的客观状况，更是因为我党长期以来的错误方针和错误政策。他说："一方面是因为蒋介石打我们，另一方面是因为我们在政治上军事上都犯了错误，才被迫来了个大搬家。"① 一方面，低估了农民反封建斗争在中国革命中的决定作用，不懂得团结资产阶级，主张整个地反对资产阶级以至上层小资产阶级；另一方面，政治上"左"倾路线混淆了民主革命和社会主义革命的历史任务和界限，主观地急于要超过民主革命；混淆了民主革命和社会主义革命的界限，企图把两个不同性质的革命阶段并作一步走，一举取得社会主义革命的胜利。军事上犯了"左"倾冒险主义错误，照搬苏联路线，轻视农民游击战争和乡村根据地的重要性，错误地要求红军夺取中心城市，用红军主力攻打国民党军防守严密的碉堡，最后损失惨重。在防守中又提出"御敌于国门之外，不丧失寸土"的错误口号，使红军分兵把守损失惨重。退却时又犯了逃跑主义，军心涣散。可以说，长征中红军急速减员主要原因是博古、李德"左"倾路线，湘江战役后，部队就只剩下三万多人。而遵义会议确定毛泽东为代表的新的中央领导后，红军的伤亡相比较小。因此，坚持正确的政治路线是我党做好各项工作的关键。

第三，长征途中一些错误的做法，造成了无谓的牺牲。长征本来就是在一种极端动态和恶劣的环境下进行的，红军身后有国民党的飞机大炮追着，还要空着肚子，光着脚走过没有路的"路"。在这种情况下，理应根据人的身体状况，合理安排行军，可是"左"倾思想始终笼罩着军队，一些指挥员错误地发出急行军指令，而许多红军都是在行军路途中累死的。毛泽东曾心痛地指出："鉴于二万五千里长征时期休息太少，疲劳太甚，减员太多，而那种性急有许多是不必要的。"② 所以，毛泽东强调人的重要性，行军途中尽量保存实力，必须减少不必要的性急，力争少走路、多休息，情况紧张时应当走几天长的，但应跟着休息几天，恢复体力。

---

① 《毛泽东文集》第 6 卷，人民出版社 1999 年版，第 356 页。

② 《毛泽东文集》第 4 卷，人民出版社 1996 年版，第 286 页。

四 长征精神动态演化的展望

长征精神作为一种实践精神、行动哲学，具有中华民族传统文化的经世致用，它将遵循其内在逻辑转变为现实。描述伟大理想的时代已经过去，重要的是如何去实践它。因此，长征精神也会从理想描绘转向现实描绘、从目标分析转向过程分析、从原则论证转向操作论证、从单渊源转向多渊源、从衍生性转向创新性。

（一）从理想描绘转向现实描绘

长征精神由坚定共产主义的远大理想信念转向坚定对中国特色社会主义的具体信念，即坚定中国特色社会主义道路自信、坚定中国特色社会主义理论体系自信、坚定中国特色社会主义制度自信，以及坚定中国特色社会主义文化自信。长征精神也将由实现社会主义远大理想转向"中国梦"的实现，就是实现好、维护好、发展好最广大人民的根本利益，进而提升全社会的幸福指数。

（二）从目标分析转向过程分析

长征精神的时代价值由从目标分析的顶层设计转向对过程分析的"落地"行动。长征精神由外在特征、外在整体风貌抽象性的描述，向与实际效果转变，习近平同志就提出将长征精神融入扶贫攻坚，反贫困工作。2015年6月，习近平在考察贵州时强调，消除贫困、改善民生、实现共同富裕，是社会主义的本质要求，是我们党的重要使命。他指出2020年如期实现脱贫目标，不仅要在投入、体制机制、在目标瞄准等方面下工夫，更需要有一种精气神。特别要弘扬长征精神，要有红军长征时"乐于吃苦、不惧艰难，勇于战斗、无坚不摧，重于求实、独立自主，善于团结、顾全大局"的长征精神。坚持和践行党的群众路线。在2006年的重走长征路活动中，中国交通部组织的"大型长征路上看交通"采访活动经过江西、贵州、四川、甘肃及陕西5个省的部分地区，深入老区了解那里公路的建设情况。交通部启动了新中国成立以来规模最大的农村公路建设工程来解决"三农"问题。"十五"期间，全国新改建农村道路30多万公里，使农村沥青、水泥路总里程达到63万公里。农村客运同步发展，乡镇公路客车通车率达到98%，交通条件的改善促进了老区经济的发展。同时还要加强农村渡口、渡船改造，大力发展老区客运工作。长征所经过的 11 个省大多数是偏远落后地区，近年来交通、旅游、经济、人文也在红色主题教育活动中，得到了较大的改善。这种过程分析在以后的活动中会成为常态。

（三）从原则论证转向操作论证

长征精神的本质是不断在实现发展成果由人民共享、促进人的全面发展上取得新成效。当前急需将长征精神融入"中国梦"。习近平强调，空谈误国，实干兴邦。因此，长征精神也会从原则性论证转向操作论证。习近平指出，人民对美好生活的向往，就是我们的奋斗目标；实干兴邦，就是我们的实践途径。"中国梦"就是让人民共同享有人生出彩的机会，共同享有梦想成真的机会，共同享有同祖国和时代一起成长与进步的机会。[1] "中国梦"的实现，需要操作论证的保证，而执政党的守纪团结是其根本保证。对一个事业的发达来说，严守纪律和团结是一个永恒的主题。长征的历史表明，顾全大局、紧密团结是革命胜利的保证。红军长征充分表现出了顾全大局、团结互助、严守纪律、不谋私利的精神境界。例如，党中央为了以严明的军纪保证民族政策的贯彻执行，要求红军必须遵守三大纪律、八项注意，以及"三大禁令、四大注意"。当前，党的"八项规定"和依法治国，为反腐倡廉、严密纪律作了清晰明确的规定，为"中国梦"的操作论证起到了纪律保障作用。

（四）从单渊源转向多渊源

长征精神的魅力保持不是红军的严明纪律能实现，它是中国共产党的科学领导，开明政策、有效的党员教育，还有当地民众的支持等因素。因此，对长征精神的研究，也应从政治角度的单渊源研究转向经济、文化、国内外环境等多渊源研究，如将长征路线申请世界非物质文化遗产加以开发保护等。

（五）从衍生性转向创新性

长征精神的时代价值不仅是其衍生性文化的发掘与扬弃，更应该创新其内容与形式，与时俱进。如将长征精神拓展为"长征"经济带、政治带、文化带。长征所经地区大多都是革命老区，经济普遍比较贫困，具有一定的相似性。如何发展"长征"地带的经济则成为今后我

---

[1]　参见胡芳《从文化解放看"中国梦"的价值重塑》，《探索》2014 年第 2 期。

国消除贫富差距的重要建设点。同时"长征"地带作为中国共产党革命胜利的起点，其政治地位不言而喻，作为政治教育的重要资源不可轻视。第三，"长征"地带文化具有两面性，一方面，此地带的广大群众民风淳朴、精神境界较高，是重要的社会精神资源，如何将此民风引导社会精神风貌发展是我们要重点开发的；另一方面，此地带的农村文化发展滞后。2006年中央电视台主持人崔永元也发动了声势浩大的重走长征路活动，总里程有6000多公里。他用真实的影像记录下了长征沿途各地的情况，发现经过70多年的发展，各地的经济、社会都有很大变化，但是农村的公共文化服务体系建设却很薄弱，当地百姓的文化娱乐方式非常单调，主要的消遣方式就是打麻将。崔永元还发现农村与城市的文化差异也较大，他每到一处就给当地的老百姓播放电影，总共放了120多场电影，这种传统的电影下乡在农村仍具有很强的吸引力，而在影片的类型上，农民更喜欢《太行山上》之类的革命题材的影片，观众最多时有3000多人，而对于像《疯狂的石头》这类在大城市很受欢迎的影片，老百姓却不愿意看，反映看不懂。

参考文献

[1]《毛泽东选集》(第1—4卷)，人民出版社1991年版。

[2]《邓小平文选》(第1卷)，人民出版社1994年版。

[3]《江泽民文选》(第1卷)，人民出版社2006年版。

[4] 胡锦涛：《在纪念红军长征胜利70周年大会上的讲话》，人民出版社2006年版。

[5] 杨尚昆：《总结历史经验　继承和发扬长征精神　在改革开放和现代化建设中建功立业》，《人民日报》1986年10月23日，第4版。

[6] 中共中央文献研究室编：《毛泽东年谱(1893.12－1937.06)修订本(上)》，中央文献出版社2013年版。

[7][美] 埃德加·斯诺：《西行漫记》，三联书店1979年版。

[8][美] 哈里森·索尔兹伯里：《长征———前所未闻的故事》，解放军出版社2001年版。

[9][法] 波伏瓦：《长征》，胡小跃译，作家出版社2012年版。

[10]《星火燎原》(第3集)，解放军出版社1980年版。

[11] 魏巍：《地球的红飘带》，人民文学出版社1988年版。

[12] 黄宏：《长征精神》，人民出版社2006年版。

［13］王树增：《长征》，人民文学出版社 2006 年版。

［14］方素梅、周竞红：《播种之旅——红军长征与少数民族》，民族出版社 2006
　　　年版。

［15］杨炳章：《从革命到政治：长征与毛泽东的崛起》，中国人民大学出版社 2013
　　　年版。

［16］侯玉波、张梦：《文化"动态建构"的理论和证据》，《西南大学学报》（社
　　　会科学版）2012 年第 4 期。

专题四 长征精神对贵州反贫困的启示[①]

长征精神是中国共产党在新民主主义革命时期形成的宝贵的精神财富。长征精神虽然产生于70年前的特殊历史背景，却历久弥新，在今天仍具有强大的鼓舞力和感召力。在贵州扶贫开发，力争2020年实现脱贫，与全国同步建成全面小康社会的历史进程中，大力弘扬长征精神，不断赋予其崭新生动的时代内涵，既是长征精神的价值体现，也是贵州实现新时期战略目标的必然要求。

一 新时期贵州反贫困的推进迫切需要对精神贫困的深层破解

2015年6月，习近平同志在贵州考察时强调，"十三五"时期是我们确定的全面建成小康社会的时间节点，全面建成小康社会最艰巨最繁重的任务在农村，特别是在贫困地区。这个讲话吹响了贵州扶贫开发攻坚战的号角，认清新时期贵州反贫困面临的问题是完成贫困人口2020年如期脱贫历史任务的前提基础。

（一）新时期贵州反贫困面临的问题

人类社会发展史就是一部不断与贫困作斗争的历史。国内外学者对"贫困"概念的理解是有差异的，世界银行把贫困界定为"缺少达到最低生活水准的能力"；美国经济学家劳埃德·雷诺兹在《微观经济学》中将贫困定义为"没有足够的收入可以使之有起码的生活水平"；而美国学者奥本海默则认为贫困是指"物质上的、社会上的和情感上的匮

---

① 本专题执笔人：韦莹。

乏"。国家统计局根据中国国情,将"贫困"界定为:"贫困一般是指物质生活困难,即一个人或一个家庭的生活水平达不到一种社会可接受的最低标准。他们缺乏某些必要的生活资料和服务,生活处于困难境地。"这种界定已经被国内大多数学者所接受。理论界还从外延上对贫困进行分类,最有影响的二分法就是将贫困划分为绝对贫困和相对贫困,"绝对贫困标准意欲明确维持生存所必需、基本的物质条件,相对贫困则意欲明确相对中等社会生活水平而言的贫困。"① 最早提出"反贫困"概念的是新制度学派以及发展经济学的主要代表人物——瑞典经济学家冈纳·缪尔达尔,他从治理贫困的政治层面提出反贫困概念,这对以后相关学术研究产生了很大的影响。在人类不断地同贫困做斗争的过程中,对反贫困的表述主要有三种:减少贫困、减缓贫困和消除贫困。减少贫困强调减少贫困人口的数量;减缓贫困强调反贫困的重点在于减缓贫困的程度;消除贫困则强调反贫困的目的是最终消除贫困,也是反贫困的最终目标。我国在反贫困过程中,习惯于用"扶贫"来表示反贫困的具体行为过程。扶贫是指扶持贫困地区或贫困户的经济社会发展,改变贫困面貌,政府和社会帮助贫困地区和贫困户开发经济、发展生产、摆脱贫困的一种社会工作。

贵州是多民族交汇融合的山区内陆省份和革命老区,是全国石漠化面积最大、程度最深、危害最重的省份,农村贫困面大、贫困程度深、贫困人口多,是全国扶贫攻坚的主战场。近年来,贵州省扎实推进扶贫开发各项重点工作,取得了较大成效。通过建档立卡和驻村帮扶工作在全国实现"两个率先",共识别出贫困乡镇 934 个、贫困村 9000 个、贫困人口 745 万人。全省共派出 1.159 万个驻村工作队开展驻村帮扶。贫困县考核、减贫摘帽和项目资金"三项改革"走在全国前列,2010—2014 年的 4 年累计"减贫摘帽"14 县 366 乡。将扶贫项目审批权下放到县,实行目标、任务、资金和权责"四到县"制度。全省产业扶贫、园区建设、示范县创建"三个十工程"取得长足进步,新增扶贫种植产业超过 300 万亩,34 个扶贫产业园区已完成投资 106.2 亿元;通过金融扶贫模式完成贫困农户小额信贷 78 亿元,贵州省共完成

---

① ［美］斯图亚特·S.那格尔:《政策研究百科全书》,科学技术文献出版社 1990 年版,第 209 页。

20.8 万人培训，帮助 6.6 万贫困人口"挪穷窝"。全省农村贫困人口从 1149 万人减少到 2014 年的 623 万人，贫困人口全国占比从 9.4% 下降到 8.9%，下降 0.5 个百分点。农村贫困发生率从 33.4% 下降到 18%，下降 14.4 个百分点，农村贫困发生率全国排位从第三位下降到第四位。[1]

"十二五"期间国家实施新扶贫开发战略，对贵州扶贫开发提出更高要求。2011 年国家将扶贫标准大幅度提升到人均年纯收入 2300 元，划定 14 个集中连片特困地区，实施区域经济发展推动扶贫开发，扶贫开发促进区域经济发展的扶贫战略。14 个特困地区跨越多个省区，地处沙漠、高原和大石山区等自然条件特别恶劣地区，虽然生存和温饱问题基本解决了，但基础设施、社会事业、公共服务、产业发展、社会稳定等发展问题较为突出。贵州有 71 个县、市被划入武陵山集中连片特困地区、乌蒙山集中连片特困地区和滇、黔、桂石漠化区三大特困地区。新扶贫战略下，要实现 2020 年与全国同步建成小康社会，贵州扶贫攻坚任务仍然十分艰巨。反贫困过程中面临诸多问题：

1. 经济因素这一初始变量在扶贫群体中变得不敏感，扶贫支点脆弱

学者杨颖借鉴相关模型分析指出，2002—2010 年中国反贫困过程中，"经济发展对反贫困的正效用在递减，收入分配不均等对反贫困的负效用在递增"[2]。多年来受城乡二元结构的制约，中国国民生产总值在高速增长的同时，城乡居民收入分配差距日益扩大，经济发展的成果很难惠及农村贫困人口，导致中国农村在应对绝对贫困问题的同时，还要应对日益突出的相对贫困问题，部分农民的绝对贫困与农民阶层性的相对贫困叠加在一起加剧了新时期反贫困的难度。贵州扶贫工作也面临同样的困境。经过几十年的扶贫开发，贵州那些对初始经济变量比较敏感的地区，已达到经济脱贫的效果，余下的集中连片贫困地区，因处于边远地带，生态环境恶劣，对初始经济变量敏感度不高，脱贫速度不断减缓，返贫现象相当严重。此时如果仍然采用政府单一主导的福利性的

---

① 中国新闻网，2015 年 7 月 6 日。
② 杨颖：《发展、分配对反贫困的影响：2002—2010》，《华东经济管理》2011 年第 5 期。

扶贫政策思路，显然不能撬动集中连片贫困地区的经济增长点。所以进入新时期贵州扶贫开发要想有所突破，必须根据农村贫困新形势、新特征及时调整完善。

2. 多元化的扶贫目标加剧扶贫难度

新时期的扶贫开发纲要提高了扶贫目标，从以往单纯解决温饱、收入问题，转变为达到"两不愁三保障"多元的目标。这意味着单纯靠扶贫开发是不能实现多元的扶贫目标，必须通过提高贫困农民的发展能力才能有效实现真正脱贫。对于贵州西部落后省份而言，要完成上述目标，面临着加快完善农村公共服务体系、保障农村义务教育、基本医疗和住房等方面的严峻挑战。

3. 区域发展与扶贫开发真正有效衔接不易

14 个连片集中特困地区的划定符合当前中国贫困分布特点，有利于精准扶贫。但需看到，随着城乡居民收入分配差距拉大，进入 21 世纪后，经济增长在扶贫工作中贡献度不太显著的情况下，在连片集中特困地区要实现区域发展与扶贫开发真正有效衔接、实现区域发展与贫困农民的全面发展的目标，其难度不小。①

4. 教育水平落后，且存在教育致贫现象

贵州贫困地区农村劳动力文盲、半文盲比重高，农民科技素质低。在贵州农村劳动力中，文盲半文盲、小学文化程度的人占农村劳动力总数的相当大比例。由于受教育水平低，多数地方耕作方式仍较落后，农业适用技术推广难度大，农业生产科技含量难以提高。在农村，许多贫困农民的唯一选择是通过教育改变命运，但是高昂的学费易使农民陷入贫困。

收入贫困仅仅是农民贫困的表面现象，农民贫困的真正实质是什么？导致农民贫困的深层次原因又是什么？这是新时期贵州反贫困策略要突破的问题。在此不妨借鉴国外学者的研究。学者马里亚诺·格龙多纳（阿根廷）和卡洛斯·阿尔韦托·蒙塔内尔（古巴）通过对发达与不发达国家及地区的不断比较研究，得出一个共同的结论：经济发展不仅是一个物质发展过程，更是一个文化过程。文化心态对经济发展具有不可替代的作用。马里亚诺·格龙多纳认为，经济变量是解释短期经济

---

① 林伯强：《中国经济增长、贫困减少与政策选择》，《经济研究》2003 年第 12 期。

行为的现实依据，但仅依靠经济变量单一指标则无法对长期的经济行为做出令人满意的解释，这就必须从经济变量转向文化逻辑去寻求问题的答案。一个国家经济落后，关键是受制于自身的文化心态、传统观念。生活在某一特定贫困区域的贫困人口长期受当地传统习俗、文化的浸染，在其内心深处早已内化出了贫困的一整套价值观念，并且这些价值观念呈刚性地对贫困地区固执地发生着影响，强烈排斥一切外来文化观念，导致了这些地区始终无法内生出可以助推当地经济发展的非正式制度变迁的力量，最终使得该区域贫困人口生活在闭塞的文化环境中，无法获取、吸收外来文化，更别说具备通过知识以实现自我发展的能力，落入物质生活困境和精神生活危机的双重灾难中也就成为必然结果。

（二）精神贫困是贵州反贫困治理过程中亟待解决的突出问题

"精神贫困是一种比物质贫困更隐蔽更可怕的社会现象。随着我国经济社会的深入发展，精神贫困的消极影响日渐显现出来，文化教育的贫困阻碍着农村经济发展的步伐，观念的陈旧落后导致发展动力严重不足，传统落后的生活方式影响贫困地区市场经济体制建设的进程"。①

目前贵州集中连片特困地区反贫困的形势仍然严峻，多种因素相互交织，制约了贵州集中连片特困地区扶贫开发的进程，导致减贫速度趋缓、扶贫攻坚难度增大。因此贵州反贫困工作应全面综合统筹安排，如果脱贫工作只盯住物质的改善，只注重人口收入的增加，只以经济指标来衡量生活水平，那么，就有可能忽视收入增长的基础没有夯实所造成的后继乏力的威胁；忽视社会发展的综合性、协调性，从而无法巩固脱贫成果，难以保持社会可持续发展。在现代化进程中，更无法树立自我创新意识，实现跨越，突破小康生活的"瓶颈"制约，走上富裕道路。我们深入考察贵州集中连片特困地区贫困问题时，应彻底摈弃以往那种单纯以物质财富的多寡为贫困评判标准的思维模式，树立全面科学的脱贫观。把注意力从关注物质财富的增长转移到变化较慢且相对隐性的精神贫困方面，通过先进文化的引入、渗透，彻底改变贫困人口精神面貌，提高其自我发展能力，造就贫困地区脱贫致富奔小康的内在张力，

---

① 陆小华：《西部社会——抑制返贫与中西部发展》，新华出版社 2000 年版，第 42—44 页。

从而彻底扭转政府与贫困人口之间救助与被救助的关系。[①] 精神贫困现象是贵州反贫困治理过程中非常突出的一个问题。反精神贫困，是贵州新一轮反贫困斗争的焦点。

从表象上看贫困仅仅是一种经济现象，但是从本质上说贫困更是一种文化现象。人的素质特别是精神文化素质低下是导致贫困的关键因素。精神贫困是指特定社会群体或个人在思想道德、文化知识与能力、价值观念、理想信念、思维方式和风俗习惯等人类理性匮乏或滞后，缺乏基本生存技能，无法满足现实生活基本需求的状况。也就是说思想文化等表现出来的贫乏叫作精神贫困。精神贫困，从其内容来看，大致有两类：价值理性贫困和工具理性贫困。前者指人在社会文化结构中陷于必然的境地，迷失自我，无法确立生命的本质存在形式，找不到合理的发展道路。它往往体现在人的作用和目标的追求以及价值取向、理想设计等方面。后者指人在处理自然社会关系时缺乏对本然的认识，不具备基本能力而造成的心理变异现象。一般呈现焦虑、紧张、逃避等特征。因此，找到破解精神贫困的有效法宝，就是找到解决贵州集中连片贫困地区经济发展持久动力所在。

二　长征精神是破解贵州贫困地区精神贫困的有效法宝

（一）长征精神内涵

长征精神，是新民主主义革命时期，红军将士在史无前例的战略大转移途中所表现出的革命精神和优良作风，是中国共产党人崇高理想和革命风范的结晶，它不仅铸就了中国革命之魂，还超越时空界限成为中华民族精神的时代凝聚，它具有永恒的价值与魅力，是鼓舞人们前进的巨大动力。

长征精神的具体内涵是什么？中央领导同志对此有很明确的论述。杨尚昆曾概括说："长征精神就是对革命理想和革命事业无比忠诚、坚

---

① 罗浩波：《欠发达地区精神贫困问题的理性思考》，《宝鸡文理学院学报（社会科学版）》2005 年第 6 期。

定不移的信念；就是不怕牺牲，敢于胜利，充满乐观，一往无前的英雄气概；就是顾全大局，严守纪律，紧密团结的高尚品德；就是联系群众，艰苦奋斗，全心全意为人民服务的崇高思想。这样的信念、气概、品德和思想，是红军坚强的精神支柱。正是这种伟大的精神，产生伟大的军队，伟大的战士，伟大的奇迹。今天，在建设高度文明、高度民主的社会主义现代化国家的新长征中，我们仍然需要继承和发扬长征精神。"① 徐向前也指出："'长征精神'是什么呢？主要就是革命英雄主义、集体主义、乐观主义的精神，一不怕苦、二不怕死的牺牲精神，自力更生、艰苦奋斗、一往无前、百折不挠、全心全意为人民利益而战的献身精神。"② 1996 年 10 月 22 日，江泽民同志在纪念红军长征胜利 60 周年大会上说："伟大的长征给党和人民留下了伟大的长征精神，这种精神，就是把全国人民和中华民族的根本利益看得高于一切，坚定革命的理想和信念，坚信正义事业必然胜利的精神；就是为了救国救民，不怕任何艰难险阻，不惜付出一切牺牲的精神；就是坚持独立自主、实事求是，一切从实际出发的精神；就是顾全大局、严守纪律、紧密团结的精神；就是紧紧依靠人民群众，同人民群众生死相依、患难与共、艰苦奋斗的精神。"他还强调：长征精神，是中华民族百折不挠、自强不息的民族精神的最高体现，是保证我们革命和建设事业从胜利走向胜利的强大精神力量。③

长征精神作为一种实践精神、行动哲学，有以下几个方面的基本特征：一是彻底的革命性。毛泽东及其共产党人凭借着这股彻底的革命性精神赢得了中国革命的胜利，并在世界范围产生重大影响，日益为一切要求革命、要求进步的人们所向往。红军战士对革命的忠诚、彻底的付出征服了所有的人。为了革命，他们没有屈服和害怕。"天上每日几十架飞机侦察轰炸，地下几十万大军围追堵截"，"几乎平均每天就有一次遭遇战"，英勇顽强、浴血奋战、前仆后继，压倒一切敌人而不被任何敌人所压倒。为了革命，他们没有忧伤和抱怨。二是超强的坚韧性。

---

① 杨尚昆：《总结历史经验，继承和发扬长征精神，在改革开放和现代化建设中建功立业》，《人民日报》1986 年 10 月 23 日，第 1 版。

② 徐向前：《红军不怕远征难》，《红旗》1986 年第 20 期。

③ 江泽民：《在纪念红军长征胜利 60 周年红军老战士座谈会上的讲话》，《人民日报》1996 年 10 月 18 日，第 1 版。

长征被共产国际誉为具有"高度的觉悟性，超人的坚忍性与战斗精神"的"传奇"。长征途中，广大红军指战员不仅与数倍甚至数十倍于己的敌人进行殊死战斗，与极其恶劣的自然环境努力抗争，而且还面临着粮食、食盐、布匹和药品等物资严重匮乏的困境，但是为了中国人民的解放事业，他们始终表现出不畏艰险、坚忍不拔和忍辱负重的崇高精神。有的将领回忆说："我军在懋功、宝兴、天全、芦山等地瘠民贫的县内，兵员、补给都十分困难。在百丈关附近作战的部队稍好些，能吃上粮食。而散布在夹金山南北的后方机关和医院的同志们，则靠野菜树叶充饥。有不少的同志，因饥饿疾病而牺牲。"① 面对艰难困苦，红军并没有因此胆怯退缩，他们凭借艰苦卓绝的拼搏精神、超强的坚忍性，以自己的血肉之躯战胜了恶劣的自然环境，克服重重困难，摆脱了数十万敌军的追击，最终胜利到达陕北，开创了中国革命的新局面。三是超越生理极限的挑战性。长征是在极端艰辛恶劣的环境中所进行的一次战略大转移。长征两年间，各部队主要战役总共有 123 次，几乎每天都有战事发生，红军战士在顶着寒风，冒着雨雪，风餐露宿，忍饥挨饿，以野菜充饥的条件下突破了敌军重重围困。红军翻越崇山峻岭，渡过湍急河流，走过人迹罕至的沼泽、泥潭，创造了许许多多的奇迹。广大红军官兵将天当房，将地当床，篝火御寒，吃草根树皮，有的红军女战士仅靠一把大米三次穿越草地，有的战士穿着单衣、草鞋翻越雪山，以不可思议的力量战胜了严寒、缺氧和病痛。这是红军向人类生命极限挑战的一次伟大实践，经受了超越常人极限的千辛万苦。正是坚定的信念、共同的理想合成的"高强变压器"，激励着红军战士突破生理和心理的极限，达到"自我实现"。对此西方人士评价："长征在人类活动史上是无可比拟的"，"是举世无双的"。长征入选全世界近千年来的 100 件大事之一，足以说明长征在人类历史上所达到的巅峰。

（二）长征精神是贵州贫困地区精神重构的重要资源

新时期，贵州扶贫开发面临脱贫难度大、返贫率高、扶贫目标多元化、区域发展与扶贫开发真正有效衔接难等诸多问题和挑战，仅仅从物质技术层面去探寻扶贫开发的路径，是难以真正实现多元化的扶贫目标。尤其是贵州反贫困进入啃硬骨头、攻坚拔寨的冲刺时期，更需要跨

---

① 力平、余熙山、殷子贤：《长征简史》，中共党史出版社 2006 年版，第 219 页。

越物质财富层面，将贫困问题视为贵州整体性的历史实存，从精神文化层面寻求扶贫开发的持续的精神动力，才能对扶贫开发的对策有更深刻的理解，才有望在 2020 年如期实现脱贫目标。

扶贫开发工作中，物质扶贫只能解决阶段性或局部性贫困，只有从精神文化入手打破贫困文化思维定式，才能真正找到摆脱贫困的内生动力的源泉。然而，面对几千年文明社会所造就和积淀的传统精神生活模式的严重束缚，要在贫困地区的民众中通过外在操作层面的努力来塑造一种和市场经济相适应的精神生活确实非常艰难。幻想通过简单的思想教育方法去实现贫困地区的精神重构都是徒劳的。有效的方法应该是把先进文化的代表之一的长征精神，从外界移植到贫困地区内部，并在贫困地区经济发展的过程中再逐步内生化。从总体上看，科学、进步的长征精神既为集中连片贫困地区的发展提供崇高理想信念的指导和健康的文化理性规范，也能为贫困地区社会和谐、可持续发展提供精神动力和智力支持，为物质扶贫不敏感的贫困地区汇聚更有效的反贫困"合力"。① 贵州是长征精神的发源地之一，贵州贫困地区蕴藏着丰富的长征文化资源，可充分利用发展红色文化旅游产业，引导发达地区的人们进入他们的生存空间，在与外来人群的交往中，产生强烈的思想碰撞，使贫困人口原有的生存方式和活动方式主动或被动地遭遇冲击，在比较中重新选择、吸纳外来文化，从而形成新的精神文化生活、重构新的精神主体。

三 弘扬长征精神，助推贵州反贫困事业

长征精神是红军将士留下的宝贵精神财富，无论时代如何变迁，岁月如何更替，长征精神都将代代相传。新时代背景下弘扬长征精神，必须从新的时代要求和新的实际出发开拓新的意境。具体到贵州，则应该把弘扬长征精神同扶贫开发这一伟大社会实践紧密结合起来，从长征精神中获取贵州反贫困建设的强大精神支撑和不竭动力。

---

① 鲁建彪：《关于民族贫困地区扶贫路径选择的理性思考》，《经济问题探索》2011 年第5 期。

（一）坚定不移的理想信念是长征精神的精髓，为贵州反贫困事业提供精神支撑

理想是指明航向的灯塔，信念是不断前进的动力。长征精神的精髓是对理想的笃行与不懈追求、对革命事业的无比忠诚和革命必胜的信念。这种理想信念是红军战胜凶残敌人与险恶自然条件的力量源泉，是红军经受住血与火、生与死考验的精神支柱。长征途中，红军不但克服了王明"左"倾错误的蛮干莽撞和张国焘分裂行径的破坏干扰，粉碎敌人几十万大军的围追堵截，而且翻过崇山峻岭，穿越人迹罕至的大草地，渡过波涛汹涌的河流，战胜了自然天险和物资匮乏等说不尽的艰难险阻，纵横跨越 11 个省，行程二万五千里，最终取得了长征的伟大胜利。支撑他们的强大精神支柱就是对革命事业无比忠诚、坚定不移的理想信念。凭借理想和信念的力量把一支衣衫褴褛的队伍凝聚成无坚不摧的钢铁洪流，拖不垮、打不败，并最终使革命化险为夷、转危为安。这已成为中华民族意志品格的光辉写照。美国记者埃德加·斯诺在《西行漫记》中这样描绘红军的坚定信念："冒险、探索、发现、勇气、胜利和狂喜、艰难困苦、英勇牺牲、忠心耿耿，这些千千万万青年人的经久不衰的热情、始终如一的希望、令人惊诧的革命乐观情绪，像一把烈焰，贯穿着这一切，他们不论在人力面前，或者在大自然面前，上帝面前，死亡面前都绝不承认失败。"[①]

消除贫困，改善民生，力争在 2020 年顺利实现脱贫，与全国同步全面建成小康社会，这是现阶段摆在贵州各族人民面前一项艰巨而伟大的事业。伟大的事业需要有伟大的精神做支撑。正如江泽民同志所说："伟大的事业需要并将产生崇高的精神，崇高的精神支撑和推动着伟大的事业。没有坚强精神的民族，是没有前途的。"[②] 在完成扶贫开发这一艰巨而伟大的事业进程中，虽然没有雪山草地、战火硝烟，却也面临着各种各样的矛盾、问题、困难和挑战，如贵州自然条件恶劣，脱贫难度大；自然灾害频繁，返贫率高；扶贫资金投入不足，资金利用效率有待提高；扶贫对象目标瞄准机制不健全等。所有这些，同样需要构筑理

---

① 埃德加·斯诺：《西行漫记》，三联书店 1979 年版，第 164 页。
② 本书编写组：《江泽民论有中国特色社会主义（专题摘编）》，中央文献出版社 2002 年版，第 397 页。

想信念的精神支柱。对革命无比忠诚、坚定不移的理想信念是红军战胜艰难险阻，克敌制胜的法宝，也是贵州反贫困事业的精神支撑。面对这场深刻而伟大的历史变革，依旧需要贵州各族人民不断提升精神境界，保持昂扬锐气、浩然正气，用中国特色社会主义共同理想激励自身，深刻认识和牢牢把握共产党执政规律、社会主义发展规律，积极践行和培育社会主义核心价值观，坚定贵州扶贫开发事业的必胜信念，自觉地将自己人生理想、事业追求与贵州扶贫开发建设的伟大实践结合起来，排除一切干扰，凝聚所有能够凝聚的力量，全面系统地研究贵州扶贫开发工作，为打赢扶贫开发攻坚战、实现贵州与全国同步全面建成小康社会的目标而努力。

（二）艰苦奋斗的长征精神为贵州反贫困事业提供了强大动力

"苦不苦，想想红军二万五"，已成为人们藐视困难的口头禅，成为激励人们前进的巨大动力。长征是人类自强不息、艰苦奋斗精神的成功范例。拿破仑从莫斯科的大撤退、以色列人走出埃及、汉尼拔翻越阿尔卑斯山、美国人征服西部，其面临的艰难险阻、遭遇的挫折失败、创造的佳绩，都无法与中国的长征相提并论。长征途中，红军将士不仅面临着恶劣自然条件的考验，更要时刻提防荷枪实弹敌军的围追堵截，就是在这样的逆境中，红军忍受了严寒酷暑、饥饿干渴，爬雪山，过草地，眠雪野，食草根，在敌军重重围困中杀出了一条生路。长征胜利的历史表明，艰苦奋斗是中国共产党的政治本色。长征所体现出的自强不息、艰苦奋斗的革命精神是打开中国革命新局面的根本保障。

长征中锤炼出来的艰苦奋斗精神的新时期贵州脱贫致富提供了强大动力，它激励我们迎难而上，奋力拼搏。胡锦涛在西柏坡讲话时指出："历史和现实都表明，一个没有艰苦奋斗精神做支撑的民族，是难以发展进步的；一个没有艰苦奋斗精神做支撑的政党，是难以兴旺发达的。"[①] 今天贵州扶贫开发面临的挑战、担负的任务与红军长征革命战争时期相比已大不相同。贵州作为西部落后省份，虽然通过有计划、有组织的开发式扶贫，贫困面貌有了一定的改变，但截至 2014 年贵州贫困人口仍有 600 多万人，占全国农村贫困人口近 10%，贵州扶贫开发

---

① 胡锦涛：《坚持发扬艰苦奋斗的优良作风，努力实现全面建设小康社会的宏伟目标》，《人民日报》2003 年 1 月 3 日，第 1 版。

已进入啃硬骨头、攻坚拔寨的冲刺期，任务依然十分艰巨而繁重，新情况、新问题层出不穷，可以预料以及难以预料的困难、挑战和风险还不少。这需要我们把弘扬长征精神与摆脱贫困落后面貌的强烈愿望结合起来，发扬长征时期那么一股劲，做好不但要在物质上敢于吃苦，更要在思想上敢于吃苦的准备，始终保持勤俭节约、艰苦奋斗的本色，保持朝气蓬勃、奋发有为的精神状态，不怕困难，迎头赶上，奋力拼搏，我们就能获得为贵州反贫困事业献身的勇气和力量。

（三）实事求是、开拓创新的长征精神要求反贫困建设必须从贵州实际出发，实施创新战略

实事求是、开拓创新战略是中国共产党在长期复杂的革命实践中总结形成的宝贵经验。长征之行，不仅帮助中国共产党从幼年走向成熟，同时见证中国革命从黑暗低迷走向光明高潮，这其中的关键是中国共产党人在长期革命斗争实践中逐步意识到，在我们这样一个半殖民地半封建、经济政治发展极端不平衡的国家进行革命，必然遇到许多书本上没有、共产国际也无法预测的特殊问题，靠机械教条照搬书本是不可能解决问题的，必须把马克思列宁主义基本原理与中国革命实际问题结合在一起，大胆突破，创新理论，实事求是、独立自主地解决中国革命的问题，才能取得革命事业的胜利。长征途中召开的遵义会议就是实事求是、开拓创新精神的最佳诠释。遵义会议是中国共产党第一次在没有共产国际的领导下，独立自主地运用马克思列宁主义基本原理解决中国革命的军事路线、思想路线的会议，总结了第五次反"围剿"失败和长征初期遭受严重挫折的教训，结束了王明"左"倾冒险主义在中央的统治，确立了毛泽东在党中央和红军的领导地位。这次会议成为中国共产党、中国革命生死攸关的转折点，是中国共产党从幼年走向成熟的标志。事实上纵观整个长征的全过程，实事求是、开拓创新精神无处不在。无论是战略方向的改变、战略任务的确定，还是战略战术的实施，都是中国共产党贯彻解放思想、实事求是的精神，发扬求真务实、开拓创新的优良作风的结果。

在贵州扶贫开发建设中弘扬长征精神，要求我们必须从贵州实际出发，实施创新战略，解放思想，实事求是，与时俱进，开拓创新，在继承中创新，在创新中发展。长征精神启示我们：

1. 扶贫开发思想认识新突破

贵州能否在 2020 年脱贫关系到我国全面建成小康社会整体目标的实现。因此必须从全局和战略高度抓扶贫、从治国理政高度抓扶贫，把扶贫开发作为"三农"工作的重中之重，进一步增强推进扶贫开发的紧迫感和责任感。转变观念，树立精准扶贫理念，采用科学方法扶贫，坚守经济发展与生态环境保护双赢的底线思维抓扶贫，创建扶贫攻坚克难的精神新高地，实现扶贫开发思想认识的新突破。

2. 一切从贵州实际出发，调查研究，科学决策

长征在无产阶级革命道路中没有先例，同样，当前贵州扶贫开发建设也没有先例，没有现成经验可以借鉴，更没有现成的发展模式可以照搬。这就要求贵州各族人民必须跟当年红军长征一样，解放思想，实事求是，一切从贵州贫困地区的实际出发，深入贫困地区、贫困人口做周密细致的调查研究，在实践调研中发现问题，把解决问题的前提建立在科学调研基础上，以国家扶贫开发建设方针为指导，结合贵州不同贫困地区、贫困类型、贫困程度的具体情况，制定出符合贵州实际的扶贫开发政策。

3. 采取差异化反贫困策略，走一条有别于东部、不同于西部其他省份的发展新路

中国新民主主义革命之所以能够取得胜利，关键在于我们选择了一条不同于俄国十月革命的斗争路线，即农村包围城市，武装夺取全国政权的路线。贵州反贫困事业要取得成功，也必须创新反贫困路径，走一条有别于东部、不同于西部其他省份的发展新路。著名经济学家杰弗里·萨克斯主张通过差异化诊断的"临床经济学"方法终结不同地区、人群的极端贫困状态。"差异化诊断的要诀在于，只有对具体环境做出仔细的诊断，才能对问题有精辟的理解。所以，对于地理条件、政府失灵和文化因素等等都要全盘考虑，防止将复杂问题简单化"。① 也就是说，要具体问题具体分析，更要对症下药。从全国来看，虽然各个贫困地区在总体特征上具有相似之处，但在内部，各地区之间又存在较大的差异性。因此，现有扶贫模式中，每一种模式既有其优点又显露出明显

---

① ［印］阿马蒂亚·森：《以自由看待发展》，任赜、于真译，中国人民大学出版社 2002 年版，第 13—15 页。

的缺陷或不足，都不能完全适应贵州贫困地区的具体情况和要求。贵州作为西部落后省份，与东部沿海地区、西部沿边省份相比，无论是地理位置还是产业技术均不占优势，经济社会发展所具备的基础条件差距较大，因此，贵州经济社会的发展，在立足于自身资源禀赋的基础上，对经济发展的特殊性进行专门研究，找到贵州与东部沿海地区、西部沿边省份间经济发展的差异性和互补性，找准贵州经济发展路子、突出特色，最终实现差异竞争、错位发展。贵州扶贫开发必须坚持因人、因地施策，因贫困原因施策，因贫困类型施策，区别不同情况，做到对症下药、精准扶贫。

4. 加快发展特色高效农业，创新贵州反贫困产业发展方向

贵州山地面积比重大，立体农业特征明显，生物多样性优势突出，在扶贫开发产业选择上，就应该发扬红军长征精神，大胆探索，锐意进取，勇于开拓，不断创新，加快发展"人无我有，人有我特"的特色高效农业。要充分利用贵州优势，围绕山区资源大力发展以"绿色、生态"农产品为原料的特色农业食品加工业，以科技推动农业的现代化水平，以市场为导向，借助农业产业园区平台，大力引进不同性质、不同种类的优质市场主体，加快发展农村电商，为贵州特色农产品做优做强、建立品牌、走出贵州提供坚实保障。

（四）团结协助、顾全大局的长征精神启示我们，贵州反贫困建设要切实强化社会合力，开创扶贫开发三位一体复合模式

长征奏响了一曲团结协作的大合唱。长征的历史表明，团结协作、顾全大局、共同奋斗、严守纪律是革命取得胜利的基本保证。长征途中，红军将士同舟共济、生死相依，谱写了一个又一个团结协作的篇章，具体表现为：一是在与张国焘的右倾分裂主义做针锋相对的斗争中，党中央坚持正确的斗争原则，通过大量的说服教育思想政治工作，团结绝大多数同志。广大红军将士坚持中国共产党的正确领导，维护党的团结统一。[①] 二是长征实现了全军的空前团结。长征途中，红军各部队团结在党的周围，依据党的作战部署，密切协同，互相配合，在较大的时空范围内作出艰苦卓绝的战略协同。这些战略协同，有的是在党中

---

① 袁银传、乔翔：《论长征精神的科学内涵》，《武汉大学学报》（人文科学版）2006 年第 6 期。

央统一部署下实现的，有的则是各路红军从大局需要、从革命的最高利益出发，主动采取的行动。三是长征途中，红军将士不仅践行着官兵同甘共苦、患难与共的集体主义精神，而且还做到了军民团结如一人，共同战斗，共同对敌。长征的胜利是全党、全军和人民群众紧密团结、共同奋斗的结果。

长征中体现出来的团结协助，顾全大局精神，在贵州反贫困建设中，依然熠熠生辉，生命力永存。贵州扶贫开发是一项复杂而庞大的系统工程，涉及经济发展、基础设施建设、民生建设、环境保护等多方面。因此，更需要继承发扬红军紧密团结、互相合作、顾全大局的长征精神。只有安定团结，才能一心一意搞建设；只有安定团结，才能实现科学发展和社会和谐。没有团结协作，就不会有贵州区域经济的协调发展，就不会有经济社会的共同发展，也就不会有全面小康社会的建成。扶贫开发是全党全社会的共同责任，要调动一切积极因素，团结一切可以团结的力量，切实强化社会合力，整合社会各方要素共同参与扶贫开发，全省上下齐心协力，健全东西部协作、党政机关定点扶贫机制，形成专项扶贫、行业扶贫、社会扶贫等多方力量有机结合大扶贫格局。

1. 构建多元化的扶贫开发主体

一般而言，当一个社会中贫困人口较大时，主要运用经济开发手段扶贫，以经济增长助推脱贫致富，而承担这种整体性扶贫工作的最佳主体当属政府，这也是最有效率的扶贫方式。而当一个社会的贫困人口规模较小、居住较分散，尤其像贵州民族地区贫困状况呈现绝对贫困与相对贫困并存、区域性贫困与结构性贫困并存、物质贫困与素质贫困并存等复杂情况时，依靠政府单一主体扶贫模式其效率极低，市场机制难以充分发挥反贫困方面的作用。因此，当社会经济发展到一定程度，社会资源逐步聚集形成之时，应适当增加扶贫开发主体，充分发挥以公益性民间组织、经济组织为代表组成的第三部门在扶贫开发建设中的作用。公益性民间组织、经济组织因其具有灵活性、专业性、持续性、公益性等特点，可以更好地瞄准贫困，开展专业性扶贫。经济组织依托其专业知识可以帮助贫困人口选择适宜的发展项目、制定合理的规划；公益性民间组织对贫困人口开展心理咨询，纠正其行为偏差，让他们重新认识、把握自我发展机遇，增强自我发展的信心；公益性民间组织、经济组织可以帮助贫困人口扩大人际关系网络，获取丰富的社会资本和社会支持的机会与能力。再者，随着绝对贫困人口全部纳入低保，贵州扶贫工作的重心从解决贫困人口温饱问题，转向解决贫困人口发展问题。贫困人口的真正发展只有以贫困人口参与为中心才能实现，贵州反贫困斗争必须依靠作为反贫困主体的贫困农民自下而上的积极主动参与才会取得成功。要保证贫困农民参与，就需要营造以贫困农户作为主体的独立、自主的市场经济基层细胞，应帮助贫困农民成立自己的合作服务组织，并主要依靠它组织农民、动员农民，形成自下而上的反贫困的最广泛的群众力量。在整合上述三方面力量的基础上最终形成"政府 + 第三部门 + 农户"三位一体的扶贫新模式。①

2. 实行政府主导，第三部门协调，农户积极参与相结合的扶贫工作机制

中国共产党领导的长征之所以能够取胜，除了广泛调动广大红军官兵的积极参与之外，更为关键的是实现了全党、全军和人民群众的空前团结。贵州扶贫开发要取得成功，也应如此。在构建政府、第三部门和农户多元化的扶贫开发主体的同时，既要明确划分三者的地位、功能和作用，又要实现三者有机结合、优势互补。就政府而言，其开发的主导地位应侧重于宏观领域，功能作用主要体现在倡导功能、立法执法功能、带动功能、宣传示范功能、协调功能、评价和激励功能等方面。在反贫困行动中政府的主要工作应当是：精准锁定贫困目标，实时监测；制定相关政策法规，确保反贫困工作有序开展；加强医疗卫生、教育等公共服务产品建设，为反贫困提供社会保障。就第三部门而言，其功能作用定位于组织管理和协调。主要负责扶贫资金融资、运营管理、扶贫项目考察论证、具体执行、效益监督和评估等工作。政府应该允许社会、经济组织以市场化手段参与反贫困。贫困农户始终摆在行为活动主体的地位，鼓励贫困农户按自愿的原则，组成以脱贫为目标的经济合作组织，拓宽脱贫参与渠道，充分发挥其主观能动性；利用各种方式激发其主体意识，使他们在享受扶助权利的同时，承担扶贫开发的责任和义务，成为有效反贫困治理机制的主体力量。

---

① 王红岗、左朝刚：《贵州扶贫工作制度创新》，《贵州民族研究》2003 年第 4 期。

（五）弘扬乐观自信、人定胜天的长征精神是加强贫困地区人力资源开发、提高贫困人口自我发展能力的最佳佐证

长征是一首革命乐观主义的交响曲。在这场史无前例的战略转移过程中，面对凶残的敌人、恶劣的自然条件，红军将士并没有灰心丧气。相反，他们满怀"风雨浸衣骨更硬，野菜充饥志越坚"的心态，以苦为乐，营造出既严肃紧张，又活泼轻快的文化氛围。"过雪山，我们是顶天立地，过草地，我们又盖天铺地，我们不愧是天地的主人"这样的豪迈话语时常挂在红军战士嘴边；过草地时，官兵们讲故事，说笑话，以此消除疲劳；遇到短暂休整的时候，各部队还广泛开展文艺演出、体育比赛；行军途中通过开展"看后背"识字运动，使许多红军战士摘掉了文盲帽子。"红军不怕远征难，万水千山只等闲"、"更喜岷山千里雪，三军过后尽开颜"的诗句，就是对红军将士革命乐观主义精神最生动形象的描述，它是红军击败强大敌军的关键因素。古人云："天时不如地利，地利不如人和。"为什么在敌强我弱的情况下，长征能顺利完成？靠的就是人的优势。红军指战员有共同理想和奋斗目标，有高度的政治使命感、政治责任感；所以不管条件怎样恶劣，都能做到士气高昂，精诚团结，奋不顾身。国民党的官兵是雇佣兵，缺乏责任感、使命感，人心涣散，士气低落，贪生怕死，所以没有战斗力。长征中两党两军的斗争归根到底，人是决定胜负的根本因素。只要把人的主观能动性充分调动起来，就可以战胜一切困难挫折。

在贵州扶贫开发事业中，作为扶贫的对象同时又是扶贫开发行动的主体——贫困人口，他们的精神状态、素质高低决定着贵州扶贫开发的效率，决定着贵州反贫困事业能否取得成功，更是直接影响全国建设全面小康社会的进程。乐观自信、人定胜天的长征精神启示我们，贵州反贫困事业要成功，必须加强贫困地区人力资源开发，提高贫困人口自我发展能力。国际反贫困经验表明，低素质的人力、低效率的生产、严重不足的社会服务是贫困地区发展的三大障碍，即人力资本的缺乏。贵州贫困地区经济落后的一个重要原因也是缺乏人力资本。第五次全国人口普查数据显示，"贵州毕节地区的文盲人口规模高达1309528人，并且分布不均，贵州的镇宁县，每10万人中15岁及以上的文盲人口为

28.13%，超过全国 18.58 个百分点，超过全省 9.73 个百分点。"①

　　因此，贵州贫困地区要想经济增长，实现人民长期脱贫，就必须重视贫困人口自身资源的有效开发。以农村贫困地区的基础教育为突破口，加强贫困人口科学文化知识教育，提升其文化素质，改变其落后观念，帮助其树立自力更生、勇于开拓的观念，充分利用各种扶贫开发资源，通过自身努力实现永久脱贫；开展农技推广、农民工就业技能培训等一系列有计划的培训，有效提升农民的就业技能，增加就业面；建立休闲、娱乐设施，组织贫困人口开展丰富多彩、积极向上的文化娱乐活动，潜移默化引导贫困人口接受新思想，摈弃其落后陈腐的观念，以开放的心态满腔热情地投入到反贫困工作中来；鼓励和支持贫困地区的贫困人口"按照自愿互利的原则组建以脱贫为目标的社会联盟组织"②，鼓励和支持农民通过农村经济合作组织，参与到扶贫项目的考察、筛选、论证、执行、监督和效益的评估各个环节中，拓宽贫困人口表达内心真实想法和参与意愿的渠道，激发贫困人口的主体意识，使他们由被动的受益者变为自我脱贫的决策人、实施人和评估人。

　　（六）心系群众、革命为民的长征精神启示我们，贵州反贫困建设应切实关注民生，加快农村公共服务体系建设

　　一切从人民的利益出发，全心全意为人民服务，密切联系群众，紧紧依靠人民群众，既是长征精神的内核，也是红军长征取得胜利的根本保障。中国共产党及其领导下的红军始终把人民利益、民族利益摆在至高无上的地位，真心诚意为人民群众谋福利、求解放，处处关心人民群众，吃苦在前、享乐在后，不怕任何艰难险阻，不惜付出一切牺牲，用实际行动赢得人民群众的衷心爱戴和真诚援助，与人民群众建立深厚情谊。军民鱼水情深，共同构筑了坚实的御敌长城，取得长征的最后胜利。长征的历史经验启示我们：民心向背是决定一项事业能否取得成功的试金石。贵州反贫困建设中弘扬长征精神，就必须坚持发展依靠人民群众、发展成果由人民群众共享的基本理念，坚持"重民生、促和谐"的原则，真正做到权为民所用，情为民所系，利为民所谋；从人民群众

---

　　① 李飞龙：《人才开发、权利保障与反贫困》，《长沙理工大学学报》（社会科学版）2014 年第 3 期。

　　② 王红岗、左朝刚：《贵州扶贫工作制度创新》，《贵州民族研究》2003 年第 4 期。

最关心、最直接、最现实的问题入手，建立完善的农村公共服务保障体系，正确处理发展和生态环境保护的关系。

1. 建立完善的农村公共服务保障体系

以发展促减贫的扶贫开发战略是我们反贫困的制胜法宝。但是，受城乡二元结构的影响，城乡居民收入分配状况更加恶化，经济发展对反贫困的正效用在递减，收入分配不均等对反贫困的负效用在递增，农村贫困人群很难分享到发展的成果。现阶段贵州反贫困在发展的同时，必须高度重视收入的再分配问题，建立完善的农村公共服务保障体系，坚持"规划引领、因地制宜、缺啥补啥"的原则，按照精准扶贫"六个到村到户"和"六个小康建设"任务，大力实施整村推进、连片开发、综合治理，不断改善老、少、边、穷地区生产生活条件，提高农村公共服务的能力和水平，促进城乡公共服务均等，为贫困农民提供更多、更好的公共服务和基本社会保障。农村公共服务的发展不但能够推动农村基础设施建设的发展，而且能够促进农业科技投入的增加，改善农村贫困地区农产品市场环境，增强其吸引外来资金和人才的能力，促进农村贫困人群自我能力的提升。

2. 切实加强基层组织，树立以人为本、为民服务的理念

基层组织是党的工作最坚实的支撑力量，同时也是经济社会发展和民生问题的矛盾聚集、扩散与化解的关键环节。贵州扶贫开发工作，基层是基础，因此要把扶贫开发同基层组织建设有机结合起来，加强乡（镇、社区）党委书记、村党组织书记和农村致富带头人"三支队伍"建设，重点抓好以村党组织为核心的村级组织配套建设，不断增强农村脱贫第一线核心力量。针对贫困村实际和脱贫需求，坚持"因村派人、强化责任"，鼓励和选派政治素质过硬、业务能力强、有奉献精神的优秀青年人才到贫困村工作，做到精准选派"第一支书"，把基层党组织建设成带领群众脱贫致富的坚强战斗堡垒。选派扶贫工作队是加强基层扶贫工作的有效组织措施，要做到每个贫困村都有驻村工作队、每个贫困户都有帮扶责任人。工作队和驻村干部要带着感情去做群众工作，在思想深处体会到"群众利益无小事"，急群众之所急，想群众之所想，密切基层党组织同人民群众的血肉联系，把执政为民的根本宗旨和以人为本的科学发展观真正落到实处。驻村干部、村干部要能熟练录入、查询和管理"贵州省精准扶贫信息平台"，对贫困状况、帮扶思路、帮扶

措施、脱贫成效等清清楚楚、明明白白，切实做到政策熟悉、业务精湛、操作娴熟。如果基层党员干部都能做到党群一心、干群一心，贵州的反贫困事业就一定能够取得成功。

参考文献

[1] ［美］斯图亚特·S. 那格尔：《政策研究百科全书》，科学技术文献出版社1990年版。

[2] ［美］埃德加·斯诺：《西行漫记》，三联书店1979年版。

[3] ［印］阿马蒂亚·森：《以自由看待发展》，任赜、于真译，中国人民大学出版社2002年版。

[4] 陆小华：《西部社会——抑制返贫与中西部发展》，新华出版社2000年版。

[5] 力平、余熙山、殷子贤：《长征简史》，中共党史出版社2006年版。

[6] 本书编写组：《江泽民论有中国特色社会主义》（专题摘编），中央文献出版社2002年版。

[7] 杨颖：《发展、分配对反贫困的影响：2002—2010》，《华东经济管理》2011年第5期。

[8] 林伯强：《中国经济增长、贫困减少与政策选择》，《经济研究》2003年第12期。

[9] 罗浩波：《欠发达地区精神贫困问题的理性思考》，《宝鸡文理学院学报（社会科学版）》2005年第6期。

[10] 杨尚昆：《总结历史经验，继承和发扬长征精神，在改革开放和现代化建设中建功立业》，《人民日报》1986年10月23日，第1版。

[11] 徐向前：《红军不怕远征难》，《红旗》1986年第20期。

[12] 江泽民：《在纪念红军长征胜利六十周年红军老战士座谈会上的讲话》，《人民日报》1996年10月18日，第1版。

[13] 鲁建彪：《关于民族贫困地区扶贫路径选择的理性思考》，《经济问题探索》2011年第5期。

[14] 胡锦涛：《坚持发扬艰苦奋斗的优良作风，努力实现全面建设小康社会的宏伟目标》，《人民日报》2003年1月3日，第1版。

[15] 袁银传、乔翔：《论长征精神的科学内涵》，《武汉大学学报（人文科学版）》2006年第6期。

[16] 王红岗、左朝刚：《贵州扶贫工作制度创新》，《贵州民族研究》2003年第4期。

[17] 李飞龙：《人才开发、权利保障与反贫困》，《长沙理工大学学报（社会科学版）》2014年第3期。

专题五　贵州反贫困过程中弘扬长征精神的经济学意义[①]

一　长征精神内涵与文化资本

贫困成因的复杂性导致了反贫困的艰巨性，精神贫困则是贫困中最为致命的根源。长征精神作为中国共产党在艰苦环境中克服万难创立的宝贵精神财富，无疑在反贫困中是重要的文化资本。本章着重在理论层面思考长征精神内涵及其文化资本。

（一）长征精神的重要论述与内涵

1. 长征精神的提出

长征精神是中国共产党人在艰苦卓绝的环境中，面临重重困难条件下，坚定理想信念，不怕艰苦、不怕困难、勇于探索，在中国共产党处于艰难险境中带领各族群众，走出了一条光明而富有丰富思想的长征之路。根据石仲泉（2007）[②] 研究显示，在1935年1月遵义会议后，中央红军转战川黔边二渡赤水，在发动第二次遵义战役之前的2月23日，红军总政治部发布了《告工农劳苦群众书》，该文告已使用了"长征"一词。随后5月在巧渡金沙江、通过彝族区时，以朱德名义发布的布告讲了"红军万里长征"，这样便用开了。石仲泉研究认为"长征精神是党的先进性之魂"。

2. 长征精神的重要论述

1986年10月22日，杨尚昆（当时任中央军委副主席）在纪念红

---

① 本专题执笔人：熊德斌。

② 石仲泉：《红军长征和长征精神》，《中共党史研究》2007年第1期，第54—63页。

军长征胜利 50 周年大会上代表中共中央、国务院和中央军委的讲话中，对长征精神作了概括："什么是'长征精神'呢？概括地说，就是对革命理想和革命事业无比忠诚、坚定不移的信念；就是不怕牺牲、敢于胜利，充满乐观，一往无前的英雄气概；就是顾全大局，严守纪律，亲密团结的高尚品德；就是联系群众，艰苦奋斗，全心全意为人民服务的崇高思想。"①

1996 年 10 月 22 日，在纪念红军长征胜利 60 周年大会上，江泽民代表中央讲话，对长征精神作了进一步升华。他讲了红军长征精神的五个方面，即：把全国人民和中华民族的根本利益看得高于一切、坚定革命的理想和信念、坚信正义事业必然胜利的精神；为了救国救民，不怕任何艰难险阻、不惜付出一切牺牲的精神；坚持独立自主、实事求是、一切从实际出发的精神；顾全大局、严守纪律、紧密团结的精神；紧紧依靠人民群众，同人民群众生死相依、患难与共、艰苦奋斗的精神。②

胡锦涛同志指出："继承和发扬长征精神，就要向红军前辈学习，牢固树立与坚持革命的理想和信念；继承和发扬长征精神，就要向红军前辈学习，坚决服从和维护党的正确领导；继承和发扬长征精神，就要向红军前辈学习，永葆艰苦奋斗的政治本色；继承和发扬长征精神，就要向红军前辈学习，自觉增强和维护革命队伍的团结；继承和发扬长征精神，就要向红军前辈学习，密切联系群众，紧紧依靠群众。"③

3. 主要学者研究观点

熊启珍④（2007）等研究认为长征精神可以高度概括为"艰苦卓绝精神是其表征，百折不挠精神是其底蕴，团结进取精神是其中坚，实事求是精神是其内核"。邬家能、孙志清⑤等认为，长征精神的核心就是：

① 杨尚昆：《总结历史经验，继承和发扬长征精神，在改革开放和现代化建设中建功立业》，《人民日报》1986 年 10 月 23 日，第 4 版。

② 江泽民：《在纪念红军长征胜利 60 周年大会上的讲话》，《人民日报》1996 年 10 月 23 日。

③ 胡锦涛：《在纪念红军长征胜 60 周年，中组部举行老同志座谈会上的讲话》，《人民日报》1996 年 10 月 19 日。

④ 熊启珍：《论长征精神的科学内涵》，《武汉大学学报》（人文社科版）2007 年第 2 期。

⑤ 邬家能、孙志清：《坚持信念，逆境奋斗——解读长征精神》，《西安政治学院学报》2005 年第 5 期。

"坚持信念，逆境奋斗。"围绕这一核心，还体现为：①执着追求、无私奉献的共产主义精神；②心系民族、救国救民的爱国主义精神；③百折不挠、勇猛顽强的革命英雄主义精神；④不畏艰险、排除万难的艰苦奋斗精神；⑤审时度势、扶正纠错的实事求是精神；⑥团结一致、维护统一的顾全大局精神；⑦互助友爱、生死与共的集体主义精神；⑧以苦为乐、奋发向上的革命乐观主义精神。杨迎春认为长征精神包括：①坚定不移的革命理想；②无所畏惧的革命英雄主义；③全心全意为人民服务的宗旨；④实事求是的思想路线。[①] 人民日报记者徐宝康认为，长征是中国共产党创造的奇迹，不理解"长征精神"，就不能理解中国，就无法同中国进行充分的交流；长征是人类史上的奇迹，同时也是中国共产党把中国革命引向胜利的历史记录，在长征中诞生的"长征精神"，体现了中国人民的自豪和顽强意志。[②] 闫丽娟评述国外专家后认为长征精神应该成为全人类共有的精神财富。长征所表现出的中国革命者的思想、信念和品德，已作为一种可贵的精神力量，是不受时代、环境和国度限制的，它可以也应该成为全人类共有的精神财富。[③]

4. 文献简要评述

贫困与反贫困是西部革命老区面临的发展主题。目前研究贫困与反贫困的文献主要是从经济方面研究，较少有文献把红军长征中涌现出来的长征精神嵌入到反贫困研究中。但是反贫困确实需要"实事求是"的精神来探索贫困成因以及反贫困的科学规律；需要"百折不挠"的精神同"贫困—反贫困—返贫困—反贫困"曲折过程高度契合，才能实现真正脱贫、反贫，走向富裕；需要"团结进取"的精神实现"同心、同向、同行"；反贫困需要"艰苦卓绝"的精神面临各种复杂贫困境地，持续地、长久地降低、消除各种贫困根源；最为重要的是反贫困需要坚定信念而不动摇的，最终实现反贫困的长久目标。长征精神是反贫困中的精神财富，是贫困地区的精神高地。本课题从制度经济学理论中非正式制度视角研究贵州反贫困中长征精神的经济学价值。

---

① 杨迎春：《发扬长征精神，走好新的长征》，《锦州师范学院学报》1996 年第 4 期。

② 徐宝康：《韩国关注"长征精神"》，《人民日报》2005 年 9 月 8 日。

③ 闫丽娟：《为了全人类共有的精神财富——斯诺与索尔兹伯里的"长征情结"透视》，《社科纵横》1995 年第 5 期。

（二）长征精神是一种社会资本

社会资本是一个地区发展的核心竞争力之一，是物质要素与外部支持发挥功能的软实力。长征精神具有的信念坚定、艰苦卓绝、实事求是、百折不挠、团结进取精神，正是贫困地区首先必须具有的社会资本。只有具有这种精神，才能真正实现反贫困，形成反贫困的长效机制。

1. 信念坚定是长征取得决定性胜利的核心灵魂

信念是一个人内心的目标，并能够影响一群人，便构成了一群人的梦想。长征精神核心在于解救大众、追求人类共同幸福的信念，并不断成为众多人追求和向往的目标。

信念高尚远大是长征精神的核心。长征之所以成功，核心在于困境中依然具有高尚而远大的信念支撑着每一位红军战士，团结着红军战士，并能在长征途中扩充红军。在过湘江、翻雪山、过草地时，红军都没有怀疑过信念，最终，信念使红军更团结、更坚定。

信念不动摇是长征精神的凝聚力。长征不是一个人的长征，组织的团结与凝聚则是长征的核心要求，长征中涌现出来的不怕困难、乐观主义精神等正是长征信念不动摇、信念凝聚力的真实写照。在长征期间，反观国民党部队貌合神离特征，其核心就在于没有高尚远大的信念形成凝聚力，最终离心离德。

2. 艰苦卓绝是长征克服一切困境的精神财富

长征精神首先是在一种艰苦的自然条件与社会条件下，必须具有"卓绝"的精神克服来自自然的、人为的巨大障碍。

正确理解这一精神，首先必须正确理解"艰苦环境"。其一，来自恶劣的自然条件与环境，这是人类社会发展过程中始终都不能回避的自然客观环境。人类社会的发展，正是破除了自然的桎梏。长征精神是在红军战胜一个个严酷的自然环境中产生、传播、壮大的，红军以大无畏的精神翻越雪山，红军以不可移志的信念走过草地等，都是长征中战胜艰苦自然环境的真实写照。其二，来自敌人围追堵截、残酷的恶劣生存环境。湘江战役是关系中央红军生死存亡的一战，中央红军苦战五昼夜，从广西全州、兴安间抢渡湘江，突破了国民党军的第四道封锁线，是中央红军突围以来最壮烈、最关键的一仗。中央红军突破了第四道封锁线①，强渡大渡河、飞夺泸定桥是中国工农红军长征中的一场战役，中央红军部队在四川省安顺强渡大渡河成功，沿大渡河左岸北上，主力由安顺场沿大渡河右岸北上，红四团官兵在天下大雨的情况下，在崎岖陡峭的山路上跑步前进，一昼夜奔袭竟达120公里，按时到达泸定桥西岸，创造了人类行军史的奇迹！第2连连长廖大珠等22名突击队员沿着枪林弹雨和火墙密布的铁索夺下桥头，并与左岸部队合围占领了泸定桥。②

正确理解这一精神，更重要的在于正确理解"卓绝"的深刻内涵。面临困境有两种选择：战斗抑或投降。战斗，是强者的行为选者。现实越残酷、问题越复杂，战斗成功概率势必下降，唯有付出千百倍、唯有付出常人难以付出的努力才能走向成功，这种成功与成就才能配得上"卓绝"这两个字的内涵。由此理解"卓绝"，一方面在艰苦条件下付出的努力是卓绝的，另一方面付出卓绝的努力取得的成就更是卓绝的。长征过程中，无论敌人设置的层层障碍与包围圈下的湘江生死之战、四渡赤水出奇兵、飞夺泸定桥，还是面临复杂多变自然环境下的翻雪山、过草地等，红军付出的努力以及取得的成就都能够配得上"卓绝"这个词的深刻内涵。

3. 实事求是长征中探索走正确道路的科学精神

长征精神是在艰苦复杂条件下，根据中国革命与长征途中出现的各种复杂局面，审时度势探索长征正确道路，体现了长征过程中的科学态度与精神。

实事求是首先在于纠正本本主义、脱离长征实际情况的错误领导。长征起源于第五次反"围剿"失败，其核心根源在于没有坚持实事求是的科学态度与精神。1933年9月25日，中国工农红军第一方面军在江西南部、福建西部反对国民党军第五次"围剿"的战役开始。从1933年9月25日至10月，蒋介石调集约100万兵力，采取"堡垒主义"新战略，对中央革命根据地进行大规模"围剿"。这时，王明

---

① "湘江战役"，http：//baike. sogou. com/v233208. htm. 2015 - 7 - 30。

② "飞夺泸定桥"，http：//baike. baidu. com/link？url = PZU9F7BlKxNnCwA3oA2I7EZ_Ij2DjAHc5lwga78xUPT83OISnUljXBvqPULaYidqnUNjrsnwfdkaYRK3_X2QQgycirIOa7Dpft2 - jghw9_K。

"左"倾机会主义在红军中占据了统治地位，拒不接受毛泽东的正确建议，用阵地战代替游击战和运动战，用所谓"正"战争代替人民战争，使红军完全陷于被动地位。经过一年苦战，终未取得反"围剿"的胜利。最后于1934年10月仓促命令中央领导机关和红军主力退出根据地。①

遵义会议是坚持实事求是的科学态度与精神的会议，是中共中央政治局在贵州遵义召开的独立自主地解决中国革命问题的一次极其重要的扩大会议，是在红军第五次反"围剿"失败和长征初期严重受挫的情况下，为了纠正王明"左"倾领导在军事指挥上的错误而召开的。这次会议是中国共产党第一次独立自主地运用马克思列宁主义基本原理解决自己的路线、方针政策的会议，在极端危险的时刻，挽救了党和红军。这次会议开始确立实际以毛泽东为代表的马克思主义的正确路线在中共中央的领导地位，是中国共产党历史上一个生死攸关的转折点。

坚持实事求是的科学精神，最终实现长征的伟大胜利。坚持实事求是精神，使得中国共产党在长征途中具有了正确的战略方针。一个组织需要通过正确的战略方向实现凝聚力量，才能调动潜力实现战略。遵义会议是一次坚持实事求是科学精神的会议，在遵义会议上对第五次反"围剿"和长征以来的"左"倾错误进行分析和批判，集中全力解决当时最紧迫的军事问题和组织问题，结束了王明"左"倾错误在党中央的统治，确立了以毛泽东为核心的党中央的正确领导。②

在红军向扎西地区集结过程中，在扎西境内连续召开会议。扎西会议是长征中一次十分重要的会议，实际上是遵义会议的继续和最后完成。中央政治局常委的分工和遵义会议决议的正式成文，都是这次会议最后完成的。这次会议为实现长征中的战略转变，进行了切实的指导和部署，同时开始了以党中央负总责的张闻天和红军实际上的最高领导毛

---

① 百度百科：《第五次反"围剿"》，http：//baike.baidu.com/link？url=-accDkL 5ZgZ9pNCAEUiCVoyNsSND2Ui-eFuaGxwMRhH4DFy_odnMiQAdBHmne35_SXZw0N0DdiuwbUf 31RVRN0AybECZjKX09yfAD0JMu7Htta5pMwj4Z76OOS2uNckVGT56STepVAfWOCHoop3EnWclGlKn R-RFgosIVF80pwV3hPclO56qw_pdvMiylVNhZmV49IsuHgfP3wTlCJwCeq 2015-7-31。

② 曾祥明：《遵义会议的召开及其历史意义》，http：//www.pep.com.cn/czls/js/tbjx/ck/8s/u3/ 201106/t20110607_1048284.htmhttp://www.pep.com.cn/czls/js/tbjx/ck/8s/u3/201106/t20110607_ 1048284.htm。

泽东互相配合，领导全党全军的新格局。

红军长征到达陕西吴起镇，中央政治局在吴起镇召开会议。会议的中心议题是总结俄界会议后红军的新的战略方向与行动方针。会议批准了榜罗镇会议把红军长征落脚点放在陕北的战略决策，决定党和红军今后的战略任务是建立西北苏区，以领导全国革命，从而宣告了中央红军长征的完结，开创了党中央全国革命大本营放在陕北的新的历史时期。这次会议对团结和汇聚西北革命力量起了重要作用，并对党由土地革命战争向民族革命战争的转变和党在西北地区开始建立抗日反蒋统一战线，作了重要的准备，起着决定性的推动作用。

4. 百折不挠是长征中遇折不退的、坚定的革命信念精神

伟大的事业都是在曲折中前进的，是在遇折不退的执着坚持下实现的，是在坚定事业信念精神指引下走向胜利的。

百折不挠塑造了一支遇折不退的、坚强的革命队伍。长征途中遭遇惨烈的湘江战役的挫折，中央红军由8万余人锐减5万余人，剩3万余人，却义无反顾地坚持长征的信念。翻越雪山，战胜严酷自然条件下冻死的威胁而不动摇；跨越草地，战胜风雨交加随时陷入泥沼灭顶之灾而不退却。红军长征战胜挫折体现和弘扬了百折不挠精神。

百折不挠锤炼了一支具有坚定革命信念精神的队伍。"红军不怕远征难，万水千山只等闲。五岭逶迤腾细浪，乌蒙磅礴走泥丸。金沙水拍云崖暖，大渡桥横铁索寒。更喜岷山千里雪，三军过后尽开颜。"长征途中遇到的挫折在毛泽东著名的《七律·长征》一诗中给予高度总结与概括，以坚定信念精神面对百折，以不挠的行为践行自己的信念，锤炼了一支具有坚定革命信念精神的革命队伍。

5. 团结进取是长征中凝聚各族同胞的重要法宝

当年红军长征胜利到达陕北之后，毛泽东同志曾就长征作过精辟的总结，"长征是宣言书，长征是宣传队，长征是播种机。长征是以我们胜利、敌人失败而告终。"

长征中团结各族同胞，扩大红军影响力。通过长征途经省份各族同胞了解红军队伍是为解放穷苦大众，了解红军为百姓谋未来的政策，与各族同胞交心、以诚相待，得到各族同胞支持，队伍得到壮大。刘伯承同小叶单"彝海结盟"是典型的民族团结。在通过彝区的过程中，中国工农红军提出了："中国工农红军，解放弱小民族；一切夷汉平民，

都是兄弟骨肉"、"设立夷人政府，夷族管理夷族"等主张，为革命胜利后制定民族政策和民族区域自治制度打下了坚实的基础。在彝族地区，建立了第一支少数民族地方红色武装的红军果基支队，坚持与国民党斗争，誓死捍卫红军授予他们的"中国彝民红军沽鸡支队"旗帜。"彝海结盟"是中国共产党的民族政策在实践中的第一次体现和重大胜利，给奇迹般的万里长征增添了最光彩的一笔。

长征中团结各族同胞，壮大革命队伍。长征过程中，各族同胞深切感受到红军是为老百姓谋未来的军队，沿线都有很多百姓参加红军，壮大了红军队伍，比较典型的例子发生在长征途中的毕节。1936 年 2 月下旬，红二、六军团长征到贵州毕节，在那里休整扩红，红军组织宣传队向老百姓宣传北上抗日。当地有位开明绅士周素园，是清朝末年的秀才，在北洋政府任过职。红军来到毕节前，国民党专员叫他一起逃跑，他说："我没有多少家当，不必走。"王震和夏曦登门拜访，红军请他当贵州抗日救国军司令，他欣然同意。以他在当地的声望，振臂一呼，几天就发展了 1000 人，跟红军北上。[1] "毕节的抗日救国军第 2 支队周质夫部编入了 6 军团 18 师 52 团，另一部分组成了 6 军团 16 师的 1 个新兵团。20 多天，2、6 军团在黔大毕共扩充了 5000 多人，仅我们师在大定就扩充千余人补充了 13 团、15 团。还新组建了 1 个 14 团。"[2]

6. 长征精神是一种社会资本，推动社会积极发展

社会资本尽管定义不统一，但核心仍是强调人与人之间的信任，最终实现人与人的合作。弗朗西斯·福山看来，社会资本就是一个群体的成员共同遵守的、例示的一套非正式价值观和行为规范，按照这一套价值观和规范，他们得以彼此合作。[3] 诚信是核心的社会资本，合作以诚信为基本前提，能产生社会资本的规范必须实质上包括讲真话、履行义务、互惠互利、实事求是等美德。社会资本实质上创造了社会润滑剂而非摩擦力，使一个群体或者组织的运行更有效率。

坚守信念而不动摇的长征精神是合作的诚信根本。不管遇到多大困难、

---

① 刘统：《北上：党中央与张国焘斗争纪实》，广西人民出版社 2004 年版。

② 谭友林：《红旗卷过黔大毕——红 2、6 军团长征片段》，《长征档案（第三卷）》，中央党史出版社 2005 年版。

③ 弗朗西斯·福山：《社会资本》，劳伦斯·哈里森主编，程克雄译《文化的重要性——价值观如何影响人类进步》，新华出版社 2013 年版，第 143 页。

多少挫折，都会百折不挠地坚守信念，从而创造实现伟大目标的社会文化基因。机会主义是合作的最大障碍。在困难与挫折面前，机会主义者会选择有利于己却损害合作伙伴的行为，最终导致合作失败；具有长征精神信念的人则选择坚守合作原则、履行职责，最终实现合作组织目标。

实事求是而不务虚的长征精神是合作的科学基石。合作的内容就是实事求是。合作最大的障碍乃是弄虚作假。实事求是是合作组织的生命力。遵循规律是合作目标实现的内在要求，是合作双方彼此负责任的科学精神。倡导实事求是的长征精神，促使社会合作具有了坚实的科学基础。当前社会经济环境下，"谋事要实、创业要实、做人要实"精神正是习近平总书记倡导"三严三实"的重要内容。习近平总书记要求做人、做事、创业都必须落实到一个"实"字，倡导求真务实的科学态度和人生信念。

团结协作而不散乱的长征精神是合作的群众基础。组织目标不会单靠一两个人就能实现，必须具有团结协作而不散乱的组织精神才能实现。组织既需要分工、也需要协作，坚持"为了群众、依靠群众"的精神，凝聚群众，形成合力，从而减少了组织内部的自我内耗。

总之，长征精神是一种"促进团结协作、促进诚实守信、促进科学精神、促进以人为本"的价值观和行为规范，有利于提升一个群体或者组织的运作效率，是一种推动社会发展的社会资本。

二　长征精神对反贫困影响的理论框架

反贫困不仅仅是资源要素投入的问题，资源投入在反贫困中的效率还受制于贫困地区制度。反贫困资源投入与贫困地区的制度有机结合才能实现反贫困目的。长征精神是一种艰苦条件下产生与涌现出来的坚定不移的信念精神、百折不挠的战斗精神、实事求是的科学精神、团结进取的合作精神。长征精神作为一种积极进取精神融入到贫困地区干部群众，核心在于促进干部群众内心反贫困精神，实现资源要素与文化精神反贫困的结合。

（一）　制度与经济发展关系的重要思想

经济发展理论很长一段历史都是把制度看成是既定的，只考虑生产要素以及技术进步推动经济发展。传统经济增长理论认为,在边际生产递减规律作用下,各地经济增长趋于收敛,最终减少差距。但是众多学者研究发现发达国家与发展中国家差距不但没有缩小,甚至更有拉大的趋势。甚至资源富集的地方还出现了"富饶的贫困"① 等资源诅咒的现象。这一观点与现象表明,除了生产要素等物质财富外,无形的力量——制度——更是支撑经济发展的重要基础。

1. 发展经济学家速水佑次郎的思想

著名经济学家速水佑次郎②提出了一个非常严肃的问题——为什么世界上少数国家达到了高度富裕,极为有限的几个发展中国家也在接近这个水平,而大多数国家还停留在贫困和停止不前状态?他进而指出,造成全球性偏差的一个明显因素是开发和采用先进技术的能力不同。为什么步入了同发达国家的生产率差距日益缩小轨道的发展中国家如此有限呢?——一个可能答案是低收入国家在它们的社会和文化制约下,难以为引入的先进技术配备适宜的制度。经济发展不仅仅是如收入等可量化因素的增加,而且包括诸如制度、组织和文化等非量化因素变化的过程。经济发展正是在这些非量化因素下运作的,速水佑次郎给出了社会制度中相互联系的发展,如图1所示。

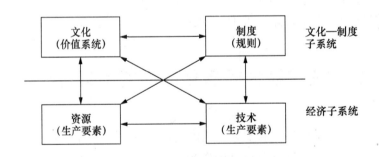

图1　社会制度中相互联系的发展

资料来源:速水佑次郎:《发展经济学——从贫困到富裕》,李周译,社会科学文献出版社2003年版。

---

① 王小强、白南风:《富饶的贫困——中国落后地区的经济考察》,四川人民出版社1986年版。

② 速水佑次郎:《发展经济学——从贫困到富裕》,李周译,社会科学文献出版社2003年版。

在速水佑次郎看来，文化与制度对位于下部的经济子系统施加重大影响。狭义上的文化是指社会中人们的价值体系，制度被定义为社会成员认同的规则，包括正式制定的法律和非正式的习俗。他把整个社会的发展归结为诱致型技术创新和诱致型制度创新推动。

资源禀赋诱发技术变迁，当一种要素 A 的禀赋相对于另外一种要素 B 变得更为丰富时，特定的相对要素价格会诱发出使用更多 A 和节省 B 的技术变迁，这种有偏向的技术变迁源于追求利润的企业家用相对丰富的资源替代更为稀缺的资源以降低生产成本的努力。在此观点中，企业家成为技术变迁的核心推动力量，是社会发展进步的微观主体。

在速水佑次郎看来，只有诱致型技术创新是不足以解释社会发展的，必须把技术创新和制度创新结合在一起才能很好地解释经济发展。因此，他认为要理解当今贫困与不发展和富有与发展相对应的原因，必须理解诱致型创新机制无法有效发挥作用的条件。

2. 制度经济学家柯武刚的思想

柯武刚[①]首先阐述"制度何以重要？"这一核心命题。他认为"如果在一些问题上形不成共识，一个人就不会与另外一个人相互交往"。人类的相互交往，包括经济生活中的相互交往，都依赖于某种信任。信任以某种秩序为基础。维护这种秩序，就要依靠各种禁止不可预见行为和机会主义行为的规则。规则即是制度。

柯武刚总结了关于经济增长不同阶段理论中解释经济增长核心要素，从单一资本 K、增加劳动 L、技术 TEC；后又增加了人力资本 SK，并指出"发展软件"（技能、技术知识和组织知识）能确保"发展硬件"变得更有效率；进而再次增加自然资源 NR 和结构变迁 ΔSRT；最后引入核心因素企业家 E。他提出了一个核心命题——新的、有用知识是如何被最有效地发现、检验和应用，是什么激励着这一过程的主体——企业家——去动员生产要素、去冒险对知识做创新性运用，并尝试结构变革。最后，柯武刚把制度对经济增长的模型总结成如图 2 所示模型。

---

① ［德］柯武刚、史漫飞：《制度经济学——社会秩序与公共政策》，韩朝华译，商务印书馆 2000 年版。

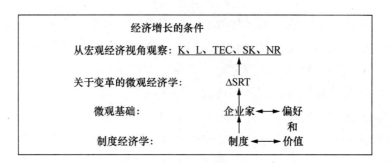

图 2　制度与经济增长的关系模型①

　　制度的关键功能是增进秩序：它是一套关于行为和事件的模式，它具有系统性、非随机性。制度可以分为内在制度和外在制度。其中，内在制度是从人类经验中演化出来的，体现着过去曾最有益于人类的各种解决办法，主要包括如既有习惯、伦理道德、良好礼貌和商业习俗等。在他看来，制度经济学涵盖了经济学与制度之间的双向关系：它既关心制度对经济的影响，也关心制度在经济影响下的发展。价值则被定义为在人的选择和公共行动中一再显露出来的强烈偏好。

　　同时，他②认为"许多已经在一个共同体内发展起来并已形成的非正式制度构成了文化这一系统中的组成部分。共同的规则和价值界定着一个社会。"他偏好于英国人类学家爱德华·伯内特·泰勒（1833）提出的经典定义：文化乃是一个人作为社会一员所获得的全部能力和秉性，有语言、思想、价值、内在制度和外在制度构成。文化③不是铁板一块，而是一种重叠的子系统网络，受到村落文化、行业文化、外部文化重叠影响；同时还是可变的，文化摇摆于"保守"与"创新"的两极之间，保守对维护人际交往的共同基础来讲是必不可少的，而创新则是在面对不断变化着的自然环境、技术环境、经济环境或者社会环境时防止僵化和萎缩所必需的。因此，一个社区保留对外部的开放性并维护适应能力是非常重要的。文化也具有典型的路径依赖，其演变是缓慢的。在他看来，文化是一种文化资本或者社会资本。文化——价值和制

　　① ［德］柯武刚、史漫飞：《制度经济学——社会秩序与公共政策》，韩朝华译，商务印书馆 2000 年版，第 24 页。

　　② 同上书，第 195 页。

　　③ 同上书，第 197—199 页。

度的系统，及其更为具体化的要素——构成了社会中人力资本的重要组成部分：即它对于如何有效地转化劳动、资本、自然这些物质资源以服务于人类的需求和欲望具有重要的影响。他也指出，文化资本概念深刻地揭示出，一定的文化观念、价值和制度有可能非常适合于共同认可它们的群体的物质福祉；如果面对变革时僵硬地抱残守缺，传统文化也会变成负债。

3. 思拉恩·埃格特森的主要思想

思拉恩·埃格特森①在 *Acta Sociologica* 上发表一篇重要文章中评注了制度经济学。在评注中，给出了制度与财富之间的基本理论逻辑范式。

从个体的观点来看，制度定义了与各种投资相联系的机会集、基本的激励系统以及交易成本，换句话说就是给定制度约束下，个人能做什么以及做什么的交易成本问题。并且通过合约和组织两个核心的经济合作方式影响经济后果。图 3 表明了制度与财富之间的关系，可从三个层面分析。

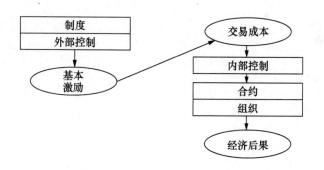

图 3　制度与财富之间的关系：个体的短期视角

其一，制度安排的种种变动是怎样影响经济产出和财富。这个层面上主要把制度、组织和合约假设成外生变量，个体如何在外生变量的约束下实现自己的财富。

其二，制度如何影响经济组织和合约的问题。在这个层面上把经济

①　思拉恩·埃格特森：《制度经济学：避免领域开放综合症和路径依赖危险》，《制度变革的经验研究》，经济科学出版社 2003 年版。

组织和合约看成内生变量，把基础性正式制度和非正式制度作为外生变量，如何影响合作基本形态—组织和合约—交易成本，最终影响个体的经济产出。图4表明这一核心关系。

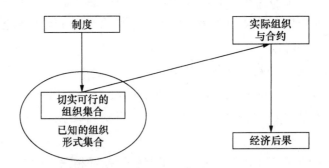

图4　制度与组织理论逻辑关系

　　其三，制度是如何变革的问题。这个层面上把制度本身也看成内生变量，研究其制度变革的动力学理论。图5表明了这一重要的理论逻辑。

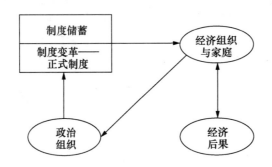

图5　制度变革的动力学

　4. 长征精神是重要的非正式制度

　　文化反映特定时代、社会经济发展阶段的社会群体的整体精神状态。台湾著名学者龙应台①认为，文化其实体现在一个人如何对待他

---

①　龙应台：文化是什么？http://www.douban.com/group/topic/1183243/2015 − 7 − 31。

人、对待自己、如何对待自己所处的自然环境。在一个文化厚实深沉的社会里，人懂得尊重自己——他不苟且，因为不苟且所以有品位；人懂得尊重别人——他不霸道，因为不霸道所以有道德；人懂得尊重自然——他不掠夺，因为不掠夺所以有永续的智能。

长征精神是中国共产党在艰难的长征途中通过实际行动展现出来的"艰苦卓绝、实事求是、百折不挠、团结进取"的革命队伍文化，表现了中国共产党在长征途中为人类谋福利的价值观、实现目标的坚定信念、果敢而有担当的行事作风。长征精神已经融入中国共产党人习惯中，成为中国共产党人行为准则。

长征精神作为文化，无疑是一项重要的非正式制度，对经济发展具有重要影响。按照速水佑次郎的观点来看，长征精神是中国共产党人的重要价值系统，并能够由此演化出正式的规则系统，并对经济系统产生长久的作用。按照柯武刚的观点来看，长征精神就是经济发展的重要制度，也是重要的文化或者社会资本。

（二）　长征精神与反贫困之间内在的理论框架

思考和解释两个变量之间的关系，核心在于建立两者之间的内在逻辑关系。贫困作为人类社会发展中一种长期存在的现象，有其存在的根源；反贫困则是人类摆脱贫困采取的种种努力行为。长征精神作为人类征服困境的一种积极进取的文化财富无疑与反贫困的艰巨性有着某种内在的关联。

1. 贫困与反贫困是发展经济学的重要课题

贫困问题是发展经济学关注的核心主题。反贫困理论则成为发展经济学重要理论。按照速水佑次郎观点，发展经济学理论分析框架核心在于诱致型创新理论：诱致型技术创新和诱致型制度创新。在他看来，诱致型技术创新不能脱离制度环境孤立地存在，必然嵌在制度中，只有把技术创新理论与制度创新理论结合在一起才能有效解释经济发展的本质。

王小强、白南风[①]等人认为贫穷往往不是资源的匮乏，首先是落后地区自然资源令人诧异的富饶，提出了"富饶的贫困"命题。在他们

---

① 王小强、白南风：《富饶的贫困——中国落后地区的经济考察》，四川人民出版社1986年版。

看来，"面对如此的丰富资源，工也好，农也好，林也好，牧也好，真可以说是干什么，成什么。"从而形成一个耐人寻味的现实问题，落后地区贫穷人民在富饶资源面前的表现——在干什么成什么的资源基础上，却干什么不成什么。贫困地区并没有真正因为富饶的资源脱贫，反而成为制约走向富饶之路。众多学者和专家的观点以及现实事实证明，有了丰富的资源优势，不等于就有了经济优势。经常在经济和管理理论中都能看到这样的论断，把资源优势转变为生产优势，把生产优势转变成经济优势。反贫困的核心在于创新，核心在于把资源优势转变为经济优势。创新必须要有"制度—文化社会子系统"支持，才能够走出路径依赖的历史轨迹。但有一个朴素的核心问题：谁去创新，谁去转变？

反贫困是一项复杂的系统工程，不仅是生产要素与技术进步的问题，更需要改变人的价值层面的非正式制度，最终才能解决"谁"这一主体问题。长征精神作为中国共产党人在艰苦岁月条件下创立和弘扬的宝贵精神财富，在当下反贫困的主战场上依然具有重要的非正式制度的时代价值。长征精神作为发展经济学中重要的非正式制度值得进行深入理论研究。

2. 长征精神与反贫困之间的理论逻辑框架

反贫困不仅仅是一个生产要素集聚问题，也不仅仅是一个生产函数的技术性问题，更深层的是关于人的习惯、习俗等非正式制度问题。根据速水佑次郎和埃格特森等著名经济学家的思想，笔者从理论层面上设计"长征精神与反贫困"的理论分析框架。长征精神与反贫困理论逻辑，分成三大部分分别阐述。

第一部分：关于贫困成因的逻辑框架

第一层次，贫困受制于严重依赖自然资源的生产要素、传统的生产函数以及高昂交易成本的制度。

第二层次，缺乏合作精神的非正式制度推动不了正式制度的创新，即使外来的正式制度也会像铁拳一样打在棉花上，作用微乎其微。贫困地区的非正式制度对人的制约，最终制约贫困地区合作组织与契约的达成，既不能实现经济规模收益，也不能产生社会与组织分工带来的经济增长。

第三层次，贫困制约创新，导致贫困地区严重依赖自然资源，走向了一条"贫困—依赖自然资源—低收入—贫困"正反馈的恶性循环，从而形成生产技术落后，非物质生产要素匮乏的社会经济贫困状态。

第二部分：反贫困理论分析框架

第一层次，生产要素尤其是资本要素的投入，成为反贫困理论中重要的观点。该观点主要认为贫困地区受制于短缺的资本。解决资本短缺，就能实现反贫困，但是现实的情况却不尽理想。

第二层次，生产技术的引入，也成为反贫困中重要的理论支撑。应该说在人力资本能够匹配生产技术时，能够迅速提升生产率，摆脱贫困。但是实践发现引入生产技术与引入生产要素一样也不尽理想，关键在于贫困地区人力资本及其习俗无法驾驭外来生产要素和技术，推动不了贫困地区的创新发展。

第三层次，弘扬长征精神，改变贫困地区社会文化基因，构建贫困地区干部与群众良好的社会生态文化。俗话说："鸡蛋，从外部打破只能是食物，从内部打破是生命。"人也是如此，从外部打破叫压力，从内部打破叫成长。只有贫困地区干部群众从内部核心的价值理念破除制约以合作为核心的组织、契约发展，降低经济发展的交易成本，才能有效地实现贫困地区从贫困走向小康。

第三部分：长征精神与反贫困理论框架

第一层次，长征精神改变贫困地区人们的习惯，创建贫困地区良好社会文化。"等、靠、要"无疑是一个地区贫困的核心要素。长征精神核心在于从价值观核心层面改变贫困地区不良的文化习俗，实现文化反贫困，走非正式反贫困之路。

第二层次，长征精神通过改变人来提升贫困地区全要素生产率。"富饶的贫困"问题就在于贫困地区存量资源没有实现应有价值，全要素生产率低下，无法实现资源生产价值。长征精神核心在于改变人，最终挖掘人的潜能，提升资源利用效率。

第三层次，长征精神的文化基因改变外部人对贫困地区的认知，集聚外部资本。长征精神改变贫困地区文化基因，核心在于给予外部贫困地区具有"坚定不移、百折不挠、团结进取、实事求是"精神，降低外部资本交易成本，有助于资本集聚。

第四层次，长征精神提升贫困地区人力资本，实现贫困地区生产函数飞跃。"富饶的贫困"问题核心在于过度依赖自然资源，并形成"靠山吃山，靠水吃水"的路径依赖。长征精神的文化基因，核心在改变贫困地区与外部融合发展，走出"封闭式经济发展模式"怪圈，实现开放式融合发展，形成一条生产函数飞跃式的后发优势之路。

（三）长征精神能降低反贫困中的经济交易成本

长征精神作为中国共产党在长征中展现出来的精神不仅仅是特定历史的文化瑰宝，也符合制度经济学理论思考的重要内容，尤其在经济发展过程中的交易成本降低尤为突出。

1. 长征精神能够创建服务型政府，降低反贫困经济交易成本

一个腐败丛生的政治生态，无疑会加重老百姓的经济负担；一个一心为民的服务型政府，形成良好的政治生态，能有效地提供公共服务，促进经济社会发展。长征精神信念归结为一句话"为人民服务"，一切有利于人民的事情都应该做好。正确认知政府角色，核心在于提供好公共产品与公共服务。只有坚持这一政府角色，才能发现人民群众对公共产品与公共服务的需求，解决人民群众办事难，创建服务型政府，真正减少不必要的环节，降低经济发展中的交易成本。

致贫根源多元，但是政府执政与治理能力则是重要的根源之一。在贫困地区调研，笔者经常听到有人用"雁过拔毛、关门打狗、瓮中捉鳖"等词汇描述过去很多地方政府对待外来投资者。这些词汇反映了政府某些部门官僚主义、本位主义作风，无疑增加了经济运行成本，从而形成一种正反馈机制，导致区域经济活力下降。当前贫困地区出现的一些腐败现象直接破坏了贫困地区的扶贫政策成效，需要长征精神重塑政府服务性政治生态，降低贫困地区经济发展交易成本。

2. 长征精神能够培育创新型政府，推动反贫困长效机制创新

反贫困是一项复杂的社会系统工程，既有物质要素的问题，也有资本要素的问题，更有机制、体制的问题。改善贫困地区基础设施既需要国家的转移支付，也需要地方政府机制体制支撑。不合适的体制、机制是阻碍物质要素、资本要素集聚的障碍。"构建精神高地、冲出经济洼地"以及时任贵州省委书记赵克志提出的"十破十立"等成为长征精神在贵州反贫困的实践，成为贵州各级政府创建创新型政府的实践路径。

贫困地区实现小康需要跨越式发展，必须推动反贫困机制创新。贫困地区由于自然环境、交通条件以及贫困人口能力相对较弱等原因，反贫困必须综合各种力量，形成合力才能实现这一跨越。"加快发展、加

快转型，推动跨越"作为贵州未来发展的主基调，更是需要创新机制来实现这一历史使命。

3. 长征精神唤醒沉睡的人文精神，降低故步自封的发展成本

贫困人群主要居住在自然环境相对恶劣的地方，长期的自然经济形态，使这些村民形成故步自封的小社会形态。贫困地区既需要外来反贫困的积极帮助，更需要具有向外看、主动发展、积极进取的人文精神。在调研中发现，总有部分贫困人口存在"等、靠、要"的思想，甚至出现了个别贫困人群把扶贫看成了长期享有的社会福利，使反贫困政策效果不尽理想。

长征精神核心在于唤醒贫困地区沉睡的人文精神，传播一种自我反贫困的文化氛围，最终成为贫困地区一种自觉自醒的习惯。反贫困核心首先在于人文精神的反贫困。长征精神正是在自然环境最恶劣、生存空间最狭小、组织生存最危难、经济环境最困难中践行的人文精神。当下的贫困已经没有当年红军长征遇到的难度，因此，贫困地区弘扬长征精神就是唤醒每个人积极进取、信念坚定、百折不挠等人文精神，最终自己走上一条自我探索的反贫困之路。

4. 长征精神改善贫困人群的精神，赢得外部更多的合作机遇

反贫困离不开与外部的良好合作。合作是人类社会实现双赢，走向繁荣的重要行为。合作的基本前提在于合作主体发挥自我的比较优势。反贫困不仅在于政府解决好贫困地区的公共产品，更重要的是需要外部经济主体参与贫困地区的经济发展。只有贫困地区具有开放合作的包容性精神，才能降低外来经济主体发展成本。

创造合作机遇是贫困地区摆脱贫困的重要保障。贫困总是与封闭小社会相连。自给自足的封闭小社会，缺乏信息交流、缺乏充分的社会分工、缺乏先进技术，形成长期的生产效率低下状态。长征精神可以改善贫困人群的人文精神，正是贫困地区赢得外部尊重、赢得外部更多合作机遇的重要文化基因。

5. 长征精神增加贫困地区社会资本，促进社会运行效率提升

效率提升，是脱贫的根本，否则脱贫就成了无根之木。反贫困必须将反物质贫困与反文化贫困同步进行，物质扶贫只是解燃眉之急，文化扶贫才能实现长效脱贫。文化扶贫是反贫困的根本出路。

弘扬长征精神就是提升社会资本、增强贫困地区集聚外部生产要素功能，扩大贫困地区产业资本投资，激发贫困地区人力资本效能，增加贫困地区生产要素的产出效率，提升贫困地区生产函数，实现贫困地区可持续的反贫困的富裕之路。

三　基于长征精神与反贫困理论视角下的贵州扶贫攻坚分析

计划经济条件下或者在城乡经济发展差异较小的情况下，山区农业的典型特征表现为人多地少。由此，劳动力要素价格便宜，土地资源稀缺，应该首先诱发垦荒与提升土地生产率的技术两大需求，替代劳动力的农业机械基础创新和推广技术则相对处于停滞状态。

（一）"富饶的贫困"路径依赖理性反思

"富饶的贫困"问题刻画的是自然资源富集地区的严重依赖自然资源的发展路径突出的发展经济学问题。作为"富饶的贫困"典型省份，王小强等在《富饶的贫困——中国落后地区的经济考察》一书中刻画了贵州贫困严峻现实。

1. 基于自然资源依赖性的发展路径

在历史发展中，贵州有"三不沿"的区域特征，是唯一没有平原支撑的典型山区省份，缺乏良好的交通基础，贫困地区主要还处于一种封闭的自我发展状态。在资源富集与生态脆弱双重特征约束下，贵州农村形成了一条"人口增加—资源依赖—生态破坏"恶性循环路径。

毁林开荒的耕地资源路径依赖。人口压力较大，生产力在改革开放初期，最为稀缺的就是耕地资源。因此，在劳动力机会成本几乎为零的条件下，首先诱发的是如何获得耕地。集体计划经济时代，农产品劳动成果剩余索取权归属集体时，劳动力即使机会成本为零，也没有动力更多地投入劳动开垦耕地。家庭联产承包责任制下，劳动成果剩余索取权归于农民自己，则劳动力出现了富余，其根源有二。其一，计划经济时期出工不出力，现在则是出工出力增加的劳动效果。其二，由于提高效率后，普遍具有剩余时间而增加的劳动时间。其他技术创新与推广具有时间滞后效应，富余劳动力需要寻求出路。在城乡分割制度条件下，富余劳动力必然诱发农民垦荒行为，从而诱发大规模的垦荒。贵州省在

1980 年毁林开荒 32. 25 万亩，1981 年为 50. 6 万亩，1982 年虽采取了管制措施，毁林开荒仍达到 30. 56 万亩。三年时间毁坏森林 113. 41 万亩，被人称之为继 1958 年"大跃进"时的"大炼钢铁"、"十年浩劫"中的"以粮为纲"之后的第三次大破坏。①

承包责任制前，没有责任就没有积极性。全国各地普遍呈现出大致差不多的发展状况。承包责任制赋予了农民权利与责任，有了积极性。在荒山荒坡产权不明确的制度环境下，这种积极性以争夺巴泽尔在《产权的经济学分析》著作中强调的，置于"公共领域的产权"为特征的荒山荒坡。在劳动力严重剩余与荒山荒坡相对富足双重条件下，按照速水佑次郎"诱致型技术创新"理论，不会诱致节约土地、节约劳动力技术创新。因此，农户掠夺荒山荒坡、毁林开荒，以粗放式的自然经济发展路径成为一种必然选择。在一个封闭的经济环境中，置于公共领域的、富饶的自然资源与充足的劳动力条件下，富饶的贫困则是一种必然趋势。

资源依赖性发展路径的反思。在同一时代条件下，王小强等②在分析贵州与温州发展路径时指出，"对应贵州的毁林开荒，温州调查报告的结论则显示：是责任制解放了千百万农民家庭的发展商品经济而不是发展自然经济的积极性！"由此可以看出一个区域是诱发商品经济的制度环境还是自然经济的制度环境，很明显的与自然资源丰裕程度密切相关。中国发展的历史事实证明，自然资源富饶的西部明显形成了一条严重依赖自然资源的自然经济路径；而自然资源匮乏的东部沿海地区则明显形成了一条依靠人力资本的商品经济路径。在自然资源禀赋约束下，两种路径最大的区别在于依靠自然资源还是人力资本。因此，王小强等③指出，落后地区用自然经济手段实现的产值或者速度越高，落后地区的落后就越严重，越突出。

消耗自然资源型的经济发展必然走向资源枯竭、生态恶化路径，最终实现不了生产函数的飞跃，"浮躁的繁荣"是暂时的，贫困则是长期

---

① 王小强、白南风：《富饶的贫困——中国落后地区的经济考察》，四川人民出版社 1986 年版，第 48—49 页。

② 同上书，第 49—50 页。

③ 同上书，第 50 页。

性的。同时我们注意到习近平总书记在不同场合都强调"坚持发展和生态两条底线"更是需要反思传统自然资源依赖的发展路径。

2. 自然资源路径依赖制约了人力资本的发挥

自然资源路径依赖失去了市场竞争优势。自然资源路径依赖严重制约了人力资本的发挥，致使经济处于一种低水平的发展状态。纵观历史发展实践来看，自然资源匮乏的日本、新加坡、以色列正是依靠完整而富有成效的教育体系，摆脱了自然资源匮乏的约束，形成了一条依靠人力资本的知识经济的发展路径，形成的是一条内涵式的发展道路。

大山高原与生态脆弱叠加构成了贵州发展的基本自然环境。在改革开放初期，依赖自然资源的路径必然形成瓶颈。严重依赖自然资源的发展路径与外部以人力资本为核心的发展路径使贵州山区失去了市场竞争优势。大山与高原阻碍了贫困山区与外部区域的资本要素双向经济。

自然资源依赖路径导致了人力资本流失。劳动力资源市场配置机制导致了贵州贫困山区"人力资本与优质劳动力资源"双重流失。在自然经济与市场经济并行的社会经济环境中，自然资源依赖路径必将失去市场竞争优势。

其一，贫困山区优质劳动力资源流失。贫困乡村当前还表现出比较传统的自然经济形态，内部缺乏竞争，无法实现资源的有效配置，从而导致劳动生产力低下的现实困境。面临外部经济发展的冲击，可流动的劳动力资源在市场机制作用下形成外出打工，构成"打工经济"一族，同时年老的以及受教育程度较低的劳动力资源无法适应外部经济需求，导致滞留山村，形成了贫困山村留守老人、留守儿童多，青壮年优质劳动力少的"橄榄形"人口结构特征。

其二，贫困山区人力资本流失严重。教育是贫困农村最重要的人力资本投资渠道。从人力资本经济理论可知，教育是技术创新的重要基础，是比物质资本对经济发展更重要的资本。但是，贫困地区儿童在受到良好教育后，很难再回到贫困的山村，进一步加剧了贫困山区人力资本流失。

3. "富饶的贫困"的理论反思

严重依赖自然资源的发展路径背离了市场优势积累路径。优势要在竞争中积累。严重依赖自然资源的发展路径基本处于一种粗放型的发展方式，处在产业链的低端或者甚至还是一种自给自足的自然经济形态，无论哪一种情形都导致严重依赖自然资源而失去市场竞争优势。"富饶的贫困"就是在这样一种路径下形成不利的内外贸易条件。

严重依赖自然资源的发展路径背离了人力资源积累路径。缺乏人力资源是没办法实现反贫困的。严重依赖自然资源发展路径失去市场优势，必然在市场机制下形成人力资源流失的路径，失去了赖以发展的最宝贵的资源。

"双背离机制"下，贫困地区失去集聚外部资源的可能。在背离市场优势积累和人力资源积累"双背离"作用机制下，没有外部资源的参与必然是一种封闭的经济系统，必然走向萧条。在偏僻乡村的调研中已经感受到"欣欣向荣的打工经济与荒芜凋零的农村经济"这一现实场景。

严重依赖自然资源发展路径的贫困地区在"市场竞争优势丧失、人力资源大量外流、无法集聚外部资源的封闭系统"三大困境中，"富饶的贫困"就是一种历史必然。

（二）贵州反贫困中习俗制度困境的反思

反贫困既有经济贫困，更有能力贫困。贫困不仅仅是物质的贫困，更为关键的是人的思想及其行为模式等构成的习俗制度制约人的发展，从而导致习俗制度贫困。

1. 传统反贫困重物质扶贫轻精神扶贫，导致政策作用不佳

传统反贫困重在物质基础建设的反贫困。物质基础建设的功能发挥核心在于人的主观能动性有机结合，否则，物质基础建设就停留在物质层面，不能发挥其驱动贫困地区产业发展。在原有扶贫政策中，地方政府重在建设一些如乡村道路、乡村电脑、乡村书屋等基础设施，但是许多贫困乡镇没有专门的人才管理和传播新思想、新方法，导致扶贫基础设施与当地贫困人群思想水平严重脱离的客观现实，形成基础设施与贫困人群能力建设"两张皮"的现实矛盾。

2. 输血式扶贫造成贫困人群"等靠要"依赖性精神贫困

一直以来，贫困问题都是政府关注的重要问题，每年都投入大量资金支持反贫困事业。但是，输血式的反贫困制度设计无疑是反贫困成效一直不理想的重要原因。输血式扶贫其本质就是通过外来资金输入，解决贫困地区或者贫困人口生活困难问题，其核心乃是一种救济性质。该制度设计重在短期解决贫困人口基本生活保障，没有从根本上解决贫困

地区或者贫困人口自我发展能力，没有实现造血式扶贫转换。输血式扶贫资金作为一种增加贫困地区或者贫困人口总收入的一种政策措施，长期执行势必形成一种稳定的"工资"性质的收入，存在一种"饿不死但发展不了"的低效率发展状态，不能根本改变贫困地区或者贫困人群自我觉醒的精神脱贫。传统输血式的反贫困最为核心的问题导致了一个贫困地区或者贫困户戴上了"贫困帽子"就没有动力摘掉"贫困帽子"，贫困的标签始终成为依赖性精神贫困的主要表征。贫困帽子甚至在某些地方成为某种政策来宣传，势必增加贫困地区"等靠要"思想的惯性作用。

3. 传统漫灌式扶贫方式导致扶贫效率和公平的丧失

传统扶贫方式采用漫灌式为主，没有精准识别贫困人口。该种方式造成扶贫资金没有真正用到贫困对象，导致扶贫资金支持对象的错位现象，造成扶贫政策效率损失。与此同时，漫灌式扶贫方式导致的错位现象在贫困地区引起了新的不公平问题：不该扶贫的却能得到扶贫帮扶，该得到扶贫帮扶的却没有得到扶贫帮扶。重视扶贫资金贫困区域落实，不重视贫困区域中贫困人群识别，导致传统漫灌式扶贫政策失去了公平，没有达到扶贫政策设计目标。另外，错位导致的效率与公平损失在贫困地区的传播造成一种社会不稳定因素。漫灌式扶贫方式直接导致乡村干部滥用权力，造成扶贫资金被挪用、贪污等问题，导致政府公信力危机。

4. 传统扶贫"重起点轻结果"导致扶贫政策效果不佳

在实践调研中经常发现某些扶贫项目建设的初始阶段搞得轰轰烈烈，大有作为的架势。初始阶段过后，上级领导因为其他重要事项无暇顾及，执行机构则出现作为不力的客观现实、轻视结果的客观现实，从而导致扶贫政策效果不佳。

（三）贵州反贫困中长征精神伟大实践

落后与贫困是贵州的主要矛盾。赶超发展是贵州反贫困、奔小康的主旋律。在反贫困的主战场中，我们深入反贫困一线调查研究，收集整理反贫困的重要案例。在反贫困案例中，反贫困的核心就是人的精神反贫困——长征精神在反贫困中的核心作用。

1. 坚持为民服务的坚定信念，建设小康反贫困

贫困是一个发展问题，需要在发展中解决。市场机制的缺陷无疑会

让地处比较偏僻，自然环境比较艰苦，公共基础设施、公共产品及公共服务相对较少的群体在发展中处于不利地位。贵州地处云贵高原，是没有平原支撑的山地省份，交通发展相对滞后，发展成本高昂阻碍了生产要素的集聚，贫困问题成为贵州经济社会发展中的突出问题和主要矛盾。在坚持为民服务的思想、以扶贫攻坚为核心的政策支撑下贵州迎来了发展的大好机遇。

扶贫首先要改变贫困地区发展的基础条件。《农民日报》报道，按照新扶贫标准，2011 年贵州省还有 1149 万贫困人口，占全省农村户籍人口的 33.4%；同时，在全国 14 个连片特困地区中，贵州省占了 3 个，武陵山区、乌蒙山区和滇桂黔石漠化地区三大区域，共有 65 个片区县，另有 5 个天窗县，覆盖全省 85.3% 的国土面积、91.2% 的贫困人口、90.6% 的贫困乡镇、92.1% 的贫困村、82.5% 的民族乡镇，是贵州打好新阶段扶贫攻坚战最难啃的"硬骨头"。[①]乌蒙山、武夷山、雷公山、大娄山等一座座大山阻断了交通，阻断了发展，也阻断了希望，而基础设施建设，尤其是路的建设，则是他们通往幸福的必经桥梁。贵州省委、省政府从发展的基础条件入手，改变贫困地区落后的基础设施，降低贫困地区的发展成本。坝陵河大桥具有"在高山峡谷区修建如此大跨度桥梁，世界建桥史尚属第一；西岸隧道式锚碇长 74.34 米，为世界第一大隧道锚；东岸重力式锚碇混凝土浇筑方量达 81662 立方米，位居国内第一；全桥长 2257 米，为山岭重丘国内第一长桥；全桥投资 14.8 亿元人民币，为目前省内交通建设独立大桥投资之最"的 5 个"第一"，"世界首次采用 3 节间架设桥梁；桥面吊机为国内首次采用技术；为提升桥梁颤振稳定性，该抗风措施系国内首次采用；机制山砂 200 米以上的高塔混凝土为国内首次；移动模架施工为贵州省桥梁建设首次采用" 5 个首次为代表的坝陵河大桥，浓缩了贵州坚持为民服务的坚定信念，建设反贫困奔小康的具体实践。

扶贫攻坚不忘为贫困地区老百姓切身利益提供公共服务。扶贫既需要高原变通途的桥梁隧道工程，也需要饮水、乡村公路、危房改造等老百姓迫切希望改善的民生工程。根据《贵州日报》报道，自 2008 年 7

---

① 孙林、宁启、文肖克：《中国扶贫攻坚伟大历程的现实观照——贵州省创新体制机制推进扶贫工作记》，《农民日报》2013 年 10 月 21 日。

月贵州省在全国率先启动农村危房改造试点工作至 2015 年的 7 年间，已改造农村危房 200 余万户，投入资金超过 200 亿元，农村危房改造已经成为贵州省最大的民心工程、民生工程之一。① 贵州扶贫攻坚任务最重的毕节市威宁县在历年危房改造成就的基础上，2015 年坚持"政府主导、群众自愿、一次改造、不留隐患"的原则，通过"财政补助、农民自筹、整合资金、信用贷款"的方式进行改造，实施危房改造 4 万户，解决 16 万余人的住房问题，推动农村宜居目标早日实现，其中土坯房 37589 户，其他结构 911 户，地质灾害搬迁 1500 户；在补助标准上，特困户每户补助 5 万元，地灾户每户补助 3 万元，一般户每户补助 2 万元。②

扶贫攻坚不忘贫困地区老百姓脱贫长效机制建设。扶贫攻坚是一项长期的事业，必须在贫困地区为群众找到脱贫致富的产业支撑。贵州省委、省政府根据贵州资源、生态条件，大力推进产业扶贫支撑政策，实现了脱贫致富的可持续发展。根据《贵州日报》报道，草地畜牧业是贵州近年来着重打造的十大扶贫产业之一，2007 年至今，贵州草地畜牧业从最初的局部放养发展到 54 个县开展舍式、半舍式养殖，累计投放畜禽 240 万个羊单位，出栏 300 多万个羊单位，实现销售收入 30 多亿元；存栏 300 多万个羊单位，价值约 30 亿元；项目覆盖了近 600 个乡镇、1800 个村，解决了 10 万户农民的就地就近转产就业问题，项目区农民仅种草养畜一项年人均收入就超过 4000 元；项目区涌现一批产业大县，发展了一批专业乡村和养殖小区，扶持培育了一批规模养殖企业、合作社、示范户，形成了各级党委政府高度重视、社会各界广泛参与、农户积极性高的良好局面，实现了生态、经济、社会效益的"三赢"。③ 依据贵州中药材生态优势，贵州省推出中药材产业扶贫。根据贵州省扶贫办提供的消息，省级财政现代农业特色优势产业发展资金

① 邹晨莹、罗石香：《农村危房改造和城市棚户区改造，让城乡群众安居乐业——头上盖安心瓦，底下住开心人》，《贵州日报》2015 – 06 – 19 09：51，http：//gzrb. gog. com. cn/system/2015/06/19/014390934. shtml（2015 年 8 月 23 日）

② 贵州威宁：《今年实施危房改造 4 万户》，《贵州日报》2015 年 04 月 13 日，http：//finance. chinanews. com/house/2015/04 – 13/7203025. shtml。

③ 叶韬、胡丽华、田志清：《生态·致富·创新——贵州省强力推进草地畜牧业产业化扶贫》，《贵州日报》2014 – 09 – 12，http：//gzrb. gog. com. cn/system/2014/09/12/013793505. shtml。

（中药材）竞争立项已经连续进行 3 年，从 2012 年起共投入省级资金达 3 亿元，有力地促进了省中药材产业发展。截至目前，省中药材产业实现了四大突破。一是种植规模实现新突破。2014 年，全省中药材种植及保护培育总面积突破 500 万亩，达到 511.28 万亩，提前完成《贵州省中药材产业扶贫规划（2012—2015）》确定的目标任务。二是品牌建设实现新突破。2014 年，全省人工种植及保护培育面积上万亩的中药材品种达到 47 个。三是扶贫效益实现新突破。2014 年，中药材种植辐射农户 226.28 万人，其中贫困人口 98.07 万人，中药材种植区农户人均收入 5022 元，较 2013 年的人均收入增加 5.11%，中药材产业的扶贫带动效应不断增强。四是园区建设实现新突破。2014 年贵州省中药材园区发展迅速，园区的产业带动作用不断凸显。2015 年又投入资金一亿元支持石阡、雷山、赫章、关岭等 35 个重点县中药材的发展。①

正是坚持为民服务的坚定信念，贵州省扶贫攻坚形成了"基础设施、民生工程、产业支撑"的反贫困机制，4 年间累计"减贫摘帽"14 县 366 乡，贫困人口从 2011 年的 1149 万人减少到 2014 年的 623 万人，减少农村贫困人口 526 万人。全省产业扶贫、园区建设、示范县创建"三个十工程"取得长足进步，新增扶贫种植产业超过 300 万亩，34 个扶贫产业园区已完成投资 106.2 亿元；通过金融扶贫模式完成贫困农户小额信贷 78 亿元，贵州省共完成 20.8 万人培训，扶助 6.6 万贫困人口"挪穷窝"。贵州省扶贫办主任叶韬表示，在 2017 年和 2020 年两个时间节点上，贵州省确保完成减贫增收和"贫困退出"、贫困地区基本公共服务主要领域平均指标达到西部地区平均水平以上的阶段目标，最终实现反贫困伟大任务。②

2. 坚持实事求是的科学精神，创新反贫困机制

反贫困一定要具备科学的精神，这也是脱贫致富根本性的保障。目前贵州贫困人口主要聚居在深山、交通条件相对较差、远离城镇，发展机会少，发展成本高，必须坚持实事求是的科学精神才能破解反贫困战

---

① 贵州省扶贫办对口帮扶处：《贵州省 35 个中药材发展重点县，获 1 亿元省级财政扶贫资金扶持》，2015 年 7 月 28 日，http：//www.gzfp.gov.cn/Web85/News/20150728/15250.htm（2015 年 8 月 23 日）。

② 《贵州 4 年减少贫困人口 526 万》，中国新闻网 2015 年 7 月 6 日，http：//www.chinanews.com/gn/2015/07-06/7387732.shtml。

役的胜利。

　　坚持实事求是的科学精神，实践滴灌精准扶贫。反贫困核心在于拔穷根，拔穷根关键在于精准识别致贫根源。与全国一道，贵州反贫困政策也经历了四大阶段。第一阶段（1978—1985），体制改革推动扶贫阶段，也有学者称之为农村经济改革和小规模的区域扶贫阶段。在这一阶段，国家还没有建立专门的扶贫机构，也没有系统的扶贫管理机制。第二阶段，大规模开发扶贫阶段，国家制定了以"促进区域发展"为目标的扶贫战略（1986—1993）。① 第三阶段，扶贫攻坚阶段（1994—2000），以满足贫困人口的基本需求为目标。② 第四阶段，开发式扶贫阶段（2001年至今）。

　　扶贫攻坚进入了啃硬骨头阶段，扶贫的精准性成为贵州反贫困有效性的核心标志。贵州省提出做好精准扶贫的十项措施：一是狠抓产业扶贫，二是狠抓返乡农民工就业创业，三是狠抓易地搬迁扶贫，四是狠抓教育扶贫，五是狠抓医疗健康扶贫，六是狠抓财政金融扶贫，七是狠抓社会保障扶贫，八是狠抓社会力量包干扶贫，九是狠抓改革扶贫，十是狠抓党建扶贫。③

　　在践行精准扶贫过程中，贵州各地总结出了行之有效的实践办法。威宁县迤那镇村干部总结出了贫困摸底的"四看"法——"一看房、二看粮、三看劳力强不强、四看家中有没有读书郎"。通过"四看"法入户调查、登记，并经过村、镇两级公示，制定了精准识别制度。在我们到江口县调研中发现黑岩村总结出"主导产业保脱贫、辅助产业帮脱贫、长效机制真脱贫"的精准扶贫模式。地处铜仁江口县的二类贫困村黑岩村，在扶贫实践中，在践行主导产业保脱贫过程中，根据本村127户精准扶贫户存在有劳动能力、有产业、有劳动能力无产业、无劳动能力无产业等情况，积极引进种植大户（企业），通过以奖代补，扶持大户等形式，根据区域分布，分别建两个400亩以葡萄种植为主的"精准扶贫产业脱贫示范基地"，带动精准扶贫户脱贫致富。在辅助产

---

　　① 参见贵州省高等学校人文社科基地、贵州财经学院欠发达地区经济发展研究中心：《欠发达地区经济发展研究（一）》，中国经济出版社2009年版，第50页。

　　② 参见《国家八七扶贫攻坚计划》。

　　③ 《贵州精准扶贫十大措施》，《贵州日报》2015年8月17日，http：//gzrb. gog. com. cn/system/2015/08/17/014493709. shtml。

业帮脱贫过程中，根据该村有劳动能力有产业发展意愿的精准扶贫户，重点帮助解决烤烟产业，道路维修、新修，烤房维修和新建烤房等问题，努力帮助其最大限度降低生产投入成本。惠及岩湾、小寨等 7 个组精准扶贫户 21 户。同时，结合无劳动力、无产业，但有发展意愿，缺少发展资金的精准扶贫户，大力实施以养殖（鸡、鸭）为主的辅助产业，发展"庭院经济"，努力促进脱贫致富。在实践长效机制真脱贫中，该村精心打造的 800 亩"精准扶贫产业脱贫示范基地"，通过部门帮扶的形式将前三年土地租金，按年租金 400 元/亩，支付给基地内的农户。办事处与种植大户签订每亩按 3∶7 分成合同，第四年产生效益后，将分到的红利其中两成作为支付基地内农户的土地租金，剩余部分红利，采取造册平均分到黑岩村 127 户精准扶贫户手中；另一成作为村级集体经济。通过"精准扶贫产业脱贫示范基地"的实施，实现对该村精准扶贫户的全覆盖。

坚持实事求是的科学精神，扶贫产业因地制宜。贫困根源众多，情况复杂，且区域之间差异较大，同时面临的外部环境迥异。扶贫产业选择必须坚持实事求是的科学精神，因地制宜地发展扶贫产业。

核桃产业支撑起赫章贫困群众奔小康的梦想。赫章县的核桃栽培历史悠久，境内分布着许多原生的优质核桃资源，上百年的核桃古树遍布各乡镇。据统计，全县树龄在 50 年以上的核桃树达到 2000 余株。为极力打造"核基地"，赫章全县规划 2015 年核桃基地建设面积达 200 万亩，已整合各类资金近 3.5 亿元投入核桃产业发展。目前，已发展种植核桃 163 万亩，挂果核桃 25 万亩，常年坚果核桃产量 3 万吨，年产值近 10 亿元以上。赫章县在抓好新建核桃生产基地的同时，重点推进毕威高速和国道 326 沿线精品示范核桃标准化基地建设 30 万亩，打造全国一流的山地特色百里核桃长廊。将建成 10 个县级精品示范园，各乡镇负责选择主干公路沿线、核桃长势良好的果园建立精品示范点 1 个以上。紧紧围绕核桃种植面积达到 200 万亩和打造"千年夜郎栈道，百里核桃长廊"的目标任务，全力以赴打好核桃产业这场革命战，着力推进生态建设产业化、产业发展生态化，努力实现生态与经济双赢，让内生"核"动力使扶贫攻坚再升级。[①]

乡村旅游助推江口云舍脱贫致富。距县城4公里的太平镇云舍村，是一个生态环境良好、气候宜人、风景秀丽的土家族聚居地，素有云中仙舍之称。昔日，云舍村村民以种植农作物和饲养牲畜为生，人均年收入不到1000元。为摆脱贫困，村支两委带领有见识的青年农民在周边县市考察生态旅游和农家休闲项目。通过考察对比发现，云舍村优美的自然风光和深厚的土家风情，是可供发掘的宝贵资源。"抓住城里人亲近自然、闹中取静、返璞归真的心理需求，发展生态旅游，兴办农家乐"，这个想法得到县、镇相关部门认可。近年来，江口县围绕"自在农家、美丽乡村"创建目标，投入资金2800多万元打造"生态云舍"，近日又引进省外客商投资3亿元建"山水云舍"，云舍村走出了一条生态养民、旅游富民的新路子。云舍村的生态文化旅游"火了"，清新的空气，清凉的湖水，盛开的鲜花，现实版的开心农场，整洁的农家庭院，古色古香的土家民居建筑和原始古朴的土家族民歌土舞，吸引了大量游客。从抓温饱到抓环保，从重生产到重生态，如今，全村80%的家庭从事文化旅游服务业，农民人均纯收入6400元，是2010年前的6倍，青山绿水成了云舍村取之不竭的财源。

3. 坚持团结进取的协作精神，整合力量反贫困

反贫困不仅是贫困地区自身的事，一定要汇集各方要素、团结各方力量，形成合力才能够最终实现真脱贫。

驻村干部众筹发展思想，思想领头反贫困。贵州前省委书记赵克志指出："这些年贵州的扶贫形势发生改变。目前发展条件相对较好、人口素质相对较高、扶贫难度相对较小地区的贫困人口已陆续脱贫，剩下的都是难啃的'硬骨头'"。"地处高山、半高山，居住分散，发展能力弱"等特征已经成为当前扶贫攻坚的基本特征，更需要智慧和耐力实现脱贫致富。人力资源严重缺乏的贵州贫困山村，最为缺乏的就是发展思路。

---

① 王纯亮、赫章：《内生"核"动力助推扶贫攻坚再升级》，《毕节日报》2015年4月23日，http://www.gzfp.gov.cn/Web85/News/20150423/14422.htm2015年8月23。

贫困地区驻村干部成为贫困地区发展的中坚力量。据报道①，2013年，贵州省委选派了3万干部成队建制集中帮扶6000个重点村，取得了显著成效，受到各级党组织和广大党员群众的普遍欢迎，已成为贵州省在全国有一定影响力的党建工作品牌。针对全面深化农村改革、开展第二批教育实践活动、加快"三农"和扶贫开发工作的新形势、新任务，全省同步小康驻村工作队进行了调整充实。2014年全省共选派驻村队员55864人、组建11590个驻村工作组，队伍明显壮大，帮扶力量明显增强，实现了对全省贫困村的全覆盖。继2013年和2014年连续两年开展同步小康驻村工作后，2015年全省又选派5.7万余人、组建1.1万余个同步小康工作组，队伍进一步壮大，帮扶力量继续增强，再次实现贫困村全覆盖。选派干部来源更加优化，加大从省、市、县三级部门抽调驻村干部的力度，实现了"三增加一减少"，即省、市、县三级选派干部分别同比增长26.8%、96.8%、30.8%，乡镇选派干部同比下降16.7%。在抽调干部时，注重把从部门单位抽调后备干部、年轻干部和精兵强将、有发展潜力的干部驻村作为硬性要求。

案例一：西秀区大西桥镇九溪村驻村干部领头发展

课题组专门到西秀区大西桥镇九溪村调研驻村干部吴文武同志。该同志2014年驻村，积极走访调研，找准制约农村发展的突破口，围绕"乱、弱、差、特、浊、脏"狠下工夫、做足文章，帮助九溪村完成村庄规划编制，村容村貌示范带建设，不断让乡村美起来。九溪村驻村队员吴文武被村民视为建设美好家园的带头人，驻村一年结束，村民们用394个鲜红的指印申请吴文武继续驻村帮扶。2015年继续驻村，开展了更深入的工作。

深入群众、融入群众，与群众共谋发展。该同志把作息时间调整为"村民状态"，白天与村民同劳动，晚上和大家共同商量村里发展，经常走村串户拉家常，深入田间地头找思路，常找群众谈心，常帮群众做事。通过不断和群众接触，拉近了感情，启发了思路。每天深夜回到所住地，写点材料和总结，看点学习资料，了解国家政策。通过不断学习

① 《2014年全省同步小康驻村工作启动，赵克志作批示》，《贵州日报》2014年3月1日，http://gzrb.gog.com.cn/system/2014/03/01/013240517.shtml。

思考，一些帮扶计划和方案逐渐形成，与村支两委进行讨论，与群众沟通交流，制定更加符合实际及群众发展意愿的帮扶措施。一年来，在村支两委的支持下，吴文武编制完成3.5万字《九溪村"自在农家·美丽乡村"发展规划》和《九溪村下九组产业发展规划》，争取帮扶资金500多万元，以村集体注册成立建筑劳务公司并取得相应资质。

共同参与、带头苦干，大力改善基础设施。发动群众、相信群众和依靠群众，是开展驻村工作的基础所在。驻村以来，该同志深感组织在工作开展中的重要性，因此对每一项工作的开展，都会结合实际需要，组织村民成立临时专项工作组，比如机耕道建设，把涉及的村民组织起来，然后由成立的小组负责该项工作的推进和落实，完成了十多公里的机耕道，村民种庄稼方便多了，得到切切实实的好处。为更好发挥村支两委工作，充分调动全体村民参与到乡村建设中来，组织成立了具有长效性的下九组事务综合管理小组，吸纳村支两委、党员代表、群众代表，老、中、青骨干相结合，每周组织一次例会，开展学习讨论，交流思想认识、解决组里具体问题。小组成立后，下九组各项工作推进了，干群关系融洽了，村民的发展愿望增强了，引导更多村民积极参与到改善基础设施中来。

实事求是、量力而行，推动美丽乡村建设。乡村建设需要资金，但没有资金时我们也不能等靠要。为提高村民发展积极性，该同志倡导"有钱，我们好办事；没钱，我们也要办好事。"没钱就先从环境垃圾卫生做起，卫生都做不好，又谈何发展呢!? 于是成立环卫小组，发动全体村民一起打扫卫生并形成惯例。同时发动各家各户在房前屋后搞"微田园"，篱笆栅栏就地取材，花小钱办大事。经过大家齐心协力，争取到200多万元的小康寨项目，安装了60盏太阳能路灯，完成一公里的沿河休闲人行步道，新建休闲凉亭等等项目。卫生改善了，"微田园"开满了鲜花，九溪村下九组美丽乡村已具雏形。

产业转型、同步发展，推进乡村休闲旅游。农村的发展在产业，产业的发展在规模，规模的基础在土地整合。九溪村有西接云峰八寨，南靠天龙景区，北邻旧州古镇的良好区位优势和邢江河湿地美丽自然环境，发展乡村休闲旅游优势明显。该同志提出以产业发展为切入点，以合作社为载体，通过整合现有土地资源，积极推进产业发展。目前，注册成立了以服务全体村民为宗旨的合作社，整合60亩田地种植荷花并套养鲤鱼，种下去的荷花已大面积开花。在项目面临资金问题时，吴文武和包村干部及第一书记从自己工资中给他们解决燃眉之急，利用农村自然生态野生八月瓜农产品，为合作社众筹发展基金，希望以此推动村里的产业转型发展。为配合乡村旅游发展，发动村民开办农家乐，联系相关部门对村民进行为期一周的厨艺及服务培训。在下步工作中，将着手进行生态采摘大棚、观光农业和体验农场等项目建设，多举措促进乡村休闲旅游的发展。

各方力量形成帮扶合力，集中资源助推反贫困。贫困地区的发展是一个开放的系统，需要汇集社会各方力量以形成一个开放的发展系统，构建贫困地区发展的良好社会生态。课题组利用暑期专门到江口县调研寨沙侗寨村扶贫攻坚成效。

案例二：“富饶的贫困”——寨沙过去单一经济结构

寨沙侗寨地处梵净山腹地，距梵净山南大门1.5公里，距江口县城12公里。全寨共有76户304人，其中侗族236人，占全寨人口的77.6%。寨内民风古朴，民族风情浓郁、生态环境良好。在发展乡村旅游以前，寨沙侗寨由于没有一个精准的定位，手捧着梵净山旅游的“金饭碗”却没饭吃。每天大量游客从梵净山下来，再从寨前走过，与寨沙侗寨人形同陌路。除一户农户开饭馆从事旅游服务外，其他人干的都不是与旅游相关的工作。把所有寨上的人分成两部分，一部分人在外打工；一部分人从事简单的养殖业、竹业编织和农业生产，人均收入不足2000元即为贫困人口，寨沙侗寨近半数的人口属于贫困扶持对象。该村2011年有贫困户37户133人，贫困发生率为49.3%。

推动寨沙旅游基础设施建设。从2002年起一直帮扶江口县的国家旅游局提出“以旅游促进贫困地区脱贫致富”的发展思路，国家旅游局将乡村旅游项目的开发作为旅游助民脱贫致富的主要产业来做，让农民既是旅游扶贫的对象，又是参与旅游业发展的生力军，最终让农民成为真正的最大受益者。从这年起至今，国家旅游局定点帮扶江口县，在政策、资金上给予江口大力支持。

政府支持，精准定位寨沙旅游发展之路。江口县委、县政府在国家旅游局的帮助下，立足资源优势，抢抓机遇，理清思路，从旅游上打开缺口，坚持把文化旅游业作为主导产业、支柱产业来抓，激发了江口发展文化旅游的创新活力，也找到了寨沙扶贫攻坚的"突破口"，决定因地制宜，挖掘、整理和开发利用好寨沙现有底蕴丰厚的侗族文化资源，大力发展富有地方民族特色的乡村民俗旅游经济金融助推寨沙旅游发展之梦。在国家旅游局、扶贫办等部门的支持下，江口县委、县政府通过多种渠道整合"一事一议"等方式，大力建设寨沙旅游基础服务设施，帮助村民进行住房改造，修通了连接四乡八寨的进组入户路，还建设了四合院、侗寨钟鼓楼、民族风情表演场，种植绿树红花，建起民族风雨桥和河畔亭、廊、台。现在的寨沙侗寨，整个村子，家家窗明几净，处处鸟语花香，没有一个村民乱摆乱放，乱扔乱丢，到处干净整洁。

银行助推，金融杠杆支起村民致富梦想。寨沙旅游定位精准，基础设施改善，具有了发展乡村旅游潜力。经济学经常讲"边际生产递减规律"，但是增加"一根稻草"往往才是激活原有投入的关键。寨沙正是在旅游发展中银行添加的"一根稻草"盘活了旅游，走向了"贷款—发展—还贷"的良性循环的"实体—虚拟"经济融合发展的典型模式。全寨积极争取国家开发银行、农行、信用联社等金融支持 1636 万元，其中国家开发银行向 26 户群众发放贷款 526 万元，争取县信用联社向 33 户群众发放贷款 850 万元，县农行向 52 户群众发放贷款 260 万元。目前，全寨有 62 户开办了"农家乐"，乡村旅游从业人员达到了272 人，占全寨总人口的 88.32%，全寨农民人均纯收入达到 12460 元，仅剩 3 户 14 人还处于新扶贫标准的贫困线以下。

村民勤劳，内生动力驱动反贫困奔小康。在寨沙调研期间，正是旅游旺季，每家每户都把屋内屋外清扫得干干净净，迎接每一天的游客。同时村民敢于创业，走出一条不同于打工、不同于传统的道路。据统计，全村贷款余额 4300 万元，存款余额 438 万元[①]，这一事实表明，寨沙村民走向了一条"熊彼特式"的发展道路，创新内生金融需求，金融助推创业梦想，实现金融资源的有效利用。

4. 坚持百折不挠的不屈精神，敢于面对艰苦环境

脱贫不稳定，不是真脱贫。致贫根源又是多种多样，解决一个根

---

① 罗文福：《旅游金融项目扶贫，创新实践的江口样本》，《贵州日报》2014 年 6 月 4 日。

源，往往其他根源又会产生。因此，反贫困必须具有百折不挠的不屈精神，敢于面对贫困地区艰苦环境，拔掉穷根。

反贫困受制于自然条件，需要克服自然条件约束。贵州反贫困取得了巨大成就，剩下的贫困无疑具有硬骨头的特征。自然条件与环境无疑是制约反贫困重要的根源之一。

课题组专门到贵安新区马场镇鱼雅村调研。鱼雅村属于一类贫困村，位于贵州省贵阳市平坝县东部，隶属马场镇，距马场镇政府所在地18公里，距贵广公路4公里，距省城贵阳49公里。全村共有大寨、小寨、施家院、红岩脚、刘家院5个自然村寨。目前鱼雅村共有368户人家，其中贫困户有145户，占总户数约40%；全村共计1486人，农业人口有1301人，占总人口的87.5%。

该村比较典型的是施家院组严重受制于自然条件。其一，山高制约发展。施家院在整个马场镇海拔最高，达到1600多米，整个经济主要依靠种植玉米、土豆等农作物。远离城镇，农产品交易成本高，农作物市场化程度很低，处于典型的自然经济状态。其二，坡陡路坏境况。在去往施家院的山路上，因为与山上施工方修路问题的纠纷，途中出现堵路现象，不利于汽车上下山。在施家院我们还采访得知，因为没有交通工具，孩子上学需要走3个小时左右的路程才能到最近的小学，可见交通问题也严重影响到了教育。其三，水源少，吃水难。施家院处于山上，是全村最为缺水的地方。调查了解，施家院生活用水需要人工下山去挑，路程需要1个小时左右的时间。个别人家建有储水池，夏天雨季方便储存雨水用来灌溉，10月份雨量减少，用水极为不便。其四，房子破旧不堪。该村民组地处煤矿区，煤矿开采后留下空山空洞等地质灾害隐患，有46户村民住房面临地质灾害问题。许多家住房都还比较简陋，甚至个别家庭出现"外面下大雨，屋里下小雨"的情况。

鱼雅村施家院组的贫困问题在贵州反贫困的主战场上还比较典型。课题组在江口县调研时发现，当地贫困村主要还集中在高山和半高山，且居住分散，交通、自来水等公共产品提供困难等突出，产品扶贫、金融扶贫等更是无法在短期实现。在这样的客观环境下实现反贫困，更需要干部、群众具有面对艰苦条件百折不挠的精神，以实现卓越的反贫困成就。

反贫困受市场约束，需要克服激烈的市场竞争。反贫困、真脱贫最终需要市场检验。贫困终究是一个发展能力的问题，需要长期培育贫困地区的自我发展能力才能真正实现脱贫。市场经济条件下，发展能力需要市场检验。

课题组在各地调研总结可知：产业扶贫是根本。但是，产业扶贫最大的考验来自市场激烈竞争。市场波动很可能使产业扶贫变为泡影。课题组以及积累前几年调研的经验发现，扶贫产业最大的问题是具有同质性，贫困地区发展的产业处于"弱质竞争态势"，即所谓的贫困地区之间的竞争。比较规模化的扶贫产业——茶产业——已经成为贵州各县市扶贫攻坚主要产业。目前面临的困境就是来自茶叶市场的激烈竞争在压缩利润甚至出现亏损的局面。

贫困地区面对激烈的市场竞争，正如 R. H. 托里指出的，有些地区农村人口的境况，就像一个人长久地站在齐脖深的河水中，只要涌来一阵细浪，就会陷入灭顶之灾。市场风险像一阵细浪一样，很可能就使刚刚脱贫的农民再次"返贫困"。因此，反贫困一定要经受住市场风险的反复考验，必须具有百折不挠的精神面对市场风险的考验。

（四）贵州反贫困弘扬长征精神的经济学意义

从经济学意义上思考反贫困中弘扬长征精神，核心在于长征精神对于贫困地区人力资本、社会文化环境等方面促进生产要素的集聚，促进贫困地区群众素质提升，改善贫困地区发展的自然、人文、社会等环境。

1. 反贫困弘扬长征精神，核心在于推动贫困地区习俗制度变迁

作为反贫困主战场的贵州，关键在改变贫困地区阻碍发展的习俗制度。在反贫困中弘扬长征精神，贵州贫困地区改变了旧扶贫方式"等、靠、要"惰性习俗，力争上游，走脱贫摘帽的赶超发展之路。面对贫困问题，全省各地积极探索、积极发展、大力改善发展条件，积极融入外部经济，勇于创新，改变着贵州历史上长期封闭、不善合作的习俗文化制度，保障了国家扶贫政策与积极进取的习俗制度有机统一，降低国家扶贫政策执行成本。

2. 反贫困弘扬长征精神，提升了贵州干部队伍为民服务的水平

反贫困需要一支强有力的干部队伍，带领群众战胜贫困。贵州在反贫困中，通过驻村干部制度、定点帮扶制度，培育一支具有创新能力，能够谋划贫困地区发展思路，能够整合外部资源的干部队伍。前贵州省委书记赵克志同志撰文指出，以良好作风推动扶贫开发，以弱鸟先飞意识、滴水穿石精神和马上就办作风推进贵州扶贫开发，特别强调做到学习践行习近平总书记"四下基层""马上就办"的工作作风，推动扶贫开发。正是因为贵州涌现出一支为民服务的干部队伍，才改善了贫困地区的社会风气，降低了外来资本要素的发展风险，降低了经济交易过程中的交易成本。当前正在开展的"三严三实"教育活动，要求干部以"严"为本，以"实"为果的工作作风，已经全面落实到贵州的扶贫攻坚中。

把发展作为摆脱贫困帽子的总办法，因地制宜选择扶贫致富的路子；把生态环境保护作为扶贫开发的生命线，实现生态美与百姓富的有机统一；用开放意识推动扶贫工作，在扶贫工作中用好开放政策。

3. 反贫困弘扬长征精神，增强了贵州贫困地区人民群众的信心

反贫困弘扬长征精神，其核心在于坚持实事求是的科学精神，找准致贫根源，找准发展思路，彻底摆脱意识和思路的贫困，坚定群众反贫困的信心。在成功实现反贫困的贵州案例中，都解决了贫困地区发展思路、发展路径等核心问题，最终改变贫困地区人民群众反贫困信心，改变了群众传统的发展思路。这一改变也改善了贫困地区发展的社会生态，有利于吸引外部资本、外部人才进入贫困地区发展。

4. 反贫困弘扬长征精神，夯实了贵州发展的人文社会精神基础

反贫困弘扬长征精神，关键在于改变贫困地区人的精、气、神。只有贫困地区精、气、神改变了，才能构筑起发展的人文精神高地。在贵州反贫困中各地涌现出来的人文精神财富，彻底改变了外部对贵州的偏见，建立了良好的社会风气和锐意发展的精、气、神。2010年时任国务院总理的温家宝同志指导贵州抗旱救灾时，把冷洞村抗旱救灾精神赞誉为"不怕困难、艰苦奋斗、攻坚克难、永不退缩"的贵州精神，湄潭县田家沟致富不忘党的关心，农民自编自演的花灯戏《十谢共产党》的发自内心的感恩人文情怀等，都是贵州反贫困中涌现出的人文精神，有力改善了乡村社会文化环境。

5. 反贫困弘扬长征精神，集聚了贵州经济社会发展的宝贵人才

反贫困需要外部力量支持，尤其是贫困地区严重短缺的宝贵人才。正是反贫困中改善了贫困地区的发展环境和条件，改善了贫困地区人文精神气息。课题组到江口县调研中发现，寨沙旅游快速发展的机遇，吸

引了大批从外部来的旅游人才，推动寨沙旅游发展就是典型的案例。正是因为在反贫困中弘扬长征精神，改善了政府、公务员服务水平，改善了贫困地区群众的发展能力，改善了贫困地区发展的人文社会环境，贫困地区发展需要的宝贵人才才能够扎根于此，改善贫困地区人才短缺的境况。

参考文献

[1] 石仲泉：《红军长征和长征精神》，《中共党史研究》2007 年第 1 期。

[2] 杨尚昆：《总结历史经验，继承和发扬长征精神，在改革开放和现代化建设中建功立业》，《人民日报》1986 年 10 月 23 日。

[3] 江泽民：《在纪念红军长征胜利 60 周年大会上的讲话》，《人民日报》1996 年 10 月 23 日。

[4] 胡锦涛：《在纪念红军长征胜利 60 周年，中组部举行老同志座谈会上的讲话》，《人民日报》1996 年 10 月 19 日。

[5] 熊启珍：《论长征精神的科学内涵》，《武汉大学学报（人文社会科学版）》2007 年第 2 期。

[6] 邬家能、孙志清：《坚持信念，逆境奋斗——解读长征精神》，《西安政治学院学报》2005 年第 5 期。

[7] 杨迎春：《发扬长征精神，走好新的长征》，《锦州师范学院学报》1996 年第 4 期。

[8] 徐宝康：《韩国关注"长征精神"》，《人民日报》2005 年 9 月 8 日。

[9] 闫丽娟：《为了全人类共有的精神财富——斯诺与索尔兹伯里的"长征情结"透视》，《社科纵横》1995 年第 5 期。

[10] 刘统：《北上：党中央与张国焘斗争纪实》，广西人民出版社 2004 年版。

[11] 谭友林：《红旗卷过黔大毕——红 2、6 军团长征片段》，《长征档案（第三卷）》，中央党史出版社 2013 年版。

[12] ［美］弗朗西斯·福山：《社会资本》，塞缪尔·亨廷顿、劳伦斯·哈里森主编，程克雄译：《文化的重要性——价值观如何影响人类进步》，新华出版社 2013 年版。

[13] 王小强、白南风：《富饶的贫困——中国落后地区的经济考察》，四川人民出版社 1986 年版。

[14] ［日］速水佑次郎：《发展经济学——从贫困到富裕》，社会科学文献出版社 2003 年版。

[15] ［德］柯武刚、史漫飞：《制度经济学——社会秩序与公共政策》，商务印书

馆 2000 年版。

［16］思拉恩·埃格特森：《制度经济学：避免领域开放综合症和路径依赖危险》，
　　　《制度变革的经验研究》，经济科学出版社 2003 年版。

［17］孙林、宁启、文肖克：《中国扶贫攻坚伟大历程的现实观照——贵州省创新体
　　　制机制推进扶贫工作记》，《农民日报》2013 年 10 月 21 日。

专题六 长征精神与农民脱贫致富①

无论是中国优秀传统文化中还是马克思主义思想中，都蕴含着丰富的消除贫困、实现共同富裕的思想。几千年来，中国人民从未放弃对脱贫致富美好愿望的追求。中国共产党自成立之日起，就领导全国各族人民为争取实现民族独立、国家繁荣富强、人民富裕幸福的目标而奋斗。当前，我们踏上了全面建设小康社会和实现中华民族伟大复兴中国梦的新长征。农民的脱贫致富是"十三五"时期必须打响的攻坚战，它对新长征目标的胜利完成至关重要。习近平强调，消除贫困、改善民生、实现共同富裕，是社会主义的本质要求，是我们党的重要使命。扶贫攻坚，反贫困，2020年如期实现脱贫目标，不仅要在投入上、在体制机制上、在目标瞄准等方面下工夫，而且更需要有一种精气神。长征精神由长征孕育而出，而它又为长征的胜利和人民群众反对贫困的斗争提供了强大的精神动力。长征精神内含着对脱贫致富的追求，在新的伟大长征的过程中，我们要大力弘扬长征精神，加快农民脱贫致富的步伐。

一 长征精神及其对脱贫致富的内在追求

伟大的红军长征是一场战略大转移，是一次寻求农民脱贫致富道路的艰难探索。伟大的长征精神在长征中孕育，它吸收和发扬了中国传统文化中"大同"、"均贫富"、"天下为公"等优秀思想，吸收和发扬了井冈山精神，吸收和发扬了马克思主义反贫困、人民主体、党的宗旨等思想，内涵十分丰富。长征精神内含着实现脱贫致富的目标追求，它不仅为长征的胜利而且还为人民群众反贫困斗争提供了强大的精神动力。

---

① 本专题执笔人：王世明。

（一）长征及长征反贫困目的

1. 长征成功实现红军战略大转移

1930 年 12 月，蒋介石在中原大战中获胜之后，立即着手部署对工农红军的革命根据地进行"围剿"。1930 年 12 月上旬和 1931 年 3 月下旬，蒋介石集结国民党鄂豫皖三省"围剿"军对鄂豫皖根据地发动了第一次和第二次"围剿"。1931 年"九一八"事变后，日本侵占了东三省并加快侵略中国的步伐。此时，中国社会若不解决日本帝国主义与中华民族这对主要矛盾，中华民族就面临着亡国亡种危险。尽管中国共产党发出挽救民族危亡、停止内战、建立抗日民族统一战线的号召，但是蒋介石等国民党反动派却坚持其"攘外必先安内"的反动政策，继续调动大军"围剿"工农红军及其根据地。由于当时"左"倾冒险主义在中央苏区占主导地位，在军事上执行了错误的政策，导致第五次反"围剿"最终失败。为了让中国革命的火种得以延续和传播，红军在反"围剿"失败后，被迫进行战略大转移。

1934 年 10 月 10 日，中央红军主力 8 万余人从江西瑞金出发，开始战略转移，踏上漫漫长征路。随后，中国工农红军第二、第四方面军和红二十五军也先后从各苏区向陕甘宁苏区撤退和转移。直到 1936 年 10 月，红军第一、第二、第四方面军三大主力在甘肃会宁胜利会师，长征才宣告结束。中国工农红军的长征，是在抗日救亡成为全民族最紧迫任务的非常时刻，在中国共产党和中国工农红军面临生与死考验的紧急关头，为了挽救红军命运，挽救中华民族的命运，而进行的一次成功战略大转移。而这一次战略大转移意义极其重大，它为中国革命胜利奠定了坚实基础。

2. 长征寻求农民脱贫致富的道路

在半殖民地半封建的中国社会里，农民占全国人口的 80% 以上，他们过着赤贫的生活，遭受着帝国主义、封建主义和官僚资本主义"三座大山"的沉重压迫和剥削。党的根本宗旨和历史使命决定党要领导和带领农民脱贫致富。因此，中国共产党从成立的那一天起，就始终围绕着实现民族独立、人民解放和实现国家繁荣富强、人民共同富裕两大历史任务，团结和带领全国各族人民不懈奋斗。在新民主主义革命时期，党深刻认识到帝国主义和中华民族的矛盾、封建主义和人民大众的矛盾是近代半殖民地半封建的中国社会主要矛盾，因而要实现民族独

立、建设富强民主的国家、帮助人民群众摆脱贫穷、确立人民当家作主
的政治地位，就必须领导农民实行土地革命，解决农民的土地问题以求
解决农民的贫困问题。因此，中国共产党及其武装力量深入农村，从解
决农民的土地问题入手，组织、发动和武装农民，把农民充分调动起
来，推翻帝国主义、封建主义和官僚资本主义的统治，从根本上推翻反
动而又腐朽的政治上层建筑。

在土地革命战争时期，中国共产党在革命根据地开展打土豪、分田
地、废除封建剥削和债务的革命斗争，满足农民土地要求，制定并执行
依靠贫农雇农和没收封建土地归农民所有等相关的土地革命路线，调动
一切反封建的因素，保证土地革命的胜利。土地革命使广大贫雇农政治
上翻了身，经济上分到土地，生活上得到改善。为了保卫胜利果实，他
们积极参军参战，既投身革命，又努力发展生产。

可是，在党领导土地革命的过程中，蒋介石为了剿灭红军，不惜调
动百万大军，对红军进行了五次疯狂"围剿"。由于红军在第五次反
"围剿"中失利，红军才被迫进行战略转移。红军进行长征的目的不仅
是为了进行军事战略转移，更是为了击退敌人的进攻，寻找民族独立、
国家富强、人民解放、农民脱贫致富的道路。

（二）长征精神的孕育及长征精神的内涵

1. 长征对长征精神的孕育

红军长征的历程，是同国民党反动派浴血奋战的历程。毛泽东在
《论反对日本帝国主义的策略》中写道："天上每日几十架飞机侦察轰
炸，地下几十万大军围追堵截，路上遇着了说不尽的艰难险阻。"[①] 然
而，红军战士在前有荷枪实弹的堵军，后有铺天盖地的追兵，上有狂轰
滥炸的飞机的逆境中，不怕吃苦，不怕牺牲，浴血奋战。红一方面军在
368 天艰难跋涉的长征中，在 15 个整天中进行大规模战斗，在 100 多
天中进行小规模战斗，在 235 个白天中急速行军，在 18 个黑夜里突击
前进。在长达两年的长征中，各路红军总行程达 6.5 万余里，参加的重
要战役有 600 余次，牺牲营以上干部 432 人。正是红军发扬了不怕吃
苦、不怕牺牲、英勇斗争的精神，才最终从超过 100 万总兵力的敌人
"围剿"中杀出了一条生路。

---

① 《毛泽东选集》第 1 卷，人民出版社 1991 年版，第 150 页。

红军长征的历程，是同险恶的自然环境艰苦奋斗的历程。长征过程中所遭受的恶劣自然环境不仅挑战着红军战士的生理极限，也严重挑战着红军战士在恶劣条件下战斗的意志极限。在长征途中，红军将士迎着严寒酷暑，顶着风吹霜打，冒着枪林弹雨，忍受着干渴饥饿，食草根，爬雪山，过草地，涉沼泽，眠雪野。在长征中，红军不畏艰难困苦，翻越了 20 余座海拔 4000 米以上的皑皑雪山，跨越了赣江、湘江、乌江、大渡河、金沙江等近百条江河大川，穿过了被称为"死亡陷阱"的上百平方公里茫茫草地。

红军长征的历程，是同甘共苦和患难与共的历程。在长征途中，无论职位高低和资历深浅，红军官兵都同甘共苦，互相关心，互相帮助。行军途中，很多红军干部把马匹让给伤病员和掉队战士。过草地时，很多同志都把最后的干粮和生的希望留给了战友。红军在长征中患难与共的情形在陈云的《随军西行见闻录》中有着生动的描述："红军军官之日常生活，真是与士兵同甘苦。不知者不知谁为军长，谁为师长。"[1]陈云还特别强调，红军在长征行军过程中，经常遇到粮食匮乏、宿营地缺乏等困难。在困难来临时，共产党员总是礼让非党分子先吃先住，共产党员总是在作战时冲锋在前，退却在后，锻造出了患难与共的可贵精神。

红军长征创造了人类历史的奇迹，它是人类历史上的一次伟大壮举和英雄史诗。长征的伟大胜利，是广大红军战士在极端严酷的自然环境中，通过浴血奋斗，用鲜血和生命换来的。正如索尔兹伯里在其《长征——前所未闻的故事》一书的自序里写的那样：长征途中发生的一切似乎有点像以色列人从埃及出走，汉尼拔翻越阿尔卑斯山，拿破仑进军莫斯科或美国人拓荒西部，但任何比拟都是不恰当的，长征是举世无双的。对于长征的作用与意义，毛泽东在《论反对日本帝国主义的策略》一文中指出："长征是宣言书，长征是宣传队，长征是播种机。"[2]

中国工农红军历尽苦难却又充满艰苦奋斗的长征，已远远超越了单纯军事战略转移的意义。首先，中国共产党在长征中开始将马克思主义基本原理同中国的革命实践结合起来，走上了一条既符合马克思主义又

---

① 陈云：《随军西行见闻录》，红旗出版社 1985 年版，第 58 页。
② 《毛泽东选集》第 1 卷，人民出版社 1991 年版，第 150 页。

符合中国国情的革命道路，并逐步确立起一切从实际出发、理论联系实际和实事求是的思想路线，对中国革命影响深远。其次，我们党在红军长征中实现了北上抗日的战略目标，实现了国共两党的第二次合作，组建了抗日民族统一战线，拉开了中华民族团结抗战的大幕。再次，伟大的红军长征，形成了中国革命成熟的坚强领导核心，使全党在思想上、组织上形成了高度团结和统一的局面，为党从挫折走向胜利提供了保证。伟大的红军长征更深远的意义是，谱写了豪情万丈的精神史诗，孕育和锻造了伟大的长征精神，为中国革命胜利提供了强大精神动力。

2. 长征精神的基本内涵

1986 年 10 月 22 日，在纪念红军长征胜利 50 周年大会上，杨尚昆在讲话中对长征精神作了概括，"就是对革命理想和革命事业无比忠诚、坚定不移的信念；就是不怕牺牲、敢于胜利，充满乐观，一往无前的英雄气概；就是顾全大局，严守纪律，亲密团结的高尚品德；就是联系群众，艰苦奋斗，全心全意为人民服务的崇高思想"[1]。

1996 年 10 月，在长征胜利 60 周年纪念大会上，江泽民同志对长征精神作了更精辟的概括。而 2006 年 10 月 22 日，在长征胜利 70 周年纪念大会上，胡锦涛同志再一次阐明了长征精神。胡锦涛强调："长征精神，就是把全国人民和中华民族的根本利益看得高于一切，坚定革命的理想和信念，坚信正义事业必然胜利的精神；就是为了救国救民，不怕任何艰难险阻，不惜付出一切牺牲的精神；就是坚持独立自主、自力更生，一切从实际出发的精神；就是顾全大局、严守纪律、紧密团结的精神；就是紧紧依靠人民群众，同人民群众生死相依、患难与共、艰苦奋斗的精神；长征精神，是中国共产党人和人民军队革命风范的生动反映，是中华民族自强不息的民族品格的集中展示，是以爱国主义为核心的民族精神的最高体现。长征精神为中国革命不断从胜利走向胜利提供了强大精神动力。"[2]

从党和国家领导人对长征精神的论述来看，长征精神的主要内涵就是：乐于吃苦，不惧艰难的革命乐观主义；勇于战斗、无坚不摧的革命

---

① 杨尚昆：《总结历史经验，继承和发扬长征精神，在改革开放和现代化建设中建功立业》，《人民日报》1986 年 10 月 23 日第 4 版。

② 胡锦涛：《在纪念红军长征胜利 70 周年大会上的讲话》，《求是》2006 年第 21 期。

英雄主义；重于求实，独立自主的创新胆略；善于团结，顾全大局的集体主义。长征精神是中国人民顽强拼搏、艰苦奋斗、奋发图强精神的生动表现，是中国共产党、中华民族和中国人民宝贵的精神财富，是我们革命、建设和改革事业从胜利走向胜利的不竭精神动力。

（三）长征精神的思想来源

1. 马克思主义反贫困思想

马克思认为，私有制是人类社会的一切罪恶的根源，资本主义私有制则是无产阶级贫困根源。在人类社会发展进程中，在私有制占经济统治地位的社会条件下，必然产生贫富悬殊、两极分化问题。而在资本主义社会，资本家通过占有生产资料，无偿占有工人生产创造的剩余价值，其结果就造成了一边是资本家财富的急剧增长，而另一边则是无产阶级贫困的迅速蔓延。正如恩格斯所说的那样，资本主义没有实现"普遍的幸福"，没有解决富有和贫穷的对立，反而由于废除了沟通贫富对立的行会特权和其他特权，由于取消和缓和贫富对立的慈善设施，贫富对立更加尖锐化了。因此，恩格斯指出："工业在资本主义基础上的迅速发展，使劳动群众的贫穷和困苦成了社会的生存条件。"① 因而，马克思恩格斯认为资本主义生产方式必然导致无产阶级日益贫困化的结果。

马克思还认为，要实现消灭无产阶级贫困的目标，首先就是消灭造成无产阶级贫困根源的剥削制度，推翻导致无产阶级日益贫困化的生产方式。而要推翻旧有的剥削制度和生产方式以实现无产阶级摆脱贫困的目标，无产阶级只有联合起来，采取革命的方式去建立生产资料共有的社会主义制度。其次，马克思还看到了社会生产力发展对推动人类社会发展的决定性作用，他认为要通过打破束缚生产力的旧的生产关系去摆脱无产阶级的贫困。在《哥达纲领批判》中，马克思写道，在共产主义高级阶段，由于在奴役性分工和脑力体力劳动对立消失之后，劳动成了生活的第一需要，劳动不再仅仅是谋生的手段。随着个人的全面发展，生产力也随之增长，集体财富的一切泉源得以充分涌流。马克思指出："只有在那个时候，才能完全超出资产阶级法权的狭隘眼界，社会

---

① 《马克思恩格斯全集》第 20 卷，人民出版社 1965 年版，第 281—282 页。

才能在自己的旗帜上写上：各尽所能，按需分配！"① 再次，马克思认为，实现全人类共同富裕是反贫困的长远目标。马克思曾在《政治经济学批判》（1857—1858 年草稿）中指出，在未来的社会主义制度中，社会生产力的发展将如此迅速，以致生产将以所有的人富裕为目的。

2. 马克思主义政党宗旨思想

马克思主义唯物史观认为，人民群众是物质资料生产活动、人类社会精神生产活动和社会变革的主体，人民群众在历史的发展方向上起着根本性作用，人民群众是历史的创造者，是历史的剧作者又是历史的剧中人。因而，唯物史观要求把坚持和维护人民群众的根本利益作为自己的一个根本观点。马克思主义认为，要维护人民群众的根本利益，那就应该发展生产力，消灭贫穷，消灭剥削，实现人民的共同富裕，最终实现人的全面自由与解放。而这一目标的实现则需要发动一场社会革命运动去推翻资产阶级对人民的统治，去消灭资本主义剥削制度，建立无产阶级专政的社会主义制度。而这一场运动则应该是无产阶级的社会主义革命运动，其他的运动则无法完成这一目标。在马克思恩格斯看来："过去的一切运动都是少数人的，或者是为少数人谋利益的运动。无产阶级的运动是绝大多数人的，是为绝大多数人谋利益的独立的运动。"② 马克思主义认为，这场无产阶级的社会主义运动应该在无产阶级政党的领导下进行。

马克思主义政党坚信，只有坚持和维护人民群众的利益，消灭剥削，消灭贫困，实现共同富裕，实现人的全面自由与解放，人民群众的意志和愿望才能得到反映，生产力发展的客观要求才能得以体现，社会发展才能不断向前推动，无产阶级政党的历史使命才能完成。中国共产党自成立开始，就旗帜鲜明地宣布以中国工人阶级为阶级基础，以马克思列宁主义为指导思想的理论基础，以为中国最广大人民群众谋利益为根本宗旨，以实现中华民族伟大复兴为己任，以实现共产主义为最终目标。因而，作为马克思主义政党中坚力量的中国共产党就应该肩负起消灭剥削、消灭贫困和实现人民共同富裕的历史神圣职责。

---

① 《马克思恩格斯全集》第 19 卷，人民出版社 1965 年版，第 22—23 页。
② 《马克思恩格斯文集》第 2 卷，人民出版社 2009 年版，第 42 页。

3. 中华优秀思想及井冈山精神

长征精神产生于近代中国土地革命的革命实践中，根植于中华民族五千年的优秀文化之中。中国传统文化中蕴含着丰富的"大同"思想、"均贫富"思想以及"民本"思想。从《礼记·礼运》中"天下为公"到以孔子为代表的儒家"大同"社会的设想，再到晋代陶渊明的"世外桃源"，乃至到近代中国洪秀全的"太平天国"、康有为的"大同"、孙中山的"天下为公"，几千年来，中国人民从来就没有放弃对摆脱贫困、实现共同富裕的美好社会理想的期盼与追求。长征精神继承和发展了中华民族"天下为公"和"国家兴亡，匹夫有责"等关爱天下的思想，继承和发展了中华民族艰苦朴素、吃苦耐劳、自强不息、舍生取义、克己奉公、扶危济困等优良品质。

长征精神与井冈山精神一脉相承，井冈山精神是长征精神形成的直接来源。"三湾改编"后，党把支部建在连队上；古田会议上，党着重强调了思想政治工作的极端重要性。正是这些措施促进了党的思想政治建设，提高了广大红军官兵的政治觉悟，提高了红军官兵战胜敌人、战胜困难的信心和勇气。在井冈山等革命根据地建设时期，坚定信念、实事求是、服从领导、听党指挥、不怕吃苦、不怕牺牲、敢闯新路、勇敢战斗、艰苦奋斗、官兵一致、团结友爱和紧密联系群众等党的优良传统和作风已经逐渐形成。正是井冈山时期红军形成的良好传统和作风，形成了伟大的井冈山精神，从而为红军长征提供了强大的精神动力，为长征精神的形成提供了思想源泉。

（四）长征精神对脱贫致富的内在追求

长征精神既是马克思主义在革命实践中的产物，又继承和发扬了马克思主义。长征途中，中国共产党既坚持马列主义基本原理，又结合了长征实践，坚持了党对革命的领导，坚持了为人民谋福利的根本宗旨，坚定了崇高的革命的理想，坚定了正义事业必然胜利的信念，坚持了独立自主、实事求是、一切从实际出发的精神，坚决贯彻了人民群众路线，走出了一条符合中国实际的革命道路。党在攸关生死的长征中充分吸收并灵活运用了马克思主义基本原理，特别是吸收和灵活运用了马克思主义的反贫困思想、马克思主义政党根本宗旨思想和人民是历史创造者思想，取得了长征最后的胜利，锻造出了伟大的长征精神。

长征精神既是中华民族优良品质和井冈山精神的产物，又继承和发扬了民族优良品质和井冈山精神。长征途中，以毛泽东等为代表的中国共产党人坚持把中华民族"天下为公"的大同理想和中华民族舍生取义、扶危济困等优良品质同中国革命具体实践相结合，激发了红军将士为摆脱现实贫穷落后面貌和实现崇高理想而英勇奋斗的革命精神，取得了长征最后的胜利，锻造出了伟大的长征精神。

可见，寻求农民脱贫致富的长征的行动实践孕育出了视人民和民族的根本利益高于一切、为了救国救民不怕任何艰难险阻和不惜付出一切牺牲的精神；孕育出了紧密依靠人民群众、同人民群众患难与共、与人民群众生死相依、携人民群众共同艰苦奋斗的精神。而在长征中孕育出来的这些精神无一不激发着中国共产党及红军为人民群众的脱贫致富而不懈奋斗。

同时，长征精神体现出了为人民群众的脱贫致富而奋斗的精神力量，又激发了人民群众在革命实践中为脱贫致富而奋斗的行动的实践。大革命时期，农民运动有力地配合了革命军的北伐。土地革命时期，在共产党的号召下，农民积极参军革命，为我国的新民主主义革命的胜利提供了有力保障。在长征途中，不论头上有敌机狂轰滥炸，还是地上有数十万敌军围追堵截，还是遇到怎样恶劣的自然环境，中国工农红军都始终不渝地跟着中国共产党奋勇前进，寻求人民群众脱贫致富的道路。

二　农民脱贫致富对长征精神的诉求

无论是中国传统文化还是马克思主义，都蕴含着丰富的反对贫困、实现共同富裕的思想。几千年来，中国人民从未放弃对脱贫致富美好愿望的追求。1936年10月，红军三大主力在甘肃会宁胜利会师，宣告长征胜利结束。但中国共产党领导全国各族人民争取民族独立、国家富强、人民解放、共同富裕的目标却从未放弃。在夺取全国胜利之后，毛泽东也告诫我们："夺取全国胜利，只是万里长征的第一步。"当前，党正带领我们在全面建成小康社会和实现"中国梦"的道路上奋勇前进，这是在新的历史条件下进行的又一次伟大而艰巨的长征。改革开放以来，经过我国社会主义建设的快速发展，我国贫困人口大量减少，贫困地区面貌显著变化，但要在960万平方公里辽阔疆域上，在任务极其艰巨、时间异常紧迫、地理条件无比复杂、区域发展严重失衡、个体差异明显的大国，要让 13 亿多人口普遍实现脱贫致富目标，我们面临着严峻的挑战。因此，在这新的伟大长征的过程中，我们要大力弘扬长征精神，发挥其精神动力作用，加快农民脱贫致富的步伐。

（一）农民脱贫致富是小康社会的内在要求

1. 消灭贫穷是社会主义的根本任务

马克思恩格斯认为，在生产力低下和极少数剥削阶级占有生产资料的情况下，富裕只可能是那些少数剥削者的富裕，绝大多数被剥削的人只可能是贫穷，全民族实现共同富裕以摆脱贫穷只可能是一种"空想"的愿望。在《共产党宣言》序言中，马克思恩格斯指出："如果不同时使整个社会永远摆脱剥削、压迫和阶级斗争，就不能使自己从剥削它压迫它的那个阶级（资产阶级）下解放出来。"① 因此，马克思恩格斯相信，必须发动无产阶级进行社会主义革命，让人民摆脱压迫和剥削，铲除贫困产生的根源，才能使人民摆脱贫穷以走上共同富裕道路。

在马克思恩格斯所设想的未来社会中，消灭贫穷，共同富裕是一个基本特征。在《哥达纲领批判》中，马克思对共产主义社会高级阶段进行了预言。他认为，在共产主义高级阶段，人人都将会过上幸福富裕的生活。因为，到那时，奴役性分工消失，体力和脑力劳动对立消失，个人得以全面发展，生产力被激发增长，集体财富的源泉不断涌现，社会产品极大丰富并将可按需分配。在《政治经济学批判》中，马克思恩格斯所构想的未来社会最后是以所有人的富裕为生产目的。恩格斯在《反杜林论》中则指出："通过社会生产，不仅可以保证一切社会成员有富足的和一天比一天充裕的物质生活，还可能保证他们的体力和智力获得充分的自由的发展和运用。"②

列宁和斯大林认为社会主义社会应该消灭贫穷以实现共同富裕目标。列宁曾指出：在社会主义制度下，"人人都能在决不掠夺他人劳动的情况下完全达到和保证达到富足的程度"③。早在 1902 年，列宁就对实现共同富裕的路径进行了制度设计：工人阶级通过社会主义革命消灭

---

① 《马克思恩格斯选集》第 1 卷，人民出版社 1995 年版，第 252 页。
② 《马克思恩格斯选集》第 3 卷，人民出版社 1995 年版，第 633 页。
③ 《列宁全集》第 35 卷，人民出版社 1985 年版，第 470 页。

生产资料私有制和建立公有制的方式获得解放，然后组织整个社会进行社会主义的产品生产，确保全体社会成员充分享受福利和全面自由发展。斯大林则也坚持社会主义要消灭贫穷从而实现共同富裕的观点。在联共（布）第十七次代表大会上，斯大林强调："社会主义不是要大家贫困，而是要消灭贫困，为社会全体成员建立富裕的和文明的生活。"①

新中国成立后，在社会主义建设探索过程中，我国力图摆脱贫穷以实现共同富裕目标。1953 年，在《关于发展农业生产合作社的决议》中，毛泽东提出了"共同富裕"这一概念。1955 年，毛泽东就规划实现农村人民共同富裕的途径。他指出："在逐步地实现社会主义工业化和实现对于手工业、对于资本主义工商业的社会主义改造的同时，逐步地实现对于整个农业的社会主义改造，即实现合作化，在农村中消灭富农经济制度和个体经济制度，使全体农村人民共同富裕起来。"② 虽然，毛泽东提出通过工业化和"三大改造"方式让人民实现共同富裕目标，但是，由于后来我国在社会主义建设中偏离了经济建设这个工作重心，人民脱贫致富的良好愿望并未得以实现。

邓小平认为，社会主义本质要求消灭贫穷。在探索社会主义建设和改革开放过程中，邓小平认为，在落后的中国建设社会主义，在开始较长的一段时间内不能完全消灭贫穷，但他坚信，贫穷不是社会主义，社会主义最终要消灭贫穷。邓小平强调，坚持社会主义，体现社会主义优越性，首先就应该让社会主义摆脱贫穷。1992 年春邓小平指出："社会主义的本质，是解放生产力，发展生产力，消灭剥削，消除两极分化，最终达到共同富裕。"③ 可见，邓小平已经从社会主义的本质高度要求人民群众脱贫致富。

社会主义不仅要求消灭贫穷，而且能够消灭贫穷。旧中国给新中国留下的是一个烂摊子，工业几乎为零，粮食匮乏，通货膨胀，经济混乱。但是，通过新中国社会主义建设，我国生产力得到了快速发展，国民经济得到飞快增长，经济建设取得了丰硕的成果，人民的温饱问题得以解决，人民开始脱贫致富奔小康。我国人民群众脱贫致富奔小康成绩

---

① 《斯大林选集》下卷，人民出版社 1979 年版，第 337 页。
② 《毛泽东文集》第 6 卷，人民出版社 1999 年版，第 437 页。
③ 《邓小平文选》第 3 卷，人民出版社 1993 年版，第 373 页。

的取得是坚持社会主义的必然结果，离开社会主义道路就不可能消灭贫穷。正如邓小平所说的那样："中国搞资本主义不行，必须搞社会主义。如果不搞社会主义，而走资本主义道路，中国的混乱状态就不能结束，贫困落后的状态就不能改变。所以，我们多次重申，要坚持马克思主义，坚持走社会主义道路。"①

2. 农民脱贫致富是小康社会的基本目标

中华民族优秀传统文化中蕴含着深厚的追求共同富裕的"大同"、"均贫富"以及"民本"等思想。正是在这些中华民族优秀思想的引导下，人民脱贫实现共同富裕是中华民族几千年来的不懈追求。从孔子的"大同"社会，到晋代陶渊明"世外桃源"，再到洪秀全的"太平天国"、孙中山的"天下为公"，几千年来，中华民族从未曾停止追求人民脱贫实现共同富裕理想的脚步。

新中国成立之后，中国共产党进行了社会主义的探索和建设实践，为实现共同富裕的美好理想而奋斗。早在1953年，毛泽东不仅提出了"共同富裕"的概念，而且还从制度上进行设计，希望通过社会主义工业化和社会主义改造的方式，建立社会主义制度，以实现人民的共同富裕目标。在1956年党的八大上，党把工作重心转移到经济建设上来，以希望通过社会主义生产力来实现共同富裕。可惜的是，在1956年之后的社会主义建设实践中，偏离了党的八大所制定的工作重心，出现"大跃进"和人民公社等运动，直至"文化大革命"的爆发，我国的经济长期处在停滞不前的状态，国民经济处于崩溃的边缘，农民脱贫目标无法实现，人民走上共同富裕道路的美好愿望更是无法实现。

党的十一届三中全会后，在总结国内外社会主义建设的经验教训和得失成败的基础上，邓小平对农民脱贫致富、实现共同富裕目标的路径进行了深入的思考。1979年12月，邓小平在会见日本首相大平正芳时提出了"小康社会"这一概念。此后，邓小平通过改革开放使我国社会生产力得到了飞快发展，贫困现象不断减少，农民开始致富奔小康。2000年10月，党的十五届五中全会提出，从21世纪开始，我国进入全面建设小康社会时期。2002年，党的十六大则把新"三步走"目标提升为"全面建设小康社会"的目标。2007年，党的十七大适时顺应

① 《邓小平文选》第3卷，人民出版社1993年版，第63页。

国内国际形势的变化，顺应人民群众对过上更好的生活的期待，提出了建设更高水平小康社会的要求。

党的十八大要求，"在发展平衡性、协调性、可持续性明显增强的基础上，实现国内生产总值和城乡居民人均收入比二〇一〇年翻一番"①；人民生活水平全面提高，"收入分配差距缩小，中等收入群体持续扩大，扶贫对象大幅减少"②；确保 2020 年全面建成小康社会的目标。11 月 29 日，党的十八大刚刚胜利闭幕，习近平总书记就参观"复兴之路"展览。在参观展览时，习近平首次提出了"中国梦"的概念。习近平指出："我以为，实现中华民族伟大复兴，就是中华民族近代以来最伟大的梦想。这个梦想，凝聚了几代中国人的夙愿，体现了中华民族和中国人民的整体利益，是每一个中华儿女的共同期盼。"③ 2013 年 3 月，习近平同志对"中国梦"思想的核心内容作了进一步阐释，习近平指出，"中国梦"的核心内容就是"实现国家富强、民族振兴、人民幸福"④。习近平"中国梦"的目标是比全面建设小康社会更高的目标。因而，"中国梦"目标的实现，更需要人民群众实现脱贫致富目标。

3. 农民脱贫致富对全面建成小康社会的意义

党的十八大在全面建成小康社会目标的基础上提出了到 2020 年确保全面建成小康社会的目标。为了实现这一目标，党的十八大提出了经济、人民民主、文化软实力、人民生活水平以及资源环境五项总体目标。可以看出，党的十八大要求全面建成的小康社会是政治、经济、文化、社会和生态文明全面发展的小康社会，是为实现社会主义现代化建设宏伟目标和中华民族伟大复兴奠定坚实基础的小康社会。

首先，农民不能脱贫致富，社会主义的优越性就无法体现。在世界范围内，资本主义制度和社会主义制度并存，相互合作又相互竞争。社会主义要想在合作中处在有利地位而在竞争中取得优势，必须发挥出自

---

① 胡锦涛：《坚定不移沿着中国特色社会主义道路前进，为全面建成小康社会而奋斗》，《人民日报》2012 年 11 月 18 日。

② 同上。

③ 习近平：《承前启后　继往开来　继续朝着中华民族伟大复兴目标奋勇前进》，《人民日报》2012 年 11 月 30 日。

④ 习近平：《在第十二届全国人民代表大会第一次会议上的讲话》，《人民日报》2013 年 3 月 18 日。

己独特的优势。在人民生活水平上，资本主义发达国家的人民生活是比较富裕的。相对而言，我们国家人民生活水平还不富裕，甚至还有部分群众还没有摆脱贫困。如果说我国社会主义制度是建立在相对落后的生产力发展水平之上，在一定时期内人民生活不高甚至是贫困存在客观原因的话，但长期贫困就无法证明社会主义制度的优越性。正如邓小平说的那样，"占全国人口百分之八十的农民连温饱都没有保障，怎么能体现社会主义的优越性呢？"① 如果社会主义制度的优越性无法展现，我国全面建成小康社会的目标就无法得到制度保障。

其次，农民脱贫致富是实现"中国梦"的坚实物质基础。中国是一个农业大国，农业是我国的经济基础，农民是我国社会主义建设的主要力量，抛下农民的脱贫致富而去谈全面建成小康社会战略和实现"中国梦"，就是空谈误国的行为。我国的发展要依靠农民，发展也要为了农民，农民是党执政的坚实基础，是社会发展的坚强动力，如果不能逐步消除农民的贫困，不能让农民走上致富的道路，我们国家就难以长期保持社会稳定。邓小平曾告诫我们："中国社会是不是安定，中国经济能不能发展，首先要看农村能不能发展，农民生活是不是好起来。翻两番，很重要的是这百分之八十的人口能不能达到。"②

再次，某些地区农民贫困现象的长期存在，不利于民族地区经济的协调发展和跨越发展，更不利于促进我国经济和社会的持续发展。当前，我国还有 592 个贫困县，14 个成片贫困地区。而成片贫穷的地区主要集中在我国广大西部地区，恰好也是长江和黄河的上游地区，这些地区的农民脱贫致富不仅是各族人民的迫切愿望，是西部大开发和西部地区实现跨越式发展的现实需要，而且是保护我国生态屏障目标、构建和谐社会、建成小康社会和促进中华各民族的共同繁荣进步的迫切需要。

（二）我国农民脱贫致富面临的困境

1. 当前我国农民贫困的总体状况

农民的贫穷，是指农民生活上的困难和贫穷。《1981 年世界发展报告》指出，当某些人、家庭和群体不能获取社会公认的、足够的、一

---

① 《邓小平文选》第 3 卷，人民出版社 1993 年版，第 255 页。
② 同上书，第 77—78 页。

般人能获得的饮食、生活条件、舒适程度以及参加某些活动的机会，这些人、家庭和群体就是处于贫困状态。对于贫困线的划分，因世界各国、各地区发展水平不一致，标准各异。例如，1982 年西方主要发达国家把人均年收入 4861 美元划作贫困线，而我国民族地区的贫困线则是人均年收入 200 元人民币。2015 年 10 月初，世界银行宣布，将国际贫困线标准从此前的每人每天生活支出 1.25 美元上调至 1.9 美元。中国目前的贫困线执行 2011 年确定的农村人均纯收入低于 2300 元（每天纯收入约 1 美元）的标准。按 2011 年贫困标准，我国有 8200 万的贫困人口，占农村总人口的 13%，占全国总人口近 1/10。

改革开放以来，通过政府主导的大规模开发式扶贫战略，特别是 20 世纪 1994—2000 年的"八七"扶贫攻坚计划，我国走出一条以形象扶贫、移民扶贫、生态扶贫和精准扶贫为代表的"中国式扶贫"道路。这条扶贫道路广受世界赞誉，成效显著，较大改变了我国贫困落后的面貌。从 1978 年到 2014 年，我国累计减贫逾 7 亿人。但是，从当前贫困形势看，我国贫困现状依然不容乐观。首先，我国贫困人口数量多。截至 2014 年，我国农村贫困人口仍然高达 7017 万人，其中云、桂、川、黔、湘、豫 6 省的贫困人口均超过 500 万人。其次，我国贫困区域分布广。中国目前贫困县总数是 592 个，其中中部有 217 个，西部有 375 个，民族 8 省区有 232 个，云南有 73 个，陕西和贵州均为 50 个。我国有 14 个连片特困地区，除京津沪 3 个直辖市外，其余 28 个省市区都有数量庞大的群众仍然生活在贫困线之下。再次，我国贫困人口的贫困程度依然较深。当前，在全国范围内，仍有 20 余万人没用上电，数千万家庭没喝上"干净水"，33 万个自然村没铺上沥青（水泥）路。此外，在我国贫困人口中，超过 40% 的人口因疾病导致贫困，近 1000 万人需要搬迁才能摆脱贫困。最后，返贫压力增大。我国农村人口基数大，由于各种原因，返贫问题突出，一些脱贫的人口又重新返贫，甚至一些原来不是贫困的人群转变成贫困人口。

2. 当前我国农民贫困的产生原因

我国是一个幅员辽阔、地形复杂、民族众多、各地区发展不平衡的国家。同时，我国总体上是一个经济不发达、制度尚待完善的国家。农民发家致富的途径各异，农民致贫返贫的原因也各不相同。

一是，一些客观存在的原因导致我国部分地区的农民贫困。我国一些农民因居住在边远贫困的地区、自然条件恶劣、自然灾害频繁、资源缺乏、生产基础条件薄弱、交通不便、信息闭塞、生产资金缺乏、生产方式落后等客观存在的原因导致了贫困。通常情况下，这些客观条件一时难以改变，导致该部分农民大面积、长时间、普遍性和代际传递性的贫困。

二是，一些制度性缺失导致我国部分地区的农民贫困。我国一些农民因农业是弱势产业、农业劳动生产率低下、农产品价格偏低、土地流转不畅、城乡二元化、财政投入不足、教育投入不均、社会保障薄弱、法律保障水平较低、监督机制缺位、市场风险、文化和生态保护不力等原因导致了贫困。通常情况下，这些制度设计的缺位或者失调，导致了该地区内生力缺乏，限制了农民收入增长的空间，限制了农民生产的创造性和积极性。

三是，一些农民自身或家庭成员的原因导致我国部分农民贫困。我国一些农民因先天性疾病、重大疾病、残疾、年老、年幼、缺乏劳动力、劳动力素质差、劳动技能单一、文化程度低、学习能力缺乏、抹牌赌博、好逸恶劳、好吃懒做、吸毒贩毒和违法犯罪等原因导致贫困。通常情况下，这些因素容易造成农民个体或家庭在短期内贫困或返贫。不加以积极帮助和引导，容易挫伤农民个体、家庭甚至是农村基层组织脱贫致富的进程和积极性。

四是，一些文化的、观念的、精神的因素导致我国部分农村地区和部分农民贫困。在我国部分农村地区，农民旧的、落后的、封建的、迷信的观念沉重。例如，在我国部分农村和农民中普遍存在着重农抑商的生产观、共产平均的分配观、崇拜鬼神的文化观、听天由命的人生观、得过且过的生活观、温饱第一的消费观、多子多福的生育观、重男轻女的养育观、重利薄情的嫁娶观、轻生厚葬的丧葬观、重义轻利的伦理观和忠守故土的乡土观。而这些观念导致部分农村地区和农民群体生产方式、生活模式、行为准则和价值观念固化，不易接受外来的、新鲜的事物与观念，甚至一些农村地区和农民在脱贫致富上形成了"等、靠、要"的依赖思想，"守着金碗要饭吃"。一旦这些固化的东西形成恶性循环，农民的生产生活将必受严重影响，农民的贫困或重新返贫的可能性将急剧增加。

（三）长征精神是农民脱贫致富的精神动力

长征结束至今已经 80 年，虽然无数的红军战士倒在漫漫长征途中，但"长征精神"却被中国共产党人一代又一代继承着、发扬着。长征结束后，中国共产党人在革命、建设和改革中踏上了新的长征，在"长征精神"的照耀下，形成了延安精神、西柏坡精神、铁人精神、雷锋精神、两弹一星精神、抗洪精神、载人航天精神，为党领导全国各族人民进行革命、建设和改革开放提供了强大的精神动力。也正是基于"长征精神"所体现出的视人民和民族根本利益高于一切、对革命理想和革命事业无比忠诚、坚定不移的信念，救国救民、不畏艰难、不怕牺牲的英雄气概，发展出这些新时代的长征精神。正是在新老长征精神的鼓舞下，中国革命、建设和改革才不断走向胜利。因此，我们要发扬长征精神，研究长征精神的时代价值，使之为农民脱贫致富新长征提供不竭的精神动力。

改革开放以来，我国贫困人口大量减少，贫困地区面貌显著变化，但直到 2014 年，我国农村贫困人口仍然高达 7017 万人，要完成 2020 年全面建成小康社会的宏伟目标，我国农民脱贫致富的工作依然面临十分艰巨而繁重的任务。长征精神就是要发扬"不怕苦、不怕死"的崇高精神，就是要传承中华民族自强不息的民族精神。长征精神的本质，就是让人民群众摆脱剥削和压迫，以求得生存和获得解放。正是在"长征精神"中所体现出来的独立自主、实事求是、求真务实的态度，顾全大局、联系群众、生死相依、艰苦奋斗、全心全意为人民服务的崇高思想，成为保证 2020 年完成农民脱贫致富、全面建成小康社会目标的锐利思想武器。在新的长征中，农民脱贫致富是夺取新长征胜利的关键，因而，我们必须适应新时代和新形势的要求，弘扬长征精神，使长征精神继续成为党领导我国农民脱贫致富过程中壮大力量、凝聚人心、攻克难关、夺取新胜利的思想堡垒。

当前，中国共产党正带领全国人民踏上"全面建成小康社会"和实现"中国梦"的新的伟大长征，农民的脱贫致富对 2020 年全面建成小康社会和 2049 年把我国建设成现代化国家目标具有至关重要的作用。在这新的伟大长征过程中，我们需要伟大的精神做动力支撑。正如江泽民指出的那样："伟大的事业需要并将产生崇高的精神，崇高的精神支撑和推动着伟大的事业。"① 在这新的伟大长征过程中，我们更需要党的坚强领导，需要坚强的政治保障。正是长征过程中锻造出来的把人民和民族的根本利益看得高于一切、对革命理想和革命事业无比忠诚、坚定不移的信念、顾全大局、严守纪律、紧密团结的高尚品德，紧密联系群众、生死相依、患难与共、艰苦奋斗、全心全意为人民服务的崇高思想，听党指挥、维护统一、反对分裂、发扬民主的铁的纪律和优良作风鼓舞着红军在党的正确领导下战胜困难、克敌制胜。长征精神也必将成为我们 2020 年完成农民脱贫致富、建成全面小康社会目标的政治保证。因此，我们在新的伟大长征中仍然要大力弘扬长征精神，发挥党领导的强大战斗力，为农民脱贫致富提供坚强的政治保障。

三　弘扬长征精神，促进农民脱贫致富

长征精神是红军战胜重重困难险阻的法宝，是红军克敌制胜的思想利器。红军长征的胜利启示我们，在农民脱贫致富的征程中要大力弘扬长征精神，坚持党的正确领导，坚决维护党的统一，完善党的民主集中制原则；坚持远大理想和坚持必胜的信念；遵守纪律，密切联系群众，维护群众利益；坚持团结协作，顾全大局；自力更生，艰苦奋斗，勇于创新。红军长征胜利还告诉我们，在农民脱贫致富的过程中，除了弘扬长征精神为我们提供精神动力，更应该在实践中把精神的力量转化成实践的力量，探索和采取切实可行的实践措施来推动农民脱贫致富的进程。

（一）长征精神对农民脱贫致富的启示

红军长征具有摆脱贫困的目的，长征形成的长征精神具有丰富的脱贫致富的精神元素。长征精神对农民脱贫致富具有重要启示意义。

一是，在农民脱贫致富过程中，要坚持党的正确领导，坚决维护党的统一，完善党的民主集中制原则。坚持党的正确领导，坚决维护党的统一，完善党的民主集中制原则是红军取得伟大长征胜利的首要条件。

---

① 江泽民：《论有中国特色社会主义》（专题摘编），中央文献出版社 2002 年版，第 397页。

在 20 世纪 30 年代初的反"围剿"过程中，由于"左"倾冒险主义者取得了党和军队的领导权，执行了错误领导，红军没有成功突破国民党反动派的第五次"围剿"，迫使党中央和红军战略转移，致使红军遭受严重挫折。在遵义会议上，党结束了"左"倾冒险主义的错误领导。从此，红军在党正确领导下，执行了正确的军事路线，红军迅速扭转了军事上的被动局面，取得了战略主动权。长征途中，党对张国焘进行了坚决斗争，避免了党的分裂，维护了党和红军的统一，取得了红军长征的胜利，实现了抗日北上的战略目标。毛泽东同志指出："谁使长征胜利的呢？是共产党。没有共产党，这样的长征是不可能设想的。"① 红军取得长征胜利的历史经验告诉我们：没有共产党，就没有红军长征的胜利；离开党的正确领导和党的团结统一，就不可能在后来的中国革命中取得蓬勃发展局面，更不可能夺取中国革命的最后胜利。

今天，我们踏上新的长征，要夺取农民脱贫致富工作的胜利，首先就要坚持中国共产党的正确领导，脱离了党的正确领导，农民脱贫致富就没有坚强的领导力量，就没有正确的前进方向。其次，要坚持党的基本路线不动摇，离开了党的基本路线，就没有坚实的政治保障，就不可能把农民脱贫致富工作不断推向前进。

二是，在农民脱贫致富过程中，要坚持远大理想和必胜信念。在长征中，坚持远大理想和革命的必胜信念是党领导红军夺取长征胜利的力量源泉和精神支柱。长征中，红军在衣不蔽体、食不果腹、头顶遭受飞机轰炸、前后遭受敌军围堵的情况下，胸怀远大理想，抱着革命必胜的信念，顶严寒、冒酷暑、爬雪山、过草地，直至长征最后的胜利。可以说，红军之所以能够取得长征胜利，靠的就是对马列主义和革命理想执着的信仰，靠的就是对革命事业的忠诚和坚守革命必胜的信念。红军长征胜利的历史经验表明，远大的理想和必胜的信心是战胜任何艰难困苦的力量源泉和精神动力。

今天，在新的历史条件下，我们又一次踏上了伟大而艰巨的新长征，我们需要夺取农民脱贫致富的新胜利，同样需要坚定农民脱贫致富必胜的信念和全面建成小康社会和实现中华民族伟大复兴"中国梦"的理想信念。没有了远大理想和坚定的必胜信念，我们在脱贫致富过程

---

① 《毛泽东选集》第 1 卷，人民出版社 1991 年版，第 150 页。

中，就难以攻坚克难，就可能在困难面前停滞不前，就可能在困难面前低头认输。

三是，在农民脱贫致富过程中，要遵守党的纪律，执行党的政策，密切联系群众，维护群众利益。严守党的纪律、听党指挥、执行党的政策，在工作实践中密切联系群众和切实维护群众利益是红军取得长征胜利的根本保证。长征中，红军时时处处严格执行党纪军纪，严格执行"不动群众一草一木"、"不拿群众一针一线"等政策，热情帮助少数民族同胞和少数民族地区发展生产，帮助他们建立革命政权和革命武装。由于红军指战员们纪律严明，在实践中密切联系群众，人民群众支持红军革命的热情高涨，他们为红军捐粮、捐草、带路、照看伤病员，甚至参加红军，投身革命。在长征中，如果没有人民群众的支持，没有各民族同胞的帮助，红军不可能顺利完成长征使命。红军长征的胜利，是与红军将士遵守纪律、密切联系群众、维护群众利益和人民群众大力支援分不开的。

今天，我们在帮助农民脱贫致富的工作中，就是要学习红军密切联系群众、全心全意为人民群众谋利益，学习红军纪律严明、克己奉公的长征精神，不谋私利，不怕艰苦，不惧环境恶劣，始终把农民脱贫致富的事业放在心间。离开了群众，我们脱贫致富工作就丧失了坚强的主体力量。我们脱贫致富的工作立足点和出发点都是为了人民，不联系群众，不严守纪律，不克己奉公，不维护群众利益，我们就会被人民抛弃。

四是，在农民脱贫致富过程中，务必要顾全大局、团结协作、密切配合。团结协作、顾全大局和密切配合是红军取得长征胜利的决定性因素。红军各部队协同作战，互相支援，密切配合，打败了强大的国民党军队，取得了长征胜利。红军将士视战友如亲人，视部队为家庭，同心同德，舍生忘死，这种团结协作和密切配合的力量使得红军战士忘记了饥饿、病痛、危险，大家拧成一股绳朝着胜利的目标奋勇前进。此外，红军顾大局、促团结的精神还体现在维护军民团结和民族团结上。红军在长征沿途，不仅团结群众、组织群众，还维护群众和帮助群众。正是党和红军这种讲团结、顾大局精神，克服了长征中"左"倾冒险主义和粉碎了张国焘等另立中央，企图分裂党和红军的阴谋。

当前，搞好农民脱贫致富工作，任务艰巨，时间紧迫，虽然我们拥有比长征时期优越无比的客观环境和物质条件，但是，农民脱贫致富工作中新情况和新困难将会层出不穷。因此，在党领导农民脱贫致富道路上，全党和全国各族人民需要继续发扬顾大局、讲团结、讲协作的精神，需要全党和全国人民团结一致向前看，反对各自为政、单打独斗和脱离集体的行为。

五是，在农民脱贫致富过程中，要自力更生，艰苦奋斗，勇于创新。艰苦奋斗、自力更生、勇于创新是红军长征精神的突出体现，是党和红军克服长征中所有困难的法宝。若不是红军在长征中坚持自力更生、艰苦奋斗和勇于创新原则，红军就不可能在长征中摆脱党内"左"和右的困扰，就不可能把长征的具体实践跟马列主义结合起来，就不可能在敌人的重重围堵中顺利抵达陕北，就不可能战胜各种恶劣环境并锻炼出一支意志顽强、作风过硬、勇于探索的钢铁红军，也不可能为中国革命开创崭新的道路，为红军的发展开辟崭新的天地。

今天，由于我们国家部分地区穷、底子薄，教育、科学、文化都落后，地域辽阔，人口众多，自然条件各异，地理位置不同，发展的程度和速度不均，农民脱贫致富任务相当艰巨。在农民脱贫致富的道路上，要大力发扬独立自主、艰苦奋斗、勇于创新的精神，为战胜各种困难提供强大的精神力量。我们要认真听取毛泽东的劝诫："……中国的革命是伟大的，但革命以后的路更长，工作更伟大，更艰苦。这一点现在就必须向党内讲明白，务必使同志们继续地保持谦虚谨慎，不骄不躁的作风，务必使同志们继续地保持艰苦奋斗的作风。"[①] 如果我们只想坐享其成，贪图享乐、不思进取，那么在 2020 年实现农民脱贫致富、实现全面建成小康社会的目标就毫无希望。

（二）长征精神指引农民脱贫致富的途径

自中国共产党成立至今已有 90 多年，在 90 余年的奋斗历程中，无论是战争年代、社会主义建设时期，还是改革开放新阶段，中国共产党始终坚持全心全意为人民服务的宗旨，始终把人民利益放在首位，始终把实现好和维护好人民群众的根本利益作为党的神圣使命。在党的领导下，总体来看，我国农业有了飞速发展，农村状况有了明显改善，人民生活有了极大提高，但我国农业生产力还不发达，部分农村还很偏僻落

---

① 《毛泽东选集》第 4 卷，人民出版社 1991 年版，第 1438—1439 页。

后，部分农民还生活在贫困状态。

当前，我国经济发展进入新常态，经济形势出现了新变化。经济增长速度放缓，经济下行压力增大；农业生产成本不但没有下降反而逆向急剧攀升；国际市场大宗农产品的价格走低，国内市场则普遍走高；农业资源开发过度、污染加重，资源出现严重短缺。要实现 2020 年农民脱贫致富目标，我们面临着巨大挑战。破解农民脱贫致富难题，党、政府、党员干部必须发扬伟大的长征精神，坚持党的领导，坚定信念，艰苦奋斗，克难奋进，善于团结，勇于创新，把人民利益放在第一位，始终与人民心连心，同呼吸、共命运，始终依靠人民，推动农民脱贫致富工作向前进；党、政府、党员干部必须弘扬伟大的长征精神，在农民脱贫致富实践中，实事求是，科学决策，严守纪律，在实践中勇夺农民脱贫致富新胜利。

首先，完善与农业、农村、农民的相关制度，从制度上阻断农民贫困和返贫现象的发生。我国农业是弱势产业，农业生产率低下，农业生产的条件不好，农产品生产成本居高不下，销售价格却持续走低，因此，我们应该在制度上健全对农业的支持保护体系，执行向农业倾斜的政策，否则在巨大的工农剪刀差面前，在激烈竞争的国内国际市场上，贫困地区的农民就会长期处在竞争的下游，脱贫致富目标的实现就会遥遥无期。要真正做到帮助贫困农民脱贫致富，这就要求做到以下几点。一是，加大向种粮农民直接补贴、良种补贴、农资综合补贴和农机具购置补贴等政策。二是，加大向粮食主产区、示范区以及新型环保绿色农业领域水利基础设施、节水灌溉设施和设备建设与购置的补贴。三是，加大推广重大农业生产技术、管理经验、攻关项目等补助政策。四是，健全农村耕地保护补偿、生态补偿制度。五是，继续执行主要粮食最低收购价政策和完善重要农产品收购和储藏政策。六是，推动金融资源向农村倾斜政策，加大对农村贫困人口小额担保、财政贴息贷款等的支持力度。让惠农政策发挥增收效应，让贫困地区和贫困农民增加收入，早日实现脱贫致富。

其次，改善贫困农村地区基础设施，改善贫困农民生存环境，从自然条件、地理位置等客观因素上减少贫困现象的再生。我国部分农村地区和部分农民常年生活在边远贫困的地区，资源缺乏，生产基础条件薄弱，交通不便，信息闭塞，自然条件恶劣，自然灾害频繁。而这些因素往往容易导致农村地区难以发展，农民生活贫困。我们要扩大农村基础设施范围，加快农村基础设施建设速度，加大农村基础设施建设力度。推进农村地区和贫困地区公路网和铁路网建设，改造升级原有路网，加强贫困农村地区客运工程建设；加大贫困地区、农村地区、自然灾害多发地区危房改造和抗震力度；建设农村饮用水安全工程，实施农村电网升级改造工程，加快风电、光伏、太阳能、沼气等绿色能源建设工程，解决贫困人口用水用电和清洁环保能源问题；推进贫困地区农村的广播、电视、通信和网络等信息基础设施建设，提升村村通工程建设速度和质量，推进贫困地区信息进村入户工程。让基础设施和生存环境不断改善，让贫困地区和贫困农民节约生产生活成本，早日实现脱贫致富。

再次，提升贫困农村公共服务水平，提高贫困农民社会福利保障，从公共服务和社会保障上降低贫困现象突发的概率。我国部分农村地区和部分农民因个人自身或家庭成员患病、残疾、年老、年幼、丧失劳动力、劳动技能单一、文化程度低、学习能力不强、好逸恶劳、好吃懒做、违法犯罪等原因导致贫困。我们应该提升贫困地区和农村地区的公共服务水平，改善这些地区教育特别是义务教育薄弱学校办学条件，提升贫困农村教育水平和教学质量；支持办好村小学、教学点和普惠性民办幼儿园建设，发展高中阶段教育，推进免费中等职业教育和职业技能培训，发展农业职业教育，大力培养新型职业农民；扩大农村地区优质教育资源覆盖面，加强乡村教师队伍建设，向暂时还处于贫穷的革命老区、民族地区、边疆地区加大国家教育经费投入的倾斜力度；建立和健全新型农村合作医疗制度，提高农村合作医疗大病、重病实际报销额度；积极推动全面开展贫困地区和农村地区居民大病重病保险计划；加强贫困农村地区基层基本医疗、卫生的医务人员队伍建设，积极发展惠农远程会诊系统；加大和拓展贫困地区重大文化、民族文化、特色文化惠民项目建设；加强贫困农村地区居民最低生活保障制度建设，加大低保人群覆盖面，加强低保项目规范管理；积极推动全面建立贫困人口临时救助制度，改进贫困人口社会救助工作；充分落实农村居民基本养老保险制度，建设农村养老服务和文化体育设施。让公共服务和社会保障体系不断改善，让贫困地区和贫困农民避免在医疗、教育和养老等方面过大投入，早日实现脱贫致富。

最后，加强贫困农村地区基层党建工作，加强贫困农民思想工作，从党的组织上、思想观念上扫除贫困的温床。我国部分农村地区，部分农民是综合性贫困，不仅是经济上和物质上的贫困，还是思想上和观念上的贫困。在我国部分农村地区，农民旧的、落后的、封建的、迷信的观念沉重。崇拜鬼神，听天由命，得过且过，不接受新鲜事物与观念，形成了"等、靠、要"的依赖思想，"守着金碗要饭吃"。贫困地区要切实加强基层党建工作，充分发挥基层党组织的战斗堡垒作用，发挥基层党员先锋模范作用。基层党组织和党员同志要多为贫困群众办实事，努力通过自己贴心、及时、热情、周到的服务贴近贫困群众，努力通过关心贫困群众的言行来引导贫困群众、赢得贫困群众和激励贫困群众。要严肃处理党员违规违纪行为，坚决查处不正之风和腐败问题，消除它们在贫困群众身边产生的不良影响。贫困地区基层组织还要加强农村思想道德建设，深入开展中国梦宣传教育，广泛开展理想教育、集体主义教育和爱国主义教育，提高贫困群众的理论水平、思想素质和综合素质，提升贫困地区社会文明程度，凝聚精神力量，凝聚起向上、崇善、爱美的强大正能量。让党建工作和思想教育工作不断改善，让贫困地区和贫困农民积极进取、艰苦奋斗，早日脱贫致富。

当然，农民脱贫致富工作是一个庞大、复杂、长期和综合的系统性工作，帮助农民脱贫致富的途径应有千百万。但无论我们采取了何种具体措施去帮助农民脱贫致富，无论当前我们取得了怎样的成绩，我们还必须要清醒地认识到2020年让目前依然生活在贫困线以下的7000多万贫困人口脱贫致富，实现吃穿不愁，义务教育、基本医疗和住房得到保障任务的艰巨性、长期性和复杂性。我们必须要在现有的"中国式扶贫"模式上进一步改革创新，走出一条适应新形势的精准扶贫、精准脱贫的脱贫致富之路。这要求我们弘扬伟大的长征精神，坚持党的领导，始终保持崇高的理想信念和百折不挠的顽强意志，始终践行为人民服务的宗旨，永远保持与人民群众的血肉联系，坚持自主创新，战胜一切艰难险阻，闯出一条符合中国社会实际的农民脱贫致富的崭新道路。

参考文献

[1]《马克思恩格斯选集》第一卷，人民出版社1995年版。
[2]《马克思恩格斯选集》第三卷，人民出版社1995年版。
[3]《马克思恩格斯文集》第2卷，人民出版社2009年版。

[4]《马克思恩格斯全集》第 19 卷，人民出版社 1965 年版。

[5]《马克思恩格斯全集》第 20 卷，人民出版社 1965 年版。

[6]《列宁全集》第 3 卷，人民出版社 1985 年版。

[7]《列宁全集》第 35 卷，人民出版社 1985 年版。

[8]《斯大林选集》下卷，人民出版社 1979 年版。

[9]《毛泽东选集》第 1 卷，人民出版社 1991 年版。

[10]《毛泽东选集》第 4 卷，人民出版社 1991 年版。

[11]《毛泽东文集》第 6 卷，人民出版社 1999 年版。

[12]《邓小平文选》第 3 卷，人民出版社 1993 年版。

[13] 陈云：《随军西行见闻录》，红旗出版社 1985 年版。

[14] 江泽民：《论有中国特色社会主义》（专题摘编），中央文献出版社 2002 年版。

[15] 江泽民：《在纪念红军长征胜利 60 周年大会上的讲话》，《人民日报》1996 年 10 月 23 日。

[16] 胡锦涛：《在纪念红军长征胜利 70 周年大会上的讲话》，《求是》2006 年第 21 期。

[17] 胡锦涛：《坚定不移沿着中国特色社会主义道路前进　为全面建成小康社会而奋斗》，《人民日报》2012 年 11 月 18 日。

[18] 习近平：《承前启后　继往开来　继续朝着中华民族伟大复兴目标奋勇前进》，《人民日报》2012 年 11 月 30 日。

[19] 习近平：《在第十二届全国人民代表大会第一次会议上的讲话》，《人民日报》2013 年 3 月 18 日。

[20] 杨尚昆：《总结历史经验，继承和发扬长征精神，在改革开放和现代化建设中建功立业》，《人民日报》1986 年 10 月 23 日。

[21]《中共中央国务院关于加大改革创新力度、加快农业现代化建设的若干意见》news. xinhuanet. com，2015 - 10 - 28。

[22] 余永跃、王世明：《论邓小平共同富裕思想的理论来源及其发展》，《科学社会主义》2012 年第 6 期。

专题七　长征精神与扶贫瞄准机制[①]

一　长征精神在扶贫瞄准工作中的价值选择

长征是一个历史的产物，具体指从 1934 年 10 月始至 1936 年 10 月终的红军战略大转移，时光虽已远去，但却留给后人无穷的精神财富，它是一种动力，激励无数仁人志士投身到伟大的革命、建设事业中。今天，中国进入了全面建成小康社会的攻坚期，扶贫任务依然艰巨，在现实中追寻长征精神依然具有重要的现实意义。

（一）实事求是：扶贫瞄准工作的基础价值

1935 年 1 月的遵义，在红色革命严重受挫的情况下，毛泽东同志认识到错误的思想路线是导致革命失败的最根本原因，而最需要确立的是立足现实、为我所用的实事求是思想路线，从此，革命走向光明。我国扶贫也是如此，"一穷二白"的基础上起步，30 年的计划经济建设，国家工业体系得到长足发展，但在一系列错误决策的基础上，中国长期忽略了经济建设，导致中国大部分地区（尤其是农村）居民处在绝对贫困之中。以营养标准衡量，改革开放前，中国至少有 40%—50% 的人群处于生存危机中，[②] 可以说扶贫工作遭遇了严重挫折。

逆境中是实事求是精神将处在倾覆边缘的中国重新拉回正常轨道。伴随政治体制和经济体制改革的春风，扶贫工作有了制度基础，农民的积极性得到提高，农村减贫效果明显。据国务院扶贫办报告，从 1978

---

① 本专题执笔人：洪名勇、王书特。
② 汪三贵：《在发展中战胜贫困——对中国 30 年大规模减贫经验的总结与评价》，《管理世界》2008 年第 11 期，第 78—88 页。

年到 1985 年，农村中没有解决温饱问题的人口从 2.5 亿人下降到 1.25 亿人。市场的力量使那个时期扶贫自动地"瞄准到"了那些贫困但又思进取的人群，扶贫与发展得到双赢。

今天，实事求是精神依然要在扶贫瞄准工作中起到基础价值的作用。1986 年起，我国从体制型扶贫转向救济型扶贫，经历了"瞄准到县—瞄准到村—瞄准到户"的过程，但扶贫精度依然不够。2013 年 11 月，习近平总书记在湘西土家族苗族自治州调研扶贫工作时，强调"精准扶贫"，要求开展扶贫工作要做到"实事求是、因地制宜、分类指导、精准扶贫"①。到村到户的贫困识别需要实事求是的精神，特别是现有统计数据在到村到户的调查上有比较大的失真，特别是对农村进行简单抽样的规模达不到抽样调查的数据要求，造成有的贫困人口在识别中"被漏出"。

（二）统一战线：扶贫瞄准工作的民主价值

统一战线是革命时期党克敌制胜的三大法宝之一。在长征最艰难的时期，党将自己最优秀的干部派去做统战，逐渐将几万人的革命与抗日民族统一战线结合，开创全国抗日、革命的新局面。中国共产党的发展壮大离不开统一战线，离不开工农联盟，民主的力量是党最终取得胜利的关键。扶贫也是如此，1956 年我国土地改革完成，正式转型为社会主义国家，但政治上的进步并不意味着经济的发展，吃"大锅饭"的农民变得缺乏积极性，农村经济不仅停滞不前，甚至出现倒退。

逆境中统一战线精神让农村重新焕发活力，党的十一届三中全会后，邓小平同志创造性地提出新时期统一战线的方针和任务，不仅让工农联盟重现光彩，还增加全体社会主义劳动者、拥护社会主义的爱国者和拥护祖国统一的爱国者，实现整个社会的和解，共同创造财富。在农村，土地包产到户后农民有了奋斗的动力，耕地单产不断提高，部分农民逐渐从农业转移到非农领域，直接或间接地提高了收入，为扶贫作出重大贡献。

今天，统一战线精神依然要在扶贫瞄准中发挥民主价值。救济型扶贫靠的是政府单打独斗，无论是识别、帮扶、管理、评价都主要靠政府一手完成，而每一项工作都需要自上而下、逐层分解，很容易造成分解

① 姜爱华：《我国政府开发式扶贫资金投放效果的实证分析》，《中央财经大学学报》2008 年第 2 期，第 13—18 页。

失当，行政效率、效能的弊端逐渐成为扶贫瞄准工作要克服的难题。而今有许多社会组织、企业、个人愿意参与到扶贫当中，他们中很多人从农村来，比政府人员更加了解农村现实，更能感知农村需要什么，作为市场主体，其灵活性、创新性也可以克服效率不高的问题。但目前，社会团体、个人参与到社会化扶贫中的机制并不健全，没有与行政扶贫有效整合。

（三）服从大局：扶贫瞄准工作的整体价值

毛泽东同志这样评价长征："谁使长征胜利的呢？是共产党。没有共产党，这样的长征是不可设想的。"长征是涉及全国多支部队在各个根据地的大范围行动，全军能否始终保持统一事关成败，遵义会议后确立毛泽东同志的领导地位，在生死攸关之际挽救了党和革命，也因此确立了党指挥枪的原则。扶贫也是如此，计划经济时期，各地方浮夸风严重，虚报土地产量等行为严重违背中央希望农业增产解决贫困的想法。

邓小平在 1988 年提出两个大局设想，要求沿海地区要先发展，来带动内地发展，内地要顾全这个大局。反过来，发展到一定时候，要求沿海来帮助内地发展，沿海要服从这个大局。围绕发展沿海这个大局，沿海地区通过发展基础设施、培养优势产业，迅速摆脱贫困。而这样的发展要求内地的牺牲，无论是基础设施、人力资本都向沿海地区集中，但顾全大局带来的经济增长是举世瞩目的。

今天，顾全大局精神更要在扶贫瞄准中发挥整体价值。扶贫工作进入攻坚期，最大的困难在于西部的偏远贫困地区，由于基础设施的严重缺乏，使得精准扶贫难以起到规模效应，无法长久解决当地发展问题，沿海发达地区通过对内地欠发达地区进行有针对性的帮扶，利用当地的资源优势与发达地区的资本、企业家才能，以克服精准扶贫难以长期持续的弊端，内外结合，加快实现全面建成小康社会的目标。

（四）艰苦奋斗：扶贫瞄准工作的保障价值

"红军不怕远征难"，艰苦的长征路上，要面对各种险恶的环境，红军战士表现出战胜一切困难的英雄气概。在扶贫中，会遇到很多艰难的情形，比如，贫困率高、基础设施匮乏、特色产业缺乏，很多干部会感觉无从下手。农村工作涉及面非常广，需要大量的调研工作，领导干部要能随时走村入户，了解村民的需要，为他们争取利益。

今天，艰苦奋斗精神更要在扶贫瞄准工作中发挥保障价值。今天的基层领导面临的扶贫都是最困难、最艰苦的地区，这些地区不仅经济落后，而且居民思想观念落后，对扶贫的概念仅是"等、靠、要"，不能也不愿靠自身力量改变现状。特别是在西部山区，扶贫任务非常繁重，带领他们脱贫致富更需要基层干部一家一户地进行说服，手把手进行引导。"扶贫先扶思想"，说起来容易，做起来很难，需要有艰苦奋斗精神的基层干部作为保障。

二　国内外相关研究综述

（一）国内外关于扶贫瞄准方法的研究综述

扶贫瞄准目的在于使贫困问题显性化，以有利于识别。不同的瞄准方法导致瞄准结果不同。

1. 国外关于扶贫瞄准方法研究综述

根据"实事求是"原则，对贫困定义、贫困特征强调性不同，形成了不同的扶贫瞄准方法。国外学者将瞄准方法分为三类：

个体需求评价法广泛应用于扶贫瞄准，是一个完整的评价程序，包括：首先确定"生活水平"衡量标准；划定贫困县；制定能够反映贫困人口生活水平的贫困指数；审查资格；进行贫困指标监控。这种方法要求能因时、因地确定"生活水平"、贫困线、贫困标准，要求高度的信息对称性和完整性。确定了标准后，还需要在庞杂的申请者中进行资格审查，两个同等条件的贫困者间往往会出现争议。

自我瞄准法是贫困人口对劳动力资本和消费品给予补贴的自我描述。这种方法与个体需求评价法相对，多用于政策实施者对贫困者信息不完全了解时，其基本原则为：政府设定一个临界工资，使得这样收入能恰好满足穷人的最基本生活所需，而相对的非贫困群体考虑到机会成本，不愿意投入劳动换取过于微薄的收入。临界工资相当于一个信号，将贫困者与非贫困者区分开来。世界银行肯定了该做法（世界银行，1990）[①]。但 Besley 和 Kanbur（1990）认为这样的方法只能使用于公共服务，而且是不可置于流通的公共服务，例如教育、医疗等服务，这是

---

① 本报记者刘敏婕：《湖南扶贫开发进入"精准时代"》，《湘声报》2014 年 8 月 16 日。

为了避免廉价商品进入二级市场转手牟利。

社区瞄准法源起于 20 世纪 90 年代的参与式发展，目的在于改良传统的个体需求评估法。通常是在政府推动下，通过在社区选举一个代表机构来具体确定贫困者并监督资金流向。这种方式适合于扶贫链较长的结构，在上位的决策者需要付出高昂的成本来调查贫困者及其特征，越多层级导致信息失真的可能性也越大。Narayan（1997）等主张，由熟知当地情况的社区成员来评估贫困者是否符合标准，同时让贫困者参与决策能达到更客观的效果。

2. 国内关于扶贫瞄准方法研究综述

根据国内实践，从扶贫对象上可将瞄准分为"瞄准到县"、"瞄准到村"以及"瞄准到户"三类。

"瞄准到县"以县级行政区为瞄准目标，其规则为中央和省政府首先依据"公平原则"将资金分配到每个贫困县；之后按项目投放、专款专用。对于不同项目，基础设施工程允许无偿使用资金，按"以工代"方式实施，直接生产项目通常以贴息方式贷出。这种方式是以产业整体扶贫，通常对贫困地区整体有效，但对缺乏还款能力的农民而言，他们反而最难获取该笔资金，"瞄准到县"的扶贫模式对贫困农民的效果并不明显（洪名勇，2009）。[①]

"瞄准到村"是农村贫困人口分布集中化的结果，强调以村为单位调动农民积极性进行扶贫综合开发。这种方式是以整村推进为整体，以产业化扶贫和劳动力培训为"两翼"的全面扶贫开发战略。相比"瞄准到县"开发模式，"瞄准到村"更强调农户按照自己的意愿自下而上参与决策。形成以"公司＋农户"为主体的产业扶贫模式和群众自愿参加职业教育和技能培训的劳动力培训机制（黄承伟等，2015）。[②]

"瞄准到户"是扶贫资源下沉的需求作用的结果，也是全面建成小康社会的客观要求。在宏观治理结构上，构建"专项扶贫、行业扶贫、社会扶贫"三位一体的机制。微观层面建立精准扶贫工作机制，对每

① 洪名勇：《开发扶贫瞄准机制的调整与完善》，《农业经济问题》2009 年第 5 期，第 68—71 页。

② 黄承伟、覃志敏：《论精准扶贫与国家扶贫治理体系建构》，《中国延安干部学院学报》2015 年第 1 期，第 131—136 页。

个贫困户建档立卡，依据贫困对象档案所载具体信息，分类指导，采取有针对性的帮扶措施。贫困户的识别决定权掌握在村民会议和村民代表会议手中，乡镇政府有权审核，县扶贫办有权复核。具体帮扶方式有：直接帮扶、委托帮扶、股份合作（柳德新，2015）。①

（二）国内外关于扶贫瞄准机制的研究综述

1. 国外关于扶贫瞄准机制研究综述

国外对扶贫瞄准问题研究集中在 20 世纪七八十年代，东欧福利政策出现信用危机直到东欧剧变，自由主义经济获得全面胜利。这次思潮一直到 1979 年中东石油危机达到高潮，国家的守夜人角色得到一致认可，该理论认为：个人而非社会，才是贫困根源，普惠的福利在帮扶对象上更多向城市居民倾斜，并没有惠及穷人而饱受批评（MKandawire，2005）。随后的 90 年代，社会主义国家纷纷转型，也都开始放弃普惠式福利制度，以工作福利制取而代之。

讨论福利制度选择时，外国学者也在反思扶贫瞄准机制。森反思"瞄准一词"本身隐含着对贫困人口能动性的否定。在瞄准过程中，无论多么严密的瞄准机制都会遇到以下问题：信息不对称、穷人与非穷人的身份混同、高昂的行政管理成本、扶贫项目的持久性问题（Sen，1992）。②

这些问题可被归纳为以下三点：①技术领域，即如何获取充分、确凿信息，使贫困人口被精确识别出来；②制度领域，即如何避免政策设计上的缺陷误将非贫困人口排除在外，提高扶贫资金的使用效率；③行政管理领域，如何控制行政成本，在提高扶贫资金使用效率的同时，控制行政成本过度挤占资源。

一是技术领域。Coady 等指出，扶贫瞄准会出现种种成本，最多的是技术成本，即因信息采集技术和资源分配技术带来的成本（Coady，2004）。Caldes 等提出，技术成本在扶贫瞄准各阶段广泛存在，包括群体识别、项目设计、项目沟通、分配扶贫资源、检测、评估等阶段

---

① 柳德新：《实施精准扶贫战略》，《新湘评论》2015 年第 12 期，第 16—17 页。

② Michael Irwin, Teresa Blake, Frank Barnaby, Brian Keeble, Pat Craig, Edward Cadbury, Philip H. Rack, Stephen Farrow, Jeremy Porteus, Jeffrey J. Segall Book reviews. *Medicine*, *Conflict and Survival*, 1991, 74.

（Caldes，2006）。Grosh 以拉丁美洲的扶贫项目为研究对象，发现政府控制的扶贫项目中，有的项目技术成本高达 29%，而在自我瞄准项目中，技术成本在 4%—6%（Grosh，1994）。[①] Coady 等的研究为我们进行扶贫方案设计提供了一个基础理论，即不发达地区较高的技术成本对于提高瞄准精度有很大作用，对于严重贫困地区，我们应当选择增加瞄准成本以提高瞄准精度。

二是制度领域。扶贫政策可能更多的是政治博弈的结果。不同利益相关者的态度取决于政策的益处，有益的政策在执行中能够得到支持。而现实中，穷人在扶贫政策博弈中是话语权最小的群体，其政治力量难以对政策制定产生影响。Ravallion 在分析阿根廷就业促进项目的基础上，得出结论：贫困群体的收益要远低于非贫困群体（Ravallion，1999）。[②] 由于穷人缺乏话语权，Grosh 认为：在多方干预立法情况下，审时度势的立法者会将扶贫政策有意"偏离"贫困人群，使一些中等收入阶层获益。因为只有得到这部分人的支持，扶贫预算才会在国会通过（Grosh，2008）。

三是行政管理领域。提高行政成本目的在于将贫困人口准确识别出来，但这同时会挤占扶贫资金，如何拿捏尺度是关键。以荷兰为例，在社会保险中加入资格审查制度后，行政支出占比从 4% 增加到 8%，翻了一倍（World Bank，1990）。"去行政化"成为扶贫政策发展的结果。在 Ferguson 等看来，扶贫本来是一种行政化行动；但事实上，行政扶贫的实践往往造成贫困群体内分化，改变了贫困群体内部的凝聚力，长期看反而是削弱了穷人的动员、组织能力（Ferguson，1990）。[③]

2. 国内关于扶贫瞄准机制研究综述

国内对扶贫瞄准的研究始于 1986 年起的瞄准到县制度，主要集中在两个方面，一是为什么"瞄不准"问题；二是扶贫资金使用效率低下问题。

---

① Merle Lipton. The anti - politics machine："Development"! depoliticization and bureaucratic state power in Lesotho, by J. Ferguson. *Development Southern Africa*, 1993, 104.

② Martin Ravallion. Is More Targeting Consistent with Less Spending? . *International Tax and Public Finance*, 1999, 63.

③ Philippe De Donder, Jean Hindriks. The political economy of targeting. *Public Choice*, 1998, 951.

　　为什么"瞄不准"问题的研究始于对瞄准到县政策的研究？朱玲（1996）提出，实行区域瞄准存在"富县"与"富民"的悖论，在实践中，会导致扶贫项目偏离目标人群,① 流向非贫困人口。康云海（1997）指出，瞄准到县政策导致了县级政府权力过大，国家难于监管，资金容易被挪作他用。② 世界银行（2000）提出我国自 1986 年起的"瞄准到县"政策将一半的贫困人口排除在瞄准范围外。从 2001 年起，我国将扶贫瞄准对象调整为以村、户为对象，进行重点扶持，同年，确定了 14.8 万个重点村。尽管瞄准精度得到提高，但在前几年，对象精确的优势并没有体现出来。岳希明等（2004）对过去扶贫中贫困资金和农民人均纯收入的关系进行了实证研究，发现整体上扶贫资金和重点县、乡两级人均收入相关性均偏低，贫困户也没有得到相应的贷款优惠。③ 在制度设计上，张新伟（2001）提出应从制度上考虑瞄准机制的创新问题，由政府行为逐渐变为市场行为。叶普万等（2003）从制度经济学的角度，探讨了扶贫机制的创新：扶贫政策取向应从集体贫困向个体贫困转化；研究范围从物质贫困向人文贫困转化。④ 在贫困户的识别上，都阳等（2007）提出要建立更加完备的识别体系，将就业、健康等变量纳入识别。⑤ 洪名勇（2009）在对过去扶贫"瞄准到县"问题的弊端进行反思的基础上，提出贵州的扶贫应将瞄准村庄与瞄准农户相结合，突出重点、明确环节，建立合理的评审机制。邓维杰（2014）指出，目前精准扶贫出现了对贫困户的规模性排斥现象，应对贫困村实行分类管理，采取自上而下和自下而上融合的贫困户识别和帮扶机制。⑥

---

　　① 朱玲：《制度安排在扶贫计划实施中的作用——云南少数民族地区扶贫攻坚战考察》,《经济研究》1996 年版。

　　② 康云海：《扶贫攻坚阶段农村区域扶贫与扶贫到户的关系》,《云南社会科学》1997 年。

　　③ 岳希明、李实：《中国农村扶贫项目的目标定位（英文）》, China & amp; *World Economy*2004 年第 4 期，第 101—116 页.

　　④ 叶普万、王军：《全球视野内的中国贫困问题研究》,《山东社会科学》2003 年第 5 期，第 14—17 页。

　　⑤ 都阳、Albert Park：《中国的城市贫困：社会救助及其效应》,《经济研究》2007 年第 12 期，第 24—33 页。

　　⑥ 邓维杰：《精准扶贫的难点、对策与路径选择》,《农村经济》2014 年第 6 期，第 78—81 页。

扶贫资金使用效率问题是一个有扶贫就会出现的问题。汪玉奇（1986）提出国家投入的扶贫资金没有取得应有的收益，建议采取低息、贴息贷款方式增加扶贫资金的利用效率。蔡昉等（2001）对"瞄准到县"时期扶贫资金的使用效果进行了回归分析，指出扶贫资金在经济增长中发挥了一定作用，但还面临"公平"与"效率"的矛盾，使用中有"重工轻农"的问题。[①] 李小云等（2005）对重要财政扶贫资金的重点县瞄准、贫困村瞄准和贫困群体瞄准情况进行了分析，结果是中央财政扶贫资金在重点县的流出比重超过70%。[②] 姜爱华（2008）计算了1990—2002年的财政扶贫资金的扶贫弹性，得出单位扶贫资金减贫效应呈下降趋势。[③] 张全红（2010）对中国农村扶贫资金投入和贫困减少的长、短期关系进行了经验研究，得出长期看扶贫资金压制了贫困的减少，经济增长在减贫的同时却加重了贫困强度。[④] 徐孝勇（2013）针对连片特困地区的中央扶贫资金与地方经济增长的关系进行了实证分析，发现中央扶贫资金对连片特困区经济增长拉动影响不显著，其中贴息贷款对经济增长影响显著为负，而扶贫发展资金影响较为显著。[⑤] 陈卫洪等（2013）研究了贵州省1990—2010年扶贫资金投入、财政支农支出和农户家庭人均纯收入的关系，发现贵州省扶贫资金投入和财政支农支出与农户人均纯收入均呈正向均衡。

（三）研究评述

国内外对扶贫瞄准机制的反思为今后在扶贫瞄准领域的研究奠定了丰富的理论基础，但依然有以下内容需要进一步研究：第一，从研究对象来看，已有文献关注于扶贫瞄准问题的整体原因，分类原因的讨论相对较少。第二，从研究内容来看，已有文献关注于瞄准的技术、制度原

---

① 汪玉奇：《对国家扶贫资金问题的思考》，《农业经济问题》1986年第12期，第40—41 + 48页。

② 蔡昉、陈凡、张车伟：《政府开发式扶贫资金政策与投资效率》，《中国青年政治学院学报》2001年第2期，第60—66页。

③ 李小云、张雪梅、唐丽霞：《当前中国农村的贫困问题》，《中国农业大学学报》2005年第4期，第67—74页。

④ 张全红：《中国农村扶贫资金投入与贫困减少的经验分析》，《经济评论》2010年第2期，第42—50页。

⑤ 姚迈新：《对扶贫目标偏离与转换的分析与思考——政府主导型扶贫模式中的制度及行动调整》，《云南行政学院学报》2010年第3期，第122—126页。

因，对于政府主导扶贫的体制性原因探讨较少。第三，从研究方法来看，已有文献多采用时间逻辑来反思扶贫瞄准制度，采用收益成本角度的较少。

从上文有关扶贫瞄准方法的文献来看，国外的研究多从方法论的角度研究不同瞄准方法在有关贫困本质、贫困特征等方面的差别、适用、后果以及调整方法。国内学者更多关注现实瞄准方法的区别及解决方案。国内研究一致认为：细分瞄准对象对扶贫瞄准有重大作用，问题在于识别技术不高和制度供给不合理。因此，提高识别质量，创新制度供给方式是解决扶贫瞄准精度不高的思考方向。由此可见，国内更多从非体制因素关注扶贫瞄准，对于扶贫瞄准的体制型原因没有充分考虑，因此可以从以下两方面进行研究：第一，以国外扶贫瞄准理论为基础对中国扶贫瞄准的体制性原因进行分析。第二，对于国外学者提出的在扶贫链条过长时，采取当地自我选择、自我监督的模式是否适合中国？

综上所述，本文拟从我国扶贫瞄准机制的演进过程着手，探讨长征精神如何对扶贫瞄准体制变革、提高扶贫精准度产生贡献，以及在哪些方面产生贡献。

三　我国扶贫瞄准机制落实"实事求是"精神演变与公共域变迁

我国扶贫瞄准机制的演进也如同长征，经历了艰难曲折的过程，大体上经历了从"普遍性瞄准"到"瞄准到县"，再到"瞄准到村"、"瞄准到户"的历史变迁。这正是"实事求是"精神在扶贫领域的体现，体现了扶贫瞄准机制的演变有其内在规律，从经济学上来讲，是由瞄准成本和瞄准收益两种力量的对比决定的。① 此二者虽源于不同学科，但其演变规律具有内在一致性。通过对扶贫瞄准机制历史的回顾，找出推动制度变革的关键因素，能够"实事求是"地为扶贫瞄准机制的进一步调整找准方向。

———————

① 陈卫洪、谢晓英：《扶贫资金投入对农户家庭收入的影响分析——基于贵州省1990—2010年扶贫数据的实证检验》，《农业技术经济》2013年第4期，第35—42页。

（一）扶贫瞄准的公共域类型

公共域理论，产权的界定程度与产权主体界定和执行产权付出的交易费用以及界定权利带来的收益有关，当界定权利的成本大于收益时，权利将会被置于公共域中（如图 1 中△ABC 所示）。[①] 产权公共域面积随边际收益曲线和边际成本曲线变动而变动。图 1 中，横坐标代表对贫困人口的界定成本，纵坐标代表对贫困人口界定所带来的收益。MR0代表贫困人口界定的边际收益曲线，MC0 代表贫困人口界定的边际成本曲线。扶贫实践中，有一些贫困人口很容易界定清楚，花费少量的界定成本就可以获得较大的界定收益。但当贫困人口界定的行为向更深处拓展时，MC0 越来越大，MR0 逐渐变小，到 A 点时 MC0 = MR0，MP = MR0 - MC0，为贫困人口界定的净收益曲线，在 P 点贫困人口界定程度达到均衡，此时 P = 0。贫困人口的界定程度的精准度不可能无限提高，会达到一个最高值。△ABC 为贫困人口未被界定的公共域，公共域的面积将随贫困人口界定的边际收益和边际成本曲线变动。

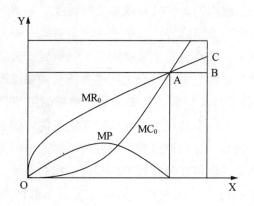

图 1　产权公共域

就扶贫瞄准机制而言，界定成本的公共域应包括以下类型：

瞄准技术层面的"公共域Ⅰ"。以调查为例，不同地区的扶贫调查成本不同，扶贫集区域环境情况复杂性、扶贫对象情况复杂性、扶贫资源利用情况复杂性等于一体，要考虑多重因素来共同决定调查成本。调

---

① 徐孝勇、姜寒：《连片特困地区中央扶贫资金与经济增长关系研究——以四川省凉山彝族自治州国家级贫困县为例》，《西南民族大学学报》（人文社会科学版）2013 年第 10 期，第 147—151 页。

查过程将花费差旅费、资料费，需要更多的高水平调查人员，尤其对于偏远山区，导致完全界定合适扶贫对象需要付出巨大成本，使贫困人口难以完全界定，这种成本从而会被置于公共域。因为纯界定技术原因导致无法界定的公共域，我们将其称为"公共域Ⅰ"。

瞄准制度设计层面的"公共域Ⅱ"。如前文所述，我国扶贫机制更多的是以政府为主体的救济型扶贫。由于相关扶贫制度设计不合理，如贫困线划定、项目的市场前景、风险、扶贫资金的监管规则等问题，都将花费一定的费用，制度设计上的不完全就产生"公共域Ⅱ"。

瞄准行政管理层面的"公共域Ⅲ"。行政管理成本来自行政主导型扶贫体系的固有缺陷，指政府落实扶贫开发方针、政策，落实扶贫资金分配，并对上述活动进行监管的成本。瞄准精度越高，政策越要落实到位，监管越要精细，花费也越高。而扶贫地的情况千差万别，行政机关的调整效率很难跟上变化，加上本身固有的官僚缺陷，使信息传递、执行都容易失真，即行政管理不完全产生"公共域Ⅲ"。

根据产权公共域理论，扶贫对象界定的程度与主体界定与进行界定所付出的交易费用以及清除界定所带来的收益有关，当界定及执行界定的成本大于收益时，这部分将不能得到界定而被置于公共域中，但公共域面积将随界定的边际收益曲线和边际成本曲线的变动而变动。

（二）我国扶贫瞄准机制"实事求是"精神演进与公共域变迁

根据上文，界定成本是产生公共域的先决条件。如果要降低界定成本，提高界定的收益，应当通过界定制度改革促进精准界定。精准界定会带来巨大的收益，停留在公共域中的租值会相对减少。所以，我国扶贫瞄准机制大体上经历三次变革，而每一次变革都体现了因地制宜的"实事求是"精神（见表1）。

1. 第一次变革（1978—1985）

第一次变革从改革开放始，瞄准对象主要是农民，并没有具体瞄准到某个区域和人口，也称为普遍化瞄准。当时选择普遍化瞄准的主要原因是瞄准成本过高，全国贫困发生率达到40%—50%，有2.5亿人处于绝对贫困中，要具体锁定扶贫对象几乎是不可能的事情。但这只是从可能成本角度考虑，从实际成本的角度看，普遍化瞄准的成本是最低的，国家没有专门扶贫机构，也没有进行大规模贫困调查能力，扶贫政策的设计极为简单，也不需要全面的监管，瞄准成本是最低的。但普遍化瞄准针对的主体不特定，扶贫瞄准精度最低，市场的力量能提高整体经济水平，但并不能保证每个贫困人口公平受益，内地许多地区仍然处于绝对贫困之中。

这一时期不仅界定成本最低，而且界定的收益最大。从公有制中过渡，全国上下没有"资本家"，基尼系数不到0.3，即使不进行救济型扶贫，也不至于发生难以承受的危机。而此时采取市场化扶贫，根据扶贫的边际收益递减规律，采取最为简单的方式也能获得最大的瞄准收益。瞄准方式也决定了这种模式效率最高、漏出程度最小，但它只适应当时普遍贫穷的状态，而当贫困人口开始集中时，市场化机制反而有可能造成严重的贫富分化，甚至更严重的贫困。因此，市场化扶贫瞄准机制开始向下一阶段过渡。

表1   **扶贫瞄准机制变革与公共域变迁简表**

扶贫瞄准机制变革		第一次扶贫瞄准机制变革	第二次扶贫瞄准机制变革	第三次扶贫瞄准机制变革
阶段		1978—1985	1986—2000	2001—2014
瞄准机制		普遍化瞄准	瞄准到县	瞄准到村与瞄准到户
公共域	公共域Ⅰ	不区分瞄准对象，无技术成本	综合确定贫困县，技术成本升高	扶贫资料复杂，技术成本最高
	公共域Ⅱ	依靠市场机制，政策成本最小	综合确定扶贫项目，政策成本升高	项目确定困难，政策成本最高
	公共域Ⅲ	无专门扶贫机构，管理成本最小	扶贫链条不长，行政管理成本较低	扶贫链条最长、最宽，管理成本最高
瞄准收益		最大	较大	最小
瞄准精度		没有具体对象	瞄准精度有所上升	瞄准精度较高
瞄准漏出程度		最小	最大	较大

2. 第二次变革（1986—2000）

第二次变革始于1982年的中央实施的"三西"扶贫项目，属于国家级的贫困县扶贫工程，到1986年，国家确定273个贫困县，正式开启扶贫到县机制。普遍化瞄准过渡到瞄准到县有其必然性，根本原因在于瞄准精度的要求，普遍化瞄准情形下有的贫困县可能完全漏出，国家在综合评价全国的县域经济后，根据一定标准确定了贫困县，这些地区都属于难以通过市场力量解决贫困问题的重点县。从成本的角度看，瞄准到县提高了国家的扶贫成本。瞄准到县的机制对国家扶贫组织提出了很高的要求，虽然确定了扶贫县，但在项目确定、制度设计方面，都要花去较大的成本。但这一时期的行政管理成本并不算太高，因为贫困县很少，监管链不长，需要具体实施的项目并不多，此时国家也有一定的财力支撑扶贫瞄准机制的调整。

3. 第三次变革（2001—2014）

扶贫瞄准的第三次变革是从瞄准到县向瞄准到村和瞄准到户的综合瞄准机制转变。上一个阶段，我国扶贫的经济调查和政策制定水平还不能满足瞄准到村、到户所需的基本条件，瞄准到村的成本制约了扶贫瞄准机制的快速变革。但随着经济的进一步增长，瞄准到村的潜在成本发生了变化。

首先，瞄准的总体成本在增加，因为国家将更多的贫困县纳入到扶贫体系中，国家重点扶持贫困县从1986年的331个增加到2000年的592个；其次，扶贫的边际成本也在上升，扶贫资料的获取、扶贫计划的制定、扶贫项目的管理成本都开始增加，特别是在扶贫瞄准到村后，行政链条在横向和纵向上都有延长，这一时期的行政管理成本上升最大。但2001年，592个贫困县覆盖了近63%的贫困人口，基本消除了整县贫困情况，剩余的贫困人口必须瞄准到村，甚至瞄准到户才能具体确定。瞄准到县的机会成本促使国家将扶贫资金更多地瞄准到村，以减少贫困人口被制度性漏出。

瞄准收益上，在经济收益和社会收益上都取得了较好的效益，但仍然比不过因市场带来的贫富差距拉大，且根据边际收益递减规律，这一阶段的瞄准收益比前一阶段有所下降。城乡差距方面，从第一次变革结束的1985年的1.86上升到2001年的2.90，在城乡差异不断升高的情况下，将扶贫资金瞄准到具体贫困村能大幅提高贫困村的发展水平，缩小城乡差距。在农村内部，农村基尼系数从1986年的0.304上升到2001年的0.365，将扶贫资金瞄准到具体贫困户，提高贫困农民的收入水平，缩小农村内部的差异。经济差异是社会不稳定的根源，特别是在落后的农村，很容易成为邪教、民族分裂势力影响的对象，"均贫富"是中国农民共同的理想，通过瞄准到村、到户，增加村民收益，不仅提高了社会整体经济效益，也提升了社会效益和政治效益。

虽然瞄准成本和收益都在增加，但只要瞄准收益增加幅度能高于瞄准成本，就会促使瞄准到村、到户的机制不断前进。[①] 时至今日，我国城乡差异、村内差异仍然在不断上升，缩小经济差异、减小社会矛盾的空间始终很大，并且我们需要更大力度地加强扶贫瞄准，减小两种力量的不均衡增长。

四　精准扶贫新阶段落实"实事求是"精神的挑战与调整

2013 年 11 月，习近平总书记提出"精准扶贫"理念，这是与到村到户的瞄准模式相适应的理念。"精准"一词意味着要实事求是地反映贫困状况。首先，我们要做好精准识别，搞清楚谁是贫困者；其次，我们要做好精准设计，搞清楚贫困者需要什么，他们通过扶贫能有什么变化；再次，我们要做好精准管理，搞清楚扶贫管理的固有行政缺陷，创新社会化扶贫模式。以上三点，都涉及三类公共域问题，避免造成真正的贫困村（户）被漏出。

（一）精准识别中的挑战

1. 公共域Ⅰ型漏出

我国贫困人口识别是自上而下地分解目标、逐级进行控制的模式。各级贫困人口分解有差别，到省、市、县三级的贫困人口规模能得到国家统计数据支持，相对客观反映县域贫困人口分布状况，但到乡、村一级的贫困人口规模缺乏统计数据支撑，只能靠估算取得，主要靠本地随机抽取估算出的相关贫困因子确定。精准识别在乡一级的随意性导致乡、村、户的指标与贫困人口的实际规模不一致，往往估算的数量严重低于实际数量，这些问题都源于识别的技术困难所致。

2. 公共域Ⅱ型漏出

2012 年我国划定 14 个集中连片特困地区，要求建立精准扶贫工作机制，意在推动区域整体扶贫工作的开展，但这样的政策，将一些不属

---

① 吴雄周、丁建军：《基于成本收益视角的我国扶贫瞄准方式变迁解释》，《东南学术》2012 年第 5 期，第 129—135 页。

于区域内的贫困村和贫困户排除于识别范围。在整合中，地方更愿意将非贫困地区整合到连片开发区域中，大量将贫困村排除在外以凸显扶贫政绩。贫困群体因无法连片而被排除在外，这违反了实事求是的基本原则。

3. 公共域Ⅲ型漏出

这种类型指扶贫识别人员主观上有故意或过失将贫困村（户）排除在外的情形。由于在乡、村一级统计调研难度大，通常赋予调查员较大的裁量权，记分卡上的事项虽已做完全列举，但怎么打分，完全操在调查员手中，而地方调查员会受到地方领导政绩要求的影响，甚至领导直接指定贫困村。而在由村到户的过程中，真正的实体决议虽要以开大会公示、表决，但往往这些活动都操纵在村干部手中，普通农民难有参与和申诉机会，程序不公开造成许多贫困户不信任村干部和扶贫人员。

（二）精准扶持中的挑战

1. 公共域Ⅰ型漏出

制度设计应当以贫困户的具体贫困表现来区分处理，采取有针对性的帮扶措施，但由于技术上的困难，难以对具体贫困户的技术知识、市场知识作出合理判断。甚至扶持人员自身对帮扶产业、产品的市场链条不清楚，不知道需求在哪里，也不知道如何改进创新。要想严谨地调查农民的技术、管理、市场感知等能力，需要有严格训练的调查人员，而且费时费力，属于技术成本。

2. 公共域Ⅱ型漏出

首先，扶贫项目往往有一定的门槛，属于政策性阻碍，许多贫困户因为缺乏相应的配套资金、连片种植地而被排除在外。其次，国家对扶贫产业政策提出了明确要求，其中"十年扶贫规划"中明确提出要以乡村旅游等方式作为减贫的新兴产业，但许多农民长期从事传统农业，要让他们学习服务业，如农家乐等，一方面没有足够资金，另一方面是观念难以转变，难以适应市场的需要，最终导致产业发展了，真正的贫困户仍然没有脱贫。这些都是因制度设计上的缺陷导致贫困户被漏出。

3. 公共域Ⅲ型漏出

由于技术所限，扶贫机关往往委托农业部门对扶贫户具体需求进行调查与扶持，而农业部门往往以对大户、协会扶持才能起到作用为由，将产业大户定为贫困者，即使产业发展起来，也和真正的贫困户关系不大。这些错误并非由扶贫部门过错所致，而是被授权机关的权力惯性所致，他们往往将资金投入到自己认为最能产生效益的领域，属于行政管理型缺陷，导致贫困户被漏出。

（三）"实事求是"精神下精准扶贫调整

1. 实事求是地做好精准识别

精准识别是精准扶贫的首要环节，而长期以来，我国都是靠随机抽取的数据进行估算来决定农村的贫困人口，估算结果虽对贫困人口的规模具有指导作用，但实践证明这样的估算会严重失真。贯彻"实事求是"原则，要求采取更科学的原则将贫困村、贫困户识别出来，一村一户建立档案卡。要严格地控制信息质量，精确识别出扶贫对象，才能真正达到目的，对此，应着力做好以下两项工作：

长征精神要求团结群众，而要实事求是地调查到真实信息，离不开群众的参与和支持，要对群众进行宣传教育，让他们知道建档立卡对他们的重要性以及对他们的好处。为此，还要求我们的调查人员有艰苦奋斗精神，能深入每家每户耐心宣传政策、程序以及内容，使农民在全面了解的基础上积极参与。

程序规范是正当性的重要来源。首先要保障公众有充分的知情权与参与权，明确识别标准。其次，按照合法的程序申请、公示、评议，允许群众监督并申诉，确保程序公开透明，结果公平正义。最后，所有的识别结果都要建档立卡，一户一卡，每户档案都要进行备案，可以在网络信息平台查询。

2. 实事求是地做好精准扶贫

精准扶贫是在精准识别工作以后，针对具体情况，因地制宜、因户制宜地将扶贫项目落实到帮扶责任人、被帮扶者。对此，应当着力做好两方面工作：

要精准设计帮扶规划。要深入分析致贫原因，并要求扶持人逐家逐户了解需求，帮助制定帮扶计划，将扶持政策与识别相衔接，措施要与现状相对应。特别是在产业精准扶贫上，如何发挥当地的资源优势，开发最能将当地居民纳入的产业，推进全村、全乡进行产业化经营，将一家一户的小规模生产改变为规模化的生产，促进扶贫规模化发展。

要加快贫困地区的基础设施建设，要求发达地区予以支持。我国贫困地区往往地处山区、老区、边境、民族地区，这类地区进行直接财政转移支付或者产业扶贫起不到规模效应，而这类地区基础设施非常糟糕，成为制约发展的最大障碍。但国家财政往往难以维持这样的投资，需要寻求其他主体帮助，主要寻求先发达起来的地区跨区域援助，解决贫困地区发展的瓶颈问题。

从大局来说，我们更应该加强扶贫地区的教育精准扶贫。代际贫困是扶贫工作最不愿看到的结果，因此，即使上一代的贫困难以改变，也不能让下一代贫困，应当为最实事求是的扶贫之道。现在农村中的留守儿童尤其需要教育扶贫，应当对他们专门建档，给予补助。国家应当加强职业教育，早日让他们顺利就业。

五　长征精神与创新社会化精准扶贫体制

现今，公共域Ⅲ已经成为扶贫精度提升的最大阻碍。长期以来，政府主导扶贫，特别是在扶贫资金的来源和使用上，政府投入的扶贫资金长期占到全部扶贫资金的 70% 以上。除了资金使用外，我国由国务院扶贫办领导的扶贫系统非常庞杂，大概涉及 30 个职能系统和政府部门，各自为政现象严重，导致扶贫信息、资源在行政过程中受阻、失真。而现在精准扶贫面临的最大问题已经从技术、制度转为行政效率、效能低下。政府扶贫系统在扶贫政策制定、扶贫信息供给、扶贫地区认定上有绝对的话语权，而随着扶贫开发程度的不断加深，政府主导的扶贫受到无数质疑，假扶贫、扶贫资金被非法挪用等现象让社会逐渐失去信任。

（一）创新非政府部门扶贫参与合作方式

国务院扶贫办《关于印发〈建立精准扶贫工作机制实施方案〉的通知》（国开办发〔2014〕30 号）中，强调引导社会组织、个人等参与扶贫，要求实现社会扶贫资源的精准化配置。目前社会力量难以广泛地参与到扶贫开发之中，其原因在于过去的帮扶体系往往变得系统化、封闭化，难以和社会组织、个人力量形成整合。长征的成功经验告诉我们事业的成功要广泛动员社会力量的参与，政府部门单打独斗的模式具有其内在缺陷，而众多非政府部门（包括 NGO、龙头企业、金融机构、个人等）的扶贫行为具有更高的针对性，会提高扶贫治理的效果。

1. 政府部门与龙头企业合作

这种扶贫方式指主要通过市场的力量进行扶贫，以产业推动扶贫产业发展的扶贫模式。具体表现为三类：

首先是生产要素上合作。农业产业化需要资金、技术、人才等要素支持，政府通过财政投入、无息或低息贷款、提供专家服务等方式进行要素投入。龙头企业发挥市场上的信息、技术上的优势，合力为贫困户提供服务。

其次是组织形式上合作。这种模式中，政府作为招商人，联系龙头企业来创业，最多是以"公司＋基地＋农户"模式，将一家一户的农业经营改为农业产业化经营，避免单个农户的技术和市场风险，达到盈利与扶贫双重效果。

再次是扶贫机制上合作。这种模式承袭了救济型扶贫的特征，政府掌握绝对控制权，设计产业政策，之后政府选择合适的龙头企业来具体实施产业政策。实施的全过程政府都要进行监管，可以随时撤销之前的合同。

无论是哪一种合作，都涉及政府、龙头企业、农户三方。在三者合作中，政府要对农户进行指导，对龙头企业给予政策、技术、资金上的帮助，在合作中，要对合同履行情况进行监督，农户与龙头企业形成利益联结（如图 2 所示）。整个机制在市场规律下运行，其前提在于农户与企业间的利益关系，目的在于加深扶贫的精准化、促进农民增收，手段是通过政府扶持龙头企业达到扶持农户的目的，其中每个环节都需要政府的机制来支持或监督。

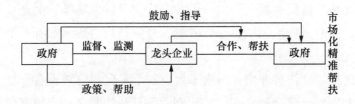

图 2　政府—龙头企业扶贫机制简图

2. 政府部门与金融机构的合作

金融扶贫要配合扶贫项目才能起到授人以渔的效果。金融市场通过对扶贫项目进行信贷投入，通过扶贫项目帮助农民增收，农民也会更积极地参与到扶贫项目中（如图3所示）。各级政府通过自己获得的政策和资金对金融市场进行财政、信息、政策等支持，为贷款提供担保，成功的扶贫项目会反过来为金融市场注入更多活力，共同促进贫困地区的经济发展。

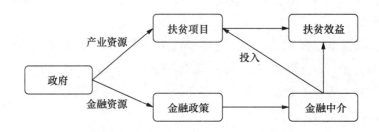

图3　政府—金融机构扶贫机制简图

无论采取哪种金融合作方式，资金是永远的话题，财政资金在一定期限内是既定的，多出来的部分只有寻求金融部门帮助。具体有以下几种形式：

首先是建立权利抵押担保体系。对于贫困户而言，他们最值钱的财产就是土地，但土地使用权原则上不能设立抵押担保。但如果政府愿意用自己的信用进行担保，允许农民以土地使用权进行抵押担保，在银行和贫困户间建立风险共担机制。具体实例有贵州省息烽县、赤水县、凤冈县、平坝县试点。通过土地抵押给农民提供了发展农业的资本，缓解了财政扶贫的压力，也能够提高抵押贷款的利用效率。

其次是项目实施模式。以一个政府扶贫项目为基础，由企业进行市场运作，金融机构对该项目予以支持，贷款利息由政府贴息，最终农民拿到的实际上是无息贷款。

再次是建立扶贫开发投融资平台。这个平台将信贷资金、扶贫资金和其他专项资金整合到一起，按比例领取红利的制度。比较有代表性的是2013年贵州省的扶贫开发金融支持方案，以财政扶贫资金作为杠杆，撬动金融资金进入贫困地区，促进扶贫开发。

3. 政府部门与 NGO 的合作

NGO 指非政府组织，主要致力于扶贫领域。目前 NGO 可以分为两大类：一类指在中国经注册登记的 NGO，需要挂靠在一个国家机关头上；另一类指未经中国民政部门注册登记，法律上又没有给予足够认可，但又实际在实施扶贫的一些组织。而 NGO 参与扶贫的方式主要有两种：一是自上而下地参与到政府扶贫体系中，如依托于政府的各项政策展开的合作；二是 NGO 自下而上地推动扶贫合作，如农民自发组织的农村专业协会等。

我国 NGO 多数以自上而下的方式参与扶贫，导致其目标往往被定义为协助政府完成扶贫工作，而非完成其公众使命。具有行政化倾向的 NGO 会逐渐丧失灵活性，难以发挥其社会动员优势，也就失去了可持续发展的基础。因此，在政府财政支持削减后，许多 NGO 的社会公共职能便出现停滞。

NGO 与企业有明显区别，企业以营利为目的，NGO 不能有营利目，是纯公益性的组织。目前企业参与到扶贫中的模式已经比较成熟，而 NGO 的参与途径并不明晰，特别是在以政府为主导的扶贫体系下，NGO 往往是在政府已经有明确的扶贫项目后，通过提供技术或提供资金方式参与其中。目前，我国并没有形成政府与 NGO 合作的常态机制，大量 NGO 的扶贫积极性没有被调动起来。NGO 在贫困人口的甄别方面具有绝对的优势，因其非营利性而又具有强烈的使命感，可以较好地满足贫困人口的需求。相较于政府式扶贫，NGO 扶贫有其固有的灵活性，与贫困人口具有更紧密的联系。因此，如何将各类 NGO 纳入到统一的国家的扶贫体系中是扶贫瞄准进一步提升的关键。

（二）长征精神与创新 NGO 参与扶贫机制

依照前面讨论，社会化扶贫的问题在于 NGO 难以参与到政府扶贫体系下，两者没有形成常态的合作关系。而在扶贫中，政府权力过度集中是目前扶贫机制的最大问题。特别是在扶贫资金的来源和使用上，政府投入的扶贫资金长期占到全部扶贫资金的 70% 以上。[①] 除了资金使用外，我国由国务院扶贫办领导的扶贫系统非常庞杂，涉及近 30 个职能系统和政府部门，各自为政现象严重，导致扶贫信息、资源在行政过程

---

① 许源源:《中国农村扶贫瞄准问题研究》，博士学位论文，中山大学，2006 年。

中受阻、失真。而现在精准扶贫面临的最大问题已经从技术、制度转为行政效率、效能低下。

政府在扶贫中的绝对控制，导致多数 NGO 没法通过完全合法途径参与到扶贫中来，扶贫精度、扶贫效率没有得到提高。为完善 NGO 参与扶贫模式，长征精神同样给我们提供了宝贵参考：第一，要实现精准扶贫主体法定化、体系化，将更多的 NGO 纳入到政府扶贫体系中来；第二，要求艰苦奋斗，一直秉持崇高的公益目标；第三，要勇于创新，设计出新的组织形式，克服 NGO 参与扶贫的资金瓶颈问题；第四，要求 NGO 将自己的扶贫与扶贫地的实际情况相结合，顾全扶贫的大局。

1. 统一战线：实现精准帮扶主体体系化

目前，我国 NGO 大概可以分为三类：境外在华 NGO、具有官方色彩的 NGO、不具有官方色彩的草根 NGO。这三类 NGO 在扶贫中，有官方背景的 NGO 由于得到官方支持，内部资源较多，成为扶贫类 NGO 的最重要主体，但由于其必须与政府配合，发展受到行政低效因素的制约。但对于未注册的草根 NGO 来说，由于其无法找到一个国家机关挂靠，只能以"黑户"名义生存，其参与扶贫较为独立，但其资金力量非常薄弱，在无法得到政府帮助的情形下扶贫就会非常困难。对于境外 NGO 来说，在与政府扶贫部门交涉过程中往往"水土不服"，沟通成本较高。

就三类公共域而言，三种 NGO 的漏出各有不同。对于公共域Ⅰ，通常草根 NGO 在贫困户的识别技术上高于其他两者，其原因在于草根 NGO 往往能与贫困社区结成利益共同体，对他们的情况、需求能获取到最为清楚的一手信息，而对于官方色彩的 NGO，带着政策下乡，往往很难在短时间获取农民信任，技术成本最高，相应公共域也最大。对于公共域Ⅱ，有官方色彩的 NGO 能够获得最多的政府支持，境外 NGO 能够通过项目得到帮助，而草根 NGO 完全靠自己亲力亲为，获得的政策帮助最少，但也无须支付政策偏差造成的成本，公共域最小。对于公共域Ⅲ，草根 NGO 凭借其灵活性几乎不用付出任何行政管理成本，而官方色彩 NGO 在与政府合作中，要克服外部与自身行政缺陷带来的成本增加。（见表 2）

表 2　　　　　　　　　　**不同类型 NGO 扶贫效用比较**

		境外在华 NGO	官方色彩 NGO	草根 NGO
资金优势		多	少	缺乏
政府支持		较少	多	缺乏
合法性		弱	强	弱
公共域	公共域Ⅰ	中等	最大	最小
	公共域Ⅱ	中等	最大	最小
	公共域Ⅲ	中等	最大	最小

我国现在的精准帮扶主体没有形成体系化。首先，境外在华 NGO 和未注册的草根 NGO 是否受到法律承认有疑问，相应地受到政府的帮助也非常有限；其次，境外在华 NGO 和未注册的草根 NGO 没有充分参与到扶贫中，原因在于政府扶贫部门未能给予其足够支持，造成优势无法发挥。

统一战线是党克敌制胜的三大法宝之一，要求为了事业胜利，要团结一切能够团结的力量。现有的 NGO 扶贫机制间接将境外在华 NGO 和未注册的草根 NGO 排除在外，但官方色彩 NGO 受到行政机关官僚体系的影响，扶贫效率不高。限制行政权力是现代社会走向成熟的标志，降低甚至消除进入门槛，利用草根 NGO 的灵活优势、境外在华 NGO 的技术优势，更好地服务于扶贫，提高扶贫精准度。

2. 艰苦奋斗：秉持公益目标

公益不仅是 NGO 的构成要素，而且是 NGO 的最高价值追求。无论如何将其纳入扶贫体系，无论出于哪个阶段，都要强调其公益性。这就要求所有 NGO 都要有奉献精神，能够深入基层、艰苦奋斗。而我国现在各类 NGO 都有偏离这一目标的趋势。

首先是有官方背景的 NGO，这类组织都有行政化倾向，更多地考虑其挂靠的行政机关利益，对贫困地区供应公共产品的激励不够。因此，对这类组织去行政化是趋势。其次，对于草根组织，因为资金缺乏，加上组织制度不完善，非常容易出现偏离公益目标的行为，甚至出现诈骗、腐败等犯罪现象，造成失信于民，进一步加大了草根 NGO 参与扶贫的难度。最后，境外公益性 NGO 在坚持公益理念上比其他两者要好，但我国难以区分好的外国 NGO 和不良的外国 NGO。监管较差的情况下，实践中也出现了假借公益之名，实施危害国家安全、社会秩序的行为。

3. 勇于创新：设计多元组织结构

资金不足是 NGO 发展壮大的最大掣肘，而政府给 NGO 提供的资金、政策方面的帮助非常有限，造成许多 NGO 同时拥有营利和非营利两种目标。如今，许多 NGO 将产业发展与公益性服务结合起来，形成典型的社会企业模式。该模式能形成资金的循环链条，正常运转不会因资金链断裂造成公共服务中止。

创新 NGO 组织结构非常重要。单纯依靠救济型扶贫难以起到长期脱贫效果，而真正的开发式扶贫能够在扶贫中进行再生产的高效循环，将贫困人口纳入循环体系。在 NGO 壮大到一定规模之前，NGO 可以主动延长服务链条，增加一些带有营利性的公共产品。通过组织结构的多元化创新，NGO 才能在更长久的扶贫中走得更远，扶贫效果也才会更好。

4. 服务大局：正确处理与当地的文化关系

NGO 总是在一定环境中提供公益服务，能否与当地文化相适应决定着公共产品能否有效供应到贫困群体中。有的 NGO 坚持纯公益性，对于当地官员、村干部提出的一些要求均视为违反规定而拒绝合作，最终造成扶贫活动难以开展。

服务大局理念要求尊重当地的风俗文化，有时候需要 NGO 做一些妥协，而不是一味地坚持自己的原则、做法。只有愿意放低姿态获取民众认可的扶贫者才是优秀的扶贫者，为了可持续发展，顾全当地扶贫大局，可以在大原则范围内做一些变通。但无论怎样变通，NGO 都不可以违反合法性原则和公益性原则，这可以通过必要的目标调整来实现，将认同当地文化作为扶贫的可持续发展战略。

六　反思：以长征精神推进精准扶贫机制改革

（一）长征精神与扶贫瞄准机制研究总结

扶贫瞄准机制的变迁史是由瞄准成本和瞄准收益两种力量此消彼长决定的，而这其中起到决定性作用的思想就是"实事求是"，无论是从最初的普遍性瞄准，还是之后的瞄准到县、瞄准到村、瞄准到户，到逐渐向社会化精准扶贫机制过渡，都体现着社会自下而上决定机制变革的过程。具体来讲，一定制度条件下，瞄准成本的边界阻碍着瞄准收益的增加，因此，瞄准机制创新势在必行。第一次扶贫瞄准机制变革动因在于：全国大部分地区处于贫困中时，最粗略的瞄准也能产生极高的边际收益，远高于识别成本；第二次变革的动因在于：瞄准到县已经基本消除整县贫困的情形下，继续瞄准到县的边际收益会因成本边界的缘故大大下降；第三次变革的动因在于：制约扶贫瞄准精度的成本已经由技术成本、设计成本转向行政管理成本，传统的以政府为核心的救济型扶贫的固有缺陷凸显。瞄准对象越具体，行政管理链条也越长，管理成本也越高。创新社会化帮扶机制能将政府"独占"的扶贫权细分后赋予非政府组织，大大改进了行政官僚系统的固有缺陷，能更灵活地应对市场变化，推进精准扶贫的高效改进。

（二）启示与讨论

1. 长征精神在区域反贫困中的实用价值

长征精神是中华民族的宝贵精神财富，体现了中国人面对逆境自强不息、锐意进取的积极态度。现今，长征虽已结束，但其精神代代流传，不断被后人赋予新的现实含义。我国的反贫困就像一场长征，途中经历挫折，一度跌至谷底，在危难之际重新焕发活力。现在我国进入扶贫的攻坚期，扶贫的任务集中在中西部山区、老区、自然条件恶劣地区、民族地区等，扶贫难度、精细化程度超过以往任何时候。如何再次用好长征精神为新时期扶贫服务是重大的理论与实践课题。

（1）实事求是是长征精神不变的基础价值。实事求是精神随时提醒我们扶贫工作不是拍脑袋的决定，而是需要大量的实地调研，挨家挨户的走访，搞清楚谁是贫困人口，了解他们的政策需求。"没有调查，就没有发言权"应当成为每个扶贫人员的"紧箍咒"。

（2）统一战线是长征精神的民主价值。越是艰难的时期，越是要团结一切可能团结的人。我国精准扶贫要向社会化扶贫转换，就不应用各种高门槛将潜在扶贫者排除在外，而是要利用他们的技术性、灵活性，结合政府权威性、政策性，共同扶贫。

（3）服从扶贫工作的大局是长征精神的整体价值。内地牺牲自己的资源支撑沿海发达地区30年的快速发展，而现在，更重要的大局是如何让发达地区反过来促进内地欠发达地区经济发展。这个大局事关党的生死存亡，是发达地区必须遵守的行为准则。

（4）艰苦奋斗是长征精神保证工作顺利完成的保障价值。扶贫既是一项艰苦的工作，也是一项技术含量高的工作。一方面要求调查人员能深入了解农村、农民的实际情况；另一方面要求调查人员善于学习，了解最新的调查方法，尽可能了解到最真实的情况，而不是随意地猜测、估算。

2. 以社会化机制创新精准扶贫

今天，行政管理成本已经成为阻碍扶贫收益增加的最主要原因，其历史根源在于中国大政府时代遗留下来的政府单一主体主导扶贫模式。而这样的行政模式具有不能通过自身力量加以克服的固有缺陷，这样的缺陷来自科层制结构中的官僚主义特征，行政管理链条越长，缺陷体现得越明显；与之相反，各类非政府主体因其灵活性、市场性而在扶贫领域中越发活跃。非政府主体的扶贫具有较强的目标针对性和准确性。而且因其直接接触市场，设计的方案操作性更强，更容易为贫困户接受。

长征精神提出的团结一切能团结的人、创新精神、艰苦奋斗精神、服务大局精神都是在创新社会化扶贫改革中值得学习和借鉴的。

（1）对愿意加入到扶贫中来的社会主体，政府应当持欢迎态度。星星之火之所以可以燎原，很重要的原因在于"两个统一战线"的建立，只剩下几万人的红军以开放的态度迎接了数百万仁人志士，不断发展壮大，先后取得抗日战争、解放战争的胜利。而现在，我们还很难给非政府主体扶贫以法律地位，却给予有官方背景的组织各种便利条件，最后使得非政府部门的主体都被行政化，从而导致扶贫效率低下。

（2）当工作遇到困难，要学会创新工作机制，将不利的条件转为有利条件。红军在遵义会议实现转折，重要原因在于敢于质疑经典，反对本本主义，学会灵活变通。非政府部门扶贫最大的问题莫过于资金，通过创新机构组织模式，将营利事项与公益事项整合，让营利事项能不断为公益事项提供血液，使公益服务能得到良好运转。

（3）公益组织要坚持自己的基本价值，需要有艰苦奋斗精神。无论是政府组织还是非政府组织去扶贫，都有一个根本目标——"公益"，这是扶贫的基本价值，专业的扶贫组织不应以营利为目的。这要求扶贫组织具有艰苦奋斗精神。

（4）非政府扶贫组织不能在扶贫中"为所欲为"，而是要将自己的扶贫与当地政府的相关政策挂钩。被扶贫地区长期无法发展起来，都有其一定的落后思想因素，扶贫机关要善于与之沟通、协商，找出可接受的方案，而非直接按照自己认为能普适于一切的做法来扶贫。这要求扶贫组织具有大局观，而不是只考虑自己的小局。只考虑小局的结果往往致使扶贫工作难以开展，更难取信于民。

3. 培养扶贫人员的长征精神

我国目前扶贫人员素质不高，其原因是多方面的。首先，他们很少接受以人为本的人道主义精神训练。现在的扶贫干部多是从计划经济走过来，往往将自己的决定视为真理，缺乏对百姓的人文关怀。在精准识别中，调查员多是不经充分调查就凭自己的主观判断对方是否为贫困户，甚至有的调查员以哪个人和自己亲近就将他划为贫困户。而长征精神首先要求实事求是，不能搞随意决策，更不得滥用职权。要想改变这种错误做法，只有通过对干部进行教育，而长征精神中的调研精神就是最好的案例，应当加大宣传。

在扶贫模式向社会化转型过程中，扶贫干部是成败的关键。他们或者是当地扶贫部门工作人员，或者是村干部。无论是何种主体进行扶贫，都绕不开他们。而对其素质的培养要借鉴长征精神中的三项原则，一是要培养实事求是精神；二是要培养艰苦奋斗精神；三是要培养扶贫人员的民主精神。

（1）要培养扶贫人员的实事求是精神。进行实地调查，取得一手资料，是践行实事求是理念的必备要件。这一点对扶贫人员尤其如此，实事求是是他们的基本功。扶贫实践中，扶贫人员往往会急功近利，给农民开出无法兑现的"白条"，失信于民的后果使得扶贫工作更加难以开展。这就要求扶贫人员的每一个决策都必须建立在广泛征求意见的基础上。然后，扶贫人员要随时革新自己的思想。这要求扶贫人员摒弃原来"等、靠、要"资源的想法，创新自己的观念，选择能带动地区实现跨越发展的产业进行重点扶持。

（2）要培养扶贫人员的艰苦奋斗精神。因为扶贫中的国家支持往往是不充足的，扶贫要产生效果，需要扶贫人员长年驻扎乡村，发挥艰苦朴素的精神。农村的致富往往是"穷则思变"的结果，艰苦的条件下，人会更加努力去思考如何摆脱困境，起到能带领当地百姓主动"造血"，带领百姓致富的作用。此外，遇到困难要迎难而上。扶贫攻坚不会一帆风顺，作为带头干部，尤其要能沉住气，稳定百姓的情绪，争取他们的配合，促进工作的顺利完成。

（3）要培养扶贫人员的民主扶贫精神。精准扶贫要以农村社区为主导，无论是精准识别，还是精准扶持，都需要群众的参与，保障群众的知情权、参与权以及监督权。首先，充分知情是群众真实反映情况的基础，而真实的信息来源又是贫困户精准识别的关键；其次，充分参与是精准扶持有效落实的关键，关乎自己切身利益的大事每个群众都会主动参与到其中，给扶贫项目的有效落实提供了民主保障；再次，充分监督是精准扶贫成效的试金石，项目竞争、实施、验收都需要发挥群众的主导作用，扶贫项目要以满足群众需要为最高标准。

参考文献

［1］汪三贵：《在发展中战胜贫困——对中国 30 年大规模减贫经验的总结与评价》，《管理世界》2008 年第 11 期。

［2］姜爱华：《我国政府开发式扶贫资金投放效果的实证分析》，《中央财经大学学报》2008 年第 2 期。

［3］本报记者刘敏婕：《湖南扶贫开发进入"精准时代"》，《湘声报》2014 年 8 月 16 日。

［4］MichaelIrwin, Teresa Blake, Frank Barnaby, Brian Keeble, Pat Craig, Edward Cadbury, Philip H. Rack, Stephen Farrow, Jeremy Porteus, Jeffrey J. Segall. *Book reviews*. Medicine, Conflict and Survival, 1991, 74.

［5］Merle Lipton. The anti – politics machine："Development", depoliticization and bureaucratic state power in Lesotho, by J. Ferguson. *Development Southern Africa*, 1993, 104.

［6］洪名勇：《开发扶贫瞄准机制的调整与完善》，《农业经济问题》2009 年第 5 期。

［7］黄承伟、覃志敏：《论精准扶贫与国家扶贫治理体系建构》，《中国延安干部学院学报》2015 年第 1 期。

［8］柳德新：《实施精准扶贫战略》，《新湘评论》2015 年第 12 期。

［9］Martin Ravallion, Is More Targeting Consistent with Less Spending？. *International*

　　Tax and Public Finance, 1999, 63.

[10] Philippe De Donder, JeanHindriks, The political economy of targeting. *Public Choice*, 1998, 951.

[11] Carol Graham. Administering Targeted Social Programs in Latin America: From Platitudes to Practice. *Journal of Latin American Studies*, 1995, 271.

[12] 朱玲:《制度安排在扶贫计划实施中的作用——云南少数民族地区扶贫攻坚战考察》,《经济研究》1996 年第 4 期。

[13] 康云海:《扶贫攻坚阶段农村区域扶贫与扶贫到户的关系》,《云南社会科学》1997 年第 4 期。

[14] 岳希明、李实:《中国农村扶贫项目的目标定位(英文)》,China & amp; *World Economy*, 2004, 02: 101 - 116。

[15] 叶普万、王军:《全球视野内的中国贫困问题研究》,《山东社会科学》2003 年第 5 期。

[16] 韩俊魁:《关于农村社区扶贫类 NGO 可持续发展机制的几个问题》,《中国农业大学学报》(社会科学版) 2007 年第 2 期。

[17] 都阳、Albert Park:《中国的城市贫困: 社会救助及其效应》,《经济研究》2007 年第 12 期。

[18] 邓维杰:《精准扶贫的难点、对策与路径选择》,《农村经济》2014 年第 6 期。

[19] 汪玉奇:《对国家扶贫资金问题的思考》,《农业经济问题》1986 年第 12 期。

[20] 蔡昉、陈凡、张车伟:《政府开发式扶贫资金政策与投资效率》,《中国青年政治学院学报》2001 年第 2 期。

[21] 李小云、张雪梅、唐丽霞:《当前中国农村的贫困问题》,《中国农业大学学报》2005 年第 4 期。

[22] 张全红:《中国农村扶贫资金投入与贫困减少的经验分析》《经济评论》2010 年第 2 期。

[23] 姚迈新:《对扶贫目标偏离与转换的分析与思考——政府主导型扶贫模式中的制度及行动调整》,《云南行政学院学报》2010 年第 3 期。

[24] 陈卫洪、谢晓英:《扶贫资金投入对农户家庭收入的影响分析——基于贵州省 1990—2010 年扶贫数据的实证检验》,《农业技术经济》2013 年第 4 期。

[25] 徐孝勇、姜寒:《连片特困地区中央扶贫资金与经济增长关系研究——以四川省凉山彝族自治州国家级贫困县为例》,《西南民族大学学报》(人文社会科学版) 2013 年第 10 期。

[26] 吴雄周、丁建军:《基于成本收益视角的我国扶贫瞄准方式变迁解释》,《东南学术》2012 年第 5 期。

［27］ 许源源：《中国农村扶贫瞄准问题研究》，博士学位论文，中山大学，
　　　 2006 年。

［28］ 韩俊魁：《全球公民社会语境下的境外在华 NGO：兼论中国本土 NGO 的国际
　　　 化》，《中国非营利评论》2011 年第 2 期。

专题八　长征精神与反贫困过程中干部的责任担当研究①

长征精神的思想内涵十分丰富，具有极其重要的时代价值。在当前任务繁重艰巨的反贫困工作中，尤其需要弘扬伟大的长征精神，强化领导干部的责任担当。习近平总书记2015年6月在贵州遵义考察期间强调："消除贫困、改善民生、实现共同富裕，是社会主义的本质要求，是我们党的重要使命。"② 干部就是责任，干部就要担当。党的十八大以来，中央对党员干部的精神状态、工作作风等提出了新的要求，强调干部在复杂困难的形势下，要进一步增强责任意识，对工作尽心尽责，勇于担当责任。遵义会议是中国革命走向成功的历史转折，长征精神是中国革命取得胜利的根本保证。各级党员及领导干部应该弘扬革命时期形成的伟大长征精神，肩负起属于自己时代的责任与担当，在新长征路上努力拼搏，落实精准扶贫，为同步小康贡献力量。当前，党的干部队伍从总体上来说是好的，大多数领导干部能够履职尽责，也敢于担当。但也有不少干部存在不愿负责、不敢担当的问题。如何强化责任担当精神，如何提升责任担当能力，其重要性和紧迫性在当前党的干部队伍建设中尤为凸显。本研究拟结合在反贫困过程中如何弘扬长征精神，尝试从干部责任担当的内涵、价值和机制三个方面进行分析和思考。

---

① 本专题执笔人：李昕昌。
② 习近平：《确保农村贫困人口到2020年如期脱贫》，http://news. youth. cn/jsxw/201506/t20150619_ 6771935. htm，中国青年网，2015 – 06 – 19。

一　长征精神与反贫困过程中
干部责任担当的内涵

党的十八大以来，政治生态出现新变化，作风建设提出新要求，对从思想上和政治上建班子、带队伍提出了更高要求。新常态下，各级党委特别是领导干部履行好核心的主体责任，必须强化责任担当意识，"忠诚、干净、担当"成为好干部的标准。党员干部必须修炼责任心、责任感，敢于担当。在革命战争年代，中华优秀儿女为了党的事业和人民的幸福，头可断，血可流，是责任与担当的召唤，也是长征精神的鲜明体现。在和平建设时期，很多人舍小家，顾大家，茫茫戈壁十年磨一剑，献了青春献终身，献了终身献子孙，也是责任与担当的召唤，更是长征精神的发扬光大。如今，在全面建成小康社会的进程中，反贫困任务艰巨。党中央高度重视扶贫攻坚，各级党员干部更应该弘扬革命时期形成的伟大长征精神，肩负起属于自己时代的责任与担当，在新长征路上努力拼搏，落实精准扶贫，确保农村贫困人口到2020年如期脱贫。

（一）干部责任与干部担当

1. 干部责任

干部责任主要包括三层含义，一是指分内应做的事情，也就是承担应完成的任务，完成应完成的使命，做好应做好的工作；二是指党员领导干部与其权力相对应的应当做的、有约束力的，如果不做会受到谴责或追究的事情，它是与社会分工或角色、职位的分配等联系在一起的职责或任务、义务或者负担；三是指党员干部对国家、社会、家庭和个人所负责任的认识和信念，即责任心，也就是一种自觉遵守规范、承担责任和履行义务的态度。由此可见，干部责任既是一种客观要求，也是一种主观追求；既是他律，也是一种自律。

（1）权力的性质决定党员领导干部的责任。从权责对等的原则出发，权力所有者在行使权力过程中，必须要遵循权力与责任对等的原则，权力越大其责任就越大。由于权力来自人民，领导干部责任担当的首要表现，就是取信于民，服务于民，始于权力，终于执行。正因如此，领导干部要谨慎用好人民赋予的权力，不能滥用权力。领导干部在使用权力的时候，要在开展工作中多听听群众的建议，做决策的时候多多调研，向人民群众学习请教，做到"权为民所用"；领导干部在运用权力的时候，要时刻关注民生，解决群众最直接、最现实、最迫切的问题，做到"情为民所系"；领导干部在使用权力的时候，要倾听人民群众的呼声、反映群众的呼声、解决群众的实际问题，做到"利为民所谋"。

（2）权责对等，党员领导干部要树立正确的"三观"。习近平同志在中央党校2010年秋季学期开学典礼时提出："权力的行使和责任的担当紧密相连，有权必有责。看一个领导干部，很重要的是看有没有责任感，有没有担当精神。"① 有权必有责。没有正确的世界观、权力观和事业观，领导干部就可能滥用手中的权力，丧失责任的担当。因此，要把树立正确的世界观、权力观和事业观作为领导干部加强党性修养和道德修养的基本要求。权为民所赋，权为民所用。无论在什么岗位，领导干部都要做到公道用人、公正处事，要把人民群众的利益放在行使权力的最高位置。

（3）责任心是党员领导干部必备的基本素质和应有的职业道德。首先，是对自己负责。党员干部要把责任感融入自己的生活和工作态度中，不论何时何地，都要提醒自己做一个负责任的人。并且，党员领导干部应该洁身自好，不能把人民赋予的权力随意滥用，坚持把个人的发展同党和人民事业的发展统一起来，在事业上勇于追求，在名利上懂得退让，以高度的责任感和强烈的事业心抓工作、搞建设。其次，是对集体、社会和国家负责。实践证明，强烈的责任意识是党员领导干部执政为民的根本要求。如果没有强烈的事业心、责任心，党员领导干部就不能忠于职守、尽职尽责地做好每一项工作。中国共产党执政的根本目的就是使人民的生活更加美好。从很大程度上来看，一个地方党员领导干部的责任心和能力水平与地方经济发展和群众生活的改善是正相关的关系。

2. 干部担当

一般来说，担当是指在一件事情面前勇挑重担，敢于负责；也可以

---

① 《新形势下"看干部看什么"？》，http：//news. xinhuanet. com/politics/2010 – 11/20/c _ 12794362_ 2. htm，2010 年 11 月 20 日，新华网。

是指"人们在职责和角色需要的时候，毫不犹豫，责无旁贷地挺身而出，全力履行自己的义务，并在承担义务当中激发自己的全部能量。"①温家宝总理曾经说过："事不避难，勇于担当，奋勇向前。"习近平同志在中央党校 2012 年春季学期开学典礼上指出："是否具有担当精神，是否能够忠诚履责、尽心尽责、勇于担责，是检验每一个党员干部是否真正体现共产党人先进性和纯洁性的一个重要方面。"②

（1）敢于担当是党员领导干部必须具备的基本素质，是推进事业发展的迫切需要。新常态下全面深化改革任务艰巨，各个领域改革已进入深水区、攻坚期，对党员领导干部提出了更高的要求，"是否能在重大政治考验面前有政治定力，是否能树立牢固的宗旨意识，是否能对工作极端负责，是否能在急难险重任务面前勇挑重担，是否能经得起权力、金钱、美色的诱惑"③，是党员领导干部必须具备的基本素质。新时期党员领导干部更需要忠诚履职，善于担责。

（2）敢于担当是党员领导干部的应有职责。党员领导干部本身就意味着责任，担当更是应有之义。担当有多大，事业才能干多大；尽责有多大，成就才会有多大。可见，党员领导干部的担当精神体现其胸怀和勇气、觉悟和党性，也决定着党员领导干部对事业贡献的大小。

（3）强化担当精神是干部队伍建设的重要课题。党中央高度重视干部队伍建设。当前，多数党员领导干部在平时工作中敢于担责，在关键时刻也敢于担责。但也有不少干部在工作中、在关键时刻存在不愿担当、不敢担当的现象。甚至有少数党员领导干部借口新时期从严治党的规定、规矩太多为由，为自己不作为、不担当找借口。因此，强化担当的历史使命，加强善于担当的精神，已成为当前党员干部队伍建设中一个重要而紧迫的课题。政治路线确定之后，干部就是决定的因素。这个问题的解决，直接关系到广大人民群众的切身利益，关系到改革发展稳定的大局。

3. 干部责任与干部担当的内在联系

党员干部责任与担当是相互依存、不可分割的整体。当前，我们强

---

① 姚巧华：《敢于负责，勇于担当》，北京工业大学出版社 2001 年版，第 62 页。

② 习近平：《在中央党校 2012 年春季学期开学典礼上的讲话》，新华网，2012 年 3 月 1日。

③ 习近平：《习近平谈治国理政》，外文出版社 2014 年版，第 415 页。

调党员领导干部的责任意识、担当精神，就是强调党领导干部的胸怀、勇气、格调，以及勇于攻坚克难、敢于突破创新的能力。位子、责任与担当是紧密相连的，有为方能有位，有位必有责，有责必担当。一定的位子必然承担相应的责任，有着相应的担当。这是党员干部必须具备的基本素质。

（1）担当是党员干部的职责所在。对党员干部来说，敢于担当，是为了党和人民的事业。"我们的干部是党的干部，权力都是党和人民赋予的，更应该在工作中敢作敢为、锐意进取"①；党的干部就应当以身作则，就应当敢于负责、敢于担当，必须做到守土有责、守土尽责。对职责范围的工作不认真负责，就不是一个称职的党员干部。党把党员干部放在重要的领导岗位上，遇到事情就要担责、负责，出了问题还要追责、问责。

（2）干部担当的核心是勇于担责。领导干部就是要事不避难、勇于担责。说到底，无私才能无畏，无私才敢担当。"心底无私天地宽"，担当就是责任，好干部必须有责任重于泰山的意识，坚持党的原则第一、党的事业第一、人民利益第一，敢于旗帜鲜明，敢于较真碰硬，对工作任劳任怨、尽心竭力、善始善终、善做善成。为了党和人民的事业，勇于担责，积极主动承担党和人民赋予的各项任务，尤其是急难险重任务。"疾风知劲草，烈火见真金"，面对国家全面深化改革新形势，我们的党员干部就要敢想、敢做、敢当，敢于直面难题顽疾，不躲不绕不拖，把实现好人民的根本利益作为最高价值追求，敢想、敢做、敢当，做时代的劲草、真金。

（3）干部担当的关键是敢于负责。敢于负责体现的是心胸，也是一种自信。敢于负责，不但体现在认真负责干好本职工作上，更是体现在遇到困难、出了问题和出现失误时不推诿、不躲避、不遮盖，敢于认领，主动担责，及时改正。"人非圣贤，孰能无过。"干任何事情都没有绝对的成功。出了问题并不可怕，关键在于敢于负责，从中汲取教训。特别是探索中国特色社会主义市场经济，不可避免地遇到各种新情况、新问题、新事物，工作上出现一些失误和遇到挫折在所难免。如果党员干部消极躲避，态度暧昧，不敢亮剑，不敢担当，就是对党和人民

---

① 习近平：《习近平谈治国理政》，外文出版社2014年版，第416页。

群众最大的不负责任。因此，领导干部要有胸怀坦荡的性格，并且善于总结和汲取教训，以便更好地开展工作。

（二）长征精神与干部责任担当

长征精神彰显了党的先进性的历史精华，是中国共产党最高精神的展现，体现了信仰、人格、道德的力量，是中国共产党人和中国红军用血肉之躯创造的一种伟大的民族精神。如果没有中国共产党人勇于坚持真理，敢于艰苦奋斗，不怕牺牲的责任担当，就不可能完成艰苦卓绝、奠定革命胜利的长征。

1. 责任担当，是长征精神的内在属性，是中华民族精神不可分割的重要组成部分

中国有着五千年悠久文明，中国人的精神世界独特而悠久，具有很强的民族自信心，培育了以爱国主义为核心的民族精神。可以说，敢于担当作为民族精神的重要内容，一直深深植根于中华民族的优秀文化传统中。从诸葛亮的"鞠躬尽瘁，死而后已"，范仲淹的"先天下之忧而忧，后天下之乐而乐"，到顾炎武的"天下兴亡，匹夫有责"，林则徐的"苟利国家生死以，岂因祸福避趋之"等。作为伟大民族精神的坚定传承者，中国共产党不断赋予责任担当以新的内涵，从革命时期的井冈山精神、长征精神、延安精神，到社会主义建设时期的大庆精神、抗震救灾精神、载人航天精神等，不断总结提炼出了一系列精神，都与时俱进地体现了中华民族的敢于担当精神，拓展了责任担当的时代价值。

2. 责任担当，是长征精神的重要内涵，是敢于坚持真理修正错误的伟大胸襟

长征精神是彰显党的先进性的重要内涵之一，是坚持真理、修正错误的革命首创精神，体现了共产党人敢于纠正谬误、坚持真理的责任担当。党内"左"倾机会主义错误路线，导致中国工农红军长征在第五次反"围剿"失败后被迫进行战略大转移。如果没有共产党人坚定信念，相信正确路线一定能够战胜错误路线，相信中国化的马克思主义一定能够战胜教条主义和"左"倾盲动主义，长征中红军的损失将会更加惨重。正是长征中的共产党人敢于坚持真理、修正错误，才终于使红军转危为安。从这个意义上说，长征挽救了红军，挽救了中国革命。因此，如果没有中国共产党人胸怀大局的担当，以及敢于担责的坚强党性和无私精神，也就没有红军的统一和长征的胜利，更没有新中国的诞生。

3. 责任担当是长征精神的鲜明特质，是中国共产党先进性的具体体现

敢于担当，是中国共产党人的鲜明政治品格，更是中国共产党先进性的集中体现。检验党员领导干部是否具备共产党人的先进性和纯洁性，以是否具有担当精神，是否能够履责尽责、敢于担责为标准。党自成立之日起就是中国工人阶级的先锋队，也是中国人民和中华民族的先锋队；在革命时期自觉担当起了争取民族独立、人民解放的历史使命；在建设时期承担起了实现国家繁荣富强和人民奔小康的神圣使命。回顾中国共产党 94 年来的发展历程，无论在哪个年代、哪个时期，都能看到前仆后继、成千上万的共产党人始终坚持理想信念，心怀党和人民的事业，以国家、民族利益为重，以人民群众的福祉为使命，顽强拼搏、努力奋斗，诠释了不同历史时期的责任担当。新中国成立至今，无数优秀共产党人为了让中国人民过上好日子，艰苦奋斗、无私奉献，成为各时期共产党人勇于担当的时代楷模。

（三）长征精神与反贫困中干部责任担当的共性

发扬长征精神就是发扬党的优良作风。党的优良作风是一种精神力量，在一定条件下可以转化为物质力量。当年的工农红军无论在多么艰难困苦的情况下，都坚持自力更生、艰苦创业、团结协作，以全心全意为人民服务的优良作风，以巨大的精神力量战胜了各种残酷的考验。今天，为实现社会主义现代化，在反贫困、全面建成小康社会过程中，党员干部同样勇挑重任，敢于担当，大力发扬艰苦奋斗、团结协作、勇于奉献的新长征精神，更进一步推进实现农村脱贫致富、国家富强和实现中华民族伟大复兴的进程。

1. 艰苦奋斗、百折不挠的责任担当

长征路上，前有堵军，后有追兵，上有敌机，"敌军围困万千重"，几乎每天都在战斗。然而，红军正是凭着这种百折不挠、不怕牺牲的大无畏担当，创造出了人类战争史上、精神史上最为光辉的奇迹，翻开了中国革命的新篇章。当前，我国经济发展迅猛，各领域也都有了令人瞩目的进步和成就，但纵观全国广大农村，仍有很多地方没有解决温饱问题，尤其是西部农村，医疗保障不健全，留守儿童的学习生活状况令人

担忧，极端情况时有发生。新时期的"新长征"，党员干部依然必须发扬长征中的艰苦奋斗、勇往直前的革命精神，实现新时期、新常态下艰苦奋斗精神的转化。在转化过程中，党员干部还需要担当起模范带头作用，深刻领会党中央的重要指示精神，"从严从实"要求自身，继续担当起摆脱贫困、实现全面小康的重任。

2. 无私奉献、忠于人民的责任担当

红军长征那种忠于理想、忠于人民、忠于共产主义事业的无私奉献精神，对于今天在全面建成小康社会的过程中仍然能够给我们以深刻的启示。在困难和逆境面前是消极躲避还是敢于亮剑，这是考验一个共产党员是否敢于担当的基本判断。当前，在党的群众路线教育实践活动和"三严三实"专题教育中，倡导学习文朝荣精神，就是要学习文朝荣同志那种在恶劣环境和困难面前，敢于挺身而出，迎难而上，肩负起带领海雀村人民群众脱贫致富的重任，忠诚于人民，以人民忧乐为忧乐，以人民甘苦为甘苦，全心全意为海雀村的发展服务，创造出经得起检验的实绩。新时期的反贫困"新长征"，就是要以文朝荣作为榜样，在实现脱贫致富和同步小康中，做一个信念坚定、敢于担当、乐于奉献、心系人民的好干部。

3. 一切从实际出发、实事求是的责任担当

长征是实事求是精神的典范，实事求是、一切从实际出发是长征精神的核心。遵义会议后，整个长征的过程是党和红军不断坚持真理、修正错误的过程。长征的胜利，是党洞察时局、把握大势、科学决策的结果。一切从实际出发、实事求是是中国共产党基本理论、重要思想的精髓所在。在全面建成小康社会、实现我们中华民族伟大复兴的新长征过程中，更需要党员干部坚持一切从实际出发的责任担当。当前，在消除贫困，实现社会公正和公平过程中，要有一切从实际出发、实事求是的责任担当。首先，要尊重群众，尊重实践。这是党的群众路线的基本要求，也是实事求是精神的题中应有之义。作出的任何一项路线、方针与政策，都要来自广大人民群众的意愿与要求，都要经过人民群众的实践验证其正确与否，都要根据人民群众的愿望与要求不断地修正。其次，要深入群众调查研究，依靠群众民主决策，实事求是科学决策。没有深入地调查研究就不会有科学的正确的决策，同样，没有民主的制度设计与科学程序的保证和监督，即使有了充分的调查研究，也不可能作出科

学的决策，也同样会给党的事业带来损失。今天在我们全面建成小康社
会、反贫困工作过程中，需要党员领导干部更加周密细致的调查研究，
进而民主决策，科学决策，切合实际地制定使人民过上民主文明、幸福
富裕生活的政策。

4. 密切联系群众、权为民所用的责任担当

革命长征时期，中国共产党是领导红军革命的，是老百姓赋予了中
国共产党带领全体中国人民赶走日本帝国主义、打倒蒋家王朝、解放全
中国的权力。中国共产党人不负期望，在长征途中，不论遇到什么困
难，要跨过多么艰难的挑战，都不忘自己的使命和责任，始终不渝地高
举爱国主义的旗帜，坚持实行北上抗日救国的政治主张和坚定的革命必
胜的信念。新时期，长征精神激励中国共产党人在摆脱贫困、全面建成
小康社会的实践过程中坚持群众路线。这就要求党员干部始终代表最广
大人民的根本利益不动摇，始终坚持全心全意为人民服务的根本宗旨不
动摇，切实做到权为民所用、利为民所谋、情为民所系，担当起当前和
今后农村扶贫开发，农村贫困人口尽快脱贫致富，实现同步小康的重
任，成为为实现中华民族复兴和"中国梦"的伟大目标而努力奋斗的
重要力量。

二　长征精神与反贫困过程中干部责任担当的价值

（一）长征精神的时代价值

1. 长征精神为继承和弘扬中华民族优秀传统文化提供了宝贵的精
神财富

长征精神是中国共产党和中国人民宝贵的精神财富，是中华民族精
神的重要内容。长征精神充分体现了中华民族伟大精神的基本价值取向，
是中华民族百折不挠、自强奋斗精神的升华。红军战士在长征中经受人
间罕见的艰难困苦，他们的勇敢和坚毅，展现了人类的美好品质。长征
体现出坚持独立自主，实事求是的精神；体现出紧紧依靠群众，同群众
患难与共，共同奋斗的精神；体现出坚定的理想信念，坚信共产主义事
业必胜的精神。长征精神后，在中国不同历史阶段形成的抗战精神、延

安精神以及大庆精神等，都是对长征精神的继承与拓展，都是中华民族精神的发扬与升华，都是中华民族优良传统中最宝贵的精神财富。[①]

2. 长征精神为加强党的先进性建设提供了丰富的经验启示

长征精神是中国共产党人政治本色的一次集中体现。正是因为共产党人在长征中始终严格自律，始终加强党的先进性建设，才保证了红军保持坚定的党性原则和大局观念、保持铁的纪律和坚强团结，才能够通过艰苦的长征使中国革命扭转局势、转危为安。长征的经验启示和警醒我们："检验一个政党是否具有先进性，民心向背就是最灵验的试金石。一个政党如果得不到群众的真心支持和拥护，就会失去长久的生命力，更谈不上具有先进性。"因此，加强党的先进性建设，必须紧紧围绕群众路线，与人民群众同呼吸、共命运，全心全意为人民服务，坚信群众才是推动历史前进的真正力量。

3. 长征精神为新时期建设中国特色社会主义提供了不竭的精神动力

现在，我们正在进行中国特色社会主义建设的"新长征"。我们要把发扬革命传统、弘扬长征精神与推进马克思主义中国化紧密结合起来，与加强共产主义理想信念教育紧密结合起来，与弘扬中华民族传统精神和时代发展紧密结合起来。因此，弘扬长征精神，就要不断赋予民族精神以新内涵，既注重弘扬爱国主义强化民族精神，又要弘扬开拓创新的时代精神，践行社会主义核心价值观，提高思想道德和科学文化素质，激发出全民族的创新创造活力，勇往直前向着第一个百年目标开拓奋进。

（二）干部责任担当的价值体现

习近平同志在中央党校 2010 年秋季学期开学典礼的讲话中指出："权力的行使与责任的担当紧密相连，有权必有责。看一个领导干部，很重要的是看有没有责任感，有没有担当精神。"总书记所指的担当，就是在职责需要的时候，毫不犹豫、责无旁贷地挺身而出，全力履行自己的责任，并在承担责任中激发自己的全部能量。古往今来，凡做大事、创大业者，都是勇于担当者。他们都是忧患意识、使命意识和责任

意识强烈的人，都是敢为天下先、敢于坚持真理、敢担风险、敢作敢为的人①。

1. 责任担当是党员干部的基本素质

责任担当是中国共产党的优良传统。领导干部必须坚持和发扬党的优良传统，敢于担当，勇于负责。习近平总书记强调："是否具有担当精神，是否能够忠诚履责、尽心尽责、勇于担责，是检验每一个领导干部身上是否真正体现了共产党人先进性和纯洁性的重要方面。"共产党的先进性首先要通过广大党员特别是党员干部来体现。党员干部的责任感不仅仅关系到个人修养，更是做好本职工作的必需。作为党员干部，强化责任意识是做人做事的第一准则，培养工作责任心关系到是否对人民负责的意识，时刻牢记对党和国家的忠诚程度如何，关系到党和国家的建设发展。②

2. 干部要勇敢担当起执政为民的责任

领导干部在其位就要谋其政，履职尽责。能够担当责任的人，才能担当更多的使命，承接更大的事业。近年来，领导干部中出现了精神懈怠、担当意识淡化、担当精神弱化的现象。不思进取，满足于做太平官，凡事慢半拍；当好好先生，宁可不干工作，也不得罪人；维持一团和气，宁伤原则，不伤感情。遇到矛盾不敢拍板而绕道走，碰到问题不知所措，明哲保身而未仗义执言，面对风险不敢闯，遇事推卸责任，缺少当机立断的果敢，以至贻误了处理矛盾的最佳时机。岗位不仅是履行职责的平台，更是我们成就事业的舞台。邓小平在长期的革命活动和社会主义建设过程中无私无畏，是勇于担当的楷模。1975 年，还在"四人帮"横行时期，他敢于"挽狂澜于既倒，扶大厦之将倾"，冒着再次被打倒的风险，大刀阔斧地整顿"文化大革命"以来所造成的严重混乱局面，赢得了党心民心。③ 1992 年邓小平到南方视察时说："没有一点闯的精神，没有一点冒的勇气，没有一股子气呀、劲呀，就走不出一条好路，走不出一条新路，就干不出新的事业。"责任担当归根结底就是体现在为人民服务上。坚持全心全意为人民服务，实实在在地多办实

---

① 张朝霞：《敢于担当》，红旗出版社 2015 年版，第 89 页。
② 尹德慈：《责任担当是领导干部应有的政治素质》，《南方周末》2015 年 5 月 4 日。
③ 张朝霞：《敢于担当》，红旗出版社 2015 年版，第 92 页。

事、多办好事。时刻要注意，党提出和实施的路线、方针、政策，必须从维护人民群众的根本利益出发，尽一切能力给人民带来福祉，让人民共享发展成果。

3. 把责任担当放到如何做好群众工作中去

马克思主义政党的理论路线和方针政策以及全部工作，要得到人民群众的支持和拥护，只有顺民意、谋民利、得民心。领导干部只有切实履行好职责，才能够真正做到立党为公和执政为民，才是有责任、敢担当的领导干部。俗话说："金杯银杯不如老百姓的口碑，金奖银奖不如老百姓的夸奖。"只有具备了"说群众话听群众话"的能力，和群众打成一片，说话时才能"接地气"，做事时才能有"灵气"，工作时才能有"朝气"。因此，领导干部要把群众的安危冷暖挂在心上，把中央各项政策措施落到实处，就必须培养做好群众工作的责任心和事业心，耐心倾听群众意见、虚心接受群众的批评，为群众诚心诚意办实事，尽心竭力解难事，坚持不懈做好事。

（三）干部责任担当在反贫困过程中的作用与价值

改革开放以来，经过 30 多年的快速发展，我国经济社会有举世瞩目的进步，已经成为世界第二大经济体，广大人民群众的生活水平有了显著改善，但是人均国民生产总值依然较低，城乡区域发展差距和居民收入分配差距依然较大，反贫困任务依然艰巨。如何解决这些突出的矛盾和问题，如何面对机遇与挑战并存的形势，迫切需要党员干部以直面困难的勇气、敢于担当的精神，深化改革，锐意创新，迎难而上，扎扎实实地做好精准扶贫的各项工作，确保全面建成小康社会宏伟目标如期实现。

1. 反贫困首要的是解放思想，激发干部敢于担当的勇气

1988 年，担任宁德地委书记的习近平在充分调研后，就反贫困谈了自己的看法：地方贫困，观念不能"贫困"。他提出："弱鸟可望先飞，至贫可能先富，但能否实现'先飞'、'先富'，首先要看我们头脑里有无这种意识。"他认为，"贫困地区完全可能依靠自身的努力、政策、长处、优势在特定领域'先飞'，以弥补贫困带来的劣势。"1992年，习近平同志在《摆脱贫困》一书的跋里解释说，"全书的题目叫做'摆脱贫困'，其意义首先在于摆脱意识和思路的'贫困'，只有首先'摆脱'了我们头脑中的'贫困'，才能使我们所主管的区域'摆脱贫

困'，才能使我们整个国家和民族'摆脱贫困'，走上繁荣富裕之路。"[1] 在困难和逆境面前是消极躲避还是敢于亮剑，这是考验一个共产党员是否敢于担当的基本判断。贵州省赫章县海雀村原党支部书记文朝荣，面对贫困，几十年来，他不向困难低头，不向贫困折腰，带领群众向荒山要绿地，推广良种良法，把全村1.3万亩荒山从风沙四起的"和尚坡"变成万亩林海，把"苦甲天下"的少数民族贫困村带上林茂粮丰的致富路。新形势下，领导干部敢于担当最重要的是同心协力、全力以赴抓发展、促发展，一切围绕发展来谋划、来担当。发展的质量不高、发展的环境不优、发展的责任不强等突出问题仍然制约着内陆地区县域经济的协调发展、科学跨越。

2. 反贫困要率先垂范、积极创新，提高干部善于担当的能力

1989年，习近平为了改变宁德的面貌，率先垂范，扛着锄头，冒着严寒，率领当地党政干部参加清污排障、修理水渠劳动；积极开展"四下基层"活动，跑遍当地的山山水水，在他任期内使宁德地区的脱贫率达到96%以上。习近平担任国家主席以来，亲自挂帅深化改革领导小组组长，敢于负责，勇于担当，深受广大人民群众拥护和爱戴。[2] 反贫困过程中的首要问题，就是首先打破局面，积极创新。小康不小康，关键看老乡。这里的"老乡"才是关键，"老乡"就是广大的农村人口。[3] 作为领导干部，要担当起事业的发展，担当起实践的检验，担当起"老乡"的评价，就一定要积极提升敢于担当的能力，切实做到敢担当、能担当、会担当、持久担当。敢啃硬骨头，敢于涉险滩，勇于冲破观念障碍和利益藩篱。学习习近平同志在2012年12月广东考察工作时的讲话，必须深刻认识到，只有增强敢于担当的勇气，提高善于担当的能力，才能抢抓发展先机，实现科学跨越。[4]

3. 反贫困要学习习近平重要讲话精神，增强责任担当意识和使命感

2015年6月，习近平总书记在贵州调研期间专门主持召开扶贫攻

---

① 习近平：《摆脱贫困》，福建人民出版社2014年版，第2页。
② 张朝霞：《敢于担当》，红旗出版社2015年版，第96页。
③ 陈锡喜：《习近平的语言力量》，上海交通大学出版社2015年版，第123页。
④ 习近平：《2012年12月在广东考察工作时的讲话》。

坚座谈会，对贵州等省扶贫开发工作作了重要指示。各级党员干部要认真学习贯彻落实习近平视察贵州重要讲话精神，深刻理解和把握总书记关于扶贫开发的最新要求，增强做好反贫困工作的责任担当意识和使命感，按照"四个切实"、"六个精准"和"四个一批"的指示要求，坚决打赢扶贫开发攻坚战，与全国同步全面建成小康社会。一要切实落实领导责任。坚持党的领导，发挥社会主义制度可以集中力量办大事的优势，这是我们的最大政治优势。要强化扶贫开发工作领导干部责任制，党政干部要当好扶贫开发工作的责任人，深入调查研究，亲自部署协调落实。二要切实做到精准扶贫。扶贫开发贵在精准，重在精准，成败之举在于精准。要开动脑筋，努力在扶持对象、项目安排、资金使用、措施到户四个方面做到精准，在因村派人（第一书记）精准、脱贫成效精准上想办法、见真效。三要切实强化社会合力。要动员和凝聚全社会力量广泛参与，健全东西部协作、党政机关定点扶贫机制，广泛调动社会各界参与扶贫开发积极性。四要切实加强基层组织。扶贫开发工作的基础在基层，通过切实措施把扶贫开发同基层组织建设结合起来，通过抓好村级组织配套建设，真正把基层党组织建设成带领广大人民群众脱贫致富的坚强堡垒。有条件的地方可以选派扶贫工作队，加强基层扶贫工作，切实做到精准扶贫。

消除贫困，促进人类社会的全面发展、进步和繁荣，是国际社会共同的价值追求，同时也是中国共产党和各级政府义不容辞的历史责任。当前，我国消除贫困、实现社会公正和建成全面小康社会的任务还很重，党员领导干部有无责任担当精神至关重要。习近平总书记指出：空谈误国，实干兴邦。党员领导干部应当坚定信念，敢于担当，彰显价值，为摆脱贫困、同步小康，为实现中华民族伟大复兴和实现"中国梦"贡献力量。

三　长征精神与反贫困过程中干部责任担当的机制

如何在干部队伍中塑造"敢于担当"的好风气？如何在反贫困的过程中发扬长征精神，培养"敢于担当"的好干部？一方面，这需要党员干部自觉加强党性修养，加强品格陶冶，时刻用党章标准，用"好干部"标准严格要求自己，不断改造自己的主观世界，时刻自重、自省、自警、自立，老老实实做人，踏踏实实干事，清清白白为官；另一方面，这也需要客观的、有助于党员干部队伍中形成"敢于担当"风气的制度环境和体制机制。对此问题，目前的讨论更多地集中在前一方面，即思想建设和作风建设上，这里则重点从后一视角出发，探讨当前扶贫工作中不利于干部担当的因素及相应的改进方式，进一步探索建立完善促进干部担当的政策体制机制。

（一）反贫困过程中干部缺少责任担当的原因分析

2015 年 6 月习近平总书记在贵州省考察时强调，扶贫开发工作任务依然十分艰巨，已经进入了"啃硬骨头、攻坚拔寨的冲刺期"。要使贫困人口到 2020 年如期脱贫，党员干部要当好排头兵，不仅嘴里要将"扶贫"这首歌唱好，更多的是需要敢于担当，把这场硬仗打得漂漂亮亮。现实生活中，虽通过前期的群众路线教育实践活动、"庸懒散浮拖软"整治及近来开展的"三严三实"教育，但有的党员干部不敢担当的思想仍有残留，不敢承担怕负责，不敢碰硬怕担责，不敢破难怕问责，不敢创新怕追责等"怕担当"问题同样在一定范围内存在。具体到扶贫工作中，主要表现在：没有把扶贫工作放在心上、抓在手上，对扶贫工作存在畏难情绪，执行力差，存在"甩手掌柜、大懒支小懒"的现象；不思进取、工作效率不高，廉而不勤、勤而无效；学习业务少，研究扶贫政策少，原则性和灵活性把握不好，生搬硬套；扶贫工作只停留在喊口号，重做秀轻作为，深入基层少，脱离群众，凭经验、想当然办事等等。

1. 缺失信仰，不能担当

在人类历史进程中，中国工农红军长征创造了人间奇迹，靠的是坚定的信念、坚强的意志以及无与伦比的勇敢精神。一个人如果缺少信念、信仰和精神，就好像身体"缺钙"，不仅会得"软骨病"，整个身体都可能"垮掉"。现阶段社会思想价值观念庞杂多元，利益关系和分配方式日益多样化，领导干部同时具有多种身份，身处多种社会关系之中。领导干部既是党员身份，又是工作和事业中的单位人，还是日常生活中的社会人。在面临不同身份可能带来的冲突时，尤其是个人私利受到影响时，一些领导干部畏首畏尾、裹足不前，不能正确判断利害关系，这说到底还是错误的世界观、人生观、价值观、权力观在作怪。这样的干部，是不可能担当起反贫困工作的重任的。扶贫攻坚是硬骨头，破解难题需要精准。没有坚定的理想信念，就难以碰硬与担当。

2. 缺失党性，不想担当

当下，个别党员领导干部身上存在着思想上求"稳"、观念上求"守"、心理上求"躲"等慵懒现象，及"不求有政绩，但求无过失"的懒政心理，其主观原因是其党性淡薄、群众意识不高，不想担当的表现。个别干部私欲膨胀，没有真正将党的利益、国家利益、群众利益作为最高行动准绳，只想当官不想干事，只想揽权不想担责，只想出彩不想出力，只想高大上不顾民生苦。这些都是极端"个人主义"凌驾于党、国家和群众利益之上的具体表现。在反贫困工作中，干部是不是把人民的利益放在首位，是不是关心尚未脱贫的困难群众，缺乏党的宗旨意识，缺乏全心全意为人民服务的态度，怎么能够担当呢？

3. 缺乏能力，不善担当

善于担当，必须具备一定的能力和水平。能力是善于担当的前提和保证。个别地方、个别党员领导干部在一些任务重、阻力大、困难多的重点、难点项目开展过程中畏首畏尾、优柔寡断，难有作为、难有建树，一切唯领导、唯文件、唯指示行事、办事，没有自己的主张和见解，究其原因是其对自己的领导能力不自信，对自己处理问题的方式方法不自信，缺乏干事创业能力的具体表现。这样的领导干部不是不想担当，而是缺乏勇于担当的能力，尤其是在面对扶贫攻坚这样具有许多突出问题和矛盾的艰巨任务，他们更加缺乏破解难题的能力和勇气，只寄望于老办法、老手段来拖延矛盾的爆发以保全自己的利益，得过且过。

4. 缺少氛围，不敢担当

现实工作生活中，有的人缺乏工作激情、责任意识和担当精神，或多或少地与缺少有利于担当者施展才华的氛围有关，有些地方和单位缺少让干部干事业的空间，也缺乏鼓励改革的容错空间，过多的"一票否决"也使得党员干部做事如履薄冰、战战兢兢。中国传统文化中诸如"明哲保身"、"中庸之道"、"枪打出头鸟"和"世路多歧未许游，得休休处且休休"等等说法，增添了领导干部不敢负责、不敢创新等消极思想。加之在党的历史上，曾经多次发生过"左"倾、右倾主义的严重错误，使一些好同志受到残酷斗争、无情打击，而一些善于收敛锋芒、处事圆滑、见风使舵的人则能平安无事，甚至得到重用，这在一定程度上造成了一些干部不敢担当的倾向。

5. 缺失制度，不愿担当

没有规矩，不成方圆。制度和政策具有重要规范和导向作用。从现行各项制度和政策层面来分析，并不是所有政策、制度都是有利于让那些愿意担当的干部脱颖而出的。如一些地方在干部考察任用时，存在着唯票选人，以票取人；个别领导干部对愿意担当的干部存在偏见，因而对他们不支持、不鼓励，甚至是排斥；把选拔干部当作福利待遇，论资排辈，看年头提拔，把不出错当作晋升选拔的重要条件；对创新型、实干型的干部缺少应有的关心和培养选拔的绿色通道等等。这些问题，都一定程度上挫伤了愿意担当的干部的工作热情。还有在个别单位工作分工不合理，权力过分集中，副职、不同层级的干部缺乏相应的权力，谋事创业的舞台不够大，使他们想负责而没事可做，敢碰硬却没有权力，想创新而缺少空间，从而一步步地走向了不愿担当的境地。

（二）建立健全反贫困过程中干部责任担当的机制

责任担当，是党员干部必备的政治品格，是党的先进性、先锋性的必然要求和重要保证，是中国共产党本质属性的重要体现。在当前我们推进同步小康建设的背景下，责任担当是加快实施扶贫攻坚战略的客观要求和现实需要。如何把弘扬长征精神与反贫困过程中的干部责任担当要求转变为一套系统的干部管理机制，使干部勇担当、能担当、善担当，促进扶贫工作取得实绩，是摆在我们面前的一个新课题。

1. 强化宣传引导，营造良好氛围

长征是宣言书，长征是宣传队，长征是播种机。长征精神具有鲜明的时代价值，时代呼唤党员领导干部要继承和弘扬长征精神。当前，扶贫开发正进入攻坚克难的关键时期，贫困地区作为全面小康的一块短板，要化解难题、破解困难，必须凝聚扶贫精、气、神，营造敢于担当的社会环境，化解敢于担当的压力，让领导干部把敢于担当变为内心深处的价值追求和行为习惯。一是加强思想引领。教育广大干部从战略的、全局的高度认识扶贫攻坚的政治意义，以强烈的政治责任感和时代紧迫感，把思想和行动统一到中央和地方的决策部署上来，全面、深刻地认识和把握全面小康、精准扶贫的重要性和紧迫性，真正把群众的期待变成我们的行动，把人民的希望变成生活的现实，带领广大人民群众尽快脱贫致富。二是强化教育引导。深化党的群众路线教育实践活动，进一步严格党内生活，提高民主生活会质量，用好批评和自我批评这个利器，让敢讲真话、敢为人先、敢于较真蔚然成风。在干部队伍中要旗帜鲜明地鼓励、支持和保护那些敢于担当者，替他们撑腰、为他们鼓劲、帮他们说话，从而最大限度化解不敢担当的压力，激发他们的事业心和上进心。三是注重宣传典型。鼓励担当，必须营造担当可贵、担当光荣的良好氛围。要在干部队伍中大力弘扬敢于担当精神，教育引导广大干部向焦裕禄等先进典型看齐，认真践行"三严三实"要求，坚持党的原则第一、党的事业第一、人民利益第一，不断增强责任重于泰山的意识，增强深化改革、攻坚克难的责任担当，始终保持永不懈怠的进取心及昂扬向上的精、气、神；宣传部门要充分利用电视、报纸、互联网等媒体平台，精心组织形式多样的宣传活动，及时宣传报道"敢担当、能奋斗、会落实"的党员干部人物和先进事迹，着力营造干事创业精神的舆论声势。只有这样，敢于担当的氛围才会越来越浓厚，敢于担当的好干部才会越来越多。

2. 强化干部带头，完善责任机制

随着扶贫开发进入攻坚阶段，减贫难度较以往更大。广大干部应树立忧患意识，清醒地认识到贫困问题仍然是我国发展进程中客观存在的重大现实问题。一是强化领导责任。坚持省领导联系片区和脱贫奔小康试点县制度，完善省领导定点帮扶贫困县制度，推行县领导干部带领部门包片驻村制度，采取措施将扶贫开发的党政一把手工作责任制、各级行政的管理体制及落实到村到户的工作机制落到实处。二是完善综合考核评价机制。加大对地方党政一把手扶贫工作的考核督促的力度，将精准扶贫攻坚实绩作为重要内容。重点要落实中央对贫困县考核、约束、退出三大机制的要求，制订贫困县的考核约束措施。引导贫困县的党政班子和领导干部把主要精力放在如何抓好反贫困工作，如何减少贫困人口数量，如何增加贫困人口的收入上，以实实在在的政绩向党中央和人民交上一份满意的答卷。三是健全干部帮扶机制。建立结对帮扶机制，协调随同省直部门、国有企业开展驻县定点扶贫，示范带动各级领导干部抓好精准扶贫攻坚。完善干部驻村制度，选派干部组成工作队驻村扶贫，确保对贫困村全覆盖。组织广大党员干部结对帮扶，为每户贫困户落实帮扶责任人。特别注重向贫困村派驻党支部"第一书记"，加强基层党组织建设，为实现扶贫目标提供组织保障。

3. 强化教育培训，增强能力素质

习近平同志多次强调，党员干部不仅要有激情、有韧劲，更要办事管用。办事要管用，就要求党员干部有能力、有水平、有办法。敢于担当是一种胆略，也是一种能力。它体现的是干部驾驭复杂局面、破解瓶颈难题的能力。促进贫困地区的群众脱贫致富，尤其考验地方干部的能力与水平。因此，建立扶贫干部素质教育培训机制，有针对性地有重点、有计划地提高干部工作能力，是扶贫攻坚的一项基础性的举措。一是建立培训体系。坚持全员覆盖、分类培训。根据贫困地区基层干部建设和全省扶贫攻坚形势需要，有针对性、分层次地进行岗位必备知识和能力的培训。按照扶贫工作的要求、工作特点和岗位要求合理设计培训的内容；在培训层次上，省级、市县、乡村根据工作需要，培训对象和范围应有所侧重：省级培训主要面向贫困地区的扶贫系统干部以及选派、帮扶干部；市县培训主要面向农村基层党组织负责人、致富创业带头人；乡村培训主要面向村民，开展实用技术培训。二是丰富培训方式。授课可以采取专题讲座、课堂交流、案例分析等方式进行。在丰富教授式教学的基础上，坚持实地观摩取经和课堂理论学习相结合，进行现场考察学习、邀请优秀扶贫干部、致富能手现身说法、交流经验等形式，提高农村基层干部对精准扶贫工作的思想认识和执行政策的能力。三是健全培训阵地。发挥现有的党校、干部培训中心、农村党员干部现代远程教育平台的作用，加强软环境和硬件设施建设，同时要努力拓展实践培训平台，建设具有自身特色的培训基地。另一方面积极拓展培训渠道，加强与高等学校、科研院所和社会培训机构等的合作培训。四是强化培训考评。鼓励干部参加脱产培训，建立制度并定期考核。组织和加强干部脱产学习，把干部参加扶贫培训纳入干部个人工作考核中并作为选拔任用的参考依据。将贫困村干部培训工作纳入地（县、乡）党委年度党建工作考核目标，确保培训工作落到实处。

4. 强化激励关怀，优化选人用人

敢于担当是责任，是勇气。激励更多敢于担当的人走向前台，是谋略。鼓励和激发担当精神，需要顶层设计通过制度予以完善，需要教育去传承，更需要舆论来弘扬。如何将奖惩制度和人才选拔制度设计得更加科学合理，如何让勇于担当的干部获得应有的奖励和社会生存保障，值得我们探讨和摸索。首先，以业绩为导向，建立考评机制。落实"精准扶贫"，不仅需要完善各项奖惩制度，也要将扶贫工作的成败作为政绩考核的重要内容，让领导干部为"精准扶贫"工作埋单。只有如此，才能够实现"精准扶贫"工作的制度化和常态化，将推进扶贫攻坚战作为一项长期的任务去抓。其次，要把敢于担当作为考核评价的重要内容，多到群众中去、到基层一线去，深入干部抓扶贫促民生的情况，通过考察干部在扶贫攻坚中的认识、态度和表现，全面客观地考察识别干部。二是以人才为支撑，优化选用机制。习近平总书记强调，"把好干部选用起来，需要科学有效的选人用人机制"。一些干部之所以不敢担当，主要有两个原因，一是怕得罪人、怕丢选票；二是怕出现失误、怕丢"乌纱帽"。当前，扶贫处于新攻坚期，需要一大批勇于任事、敢于涉险滩、敢啃硬骨头的好干部。要注重从扶贫一线选拔干部，加大对扶贫开发工作重点县干部的培养使用力度，对长期在扶贫开发一线工作的优秀年轻干部予以重点培养使用，增加他们的晋升和培训机会，为扶贫攻坚工作提供组织支撑。同时，对那些在扶贫开发工作中不负责任、关键时刻畏首畏尾的人，不仅不能提拔使用，还要给予警醒和惩戒。三是以需求为重点，完善关怀机制。行为科学理论认为，人性本身具有不断追求更高层次需要的愿望，只有尚未满足的需求，才有激励作用。建立敢于担当的激励机制，要从扶贫干部的需求出发，统筹运用精神激励、物质激励、培训激励、政治激励等手段。一是建立关爱机制。对扶贫干部特别是在扶贫一线的干部，要特别注重人文关怀和组织关心，通过定期谈心谈话，主动了解年轻干部的思想动态和困难需求，力所能及地为干部排忧解难，增强他们的归属感、认同感。二是实行干部帮带机制，充分发挥领导干部、老干部、业务能手、中层骨干的传、帮、带作用。三是积极探索建立容错机制。激励干部"大胆地试、大胆地闯"的制度措施，主动为他们撑腰鼓劲，保护好担当者的积极性。同时，建立健全谈心谈话机制，对于担当过程中出现的苗头性、倾向性、潜在性问题，要及时指出，提醒在前。人非圣贤，孰能无过？领导干部工作中出现失误并不可怕，可怕的是不能"思其过、改其行"，不敢正视错误、承担责任。知过能改需要勇气，面对失误敢负责也是担当。①

5. 强化监督执纪，充分尊重民意

正激励不是激发活力的唯一手段，负激励具有警示效应、压力效应，对正激励有补充作用。只有做到奖功罚过、奖优罚劣、奖勤罚懒，才能使先进受到奖励，后进受到鞭策，形成激励合力，形成人人争先的局面。一是严格督察问责。通过建立完善扶贫岗位责任清单和担当表现纪实制度，开展经常性督察，特别要注重对完成重大扶贫项目任务情况的督察，加大对反面典型的公开曝光力度；对在扶贫工作中出现不履责、不担当、不守规、乱作为的干部及时谈心谈话、警示批评。对贻误工作、造成不良影响和后果的，要问责追责，严肃执纪、果断处理。二是严格党纪约束。加强对扶贫关键岗位特别是"一把手"的监督，严格执行党的民主集中制。要狠抓制度建设，始终坚持问题导向和问题管理，有的放矢加强扶贫工作中反腐败的建章立制工作，扎牢制度"笼子"，真正使纪律规矩成为管党治党的尺子、不可逾越的底线。三是建立工作报告和调查制度。干部应就扶贫工作开展情况向党组织、党员群众进行专项述职，自觉接受组织和群众评判；通过随机调研、入户走访、座谈会等方式，听取群众对扶贫干部个人及工作的评价，用"民意"甄别干部。

伟大的事业孕育伟大的精神。当年，红军将士们始终心怀崇高革命理想，为解放穷苦的中国人民历尽艰险、抛头颅洒热血，鲜明而集中地体现了共产党人舍我其谁的长征精神。在全面建成小康社会的新长征路上，当前最艰巨最繁重的任务在农村，特别是在贫困地区。贫困，无疑是全面小康路上必须跨过的"门槛"。消除贫穷，是党义不容辞的责任与使命。长征精神是中华民族百折不挠、自强不息的民族精神的最高体现。学习、研究和弘扬长征精神，要转变为精准扶贫、同步小康的强大精神动力。各级党员领导干部要发扬为党尽责、为民分忧的担当精神，在推进精准扶贫、精准脱贫中践行不畏艰险，矢志不移，心系群众，长期奋战的长征精神，带领广大群众牢记嘱托、不辱使命，书写山乡巨变，迈向同步小康，为实现中华民族伟大复兴贡献智慧和力量！

---

① 刘云山：《在中央党校 2014 年春季学期开学典礼上的讲话》。

参考文献

［1］习近平：《摆脱贫困》，福建人民出版社 2014 年版。

［2］习近平：《在中央党校 2012 年春季学期开学典礼上的讲话》。

［3］习近平：《2012 年 12 月在广东考察工作时的讲话》。

［4］刘云山：《在中央党校 2014 年春季学期开学典礼上的讲话》。

［5］张庆黎：《敢于责任担当，不辱历史使命——深入学习贯彻习近平总书记关于责任担当的重要论述》，人民网，2014 年 5 月 7 日。

［6］国防大学邓小平理论和"三个代表"重要思想研究中心：《论长征精神的时代价值》，《光明日报》2006 年 10 月 18 日。

［7］张朝霞：《敢于担当》，红旗出版社 2015 年版。

［8］尹德慈：《责任担当是领导干部应有的政治素质》，《南方周末》2015 年 5 月 4 日。

［9］陈锡喜：《习近平的语言力量》，上海交通大学出版社 2015 年版。

［10］姚巧华：《敢于负责，勇于担当》，北京工业大学出版社 2001 年版。

［11］胡银红：《领导干部的操守、责任和担当》，《领导科学》2012 年第 9 期。

专题九　长征精神与化解反贫困过程中"搭便车"问题

——以路、水提供与维护为例①

一　长征精神的经济学解读及相关文献研究

长征精神从形成至今已被大量的学者所研究，但多从政治角度探讨。本研究拟选择经济学视角解读长征精神，并对相关文献进行归纳梳理。

（一）长征精神的经济学解读——信任

美国时代生活出版公司出版的《人类一〇〇〇年》总结了从公元1000年至2000年的千年间，人类历史进程中所发生的一百件重要事件，长征便是中国入选人类历史进程中的三件事件之一。正如埃德加·斯诺（1979）② 所说："冒险、探索、发现、勇气……英勇牺牲、忠心耿耿这些千千万万人经久不衰的热情，始终如一的希望、令人惊诧的革命乐观情绪，像一把烈焰贯穿着这一切，他们不论在人力面前，还是在大自然面前、上帝面前、死亡面前都绝不承认失败……所有这一切以及还有更多的东西，都体现在现代史上无与伦比的一次远征的历史中了。"

长征是什么？首先，是人类对自然界的一场挑战。红军跨越了中国11个省份，翻越了20多座巨大的山脉，总里程远超两万五千里，平均每天行军50公里以上。其次，是与国民党艰苦的斗争。在征途中，红

---

① 本专题执笔人：安海燕。
② 埃德加·斯诺：《西行漫记》，中国人民大学出版社2007年版。

军始终处在国民党追击、堵截与合围中，遭遇的战斗在四百场以上，平均每三天就发生一场激烈的大战，且双方的力量悬殊。红军出发的时候，人员、武器配备都极其简陋。如人数最多的工农红军第一军团，共计人数19880人，枪支8383支，子弹946649发，梭镖513杆，马刀219把，迫击炮8门，炮弹612枚，冬衣19050件，盐巴8700斤，药品305担，各类金银货币折合银元34000件。而面对的国民党却是始终数十倍于己的人员，配备精良。最后，长征是一场自我的挑战。这场自我挑战有来自外界的饥饿、寒冷、伤病和死亡的威胁，也有来自对意念的坚持。1934年10月，红·方面军作战部队86000多人踏上长征，而1935年10月到达陕北吴起镇的时候仅有8000人；1935年3月，红四方面军近100000人开始西渡嘉陵江，1936年10月到达甘肃会宁时仅剩33000人。

　　支持红军长征胜利的是长征精神，毛泽东指出："长征是宣言书，长征是宣传队，长征是播种机。"① 1986年杨尚昆②在纪念红军长征胜利50周年大会上对长征精神进行了概括："什么是长征精神呢？概括说，就是革命理想和革命事业无比忠诚、坚定不移的信念；就是不怕牺牲、敢于胜利，充满乐观，一往无前的英雄气概；就是顾全大局，严守纪律，亲密团结的高尚品德；就是联系群众，艰苦奋斗，全心全意为人民服务的崇高思想。"在纪念红军长征胜利60周年大会上，江泽民（1996）③提炼长征精神内涵："伟大的长征给党和人民留下了伟大的长征精神。这种精神就是把全国人民和中华民族的根本利益看得高于一切，坚定革命的理想和信念，坚信正义事业必然胜利的精神；就是为了救国救民，不怕任何艰难险阻，不惜付出一切牺牲的精神；就是坚持独立自主，实事求是，一切从实际出发的精神；就是顾全大局、严守纪律、紧密团结的精神；就是紧紧依靠人民群众，同人民群众生死相依、患难与共、艰苦奋斗的精神。"学者们也从学术层面对长征精神进行了

---

① 《毛泽东选集》第1卷，人民出版社1991年版。
② 杨尚昆：《总结历史经验，继承和发扬长征精神，在改革开放和现代化建设中建功立业》，《人民日报》1986年10月23日。
③ 江泽民：《在纪念红军长征胜利60周年大会上的讲话》，《人民日报》1996年10月23日。

总结，邬家能、孙志清（2006）[①] 认为，长征精神的核心是坚持信念，逆境奋斗。伊胜利（1996）[②] 认为长征精神是中国共产党人对社会主义事业和共产主义理想的坚定信仰和至死不渝；是高举马克思主义伟大旗帜、坚决跟着中国共产党走，推动中央在政治上保持一致的政治觉悟。黄宏（2013）[③] 认为长征精神是无比忠诚，坚定不移的革命信念。陈宇（1996）[④] 认为长征精神是特别能战斗的革命英雄主义大无畏气概，特别能吃苦的革命乐观主义顽强斗志，特别求实的独立自主创新战略，特别讲团结的集体主义高尚情操等。

可见，长征精神是多种精神的融合。信念、团结、勇于牺牲、乐观等从学术上来说都与信任有关。信念是中国共产党党员对共产主义的信任，团结是中国共产党对红军战士、对老百姓、对组织的信任，勇于牺牲、乐观是对未来胜利的信任。因此，笔者认为信任是长征精神的一种经济学解读，长征精神中的信任体现在以下 3 个方面。

1. 红军战士对共产主义的信任

对共产主义的信任是坚信共产主义一定能取得最后的胜利，坚信成功属于广大的无产阶级。

黄宏在《长征精神》中写道："长征中形成的党的第一代中央领导核心，在革命的危难关头，给全党、全军以坚定的信心和巨大的勇气。在党的指引下，广大红军官兵以坚定的共产主义信念和对革命事业的无比忠诚，与凶恶的敌人展开了顽强的斗争。中央红军四渡赤水作战中，红九军团为了牵制敌军，掩护主力，奉命单独行动。他们不避艰险，孤军作战，将数十倍于己的敌军吸引过来，辗转苦战两个月，终于胜利完成任务。红二、红六军团开始长征后，在人民群众的支持下，与七倍于己的敌人周旋作战，完成掩护主力任务。红 25 军在鄂豫皖苏区与强大的敌军进行艰苦战斗，最后以 3000 人的兵力实行战略转移，在长征途中粉碎了数十倍于己的敌人的堵截、追击、包围，创造了新苏区。"可见，一方面，党中央是战士心中信念的灯塔，党中央正确的战略部署更

① 邬家能、孙志清：《坚持信念，逆境奋斗——解读长征精神》，《西安政治学院学报》2006 年第 18 期。

② 伊胜利：《红军长征精神之研究》，《理论探讨》1996 年第 6 期。

③ 黄宏：《中国梦的精神支撑探源》，《人民论坛》2013 年第 10 期。

④ 陈宇：《长征精神万岁》，黄河出版社 1996 年版。

加坚定了红军的信任；另一方面，红军战士只有对共产主义无比的信任，才能支撑这一场场兵力悬殊的战争。聂荣臻元帅曾经回忆道：问每一个红色战士，为什么要当红军？他们都会回答你"为了打土豪，分土地"、"为了苏维埃新中国"、"为了实现共产主义"。一位红军老战士告诉人们：过雪山时，红军坚信，即使我们真的倒下去了，我们的下一代也一定会继承我们未完成的事业，继续前进，革命终将成功。

2. 红军战士对军队集体的信任

红军对军队集体的信任表现在对共产党组织干部的信任、共产党组织的团结。

在长征期间，有人问毛主席："毛主席，你住在哪里？"毛主席说"高山树林青又青，哪里打哪里歇"。有人问朱德："军长，你在哪里歇？"朱德说"哪个旮旯都可以歇，只要有蓬草就行"。可见，以身作则的表率，与战士打成一片，平等对待的处事原则赢得了红军战士对共产党组织干部的信任。

列宁在谈到组织团结的时候说道："无论为了尽快地实现无产阶级的最终目的，还是为了在现存的社会基础上坚定不移地进行政治斗争和经济斗争，战斗的无产阶级最亲密无间的团结都是绝对必要的。"而共产党正是这么做的，对集体的信任，集体内部的相互帮扶铸就了团结的共产党组织。陈宇在《长征精神论》① 中写道，同志之间的友爱和信任像一条无形的精神纽带，把大家紧密地联系在一起。艰难的长征路上，不管谁找到了一点吃的，大家匀着吃。在寻找野菜时，不管是哪个单位和个人发现了大片野菜，就马上通知兄弟单位来分。为了防止吃野菜中毒，都争着去尝未鉴别过的野菜。每个人都有一个共同的心愿：为了让战友胜利走到目的地，就是自己死了也是值得的。红军女战士李坚贞回忆说：林伯渠有五件宝贝：棍子、草鞋、粮袋、马灯和军包。组织上给他配有一匹马，他很少骑，经常用来驮受伤的战士。他的小马灯从不个人占用，一定要把光亮照给大家。他不仅是在险隘难行的路上，举灯照耀着，让同志们走过去，还交代后面的同志要注意探路。正如斯诺在《西行漫记》中说的，"长征赋予了中华民族以许多世纪以来所未曾见到过的异乎寻常的团结和非凡气概"。

---

① 陈宇：《长征精神论》，蓝天出版社 2006 年版。

3. 红军战士与老百姓的信任

红军战士与老百信之间的信任是相互的,打破最初老百姓对军队烧、杀、抢的固有印象后,双方的信任在良性互动中逐渐建立起来。

《红军在黔东》[①]一书中,瓮溪街周仁银老人回忆道:在红军来之前,敌人到处造谣惑众,污蔑红军是"共匪"。红军来时,街上的人都跑光了。当我从文家店赶场转来时,半路就听到司都坝和瓮溪街被红军扎满了,我就躲在老远的山上看动静。第二天红军走了,只见屋里屋外和街上都打扫得干干净净。凡是吃了群众的粮食、盐蛋和烧了柴的,都在拿东西的地方搁上了铜板或光洋。我家柜子里面有五升米,红军吃了留下的钱,够在市场上买五升多米。《红军在黔东》记录了一件事,玉屏城内的郑德达家住了红军的一个机枪班,他家放在楼上的三十多挑谷子一点儿也没有动,他照常打豆腐卖给红军。红军在田心坪街上熊佩家吃饭,打破几个碗,当场就赔了钱。长冲钟德生的母亲,由于受到国民党的欺骗宣传,红军来时,躲到山上去了,家里的一头肥猪来不及赶走,她在山上急得团团转。红军走后,她到猪圈边一看,肥猪还在,红军还舀了一碗肉给她家。当时,有一个住在东狱府的叫花子,坐在大路边,奄奄一息。红军见后,便给他一袋米,又送他一件棉大衣,红军又匆匆赶路了。长征中老百姓对红军的信任和保护的案例也比比皆是,如红军第十六、第十七师翻越牛场坡后,向大坪场进军,在路过张海屯村寨的时候,一个叫李老四的十四五岁的小红军掉了队,被贫农张文生所收养,当时旁人劝说"要是国民党晓得你收留小红军,当心你的脑袋",张文生依然毫不畏惧,将这位小红军收养了四年。

可见,在长征中红军战士与老百姓之间拥有着很强的信任度。

(二) 国内外相关研究综述

1. 国内外关于信任的研究综述

国外学者从不同角度对信任进行阐述。卢曼(2005)[②]从功能角度分析,认为信任是一种简化交往复杂性的一个重要机制。信任通过超越可用的信息,以及把行为期待一般化,以内在有保证的安全感取代缺失

---

① 中共铜仁地委党史资料征集办公室编:《红军在黔东》,人民出版社1977年版。
② 卢曼:《信任》,瞿铁鹏、李强译,上海人民出版社2005年版。

的信息，可降低社会复杂性。因此，信任作为一种不确定性环境下的行为，是一种冒险和风险投资。卢曼进而将信任分为人际信任和系统信任，前者是建立在个体间熟悉、简单基础上的信任，后者是建立在高度分化了的、复杂的社会关系基础上，对一般化交往媒介的信任，比如货币、真理权力等。持有类似观念的还有 Barber（1983）[①]、Sztompka（1999）[②] 等。Barber（1983）认为信任是表现在行动中的期望。信任一方面有维护社会秩序的功能，可为行为者及其互动提供认识的和道德的期望性指导；另一方面信任具有社会控制的功能。Sztompka（1999）认为，信任是对他人未来可能的行动的赌注，信任则包括信念（beliefs）和承诺（commitment）。信任的维度则包括社会关系的信任、人格特质的信任以及文化规则的信任。国外众多的社会学家从资本角度对信任进行解读，认为信任是社会资本中的一个重要维度。如 Putna（2001）[③]、福山（1995、2001）、科尔曼（1999）等。福山（2001）[④]关注信任对国家的影响，认为一个国家的福利以及他参与竞争的能力取决于一个普遍的文化特性，即社会本身的信任程度。Putna（2001）认为社会资本是一种机会、机遇资本，包括社会团体、社会关系与信任三个维度，而信任是社会团体与社会关系的基础。除此之外，国内外学者对中国社会信任也有大量的文献研究。福山（2001）依据其国家的信任概念，对多国进行信任测量。研究发现，美国、日本和德国是具有高信任的社会，而华人社会以及意大利和法国相对信任程度较低，而高信任度的国家其对应的经济也相对较繁荣。而影响社会信任高低的是其本国深远的文化根源。史密斯（2010）[⑤]声称，中国人的性格具有不诚实和相互不信任的大量特征。韦伯（2000）[⑥]也指出，中国人彼此之间的典型不信任，为所有的观察家所证实，清教派里的教友间的信任与诚

---

①　Barber B. , *The logic and limits of trust.* New Brunswick, NJ: Rutgers University Press, 1983.

②　Sztompka P. , *Trust: A sociological theory.* Cambridge University Press, 1999.

③　Putnam R. D. , *Bowling alone: The collapse and revival of American community.* Simon and Schuster, 2001.

④　福山：《信任：社会美德与创造经济繁荣》，彭志华译，海南出版社 2001 年版。

⑤　史密斯：《中国人的性格》，徐晓敏译，人民日报出版社 2010 年版。

⑥　马克斯·韦伯：《儒教与道教》，商务印书馆 1995 年版。

实，这种信任恰恰为教外人所分享。与此形成强烈的对比。郑也夫（2001）① 是国内较为系统地探讨信任问题的一个学者。他以"杀熟"现象为例，剖析了当代中国社会信任缺失的起因，认为中国的"单位制"是滋生"不信任的温床"。此外，从信任的历史性与文化性特征来看，郑也夫指出，在人类社会发展的不同历史阶段、不同的社会文化环境中，信任的结构与特点有可能很不一样，形成信任的基础也完全不同。传统社会以私人信任为主，而现代社会则更加依赖于社会信任。童士清（1999）② 指出，中国社会的信任结构正呈现畸形化的趋势，原本很发达的特殊主义信任关系在市场经济的冲击下渐渐弱化，而普遍主义的信任关系尚未建立起来。洪名勇（2007）③ 聚焦中国农户之间的信任问题，以农地租赁为例，用实验经济学的研究方法探讨农户之间的信任问题。研究表明，首先，农户之间的信任也呈现出费孝通（1998）④ 所指出的"差序格局"关系，流转双方的关系程度直接影响农户之间的信任程度。其次，农户之间的信任程度与流转双方交往的频率有关，交往频率越大则信任程度越高。最后，信任还与租赁价格相关，出租人所要求的租金与承租人的信任度呈明显的负相关关系。而农地流转中的信任对租赁契约的选择以及今后租赁行为和租赁制度的实施会产生影响，且较高的信任程度对农地租赁市场的高效率运行具有积极的作用。杨思帆（2009）关注到组织信任，将组织信任分成组织内部的信任和组织之间的信任。凌玲（2009）将组织信任扩展到了对直接领导信任、对同事信任、对高管信任三方面。

2. 国内外关于公共产品"搭便车"的研究综述

国外学者从公共物品的性质出发，选择不同角度、用不同研究方法研究公共物品供给中所存在的"搭便车"行为，并重点关注，通过何种方法缓解甚至解除"搭便车"行为。

"搭便车"（Free - ride）指某些人虽然参与了公共物品的消费，但却不愿意支付公共产品的生产成本。由于非排他性是公共产品的一个基

---

① 郑也夫：《信任论》，中国广播电视出版社 2001 年版。

② 童士清：《社会信任结构论》，《财经科学》1999 年第 4 期。

③ 洪名勇：《信任与农地租赁制度实施的实验经济研究》，《贵州大学学报》（社会科学版）2007 年第 6 期。

④ 费孝通：《乡土中国　生育制度》，北京大学出版社 1998 年版。

本特征，因此，"搭便车"问题也就不可避免地存在。"搭便车"行为会产生一个典型的市场失灵情况，即市场无能力使之达到帕累托最优的水平。Foley（1970）最早用博弈论方法揭示公共产品供给问题中的"搭便车"的逻辑行为。休谟（1739）也在《人性论》中提及"搭便车"现象：两个邻居可能达成协议，共同在一块草地上排水，但同样的协议不可能在1000人之间达成，因为每个人都想把负担转嫁到别人头上去。亚当·斯密也在《国富论》中提及，即使在自由经济中，君主也要做三种事务，其中一种就是建立并维持某些公共事业及某些公共设施，在由大社会经营时，其利润通常能够补偿所费而有余，但若由个人或少数人经营，则决不能补偿其所费。穆勒（1991）在《政治经济学原理及其在社会哲学上的应用》中对为什么必须由政府提供某些服务作了进一步论述。用灯塔的例子来说明，像灯塔这样的物品，个人不可能主动建造，原因是这类物品的建造者和提供者很难对使用者收费，以补偿建造费用并获利。解决的最好办法是政府采用收税的办法提供。国外学者从以下几个方面提出可以缓解"搭便车"问题的对策。第一，政府直接提供。"搭便车"行为是因为存在排他性，而排他性又是公共产品的独有特征，因此，学者认为公共物品只能由政府来提供，每个人都可以从中受益，而不用支付成本。第二，市场供给。国外学者从不同角度论述，公共产品也可以市场化解决。如林达尔均衡，认为针对每个消费者对公共产品的正式评价分别收取各自不同的价格，以此可以实现公共产品的均衡。科斯（1994）的产权理论认为，公共产品之所以导致市场失灵，是由于产权不明确，如果产权完全确定并得到充分保障，则这些市场失灵现象就不会发生，可以防止"搭便车"行为。波斯纳指出，在一定条件下，私人的市场完全可产出帕累托效率条件所要求的产出数量。如可将天气预报这一公共产品借助期货市场来间接得到发明的补偿并赚得利润。他认为通过期货合同的交易，无形资产的私有产权完全可以克服公共产品的"搭便车"的外部效果问题，使私人市场制度的运行避开市场失灵的陷阱。布坎南将产品分成三类：纯私人物品、俱乐部产品和纯公共产品。布坎南认为，根据产权的变更，可将许多公共产品变成俱乐部产品，而俱乐部产品可以通过收费制度排斥俱乐部成员享用公共产品。而俱乐部产品在消费上是有限的，一旦过多的会员加入，消费拥挤就会发生，效率就会下降。因此收费可以防止俱乐部产品拥挤的现象，也能有效防止"搭便车"现象的发生。

国内学者更多地从规范角度研究公共产品与贫困的问题。吕方（2013）指出，中国税费改革后，"三提五统"从制度上被废除，农村公共物品供给陷入困顿状态。由于村落公共物品供给的主体仅限于政府部门，社区自我主张跟进能力不足，这就导致很多公共产品缺乏管理和维护的长效机制。且国家无法独自承担农村公共物品供给的重责，由于存在政府维持行政官僚机构成本等因素，在公共产品供给方面可能出现政府失灵的现象。迟福林（2011）认为新阶段的贫困依然集中在农村地区，而公共产品短缺成为导致农村居民贫困的突出因素。他主张建立政府公共职责保障体系，强化政府的基本公共服务职能。李雪萍等（2011）认为通过村庄公共产品供给来增强村民可行能力是减贫的根本目标。曾福生、曾小溪（2013）的实证表明，基本公共服务水平的提升与减贫作用重大，因此政府应加大基本公共服务投入力度，推进基本公共服务均等化。王娟、张克中（2012）利用宏观数据研究了各公共支出项目对于减贫的关系。研究表明：农业性公共支出、社会救济支出和基本建设支出具有显著减贫作用，但科、教、文、卫作用不明显。王书军（2008）主张按照社会福利最大化原则进一步合理利用和引导私人资本、民间资本、产业资本、外来资本投资农村公共产品的建设，构建一个由政府主导的多元主体参与的高效的农村公共产品供给体系。艾医卫、屈双湖（2008）认为"政府主导、市场优化、社会协同、农民参与"的多元供给机制是解决农村公共产品供给不足的一种创新方式。黄志冲（2000）主张政府要积极鼓励农民进入农村公共产品的生产领域。贾康等（2007）认为要创新农村，必须实现公共服务供给由政府提供向政府购买公共服务机制的转变，寻求政府作用与市场机制的有效结合。

3. 综述简评

国内外大量信任文献为以后信任的研究奠定了基础。但是依然有以下内容需要进一步研究，第一，从研究对象来说，已有文献关注的是整个社会的信任，分类群体的信任相对较少；第二，从研究对比来看，已有文献大多选择横向对比，即多国之间的对比，而纵向单一国家信任变化的对比相对较少；第三，从研究内容来看，已有信任功效的文献大多以理论分析为主，研究实证信任功能的较少。

　　从公共物品"搭便车"的文献可以看到，国外研究多从理论深层次探讨"搭便车"现象的产生原因、后果及解决方法。在解决"搭便车"方法中，国外学者专注于市场解决方法，或者纯粹的政府提供。国内的研究较为一致地认为，农村公共产品对减贫具有重大的作用，但是却存在着大量供给不足、供给结构不合理的情况。所以，增加供给主体，创新供给方式是解决公共产品供给不足的思考方向。由上述可见，国内更多地从量上关注公共产品，相对于公共产品所产生的"搭便车"现象较少关注，因此以下内容可以做进一步的研究。第一，以国外搭便车的理论为基础对中国农村公共产品"搭便车"现象进行研究。第二，国外认为的非政府即市场的解决"搭便车"现象的结论，在中国情境下，是否还有其他的解决方法呢？

　　综上所述，本文拟从农村公共产品中"搭便车"现象出发，探讨曾经在长征中发挥巨大功效的"信任"是否对公共产品中的"搭便车"行为产生影响？若有，是何种影响？能否成为解决中国农村公共产品"搭便车"现象的一种良策？

二　研究方案设计及实施说明

　　基于上文对长征精神的经济学角度解释以及信任相关文献的研究，拟定本课题的研究方案，以及对研究方案的实施进行说明。

（一）研究方案设计

　　本课题拟回答的问题是长征精神是否能缓解反贫困中的"搭便车"现象？若能，则如何缓解？如何运用？

　　根据上文的分析，长征精神可以解读为经济学的信任问题，因此可转化为信任对反贫困中"搭便车"问题的研究。"搭便车"现象是出现在公共物品以及准公共物品提供以及使用上的，而贫困地区的路和水是关系到生活与农业生产的关键因素。因此，本文选择贫困地区路和水作为公共物品的研究对象，探讨长征精神所表现出来的信任对反贫困中路、水的提供与维护的"搭便车"现象的影响。

　　为此，本文将其划分为以下几个子问题。第一，反贫困中是否存在"搭便车"现象？即在反贫困中路和水的提供与维护上是否存在"搭便车"现象？第二，在贫困地区，农民对外人的信任程度有多大？第三，信任与"搭便车"之间存在何种关系？即信任与反贫困中路与水"搭便车"现象的关联情况研究。

（二）方案实施说明及基本情况描述

1. 方案实施说明

课题组于 2015 年 8 月 16—30 日前往贵州贫困地区德江进行调研，选择调研村的原则有三：第一，要是贫困村；第二，调研村之间在公共物品提供方式上存在不同；第三，公共物品提供的效果程度不同。依此原则，选择荆角土家族乡水溪村和桶井土家族乡半桶水村进行调研。调研主要分三部分内容：第一部分是以路和水井作为公共物品代表，调查村民对公共物品的提供和维护情况；第二部分是村民整体的信任情况；第三部分是村民的家庭经济、社会的基本情况。调研过程分两步，首先通过村委会了解整村的基本情况和路、水井的提供与维护情况，其次，入户调研。调研问卷共发放 130 份，回收 128 份，有效问卷 120 份，回收率和有效回收率分别是 98.5% 和 92.3%。其中苦竹坪为 42 份，半桶水村为 78 份。

2. 调研乡村基本情况描述

德江县属贵州省铜仁市下辖区县，位于贵州高原的东北部，地处武陵山、大娄山交接处。总面积 2072 平方千米，县城距离贵阳市 342 千米、遵义 179 千米。全县管辖 5 个镇 13 个乡，13 个乡均是土家族乡。2013 年总人口 54 万人，其中县城人口 13 万人。德江县是少数民族大县，以土家族和苗族为主，少数民族人口数为 22.45 万人。2013 年农民人均收入是 4783 元，农业以传统的水稻、玉米种植为主。

荆角土家族乡水溪村村民住在山中央和山顶。农业生产在山上，就出现了用水困难、农地坡度大、细碎化程度高的问题。主要的农业种植以传统的粮食、玉米为主，辅助少量的牲畜养殖。水溪村的人均年收入不足 3000 元。桶井土家族乡半桶水村位于公路两侧，交通便利，经济相对较荆角土家族乡好，人均年收入有 4000 元以上。桶井土家族乡半桶水村人均耕地不足一亩，但近三年，返乡农民工在乡里建立一个大规模的养殖场，主要养殖牛和羊，带动了村里的农业经济。农户可以自己散养，卖给养殖场；也可以从养殖场获取牛羊幼畜，养大后返回成年牛羊，获取收益；也可种草，销售给养殖场。半桶水村以此直接拉动村里农业经济，村民人均年收入超过 4000 元。

　　3. 调研对象基本情况描述

　　120 份问卷统计显示调研对象平均年龄是 55.6 岁，最大是 85 岁，最小是 28 岁，标准偏差是 13.12 岁。若将 35 岁以下的视为青年组，36—60 岁视为中年组，61 周岁以上视为老年组，问卷分布是青年组占 7.5%，中年组占 60%，老年组占 32.5%，可见中老年是本次调研对象的绝大多数。出现这次调研对象年纪向后分布的原因是，两村都是典型的西部贫困村，大量青年选择外出打工。这次调研的时间是 8 月份，正是外出打工的时间，因此留在村里接受调研的多是年龄偏大的农民。

　　从被调研的教育状况来看，受教育程度偏低，平均受教育年限是 4.53 年，标准偏差是 4.90 年。最高受教育年限是 18 年，大专毕业；最低受教育年限是 0 年。按照百分比来看，有 42.5% 的调研对象没有接受过教育，70% 以上接受过小学教育。

三　贫困地区公共物品"搭便车"现象与信任情况分析

（一）贫困地区公共物品"搭便车"情况分析

　　本次调研，设计了道路、水作为公共物品的代表，考察村民在公共物品提供上是否存在"搭便车"的现象。具体的调研设计包括两个部分，第一部分以访谈的方式向村长、组长了解道路和水井的提供与维护情况，及村民所参与的情况；第二部分是以问卷的方式向村民调查公共物品的提供与维护情况。

　　1. 贫困地区路、水提供与维护的整体情况介绍

　　荆角土家族乡水溪村和桶井土家族乡半桶水村道路的修建都是经过政府一事一议完成的。水溪村的道路是从山底修建到山中央，在道路未修建前，只有一条一人宽的上山小路，遇到下雨或下雪天，几乎很难通行，当时从山底走到山中间需要半小时。2004 年，乡里决定农民筹工，将道路分段，以家为单位，每家修 50 米，修了两年，将道路拓宽，用石头铺好。2013 年，通过政府一事一议决定对道路进行硬化，国家出水泥材料，农民自己出工。由于大量劳动力外出，村里决定每家按照人

口数以及田地面积分摊劳力费，统一请人来硬化。最终自筹 7.8 万元，2014 年硬化完成。硬化道路的最大优点是能从山底到山中间通车，下雨、下雪天依然能行走。但是从山底到山中间的行走时间并没有缩短，新修的道路路程较远，行走大概需要 40 分钟，因此村民在天气好的情况下依然选择原来的老路。桶井土家族乡半桶水村由于本身就坐落在通乡公路两边，因此需要自己出钱出力的路也就是从通乡公路到村里面的道路。同样 2013 年通过一事一议，政府出材料，村里自己出力完成了道路的修建和硬化。方法是每家修与自己家门前相连的道路，到 2015 年 6 月，住户附近道路修建完成。

　　两村关于水的供应与维护是不同的情况。荆角土家族乡水溪村依然靠水井喝水，由于山高路远，自来水还没有通到该地。村里的水井共有 3 口，一口在山中央，村民利用修路的水泥在水井四周围起，搭上井盖，够山中间约 27 户的村民饮水。第二口水井是原来的老水井，在约山顶的 3/4 处，是露天水井，由于没有人维护，水里苔藓丛生，水质极其低下，约有 30 户使用此水井。第三口井在山顶上，有 7 户人家。山顶水源稀少，7 户人家通过邻村水井拉水管，简单修建一个封闭的水井，将引入的水注入水井，供 7 户人家使用。桶井土家族乡半桶水村同样是一个严重缺水的村，但是由于交通便利，在 2011 年用上了自来水，保障了饮水的安全。

　　2. 贫困地区路、水提供的"搭便车"情况分析

　　问卷设计见表 1：

表1　　　　　　　　　　贫困地区路、水提供问项

公共物品类型	行为	具体问项
道路	提供	修路是否有利于你家的生活与劳动？
		村里硬化路的时候，你家出钱或出力了吗？
		如果有，是怎么出的？
		据你所知，村里硬化路的时候，是否有人既没有出钱也没有出力？
		如果有人既没有出钱也没有出力，是什么原因？
水	提供	村里修葺水井，是否改善了你家的生活？
		村里修葺水井，你家是否出钱出力了？

对数据进行分析，得到以下结论。

第一，村民们对道路提供的认可度高于对水的认可度，且两村存在较大的认可差异。在问及修路是否改善自己家里的生活时，87.5%的村民不同程度地表示改善了，有12.5%的表示没有改善。在问及村里挖水、引水是否改善了自己家里生活的时候，65%的表示改善了，35%的表示没有改善。对数据进行分村对比，发现两村具有很大的差异。在修路改善生活中，荆角土家族乡水溪村有80%的人认可，桶井土家族乡半桶水村有95.3%的村民认可。在问挖水/引水是否改善生活时，荆角土家族乡水溪村有75%的认可度，桶井土家族乡半桶水村仅有55%的认可度。修路认可的差异在于，水溪村的硬化路只修到了山中央，更多山顶上的农户表示现在的硬化路影响不大。半桶水村的路已经和村级路相连通，多数农户受益，因此认可程度较高。问及如何改善生活时，多数农户表示交通方便，利于农作物的购买与销售；有的农户很形象地表示"路修好了，走路都不带泥巴了，都不费鞋了"；有的农户说道"现在并没有太大的影响，但是以后肯定会有的"。挖水/引水认可的差异在于，水溪村是挖水，挖的越多则越能缓解用水困境，因此认可度较大。而半桶水村是引入自来水，原有的水井已经无人管理，且村里自来水的价格与城市自来水的价格一样，因此水的认可度相对较弱。

第二，公共物品"搭便车"的现象并不多。问及修路家里是否出钱或出力的时候，89.5%的村民表示出了，仅有10.5%的村民表示没有出。水溪村多以出钱的方式修路，而半桶水村以出力的方式修路。其中水溪村有3户表示没有出钱出力，半桶水村有两户没有出钱出力。在问及为何不出钱出力时，水溪村有两户表示修路被占地了，占地可折价为修路费。半桶水村两户表示家里人都外出打工，没有劳力修路。为了检验该问题，问卷又设置了检验问项：据你所知，村里修路是否有人既没有出钱也没有出力？数据显示12%的村民表示不知道，81%的村民表示有人没有出钱出力，且能准确指出是哪户，7%的村民表示都出钱出力了。问及为何不出钱出力的时候，水溪村村民多数说"那户要赖、泼皮"、"因为没有儿子"、"因为被占地"，半桶水村村民多数说"那户缺钱"、"那户没有劳动力"。该问项结论能很好地说明，现代农村依然是一个熟人社会，农村的声誉机制、舆论压力依然是最好的维持乡村秩序机制。在问到是否对挖水/引水出钱出力的时候，53.3%的农户表示没有，46.7%的农户表示出钱出力了。由于半桶水村是自来水，是市场供给不存在村民供给，因此该数据都来自水溪村。从水和道路的对比来看，相比较水而言，农户对道路的提供更加积极。

3. 贫困地区路、水维护的"搭便车"情况分析

本研究对"道路"、"水"公共物品的维护进行了问卷调查，具体问项见表2：

表2　　　　　　　　　　　　贫困地区路、水维护问项

公共物品类型	行为	具体问项
道路	维护	你是否认为，维护路是必要的？
		路修好后，村里是如何维护的，你知道吗？
		你家是否对道路进行过维护？
水	维护	你是否认为，维护水井是必要的？
		你家是否对水井进行过维护？

数据统计显示以下结论：

第一，多数农户认为公共物品的维护是必要的。92.5%的农户表示维护路是必要的，认为维护路的内容包括清洁、平整和边沿加固。67.5%的农户表示维护水井是必要的，认为保持水井干净是维护的主要内容。半桶水村的村民98%的人知道路是如何维护的，用村集体卖木材的资金雇佣一个村民对道路进行维护。水溪村并没有统一的道路维护办法，因此75%的村民不知道是如何维护的，25%的村民表示道路靠近谁家一般就是谁家进行维护。

第二，公共物品维护存在大量的"搭便车"现象。在问及你是否对道路/水井进行过维护的时候，42.3%的农户表示对道路进行过维护，38.3%的农户表示对水井进行过维护。同样该数据多以水溪村为主，因为半桶水村的道路维护与自来水维护都是以市场方式进行。

（二）贫困地区农户信任情况分析

1. 研究数据及方法介绍

本研究选用如下方法对农户信任进行分析。设定23个问项测量农户信任程度，问项设定依据以下两个原则。第一原则是经典与本土问项的结合，部分问项借鉴国内外测量信任的问项，如"我经常和村里人

聊天"、"村里大多数人是值得信任的",部分问项结合中国乡村特色提出,如"我清楚每次村干部的选举"、"我经常关注国家的政策"。第二原则是在借鉴已有文献的基础上,在乡村农户信任一级指标下设置农户之间信任、农户与村集体(村干部)之间的信任、农户与国家(政策)之间的信任 3 个二级指标。其中在农户之间的信任设置 7 个三级指标,在农户与村集体之间的信任设置 9 个三级指标,在农户与国家之间的信任设置 7 个指标。对上述指标的测量中,分别询问农户日常生活中的感受或者行为认同程度,按"完全不同意"、"不太同意"、"一般同意"、"比较同意"、"完全同意"的顺序分别以 1—5 分对各变量进行赋值。得分越高说明在该指标下农户的信任程度越高。

由于信任的变量很多,故采用因子分析的方法对三种信任的 23 个指标分别进行降维,从而得到少量有代表性、概括性强且相互独立的公因子。因子分析方法参考张文彤主编的《spss13 统计分析高级教程》。利用 IBM – SPSS20 软件分析,分析内容包括:对衡量乡村农户信任的 23 个问项进行相关性检验,检验后用抽取公因子的方法获取所需数据。

2. 数据分析说明

选择 KMO 和 Bartlett 检验其相关性,检验数据显示 KMO 值为 0.76,Bartlett 概率值为 0.000,表明 23 个问项数据效度较高,适合做因子分析,通过了检验。采用方差最大正交旋转法进行因子旋转,再对旋转结构进行结构调整和简化,得出因子载荷系数,见表 3:

表3 经方差最大正交旋转后的因子载荷系数

项目	因子载荷系数	
	1	2
A1 我经常和村里的人聊天	0.520	0.440
A2 我清楚村里每年的变化	0.625	0.625
A3 我清楚村里每家的事情	0.627	0.592
A4 我认为村里面大多数人值得信赖	0.458	0.090
A5 一般缺钱我都会向村里人借	- 0.329	0.337
A6 村里人办酒席我都会去	0.560	0.053
A7 总的来说,我认为村民之间是团结的	- 0.012	0.305

续表

项目	因子载荷系数	
	1	2
B1 我清楚村干部选举的法定程序	0.409	0.602
B2 我清楚每次村干部的选举过程	0.131	0.620
B3 我认识村干部	0.674	− 0.368
B4 我经常与村干部聊天	0.392	0.291
B5 我认为村干部总体来说是值得信任的	0.838	− 0.013
B6 我有困难会向村干部求助	0.783	− 0.0003
B7 一般向村干部求助是有用的	0.810	0.316
B8 我认为村干部的工作都是为老百姓好	0.780	− 0.004
B9 总的来说，我认为村干部是团结村民的	0.655	0.306
C1 我经常看新闻	0.596	0.533
C2 我经常关注国家的政策	0.355	0.762
C3 我相信国家越来越好	− 0.247	0.690
C4 国家重视农业、农民	− 0.028	0.797
C5 我相信农民的生活越来越好	0.256	0.707
C6 如果有不公平的事情，我认为向国家反映是有用的	0.461	0.683
C7 总的来说，我认为国家是团结民众的	0.527	0.094
新因子命名	特殊信任	普遍信任
特征值	7.006	2.845
方差贡献率	36.831	14.693
方差累计贡献率	36.831	51.525
KMO 值	0.76	
Bartlett's 球形检验	$\chi^2 = 2105.9$　df = 253　Sig = 0.000	

　　从提取的两个公因子来看，公因子 1 多与不同对象人交往（如 A1、A4、A6、B5）等相关，公因子 2 更多与政策（如 C2、C4）、程序（如 B1、B2）、国家组织（如 C5、C6）等相关。马克斯·韦伯在其著作中将信任关系分为特殊主义的信任关系和普遍主义的信任关系，即特殊信任和普遍信任。他指出特殊信任是指信任关系的确立以特殊的亲情为基础，如血缘关系、亲戚关系、地域关系等，并以道德、意识形态等非正式制度安排为保证。普遍信任是指以契约和法律准则为基础和保证而确

立的信任关系。类似的，卢曼（2005）也将信任分为人际信任与系统或者制度信任。人际信任是以人与人之间交往中建立的情感联系为基础，系统信任则是对一般化的交往媒介，以人际交往的规范、法律法规制度等为基础。可见韦伯的特殊信任与卢曼的人际信任、普遍信任与制度信任是具有相同之处的。依此，本研究所提取出来的公因子1更倾向于特殊信任，公因子2更倾向于普遍信任，分别以此对公因子1、公因子2命名特殊信任和普遍信任。从累计方差贡献率来看，累计贡献率达到51.525%，表明两个因子能够在一定程度上替代原来的23个变量来解释构成农户信任的主要内容。

3. 结果分析

第一，整体信任度分析——农户的信任接近"较为信任"。通过因子分析，把构成农户信任内容的23个原始观测变量转化为两个公因子变量，构成农户信任的指标体系。接着以因子分析后成分得分系数矩阵中每个变量的因子得分系数为权重，分别计算两个公因子得分。而信任综合得分以两个公因子的方差贡献率为权重，计算因子加权总分，最后对两个公因子和信任综合得分进行描述性统计，以此获取农户整体信任程度。数据结果见表4：

表4 农户信任描述性统计

项目	有效样本（份）	均值	标准差
特殊信任	120	3.251	1.364
普遍信任	120	2.776	1.204
信任综合得分	120	2.911	0.935

结果显示农民的社会信任综合得分均值为2.911，其信任程度超过了五刻量表的中间值2.5，表明信任程度接近较为信任。

第二，信任结构分析——特殊信任强于普遍信任。从表4可以看出，农户的特殊信任均值得分（3.251）要高于普遍信任均值（2.776）。农户的普遍信任介于"一般同意"和"比较同意"之间，而特殊信任介于"比较同意"和"完全同意"之间。农户的该结论与文献学者们的观点一致。马克斯·韦伯指出，中国人的信任结构是属于特殊主义的，中国人的信任不是建立在信仰共同体的基础上，而是建立在血缘、地缘等共同体的基础上，是一种难以普遍化的特殊信任。林聚任（2007）通过量化得出中国乡村居民的信任以特殊信任为主。由此可见，中国农村依然处于熟人社会，更多的依然是人情社会，规章制度并没有完全影响农户的态度与行为。

四　贫困地区信任对路、水"搭便车"的影响

本部分内容试图回答的问题是，现在农户的信任情况是否对"搭便车"行为产生影响？

（一）研究方法及模型

为了刻画农户信任程度对"搭便车"现象的影响，本研究采用回归模型进行分析。农户是否会选择"搭便车"行为只有"是"与"不是"两类情况，对因变量为连续性且为二元分类变量时，适合采用二元 Logistic 回归模型进行分析。因此，本文采用二元 Logistic 回归模型分析农户的信任结构对农户行为进行实证分析。假设农户选择"搭便车"的行为发生的概率为 P_i，$1-P_i$ 表示农民没有参与的概率。则回归方程如下所示：

$$Ln\frac{p_i}{1-p_i} = \beta_0 + \sum\beta_i X_i \tag{1}$$

$$p_i = P\left(Y = \frac{1}{x_1,x_2\cdots\cdots x_n}\right) = \frac{exp(\beta_0 + \sum\beta_i X_i)}{1 + exp(\beta_0 + \sum\beta_i X_i)} \tag{2}$$

其中，X 为影响"搭便车"行为的因素，包括信任与影响行为的其他要素，β_0 是 $i=1,2,\cdots,n$ 的偏回归系数，$exp(.)$ 是以自然对数为底的指数。

依据上文的因子分析，本文的信任可以划分为普通信任与特殊信任两个维度，为深入考察信任对"搭便车"的影响，本文中信任结构对"搭便车"影响也进行分析。因此，本研究将建立两个模型方程。

$$Logit\ p_s = \ln\frac{p_{s_1}}{1-p_{s_1}} = \beta_0 + \beta_1 X_1 + \beta_2 X_2 + \beta_n X_n$$

$$Logit\ p_w = \ln \frac{p_{w_1}}{1 - p_{w_1}} = \beta_0 + \beta_1 X_1 + \beta_2 X_2 + \beta_n X_n$$

其中小标 S 表示公共物品的提供行为上，w 表示公共物品的"搭便车"行为上。p_s 表示农户在公共物品提供上选择"搭便车"行为的概率，p_w 表示农户在公共物品维护上选择"搭便车"行为的概率，X_1 为特殊信任，X_2 为普遍信任，X_n 为影响农户行为的其他要素。

（二）变量说明及数据描述

依上文所述，本文对重要变量的量化以及内容进行说明，并对数据进行简单的统计性描述。

1. 变量说明

（1）因变量（Y）——"搭便车"行为。本文选择道路和水作为公共物品代表，选择提供公共物品以及维护公共物品两个内容考察"搭便车"现象。其原因是通过多维度检测增加结论的稳健性。变量设置见表5：

表5　　　　　　　　　　　　　因变量设置表

	提供（1）	维护（2）
道路（r）	Y_{r_1}	Y_{r_2}
水井（w）	Y_{w_1}	Y_{w_2}

选择用"是否在修路（挖水）上出钱出力"及"是否在维护路（水）上出钱出力"问项来甄别"搭便车"现象。将没有出钱出力的视为选择"搭便车"行为，将出钱或者出力的视为没有选择"搭便车"行为。

（2）主要自变量——信任。本文选择农户的整体信任与信任结构作为自变量。其中整体信任（X）通过因子分析对 23 个信任相关问项进行计算，获取整体信任值。信任结构分为特殊信任（X_1）与普遍信任（X_2），数值通过因子分析降维处理而得。

（3）其他变量

地点（loc）：该变量为虚拟变量，及调研样本点。

受教育程度（edu）：该变量以被调研对象接受教育的年限衡量。

是否外出打工（imi）：以是否外出打过工来衡量该控制变量。

农户修路态度（atr1）：该变量测量农户对修路的具体态度，用"你认为修路是否有必要"问项来获取数据。

农户维护路态度（atr2）：该变量测量农户对维护路的具体态度，用"你认为维护路是否有必要"问项来获取数据。

农户挖水态度（atw1）：该变量测量农户对提供水的具体态度，用"你认为挖水是否有必要"问项来获取数据。

农户维护水态度（atw2）：该变量测量农户对维护水的具体态度，用"你认为维护水是否有必要"问项来获取数据。

家庭借贷情况（mon）：该变量测量农户家庭资金情况，用"你家现在是否有借款没还"问项来获取数据。

家庭劳动力情况（lab）：该变量测量农户家庭劳动力情况，用家庭劳动力人口数来衡量。

2. 样本数据统计性描述

对样本数据进行整理，统计结果见表6：

表6　　　　　　　　变量定义及描述性统计

变量代码	变量名	变量赋值	均值	标准差
Y_{r_1}	道路提供	0：选择"搭便车"，1：没有选择"搭便车"	0.895	0.381
Y_{w_1}	水提供	0：选择"搭便车"，1：没有选择"搭便车"	0.467	0.509
Y_{r_2}	道路维护	0：选择"搭便车"，1：没有选择"搭便车"	0.423	0.504
Y_{w_2}	水维护	0：选择"搭便车"，1：没有选择"搭便车"	0.383	0.495
X	信任	1—5 信任程度递增	2.909	1.048
X1	特殊信任	1—5 信任程度递增	3.251	1.364
X1	普遍信任	1—5 信任程度递增	2.776	1.272
loc	地点	1：荆角土家族乡水溪村 2：桶井土家族乡半桶水村	1.500	0.511
edu	受教育程度	年	4.542	5.107
imi	是否外出打工	0：从未外出过，1：外出过	0.291	0.464
atr1	农户修路态度	0：没有必要，1：有必要	0.965	1.372
atr2	农户维护路态度	0：没有必要，1：有必要	0.925	1.257
atw1	农户挖水态度	0：没有必要，1：有必要	0.846	0.475
atw2	农户维护水态度	0：没有必要，1：有必要	0.675	0.473
mon	家庭借贷情况	0：没有借款要还，1：有借款要还	0.214	0.415
lab	家庭劳动力情况	0：没有劳动力，1：有劳动力	4.521	2.347

（三）结果分析

首先对数据进行多重线性检验。检验结果表明，各变量间的 VIF

（方差膨胀因子）都小于 10，认为变量间不存在严重的多重共线问题。运用 spss22 软件进行计量分析，选用二元 Logistic 方法检验。模型 1、模型 2 是整体信任对公共物品提供中"搭便车"行为的影响模型，模型 3、模型 4 是整体信任对公共物品维护中"搭便车"行为的影响模型，模型 5、模型 6 是信任结构对公共物品提供中"搭便车"行为的影响模型，模型 7、模型 8 是信任结构对公共物品维护中"搭便车"行为的影响模型。具体结果如下所示：

1. 农户总体信任对公共物品提供中"搭便车"的影响

模型 1、模型 2 分别考量信任对公共物品提供上"搭便车"行为的影响，选择公路与水井两种公共物品，以此检验其稳健性（见表 7）。

表 7　　　　　　　　　　二元 Logistic 模型回归估计结果 1

变量	模型 1：路提供（Ys1）			模型 2：水提供（Yw1）		
	估计系数	标准差	wald 值	估计系数	标准差	wald 值
X	0.127 *	0.073	1.952	0.253 **	0.088	2.855
X_1						
X_2						
loc	−0.011	0.222	0.005	−0.760 **	0.234	−3.254
edu	0.020	0.017	1.159	−0.006	0.018	−0.312
imi	0.372 *	0.193	1.925	0.415 *	0.203	2.044
ner1	−0.084	0.068	1.243			
new1				0.135 **	0.072	1.881
mon	0.181	0.193	0.936	0.209	0.203	1.032
lab	0.280	0.263	1.062	0.101	0.081	1.246
Mon * lab	0.092	0.064	1.435	0.281	0.201	1.402
pearson 检验	−0.092 0.159 −0.579			1417.020（P = 0.032）		
Cox&snell R^2	0.594			0.643		
Nagelkerke R^2	0.910			0.860		

注：*、**、***分别表示在 10%、5%、1% 的统计水平上显著。

第一，信任显著影响公共物品供给中"搭便车"行为。从模型1、模型2来看，农户信任度对"搭便车"行为产生显著影响。在道路提供上，信任在10%置信区间内影响道路的提供；在水提供上，信任在5%置信区间内显著影响水的提供。两个模型的结论稳健地表明，在现代农村公共物品的提供上，信任度的增加能有效减少"搭便车"现象的产生。即随着信任程度的增加，农户愿意提供公共物品的行为强度会增加。

第二，外出打工影响公共物品供给中"搭便车"行为。从两个模型来看，是否外出打工在10%区间内影响农户的"搭便车"行为。两个模型结论都稳健地表明，外出打工的农户更加倾向在农村提供公共物品。在调研中我们也验证了该结论。荆角土家族乡水溪村苦竹坪组组长陈明富说实际上硬化路经过了许多的周折，一开始大家集资，组里45户分成三个大家族，每一个家族自己收。半个月后，其中一个家族收不上来，于是大家决定放弃，把已经交上来的钱又退回去。但是一个星期后许多在外打工的村民表示，自己愿意多出一些钱也要把路修好，且主动把钱寄到组长家。于是，组长陈明富又召集大家第二次集资，最终决定修路。可见，外出打工村民的修路动机是促进水溪村苦竹坪组修路的最大力量。且根据陈明富的统计，所有外出打工村民都按时将分摊到头上的修路钱交到组上。村民陈国凡说，外出打工的首先见过世面，知道修路的重要性。其次，一两千块钱对于他们来说并不困难。最后，在外的人总是希望看到家乡的好，即便以后不回来长期居住了，不能利用修好的路，也希望自己的家乡能有更多好的改变。

第三，其他影响要素。从模型2中可以看到，地点与提供水的认知都影响农户"搭便车"行为。半桶水村是付费自来水，水溪村依旧是挖水而饮，在此半桶水的水相对于水溪村而言已不再是完全意义上的公共物品。因此，地点对结论具有显著的影响。从提供水的认知上我们可以看到，农户越认为提供水是必要的，则"搭便车"行为的概率也就越少。以此可见，农户的行为依然与他的态度直接相关联。

2. 总体信任对公共物品维护中"搭便车"的影响

模型3、模型4分别考察信任对公共物品维护上"搭便车"行为的影响，依然选择公路与水井两种公共物品，以此检验其稳健性，见表8。

表 8　　　　　　　　　　　　二元 Logistic 模型回归估计结果 2

变量	模型 3：路维护（Ys2）			模型 4：水维护（Yw2）		
	估计系数	标准差	wald 值	估计系数	标准差	wald 值
X	0.244 **	0.088	2.764	0.099 *	0.052	1.908
X_1						
X_2						
loc	0.340	0.293	1.160	− 0.482	0.336	− 1.437
edu	0.027 *	0.013	2.004	0.022	0.026	0.845
imi	− 0.070	0.255	− 0.276	0.052	0.292	0.180
ner2	0.070	0.089	0.789			
new2				0.044	0.103	0.425
mon	0.283	0.255	1.110	0.012	0.291	0.040
lab	0.046	0.081	0.575	0.022	0.095	0.235
mon * lab	0.197	0.193	1.020	0.032	0.227	0.140
pearson 检验	15.371（$P = 0.031$）			1417.020（$P = 0.042$）		
Cox & snell R^2	0.250			0.272		
Nagelkerke R^2	0.336			0.371		

注：*、**、***分别表示在 10%、5%、1% 的统计水平上显著。

第一，信任显著影响公共物品维护上的"搭便车"行为。从模型 3、模型 4 的结论来看，农户的信任程度越高，公共物品维护上的"搭便车"行为概率也就越小。换而言之，信任度越高则农户越倾向对道路和水进行维护。

第二，教育影响道路维护上的"搭便车"行为。从模型 3 来看，受教育水平越高的人越倾向于对道路进行维护。

值得一提的是，公共物品的提供和公共物品的维护在公共物品性质上还是具有较大的差异，公共物品维护更加接近于公共物品的性质。公共物品的提供，特别是道路的提供上已经不再是纯粹的"自我行为"。两村均有不同程度的强制性要求，如在水溪村，要求每户按照人头数和土地拥有面积缴纳一定的资金，如果资金不缴纳则从其国家发放的农业补贴或者养老保险等上扣除。虽然最后并没有按此办法实施，但是该规定说明造成的"压力"、"威胁"也使得农户的行为不是纯粹的自我选择行为。而公共物品的维护上，村里没有强制要求，道路维护与水的维护全凭农户的"个人选择"而定。

3. 信任结构对公共物品提供中"搭便车"的影响

模型 5、模型 6 分别考察信任结构对公共物品提供上"搭便车"行为的影响。其中 X1 是特殊信任，X2 是普通信任（见表 9）。

表 9　　　　　　　　　　二元 Logistic 模型回归估计结果 3

变量	模型 5：路提供（Y_{s_1}）			模型 6：水提供（Y_{w_1}）		
	估计系数	标准差	wald 值	估计系数	标准差	wald 值
X						
X_1	0.034	0.058	0.587	0.019	0.069	0.278
X_2	0.093 *	0.041	2.021	0.212 **	0.074	2.844
loc	−0.017	0.227	−0.076	−0.759 **	0.241	−3.146
edu	0.026	0.020	1.304	−0.006	0.021	−0.293
imi	0.416 *	0.208	1.994	0.419 *	0.222	1.887
ner	0.075	0.071	1.057			
new				0.135 *	0.075	1.811
mon	0.172	0.197	0.871	0.210	0.210	1.001
lab	0.057	0.069	0.838	0.051	0.084	0.601
mon * lab	0.156	0.164	0.952	0.185	0.202	0.914
pearson 检验	18.796（$P=0.041$）			24.667（$P=0.025$）		
Cox & snell R^2	0.594			0.296		
Nagelkerke R^2	0.743			0.396		

注：*、**、***分别表示在 10%、5%、1%的统计水平上显著。

第一，普通信任显著影响公共物品提供上的"搭便车"行为，特殊信任影响不显著。模型 5、模型 6 结论表明普遍信任（X_2）分别在5%和10%置信区间内对农户的"搭便车"行为造成影响。从系数上来看，农户的普通信任度越高，则产生"搭便车"现象的概率就越低。而特殊信任并没有对此产生显著影响。

第二，外出打工、地区特点以及提供水的预期都不同程度地影响农户的"搭便车"行为。和模型 1、模型 2 结论相同的是，外出打工都影响农户的"搭便车"行为，越具有外出打工经历的农户"搭便车"行为越少。地点和农户认知都影响农户在公共物品提供上的"搭便车"

行为。

4. 信任结构对公共物品提供中"搭便车"的影响

模型7、模型8分别考察信任结构对公共物品提供上"搭便车"行为的影响，见表10。

表10 二元 Logistic 模型回归估计结果4

变量	模型7：路维护（Y_{s_2}）			模型8：水维护（Y_{w_2}）		
	估计系数	标准差	wald 值	估计系数	标准差	wald 值
X						
X_1	0.039	0.070	0.558	0.162**	0.065	2.505
X_2	0.193**	0.075	2.569	0.181*	0.069	2.016
loc	0.338	0.303	1.117	−0.456	0.306	−1.492
edu	0.028	0.026	1.075	−0.003	0.027	−0.105
imi	−0.084	0.278	−0.303	0.243	0.281	0.865
ner	0.073	0.094	0.779			
new				0.028	0.095	0.293
mon		0.050	0.266	0.189		
lab	0.047	0.083	0.564	0.030	0.082	0.370
mon * lab	0.196	0.198	0.989	0.016	0.195	0.084
pearson 检验	17.173（$P=0.061$）			19.224（$P=0.072$）		
Cox & snell R^2	0.474			0.407		
Nagelkerke R^2	0.638			0.554		

注：*、**、***分别表示在10%、5%、1%的统计水平上显著。

第一，普通信任显著影响公共物品维护上的"搭便车"行为。模型7、模型8结论表明普通信任（X2）分别在5%和10%置信区间对农户的"搭便车"行为造成影响。从系数上来看，农户的普通信任度越高，则产生"搭便车"现象的概率就越低。

第二，特殊信任在水维护上对农户的"搭便车"行为产生影响。即农户的特殊信任度越高，则维护水的行为概率就越高。

第三，外出打工、地区特点以及提供水的预期都不同程度地影响农户的"搭便车"行为。和模型1、模型2结论相同的是，外出打工都影响农户的"搭便车"行为，越具有外出打工经历的农户其"搭便车"

行为越少。地点和农户认知都影响农户在公共物品提供上的"搭便车"行为。

5. 模型总结

从模型1—8的数据结果可以得出如下的总体结论：

第一，信任对公共物品"搭便车"行为产生显著影响。道路和水两种公共物品都显示出共同的稳健的结论，即信任能减少农户在公共物品提供以及维护上的"搭便车"行为。

第二，信任结构中普遍信任是影响农户"搭便车"行为的关键因素。将信任分解成普遍信任和特殊信任，结果显示普遍信任显著影响公共物品在提供以及维护上的"搭便车"行为，而特殊信任仅仅在水的维护上影响农户相应的行为选择。

第三，"搭便车"行为与农户的家庭禀赋没有关系。模型检验发现，家庭的资金情况与劳动力情况对"搭便车"行为并不产生显著影响，也就是"出钱出力"的行为并没有受到"钱"和"力"本身资源的限制。该结论也验证了农民口中经常说的"这不是钱和人的问题"。

五　主要结论及研究启示

（一）主要结论

我们看到信任是长征精神中的一种，同样也是其他长征精神的基础，只有建立在信任基础上的长征精神才能发挥巨大的功效。而我们的实证研究结论也发现，信任无论对公共物品的提供还是维护都具有显著作用。进一步研究发现，普遍信任更具有工具性的功效。当我们回头研读长征历史时发现，长征所体现出来的信任是长久的信任，是最终获取自由的信任，是对共产党组织的信任。这种信任联结了千千万万不同地区、不同民族、不同文化背景的人走到一起，这种信任不是建立在血缘、地缘之上的信任。这种信任也正是我们结论中发现的普遍主义的信任。由此，我们可知，长征精神并没有随着长征结束而消失，也并不是仅仅留在书中和我们的口中，它依然存在于我们生活中的每一个行为每一件事情中。信任，作为长征精神的一种，它在过去、现在、将来都对我们的事业产生重要的作用。

（二）几点启示与讨论

1. 加强长征精神认识

长征精神是中国人民的精神瑰宝，它是危难时期所激发出来伟大的力量，它的作用不仅仅用在获取自由的长征当时，在将来，长征精神也应该象征着中国人的精神，指导并激励着中国人的发展。如何让长征精神更长久、更深远地影响中国人呢？

随着时间的推移，真实经历长征的老一辈人数越来越少，如何加大长征精神的宣传才能让下一代依然记住，并将其融入生活呢？首先，可通过"革命教育"、"历史教育"等形式将长征纳入正规教育内容，可邀请长征老战士对中小学生讲述长征时代的故事。其次，可通过书籍等形式传播长征精神。书籍是记录历史的最好载体，也是认识历史的最好途径。因此，鼓励与长征精神相关书籍的出版，尊重历史，引入不同国家作者不同观点的长征文化书籍，全方位地认识并还原整个长征过程与长征文化。最后，加大长征精神在农村的宣扬。现在的中国农村正经历着从传统到现代的转变，经济已经逐渐成为农民行为的主要动力。在农村加大对长征精神的宣传，一方面希望以长征精神指导经济行为，另一方面也能削弱经济利益至上的观念。在农村可通过传统的"墙体口号"进行有效宣传，选用通俗易懂，朗朗上口的标语潜移默化地影响农民的行为与观念。将长征精神以小故事的形式口口相传，将长征小故事以绘本、图书的形式进入农村书屋。

2. 提高贫困地区信任度

信任，作为长征精神的一项内容在长征期间发挥了巨大的作用，借助于它，红军战士获得了长征最终的胜利。现今，正如上文所研究的一样，中国农村的信任程度偏低，而信任却能显著影响农村社会的发展。因此，有必要重建农村信任，弘扬长征的信任精神，提高农村的社会发展。

长征时期所建立的共产党员对共产主义的信任、对共产组织的信任、对共产党组织干部的信任、对战友与群众的信任是值得学习与借鉴的。

首先，只有急人民之所急，做人民所需的组织是组织获得信任的基础。共产主义精神何以能如播种机，所到之处发芽、长叶、开花、结果？共产党组织何以所到之处，深受群众爱戴，共产主义不断壮大？其本质在于，共产主义以及共产党组织给予了广大人民所需要的"打土豪，分田地"、"烧地契，还自由"。因此，要提升当今农村的信任度，必定要求农村基层组织能为民代言，能为民所为。

其次，领导干部构建平等的沟通交流平台是建立农民对组织、对组织干部信任的基础。长征期间所体现出来的战士对干部、对组织的信任得益于干部以身作则、平等待人的表率作用。在长征中，从上到下的部队干部和战士吃、穿、用是一样的，闲暇时，与战士聊天，鼓舞士气。各种细节润物细无声地感染着战士，在战士与组织和干部之间建立起一道坚固的信任桥梁。以此为鉴，农村干部在行使行政职权的时候，更应该注重与农民的交流方式，建立农民及对干部、对基础组织的信任。

3. 培育贫困地区普遍主义信任

当今农村依然是以特殊信任为主，其原因是多方面的。首先，传统家族伦理观是特殊信任的思想渊源。中国传统价值伦理观是建立在血缘关系基础上的，家族即个人的外部印章。家族强则个人强，家族弱则个人弱，因此杨国枢在其讨论中国人性格的书中才会指出，中国人有以家族为重，以个人为轻的性格。而此性格必定造成家族成员之间绝对的信任，依赖性增加，因此，特殊信任成为了农户的主要信任。实质上，这种信任不仅仅存在于中国农村，亚洲家族企业也是因此而建立的。其次，中国农村信息渠道单一也导致了特殊信任为主的信任现状。农户是一个特殊的群体，是一个无法清晰区分工作与生活的群体，所有农户从事着同样的工种，几乎没有太大的区别，比如种植的时间、种植的品种、种植的方式。这必然导致关系网络的单一，单一的关系网络也带来单一的信任结构。而我们在上文中也分析到，在信任结构中，虽然中国农村以特殊信任为主，但是却使普遍信任更接近于长征精神，更具有工具性。因此应加大培育农村普遍主义信任。

普遍主义信任来自两方面，一方面是制度所带来的普遍信任，另一方面是由群体所带来的普遍信任。首先要加强农村制度建设，促进制度信任的增长。建立健全法律制度，让农村逐渐从"人情"社会转变为"法治"社会。建立有效的法律制度，让农户充分了解与自己相关的法律条款，并降低获得法律援助的门槛，用法律约束行为，建立法律制度的信任、建立有效的信用制度、信任制度是当代社会中必不可少的，它是与市场经济密切相关的一种现代制度。将信任制度与农村的金融、补贴等政策相关联，将农民的声誉、面子转换为信用观，建立农村系统有效的信用制度。实施有力的行政管理制度，无论是法律制度还是信用制度，除开需要合理、系统的设计外，还需要有力持续的行政管理实施。只有言必行的行政管理实施才能避免制度的"一纸空文"。有力的行政管理制度，也是建立诚信政府的关键。其次，通过对中间社会团体的培育，增加农村的普遍主义信任。国外研究普遍表明，社会团体是培育普遍主义信任的最好途径。中间组织具有内外效应。从外部效应来看，中间社会团体是联结个人与市场、个人与政府之间的桥梁。能通过中间组织和市场、政府的沟通交流，表达个人的观点，能填补市场、政府与个人之间的真空地带，能缓解个人与市场，个人与政府之间的信息不对称。从内部效应来看，中间社会团体给个人之间提供一个平台与机会了解别人，在团体内部可以通过团体活动建立信任、互惠、合作的公民道德。农村的中间组织可以通过两种途径建立，一种是基于生活兴趣爱好建立的，另一种是基于农业生产所建立的，如合作社、行业协会等。

参考文献

[1] 埃德加·斯诺:《西行漫记》，中国人民大学出版社 2007 年版。

[2] 《毛泽东选集》第 1 卷，人民出版社 1991 年版。

[3] 杨尚昆:《总结历史经验，继承和发扬长征精神，在改革开放和现代化建设中建功立业》，《人民日报》1986 年 10 月 23 日。

[4] 江泽民:《在纪念红军长征胜利 60 周年大会上的讲话》，《人民日报》1996 年 10 月 23 日。

[5] 邬家能、孙志清:《坚持信念，逆境奋斗——解读长征精神》，《西安政治学院学报》2006 年第 18 期。

[6] 伊胜利:《红军长征精神之研究》，《理论探讨》1996 年第 6 期。

[7] 黄宏:《中国梦的精神支撑探源》，《人民论坛》2013 年第 10 期。

[8] 陈宇:《长征精神万岁》，黄河出版社 1996 年版。

[9] 陈宇:《长征精神论》，蓝天出版社 2006 年版。

[10] 中共铜仁地委党史资料征集办公室（编）:《红军在黔东》，人民出版社 1977 年版。

[11] 卢曼:《信任》，瞿铁鹏、李强译，上海人民出版社 2005 年版。

[12] Barber B., *The logic and limits of trust.* New Brunswick, NJ: Rutgers University Press, 1983.

[13] Sztompka P. , *Trust*: *A sociological theory*. Cambridge University Press, 1999.

[14] Putnam R. D. , *Bowling alone*: *The collapse and revival of American community*. Simon and Schuster, 2001.

[15] 福山:《信任:社会美德与创造经济繁荣》,彭志华译,海南出版社 2001 年版。

[16] 史密斯:《中国人的性格》,徐晓敏译,人民日报出版社 2010 年版。

[17] 马克斯·韦伯:《儒教与道教》,商务印书馆 1995 年版。

[18] 郑也夫:《信任论》,中国广播电视出版社 2001 年版。

[19] 童士清:《社会信任结构论》,《财经科学》1999 年第 4 期。

[20] 洪名勇:《信任与农地租赁制度实施的实验经济研究》,《贵州大学学报》(社会科学版) 2007 年第 6 期。

[21] 费孝通:《乡土中国　生育制度》,北京大学出版社 1998 年版。

[22] 吉登斯:《现代性的后果》,田禾译,译林出版社 2000 年版。

[23] 林聚任:《社会信任和社会资本重建:当前乡村社会关系研究》,山东人民出版社 2007 年版。

[24] 吕方:《再造乡土团结:农村社会组织发展与"新公共性"》,《南开学报》(哲学社会科学版) 2013 年第 3 期。

[25] Foley D. K. , Lindahl's solution and the core of an economy with public goods. *Econometrica*: *Journal of the Econometric Society*, 1970: 66 – 72.

[26] 休谟:《人性论》,商务印书馆 1980 年版。

[27] 亚当·斯密:《国富论》,商务印书馆 1972 年版。

[28] 穆勒:《政治经济学原理》,商务印书馆 1991 年版。

[29] 科斯:《社会成本问题》,上海三联书店 1994 年版。

[30] 吕方:《再造乡土团结:农村社会组织发展与"新公共性"》,《南开学报》(哲学社会科学版) 2013 年第 3 期。

[31] 迟福林:《全面理解"公共服务型政府"的基本涵义》,《人民论坛》2006 年第 4 期。

[32] 李雪萍、刘志昌:《基本公共服务均等化的区域对比与城乡比较——以社会保障为例》,《华中师范大学学报》(人文社会科学版) 2008 年第 3 期。

[33] 曾小溪、曾福生:《基本公共服务减贫作用机理研究》,《贵州社会科学》2013 年第 12 期。

[34] 王娟、张克中:《公共支出结构与农村减贫——基于省级面板数据的证据》,《中国农村经济》2012 年第 1 期。

[35] 王书军:《农村社区公共产品供给及困境缓解:剖析河北一个村庄》,《改革》

2008 年第 1 期。

[36] 艾医卫、屈双湖：《建立和完善农村公共服务多元供给机制》，《中国行政管理》2008 年第 10 期。

[37] 黄志冲：《农村公共产品供给机制创新的经济学研究》，《中国农村观察》2000 年第 6 期。

[38] 贾康、孙洁：《农村公共产品与服务提供机制的研究》，《农业经济导刊》2007 年第 4 期。

专题十　长征精神与贵州反贫困的路径研究[①]

习近平总书记在2015年6月16—18日在贵州考察期间进行了一系列重要讲话。在讲话中，习总书记鲜明指出，消除贫困、改善民生、实现共同富裕，是我们党的重要使命。2014年全国农村贫困人口为7017万人，其中贵州贫困人口为623万人。因此，在贵州，把"三农"工作作为全省工作的重中之重，把反贫困作为"三农"工作的重中之重是响应党中央、国务院的要求进行的重大战略举措。本课题认为，目前反贫困的现状不是政策倾斜和资金投入问题，而是瞄准目标、咬定青山不放松的精、气、神问题。要实现2020年与全国同步小康的目标，就必须响应习总书记的号召，将"乐于吃苦、不惧艰难、勇于战斗、无坚不摧、重于求实、独立自主、善于团结、顾全大局"的长征精神转化为真抓实干的资源，全力注入到全省齐心协力反贫困的伟大事业中来。

一　反贫困的几种典型视角

贫困，自古以来就是人类的劲敌，是人类发展史上的一道深深伤痕，所以反贫困工作也是一个世界性问题。联合国将发展权作为一项基本人权来看待；联合国千年发展目标更是将消除饥饿和贫穷作为首要目标来加以攻克。联合国大会把1997—2006年确定为第一个"国际消除贫困十年"；2000年通过"千年发展目标"，承诺到2015年将贫困人口减半；2008年，联大将2008—2017年定为第二个"国际消除贫困十

[①]　本专题执笔人：杨志军。

年"。我国也从 2014 年起,将每年 10 月 17 日设立为"扶贫日"。可以说,过去三四十年里我国与世界发展的重大议题都与反对贫困、消除饥饿和贫穷息息相关。2007—2013 年世界消除贫困日主题见表 1 所示。

表 1　　　　　　　　　2007—2013 年世界消除贫困日主题

年份	主　　题
2007	贫困人口是变革者
2008	贫困人群的人权与尊严
2009	儿童及家庭抗贫呼声
2010	缩小贫穷与体面工作之间的差距
2011	关注贫困,促进社会进步与发展
2012	消除极端贫困暴力:促进赋权,建设和平
2013	从极端贫困人群中汲取经验和知识,共同建设一个没有歧视的世界

作为一种重大的理论和现实问题,反贫困不仅过去是并且现在依然是发展中国家政治经济社会实践中亟待解决的难题,也是学者们彰显学术情怀和承担学术责任的绝佳领域。本课题研究发现,目前主要存在三种典型的研究视角。

(一)经济学视角下的反贫困研究

经济学视角下的反贫困研究主要考虑国家和市场如何发挥作用。经济学认为,贫穷总是由发展不足或分配不均引起。如果一国经济增长率始终得不到显著提升,那么势必影响到该国物质生产财富的总量增加和综合国力的提高,民众生活水平将得不到根本改善。而伴随着经济增长,如果国家不能有效制定财政收支和再分配政策,贫富两极分化将会拉大,社会阶层矛盾将会出现,对国家稳定又会产生冲击。所以,贫困与收入不平等和经济增长密切相关。要想有效地消除贫困,就必须将重点工作放在增加人均收入和实现可持续经济增长上;反之,当贫困得到有效抑制和减除之后,又会为解决国民收入不平等和经济增长乏力的问题提供重要的动力。在这种思想的指导下,第二次世界大战以后关注贫困原因和脱贫方式的研究,逐步从经济学领域发育出一种新的学科分支——发展经济学(Developing Economics)。发展经济学的学科任务和研究旨趣主要有三个:一是要广泛而深刻地研究导致发展中国家贫困和落后的原因；二是积极寻求摆脱贫困和促进发展的普遍可行方式；三是结合各国的发展阶段和发展特点，找到一条切实可行的脱贫致富道路。

发展经济学对反贫困研究形成了许多著名的理论和典型模式，其中最具代表性的有以下几个：

1. 刘易斯的二元经济模型

刘易斯认为发展中国家由传统向现代转型的过程中，存在着二元经济结构，即一个是以传统工艺耕作、劳动边际报酬率低、劳动收入足以糊口的农业生产部门，另一个是以现代化生产方式生产，劳动率高、工资率高的资本主义工业生产部门。农业生产部门中存在着大量的剩余劳动力，他们实际上处于"伪装失业状态"，但高劳动报酬率的工业生产部门会吸纳并消解这些剩余劳动力，从而实现整体经济的发展并解决传统部门的贫困问题。但这种建立在"组织、生产和要素价格"非对称基础上的二元经济模型实际上是结构功能主义和古典供给主义的产物，它忽视了农业在工业生产中的重要性；把工业部门资本积累看成是农村劳动力转移的唯一动力，从而导致了理论的诘难。

2. 哈罗德—多马模型（H—D 模型）

H—D 模型是 Harrod 和 Domar 在 20 世纪 30 年代经济危机和凯恩斯主义理论背景下提出的一种经济增长模型，该模型的贡献在于用数理工具建立规范的模型对经济增长及其影响经济增长的变量进行考察和研究，从而使经济增长理论的研究走上了一条正确的道路。总之，该模型强调通过高投资（储蓄率）来促进经济增长，通过资本转移促进发展中国家经济增长，从而促进经济发展。

3. 缪尔达尔的"二元空间结构"

缪尔达尔在 1957 年出版的《经济理论和不发达地区》一书中用动态和结构分析方法，指出了发展中国家存在着地理区域上的二元模型，即发达区域和不发达区域并存。二元结构的差异会使资源从欠发达地区流向发达地区，这种不利影响会使经济差距拉大，称为"回波效应"。但也存在"扩散效应"，即由于发达区域发展到一定阶段产生"社会病"和"城市病"等现象，从而产生该区域生产不经济现象，导致资源转移到欠发达地区，客观上解决了贫困问题。

4. 库兹涅茨倒 U 形曲线

经济学家库兹涅茨分析人均收入水平与分配公平程度之间关系，发现美、英、德等发达国家的收入分配不平等程度曾经历了随着经济发展而首先上升，而后逐渐下降的过程，被后人称为"库兹涅茨倒 U 形曲线"。除上述理论之外，经济学对贫困问题的研究还形成了其他有效理论，如纳克斯的"贫困恶性循环理论"、罗丹的"大推进理论"、吉尔茨的"内卷化"理论、舒尔茨的"人力资本"理论、佩鲁的"增长极理论"和郝西曼的"不平衡发展理论"等。

但是 20 世纪 80 年代以来，发展经济学面临极大的挑战，这些理论给人们留下一种深刻的影响：一个国家只要经济增长就可以缓解贫困，贫困的消除是经济发展的必然结果。但在"自由放任"的市场机制下，由于拥有的资本和所具备的能力方面存在巨大差别，穷人在分享经济增长的竞争中，处于不利地位；发展中国家的经济高速增长不仅未能消除贫困，而且使贫困人口数量有增无减。

（二）社会学视角下的反贫困研究

社会学研究关注微观贫困主体如何在国家整体政策变化过程中发挥作用。发达国家自 20 世纪 90 年代以来在反贫困政策领域中的一个明显的变化是：从对制度的干预转向了对家庭和个人的干预。全球化以及与之相应的对贫困和反贫困政策的重新认识是促成这一变化的主要因素。概括起来，这些新的政策理念包含了以下几个相互关联的内容：（1）注重对人力资本的投资；（2）反贫困政策要根据一个人生命的不同阶段的需要进行干预，即生命周期理论；（3）重视贫困的预防，即社会风险管理理论。[①] 这些理念的共同特点是在逐步采用社会保护（social protection）的思想来看待反贫困议题。顾名思义，社会保护的政策框架倡导将反贫困的视角下移至贫困社区和少数民族或者原住民居住区的文化生态场域之中。这种趋势越来越回归到人本主义的价值关怀。

反映在学理上，人本主义价值关怀的实质就是研究微观个体在社会结构中的致贫因子和脱贫出路。社会结构视角下的反贫困理论主要表现在以下几个方面：

1. 社会资本（social capital）理论

形成于 20 世纪四五十年代的"福利国家"和"社会保障"思潮认

---

① 徐月宾、刘凤芹、张秀兰：《中国农村反贫困政策的反思——从社会救助向社会保护转变》，《中国社会科学》2007 年第 3 期。

为资本主义制度下的市场经济是产生贫困的根源，基于这一认识，反贫困是政府提供社会福利来减轻贫穷。但在全球化形势下，市场组织对社会经济作用得到重新认识，反映在社会政策领域：贫困不是市场经济制度造成的，而是因为他们没有被有效吸纳进劳动力市场并被其包容的结果，因此反贫困的目标必须通过增强广大适龄劳动力的技能和就业能力从而适应市场经济变化。社会资本就是通过寻求建立一种互惠、信任、合作的社会关系来对贫困人群的生存状态提供一种支持机制，从而帮助人们实现目标。

2. 社会风险管理理论

社会风险管理理论借鉴了风险社会学的知识基础，将单个个体在社会结构中所面临的风险作为反贫困政策制定的基本出发点。按照风险管理框架，个人、家庭和社区都会面临一系列未知的风险，而贫穷者没有能力或不愿意选择高风险、高收益的参与渠道，致使贫穷程度进一步加深。而风险理论视角下，反贫困政策更多关注风险防范和预防贫困才能从根本上消除贫困；同时，该理论还认为有效的反贫困政策是不同社会系统，包括政府、市场、非营利组织和家庭等共同作用的结果。

3. 生命周期理论

生命周期的过程包含个体从出生到死亡的生命历程，在每个阶段都具有明显不同的经济社会特征。基于这一理论的反贫困视角，我们可以看到，由于贫困具有某种天然的代际传递，诸如龙生龙、凤生凤，老鼠生的孩子会打洞等民间谚语，反复指出，生命个体必须依附于前期的环境才能得到生存，因此上一辈的贫苦状况势必规定下一辈的出生和成长条件，前一阶段的经历又会对后一阶段产生作用和影响。因此，减贫政策应该根据不同生命阶段的特殊需求，分门别类对不同年龄段和不同区域、不同层次生活的人群制定不同的社会参与方法。一种可持续的反贫困政策应该是从人力资本投资的角度，使每个个体的潜力得到最大程度的发挥，最终成为一个自我满足需求的社会成员。

（三）公共管理学视角下的反贫困研究

公共管理学研究大多将反贫困看作政府治理的重要内容。长期以来，西方发达国家反贫困举措从最初的侧重减少贫困（Poverty reduction）到重点减轻贫困（Poverty alleviation）直至试图消灭贫困（Poverty eradication），这一过程表达出发达国家反贫困的阶段性以及各阶段对反贫困的不同理解。在这个过程中，贫困是永远无法规避的政府治理议题。新中国成立以来特别是改革开放以来，我国建立了完善的政府主导型贫困治理体系，自上而下拥有完整的反贫困政府组织机构与管理体系，各级政府始终把反贫困作为政府的一项重要工作和职责来抓。

从公共管理学来看，反贫困工作是一项公共治理和公共服务活动，同时它是"一个公共价值和政治问题"，反贫困工作具有"公共物品"属性，政府必须是贫困治理的主导者。这是因为一方面，由于反贫困领域的公共服务充斥着市场失灵和政府失灵，外部性是最明显的特征；另一方面，对于贫困人群来说，获得最基本的发展权利和改善贫穷生活的权利是人权的重要组成部分，现代民主政府建立的根本目标是改善人民生活水平，促进社会公平正义，因此政府对反贫困工作责无旁贷。

从公共政策角度来看，反贫困是公共意志的生成、表达、执行和评估等一系列环节，反贫困从三个方面反映出公共政策的属性和特征：一是价值层面：公共政策表现为"对社会价值的权威性分配"，反贫困的"社会价值"实际上是一套资源体系，包括实物性的货币、项目，也包括象征性的、权威性的符号体系和精神文化等。二是行动层面：公共政策表现为"作为和不作为的所有内容"，反贫困政策表现为政策决策和行为方向，既包括政府的积极"作为"，也包括政府的"无作为"。三是计划层面：公共政策表现为"一种含有目标、价值和策略的大型计划"，反贫困表现为含有项目设计、质量管理和绩效评估的一种"大型计划"，如项目扶贫、希望工程、移民补偿、农产品价格支持等项目工程。

（四）反贫困事业缺少精、气、神

应该说，20世纪以来，西方的学者特别是经济学者从不同方面对反贫困治理进行了卓有成效的研究，西方经济增长理论、区域经济理论以及公共财政学对地方政府之间财政关系的探讨，有相当内容涉及区域差距与反贫困政策问题。

首先，经济学视野下的反贫困研究主要考虑国家和市场如何发挥作用。经济学认为，贫穷总是由发展不足或分配不均引起。如果一国经济增长率始终得不到显著提升，那么势必影响到该国物质生产财富的总量增加和综合国力的提高，民众生活水平将得不到根本改善。而伴随着经济增长，如果国家不能有效制定财政收支和再分配政策，贫富两极分化将会拉大，阶层差距和区域差距将会出现马太效应，贫困人口和贫困地区的现状可能持续恶化，又会对国家稳定产生冲击。

其次，社会学研究关注微观贫困主体如何在国家整体政策变化过程中发挥作用。发达国家自 20 世纪 90 年代以来在反贫困政策领域中的一个明显的变化是：从对制度的干预转向了对家庭和个人的干预。其视角从重视国家和市场的作用逐渐回归到微观的社会本位，其趋势越来越回归到人本主义的价值关怀。基于社会本位的反贫困政策理念包含了以下几个相互关联的内容：（1）注重对人力资本的投资；（2）根据一个人生命的不同阶段的需要进行干预；（3）重视社会风险对贫困的预防。这些理念的共同特点是在逐步采用社会保护的思想来看待反贫困议题。

再次，公共管理学研究大多将反贫困看作政府治理的重要内容。长期以来，西方发达国家反贫困举措从减少贫困到减轻贫困直至消灭贫困，这一过程表达出反贫困的阶段性以及各阶段对反贫困的不同理解。贫困是无法规避的政府治理议题。公共管理研究着重从反贫困机构所能调动的资源和工作模式机制以及目标三合一的角度来思考政府反贫困治理的具体措施。反贫困的公共管理部门主要以国务院扶贫办为依托，各个连片特困区域逐级成立了相应的组织机构，确立了开发式扶贫思路，试图实现从"救济式扶贫"向"开发式扶贫"的根本转变。

最近的一项研究以中共十八届三中全会《决定》到十二届全国人大二次会议政府工作报告为基础，审视了农村治理如何从传统化向现代化演变过程，并指出其演变的要点在于：从"政府导向"走向"政府负责"、从"分配调整"走向"减弱控制"、从"碎片化治理"走向"整体性治理"[①]。综合来看，经济学视角把国家和市场作为最大变量，认为一切问题都来自经济增长的不足和经济发展的不平衡所致，很容易陷入"经济学帝国主义"的窠臼；社会学和人类学视角将反贫困看作一种国家发展型干预，这种政府主导的以发展大计为主的技术和资本现代化过程把反贫困看作一种障碍，而不是人类学的扎根主义的底层研究。然而事实是，回归反贫困的治理主体以及治理本质，地方政府在反贫困的历史任务中一直也必然承担主体责任。

---

① 张新文、张国磊：《农村治理如何从传统化向现代化演变——中共十八届三中全会〈决定〉到十二届全国人大二次会议政府工作报告》，《北京社会科学》2014 年第 3 期。

　　总之，本课题分别从经济学、社会学和公共管理学三个视角来看待反贫困，最后要鲜明指出，没有人强调反贫困需要关注人的主体性，即反贫困事业格局中人的开拓性、团结性和创新性的精、气、神问题。本课题就是要充分挖掘、借鉴和利用"乐于吃苦、不惧艰难、勇于战斗、无坚不摧、重于求实、独立自主、善于团结、顾全大局"的长征精神转化为真抓实干的资源，全力注入全省反贫困的伟大事业。其中"团结统一"的长征精神是本课题研究贵州反贫困事业要重点彰显和宣扬的精神内核。

二　贵州反贫困事业需要长征精神

　　改革开放以来，中国经济 GDP 总量从 1978 年的 3650 亿元（人民币）增长到 2014 年的 63.65 万亿元，稳居世界第二；全国一般公共财政收入从 1978 年的 1132.26 亿元增加到 2014 年的 140350 亿元。迄今为止，共有 6 亿多中国人成功摆脱贫困，中国也成为全球首个实现联合国制定的贫困人口比例减半目标的国家，为人类减贫事业作出了巨大贡献。可以说中国反贫困建设与经济增长并列进行，具有高度的正相关关系，没有中国经济保持高速度的增长，就不会有整体国民经济水平的大幅提升和人民生活条件的大幅改善。

　　但是，截至 2013 年底，按照国家扶贫标准，中国农村贫困人口仍有 8249 万人。目前共有 14 个连片特困区，832 个国家扶贫开发工作重点县和片区贫困县，12 万多个贫困村。反贫困作为党的十八大报告提出到 2020 年实现全面建成小康社会需要攻克的难题，不仅仅是个经济问题，更是重大的政治问题。因此，习近平同志于 2012 年在河北省阜平县考察扶贫工作时指出，全面建成小康社会，最艰巨、最繁重的任务在农村，特别是在贫困地区。没有农村的小康，特别是没有贫困地区的小康，就没有全面建成小康社会。① 习近平总书记于 2015 年 6 月 18 日在贵州召开的部分省区市党委主要负责同志座谈会上强调，"十三五"

---

　　① 习近平：《把群众安危冷暖时刻放在心上》，新华网，2012 年 12 月 30 日，http：//news. xinhuanet. com/politics/2012－12/30/c_ 114206411. htm。

时期是我们确定的全面建成小康社会的时间节点，全面建成小康社会最艰巨、最繁重的任务在农村，特别是在贫困地区。

在全国范围内反贫困工作取得明显成就时，我们应该静下心来详细审视其中的困境和不足，具体表现为基层反贫困工作出现"内卷化"[①]和"空心化"现象、农村扶贫方式单一粗放、大量西部农村地区并未在真正意义上实现脱贫等。贵州贫困人口绝对数、贫困人口占全国贫困人口的比重、贫困发生率均居全国第一，贵州省是全国贫困人口最多、贫困面最大、贫困程度最深的省份。贵州省反贫困面临着诸多困境和极大挑战，集中表现为三大方面：一是农村贫困面大、贫困程度深。2008年贫困标准提高之后，全省农村绝对贫困人口从2007年的216万人上升了到585万人，2011年上升到1149万人，贫困发生率也从6.5%上升到50.93%，上升44.43个百分点。二是致贫返贫成因复杂，扶贫攻坚难度大。全省95%的贫困人口主要集中在武陵山、乌蒙山和滇桂黔石漠化区，包括了贵州省全境88个县中的65个，这些地区贫困问题与石漠化问题、民族发展问题相互交织。三是省内区域差距、城乡差距持续拉大，贫困人口内部分化加剧。四是扶贫资源的投入水平低，投入与需求的矛盾大。[②]

（一）贵州反贫困事业需要全面注入长征精神

"十三五"期间，贵州的反贫困事业必须真正有所突破，必须注入新的力量和元素。本课题组认为，这种新的力量是一种新的精、气、神，这种新的元素又必然来源于必须立足贵州的历史文化根基。本课题组大力阐扬长征精神作为寻求提升当代贵州反贫困事业能够继往开来、马到成功的精气神，无疑具有重要的时代价值。长征精神的主要内涵

---

① "内卷化"（involution）是美国人类学家格尔茨在研究20世纪五六十年代印尼爪哇岛农业生产模式时期提出的一个分析概念，是一种"农业产生无法向外延扩展，致使劳动力不断填充到有限的水稻生产"的过程，即一个既有的形态，由于内部细节过分的精细使得形态本身获得了刚性。随后杜赞奇和黄宗智等将"内卷化"的概念扩展到农村治理和基层政权的研究中，有的学者也将这一概念用来分析国家反贫困资源输入农村过程中形成的"分利秩序"和"精英捕获"等现象，从而出现真正的贫困人口未得到改善的局面。具体参见方劲《中国农村扶贫工作"内卷化"困境及其治理》，《社会建设》2014年第11期；陈锋《分利秩序与基层治理内卷化——资源输入背景下的乡村治理逻辑》，《社会》2015年第3期。

② 汪霞、汪磊：《贵州省连片特困地区贫困特征及扶贫开发对策分析》，《贵州社会科学》2013年第2期。

是：乐于吃苦，不惧艰难的革命乐观主义；勇于战斗，无坚不摧的革命英雄主义；重于求实，独立自主的创新胆略；善于团结，顾全大局的集体主义。其主题是"一不怕苦，二不怕死"；其最显著的特点就是革命英雄主义精神。长征精神，是中华民族百折不挠、自强不息的民族精神的最高体现，是保证我们革命和建设事业从胜利走向胜利的强大精神力量。①

　　作为一种地方治理过程的贵州反贫困事业需要注入长征精神。长征精神是中国共产党在夺取革命过程中，付出了艰苦卓绝的斗争和努力建立的划时代精神，在今天依然有着强烈的时代价值、教育意义、导向作用，所以长征精神超越了时空，超越了民族甚至超越了意识形态，成为我们党永恒的精神财富和价值追求。尤其是在当前贵州全省经济社会发展面临攻坚克难的繁重时期，反贫困任务进入啃硬骨头、攻坚拔寨的冲刺期，将中国共产党在革命时期形成的长征精神转化为当代贵州反贫困的建设精神势在必行。长征精神对于贵州省反贫困的时代价值有以下几点：（1）实事求是精神的时代价值；（2）加强政治纪律，维护党的团结统一；（3）牺牲奉献的光辉品质；（4）艰苦奋斗的精神底色；（5）理想信念是衡量好干部的第一位标准。

　　反贫困是随着改革开放之后以经济建设为中心任务而提出的，反贫困是地方治理变迁过程的重要内容。改革开放以来，特别是党的十八大以来，贵州省以顶层改革蓝图为指导，结合地方实际，对全省扶贫工作作出多项战略部署。2015 年 10 月 16 日，为深入贯彻落实党中央、国务院新阶段扶贫开发决策部署，省委印发《中共贵州省委贵州省人民政府关于坚决打赢扶贫攻坚战、确保同步全面建成小康社会的决定》（以下简称《决定》）。

　　《决定》确定，分两步实现扶贫攻坚任务。第一步，扎实推进"33668"扶贫攻坚计划，大力实施"六个到村到户"和"六个小康建设"，到 2017 年末，实现农村贫困人口脱贫 300 万人以上，按照省定标准 24 个贫困县、375 个贫困乡镇脱贫"摘帽"，贫困县农村人均可支配收入达到 8000 元。第二步，深入落实发展生产、异地搬迁、生态保护、

---

　　① 《关于开展对习近平同志视察贵州重要讲话精神进行重大专项研究的通知》，2015 年 7 月 1 日，贵州大学哲学社会科学院，http：//hss.gzu.edu.cn/s/41/t/101/fb/bd/info64445.htm。

加强教育、社会保障兜底等"五个一批"扶持措施，到 2020 年末，50 个国家扶贫开发工作重点县全部"摘帽"，实现 623 万现有贫困人口全部脱贫，贫困群众收入迈上新台阶，贫困地区生产生活条件明显改善，基本公共服务水平大幅提高，扶贫对象自我发展能力显著增强，全面消除绝对贫困。① 由此可见，反贫困是地方政府治理活动不可或缺的环节，也是贵州省实现跨越式发展，与全国同步实现小康的关键步骤。从长征精神的内涵出发，贵州省反贫困事业需要这一精神的引领和贯穿。以下内容分别从反贫困政策的决策、执行、考核和导向四个方面需要注入强而有力的长征精神展开论述。

（二）反贫困政策决策需要发挥实事求是的长征精神

反贫困政策决策亦即反贫困政策制定是反贫困事业的起点，没有好的反贫困政策决策就不会产生高效的政策执行，甚至可以说，没有一项民主化和科学化的反贫困政策制定，就不会产生真正的反贫困政策。不管从何种意义来说，决策问题历来是任何一项政策的关键所在。反贫困政策决策质量的好坏直接关系到政策执行的有效性，也关系到政策监督和评估的依据。反贫困事业关系到国家各项事业的优劣，是全面建成小康社会的最大"拦路虎"，对于贵州省扶贫攻坚的现实任务来讲，没有科学有效的反贫困政策制定，就不会有"十三五"期间根据习总书记指示所明确的攻坚拔寨核心目标，就不会产生强而有力的干事业的豪情和冲动。

任何一项决策活动都必须占有大量的事实材料。美国管理学大师西蒙从有限理性的角度认为管理行为就是决策，并且基于信息不对称以及决策者不可能完全占有事实经验材料，亦即不能拥有完全理性的视角，提出决策行为事关管理活动成功与否。从有限理性的决策行为来看，反贫困政策制定必须占有全面的经验材料，亦即要作出一项全面、理性、科学和民主的反贫困政策，就必须充分调查研究，发挥实事求是的精神，认真深入基层、深入群众，了解贫困的程度，把握已有反贫困政策的实施效果，才能做到胸有成竹。反贫困政策如果不能做到全面调查研

---

① 《贵州省委省政府出台〈决定〉，坚决打赢扶贫攻坚战，确保同步全面建成小康社会》，2015 年 10 月 19 日，《贵州日报》，http：//www. gzgov. gov. cn/xwzx/jrgz/201510/t20151019_343902. html。

究之后对发展现状模式、成功与缺陷的科学掌握，不能做到实事求是的本质精神，就很难真正做到对全局的客观了解。这一点正是长征精神给我们的启示，实事求是的长征精神没有过时，依然具有非常强的指导价值。

（三）反贫困政策执行需要发挥牺牲奉献的长征精神

从政策执行的角度看，当地方政府对于中央政策执行有力时，地方治理的效果就会显现出来；当地方政府在政策执行上变形、受阻乃至停滞时，地方治理的效果就会大打折扣。有学者将政策执行阻滞界定为5种表现形式：（1）政策执行表面化；（2）政策执行局部化；（3）政策执行扩大化；（4）政策执行全异化；（5）政策执行停滞化。[①] 任何一项自上而下的政策执行活动都离不开区域发展和地方治理环境，反贫困的政策嵌入性要求地方政府治理与中央保持一致，任何变通性制度安排和选择性政策执行都必须以实现反贫困的最高绩效为目标。从中央到地方自上而下的反贫困实践表明，地方政府在政策执行上与中央实现无缝隙对接、运作顺畅，反贫困的各项政策执行就能够发挥功效。反之，则会出现事与愿违现象，呈现低水平治理格局。

执行不力是反贫困政策无法取得预期效果的不可承受之重。长征精神告诉我们，必须要弘扬不怕牺牲、不达目的绝不罢休的革命精神。在反贫困政策的问题上，如何破除"上有政策，下有对策"[②]，如何做到多一点奉献，少一点索取；多一点自我利益牺牲，少一点民众利益侵占。反贫困政策执行的问题是各级政府普遍存在的毛病，容易受到各种资源包括政治、经济、技术、文化以及社会心理等条件的可获得性、地方政府的自身价值与其他公共主体的关系、执行资源的掌控能力、扶贫对象的政策认可度等在内的多种变量的影响制约。下一级政府在执行上级政府反贫困政策过程中，最大的问题就是原则性的反贫困政策不适合地方实际，因此下一级政府为了趋利避害，往往罔顾反贫困政策的科学

---

① 丁煌：《我国现阶段政策执行阻滞及其防治对策的制度分析》，《政治学研究》2002 年第 1 期。

② "上有政策，下有对策"是当前我国政策执行过程中的一种普遍现象，有人认为这是一种对中央政策的灵活性、创新性应用，即用活中央政策；也有人认为这是应付中央政策的策略，把中央政策肢解、曲解为我所用；还有的观点认为这是一种政策变通形式，若运用得当，既合法又合理，反之亦然。本文认为这是一种中央政府和地方政府的复杂的动态博弈过程。

要求，经常对政策执行大打折扣。

（四）反贫困政策考核需要发挥敢于向前的长征精神

反贫困政策执行的效果如何，必须依赖于相关的考核制度才能显现。在政绩导向的官员升迁模式指导下，地方政府官员的政策偏好往往容易被形塑。发展型公共政策的实施主要通过发展第一，响应上级要求同时获取上级（主要是中央）在区划政策、财政等方面的支持寻求发展，同时这些支持的方式也以文本法令等多种方式保存下来，为地方治理体系的确立奠定了坚实的制度性基础；发展型公共政策关注区域经济总量的扩张，目的在于做大做强地方区域经济，不惜与横向的地方政府之间产生激烈的竞争关系，不管如何，地方区域内的经济总量实实在在地为地方治理体系的强大提供物质基础；发展型公共政策采用扩大投资的发展手段，短期内主要为刺激增长服务，也为完成年度的国家总体经济增长目标服务，但是众所周知的结果是地方性扩大投资需求的动机和行为已经让社会陷入被动局面，为未来更新地方治理体系提供社会基础。因此，地方政府官员大多选择扩大经济投资和改善城市面貌作为优先手段，与反贫困议题相去甚远。

许多地方贫穷的原因不在于资源的多寡和中央政策的支持力度，导致贫穷的关键是基层官员缺乏民生意识和反贫困理念，缺乏敢于担责、敢于向前的大无畏精神。对于贵州来说，应该大力弘扬敢于向前的长征精神来重新塑造地方政府官员的反贫困政策偏好和政策信仰。首先要具备良好的政治品行和过硬的地方治理本领，加强政治纪律；维护党内团结统一，服从贵州贫困治理大局；甘愿奉献，永葆共产党人的光辉品质和卓越使命。其次，改善和重新建构官员选拔任用机制，改变传统的在代理型地方经济发展中基层官员对上级负责局面和上级单项评价体系，政府官员应该为地方发展和贫困治理负责，成为真正的"父母官"，提供切合地方实际的扶贫产品。最后，改变政治锦标赛模式下地方政府"短平快"的发展手段，延长晋升周期，采取重大决策终身负责机制。

（五）反贫困政策导向需要发挥团结一致的长征精神

任何一项政策都需要集中统一、团结一致向前看的精神鼓舞。反贫困政策作为所有政府公共政策总集合中的一个子集，迫切需要从长征精神中借鉴团结一致向前看的革命浪漫主义情怀。只有真正树立了团结一致的反贫困政策导向，才能最大限度地凝聚各方面的力量，包括人民群众、政府人员和新闻媒体以及社会组织等，共同参与到反贫困的伟大事业中来。在贵州省扶贫开发大会上，贵州省委书记陈敏尔明确提出，要牢固树立科学治贫、精准扶贫、有效脱贫理念，把扶贫开发作为当前的一项重大政治任务、重大发展任务、重大民生任务和重大行动部署，算好时间账、任务账、进度账，一刻也不能放松、一天也不能懈怠，更加自觉、更加主动地打赢打好扶贫开发这场输不起的攻坚战。依靠反贫困政策卓有成效的运行，奋力闯出一条贫困地区全面建成小康社会的新路子，就必须发挥团结一致的长征精神。

团结一致的长征精神是一种精气神，一种激发社会民众、贫困群众生产积极性和创造性要素的伟大精神。只有尽一切可能的力量让政府公共部门、市场企业部门和社会非政府组织部门一起投入和参与到贵州省反贫困的"十三五"征程中来，才能万众一心、同舟共济，把反贫困的各项政策落到实处，招招有成效，年年见指标，村村起亮色，县县抓重点。陈敏尔强调，要强化组织领导，以战略部署"扣扣子"、责任履行"担担子"、工作落实"钉钉子"的精神，进一步巩固贵州省扶贫开发的保障力。要注重责任担当，紧紧扭住"党委主体、政府主抓、干部主帮、基层主推、社会主扶"五个关键，努力构建大扶贫工作格局。要注重政策落实，强化政策学习培训、宣传阐释和转化运用，确保政策落地生根、开花结果。要注重统筹推进，把扶贫开发与新型工业化城镇化、改革开放、生态环境保护和县域经济发展联动起来推进，努力形成"多赢局面"。

反贫困作为一种地方治理过程，需要长征精神来指引、提升。各级政府要把扶贫开发摆在重中之重的位置，主要负责同志要亲自研究、亲自调度、亲自协调扶贫开发工作中的重大问题，分管负责同志要冲在扶贫开发工作的第一线，做扶贫开发工作的行家里手；各有关部门要各司其职、各负其责、密切配合，该出台的措施要早出台、该批准的项目要早批准、该下拨的资金要早下拨；要抓紧组织编制扶贫开发专项规划并纳入经济社会发展"十三五"规划，确保扶贫开发重大项目、重大工程、重大政策、重大改革落地落实。要千方百计增加扶贫开发资金投入，积极争取中央扶贫资金支持，提高扶贫资金使用效益，严格扶贫资金监管，加大责任追究力度，把各类扶贫资金精准使用到村、到户、到人、到项目。要向全社会发出扶贫脱贫人人有责的强烈信号，大力弘扬"扶贫济困，你我同行"的传统美德；大力宣传和表彰扶贫开发先进典型，努力营造扶贫向上、济困光荣的良好氛围，凝聚起打赢扶贫脱贫攻坚战的强大正能量。

三 长征精神指导下贵州反贫困的"竞合"博弈模型

长征精神归结为一句话，就是革命乐观主义精神，实事求是，无私无畏，艰苦奋斗，全心全意为人民服务。这种精神不仅能够与当代贵州反贫困的各级党员干部精、气、神结合，同时也与公共管理和公共政策研究讲究实事求是的科学精神相吻合。因此，本课题组认为，从区域发展和地方治理的视阈来看，反贫困不是省、自治区、直辖市内的一个地方政府单打独斗的事情，而是以省为基本分析单元和核心行政区划范围的区域内和区域间的竞合事业。地方政府采取反贫困竞合策略的根本出发点是在争取反贫困治理资源和利益的同时，能兼顾到区域间公共利益的维度，避免不断重复上演的恶性竞争关系，进一步对地方政府行为产生强有力的规范和约束效果。这一点在竞合博弈模型中得到了很好的体现，如图1所示。

区域竞合博弈模型		地方政府	
		竞争	合作
地方政府	竞争	Ⅱ无序性对抗	Ⅲ理性对抗
	合作	Ⅰ理性对抗	Ⅳ合作分工

图1 地方政府反贫困的竞合博弈模型

资料来源：作者自制。

图1所呈现的二乘二矩阵，会出现四种地方政府之间反贫困的竞合模式，假设区域内的发展呈现不平衡的状况，从而产生不同的竞合策

略：一方采取竞争，另一方采取合作的第一和第三象限——理性对抗；双方都采取竞争策略的第二象限——无序性对抗；双方都采取合作态度的第四象限——合作分工。地方政府反贫困的竞合博弈模型中，其假设在各地方政府对于未来发展状态不明确的前提下，对彼此所采取的策略可能会有信息不对称的问题。实际上，地方政府之间对于反贫困的各种方法、策略、模式的使用以及资源可以与如何被利用的程度都存在差异。三种竞合模式分别受到不同因素影响：

第一，理性对抗模式。当地方政府一方预期可以创造的价值越高时，另一方的参与者越会倾向于选择合作；相反，不同地方政府之间的参与者预期到获利不高，则会考虑零和竞赛的竞争选项，形成相互倾轧和利用的恶性循环。

第二，合作分工模式。当预期到合作模式的效益不但可以为自身带来利益，同时可产生扩溢效果并增加整体区域发展利益时，先发优势的地方政府会采取积极推动合作的意愿和方案，甚至让其他地方获得更多优惠的寻利机会；反之，若预期获利不高，投入合作的主动性则会降低。

第三，无序性对抗模式。当具有区域发展先发优势的地方政府所推动的合作仅能使自己获得利益时，便无法实现帕累托最优，对整体利益效用不大，则其他地方就会采取非理性的对抗模式，出现地方恶性竞争的现象。所以，为了实现整体的反贫困帕累托改进最优化，先发地方会希望通过经验传导和区域发展扬长避短、互利共赢目标追求，来促进整体反贫困效果的提升，此时区域之间的协调配合显得尤为重要。

（一）反贫困的无序对抗模式分析

在无序性对抗模式中，地方政府主导的反贫困政策只关心本区域内的商品和生产要素是否有利于资源的使用。在政策趋同、资源约束的条件下，地方之间争夺利益的冲突就开始出现，通过行政力量介入反贫困的横向经济联系，维护自身经济利益的地方保护主义开始频繁出现，如图2所示。依此，地方政府反贫困的成效来自于政策优势和资源多寡。在争取上级政策支持时，主要依靠权力寻租和内部交易的模式，地方政府下级对上级的政策争取，可以用"看不见的手"来操作。在资源的利用程度上，在地方区域管辖范围内可以使用的资源毕竟是有限的，尤其是发展地方经济的优势资源，例如矿产、石油、天然气、良好的水资源和山地气候生物资源等。地方政府反贫困一方面是要有效使用这些优势资源，以发挥规模效应；另一方面又要争取上级支持的行政资源，从而获得更多的政策优惠，实现扶贫的良性效果。

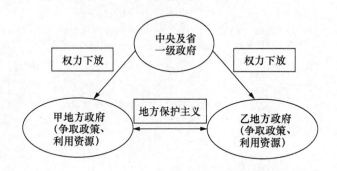

图2　地方政府反贫困的无序性对抗模式

资料来源：作者自制。

（二）反贫困的理性对抗模式分析

在理性对抗模式中，地方政府反贫困的最大砝码就是招商引资。在理性对抗的反贫困模式中，我们看到最多的是地方政府为了"短、平、快"地建设政绩工程而牺牲地方公共利益。这种方式，使得许多地方出现同质化的发展现象，而地方政府针对政绩导向的反贫困模式必然利用公共政策来减少企业的经营成本甚至免费出让土地等等，使得地方招商引资的政策大战在贫困地区的扶贫战场中愈演愈烈。如图3所示，理性对抗本意是指地方之间的竞争不再以市场封锁为手段，而是采取差异性的竞争政策，一来防止因为其他地方的政策效仿而导致原本竞争条件的流失；二来正视地方的比较优势条件，进一步实现本地资源的合理优化配置。实质上，地方政府反贫困存在模仿和优化趋势。招商引资本质上就是一个后发地区模仿先发地区的过程，存在后发地区的政策学习和"搭便车"行为。在政策模仿同质化加剧导致地方优势逐渐降低的情形下，地方政府必须通过政策优化和公共服务能力提升来改善行政公平性，实现政府服务现代化，才能在新一轮的竞争中获得先发优势，变反贫困为创先进。这也是转型升级、科学发展的必然要求。

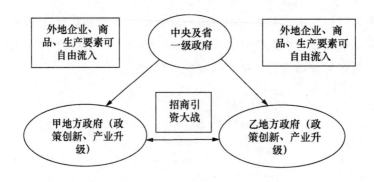

图3　地方政府反贫困的理性对抗模式

资料来源：作者自制。

（三）反贫困的合作分工模式分析

在合作分工模式中，地方政府反贫困的主要动因来自改革开放以来的非均衡区域发展战略的实施。在非均衡区域发展战略的实施中，造成了东、中、西部的先进与落后、发达与贫穷的状况。为了缩小区域发展落差，中央政府必须扮演弱小地方的扶持者和给予落后地方优惠政策的支持者角色，由此一系列支援西部的反贫困政策包括民族政策、扶贫政策、财政补贴政策等等在西部大开发战略中得到了具体展现。在反贫困的跨区域治理格局中，反贫困往深处推进必定是地方关系朝向合作发展模式深化。如图4所示，甲、乙、丙作为一个区域的地方政府展开了反贫困的合作区域治理模式，地方认知到合作可以带来地方之间企业投资、商品、资源等要素在区域内自由的流动，做到更多的资源共享，可以扩大地方政府之间反贫困的利益基础。在合作治理的过程中，中央政府思考的是为了调和区域发展和谐，需要出台相关指导性政策来促进地方区域的共同利益；地方政府也开始通过优势资源的配置扩展到区域的范畴，地方政府思考如何维持与扩展合作关系，并保持地方与区域利益的平衡。

（四）长征精神助推反贫困合作治理

长征精神就是要进一步强化贵州省各地方政府间的合作分工模式，这是在连片特困区扶贫开发中需要突出和优化的跨区域治理实践。在长征精神的指导和引领下，针对贵州省连片特困扶贫开发区域治理时间

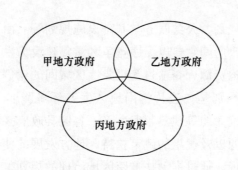

图 10 - 4 地方政府反贫困的合作治理模式

资料来源：作者自制。

紧、压力大、责任重的现状，要进一步完善和创新扶贫制度的实施路径，保障人口脱贫与区域发展、社会进步的统筹兼顾，就必须牢牢扭住合作治理的反贫困模式。

首先，要优化扶贫跨区域治理的组织耦合。长征精神产生的主体即是跨区域治理的来源。在当今贵州省举全省之力反贫困的新长征路上，长征精神的发源地本身即面临着克难攻坚的使命和跨区域治理的必然性。目前国内较为成功的跨区域合作治理的经验主要有以东北四城市市长峰会为代表的联席会议，以西南协调会为代表的区域委员会，以长株潭城市群为代表的区域策略伙伴协作，以珠三角都市圈为代表的超级城市体，以长三角中的上海、苏州和昆山以及珠三角中的广州和佛山为代表的同城化等等。这些跨区域治理的成果经验在于能够建立起高度异质性组织耦合的合作模式，特别是在联系的频次、合作的级别、协作的内容、区划的调整等方面能够高度协调一致。正是随着这种跨区域的组织耦合程度的加深，才进一步推动地方政府间经济社会的融合。在贵州省集中连片地区扶贫跨区域治理中，必须借鉴上述跨区域合作的典型经验，实现以跨省片区为组织单元进行大规模扶贫的治理模式。

其次，要推动扶贫跨区域治理的规划整合。兵马未动，粮草先行；凡事预则立，不预则废。推动扶贫跨区域治理的前提就是进行科学有效的规划制定。跨区域合作治理的成功与否，都与合作的规划息息相关。对于区域扶贫来说，往往要面临两个以上政府主体间的合作，这种合作集中在发展规划的协调和衔接工作上，包括整体规划、产业布局规划、土地与城镇发展规划、公共服务与基础设施规划等。由于贵州省的特殊省情，目前地方政府间主要以无序竞争和重复建设为主，在相当大程度上存在争地盘、抢资源、夺项目等现象，区域间的竞争愈演愈烈，合作不是主要时态。特别是在连片特困地区生态环境脆弱、城市化水平不高、基础设施建设薄弱等现实掣肘之下，各区县政府必须致力于努力争取更多的发展资源以及优惠的政策扶持，地方发展的使命严重制约跨区域扶贫治理的实现。通过推动扶贫跨区域治理的规划整合，可以促使连片特困地区实现彼此之间优势互补、错位竞争，在更大范围内优化配置有限的扶贫资源，避免内部竞争所带来的无效耗损。

最后，要完善扶贫跨区域治理的运作流程。扶贫跨区域治理重在落实。在规划先行的基础上，已经对区域间的环境、资源和经济社会承载力进行了很好的规划整合，在 SWOT 的意义上进行科学的规划。下一个步骤就是优化运作流程。在区域规划整合的前提下，扶贫跨区域治理的运作流程主要集中在以下三个方面：一是各个地方政府间的利益整合。在国家和贵州省"十三五"时期扶贫攻坚整体战略背景下，地方政府间关系受到地方层面紧抓发展机遇的诱致性动因和国家层面优化扶贫效果的强制性动因的双重影响。地方政府要充分认识到建立利益共同体的重要性，一损俱损，一荣俱荣。在建立利益共享共识基础上进一步强化利益整合，最终实现跨区域治理协同行动。二是各个地方政府间的协商机制。连片特困地区跨区域扶贫的很多工作停滞于合作协议或者规划意向的签订阶段，要从根本上让跨区域扶贫的利益整合机制落到实处，就必须建立议题协商机制。议题协商机制是保障区域间合作扶贫的畅通渠道。三是各个地方政府间的惩戒机制。要在扶贫跨区域合作治理过程中建立完善的规约和惩戒机制。合作是导向，共赢是目的，规划是支柱，惩戒机制是保障。

以上三种反贫困的地方政府竞合模式，分别代表三种不同的地方政府治理贫困的状态。地方政府之间可以针对容易合作的项目展开双边协商，不但能够推动整体区域合作，而且地方之间会依据自身的条件与其他邻近地方优势互补，提升反贫困的治理绩效。在合作治理过程中，地方的公共利益将会逐渐转化为区域利益，最后扩大区域经济合作的基础。要形成合作治理模式，目前依然面临三个方面的困境：

第一，地方竞争性冲突对合作的挑战。地方政府仍然只关注本区域的反贫困现实，缺少横向经济往来和政策沟通，过度竞争、重复建设、区域壁垒等地方之间对地区资源、产品的流动采取封锁、分割等现象依然强劲。在多中心治理趋势下，地方政府功能的膨胀很大程度上对反贫困的合作治理带来阻碍而非帮助。

第二，省级政府在区域发展中权力下放的非制度化。中央权力一般下放到省一级，以省级政府为基本单元的地方政府划分以及区域发展界定，很容易造成权力的收缩和扩张并存。权力收缩意味着省级政府握有丰厚的行政和财政资源，主导区域内的政策分配和资金支持；权力扩张意味着省级政府对区域内公共事务治理活动具有决定权，反贫困议题一般是由省级政府发起并制定指导思想和战略步骤。

第三，中央宏观调控能力的有限。一方面中央政府具有全局性的宏观调控权，但是另一方面地方政府希望中央减少对地方经济事务的介入，这一点已经使经济成就成了评判地方党政官员表现的重要标准。中央政府很大程度上奉行"管住了乌纱帽就是管住了经济增长"。这种为增长而竞争的锦标赛激励机制，使地方政府反贫困陷入地方利益最大化困局，对中央政策采取上有政策、下有对策态度，造成政策执行阻滞。

四　长征精神指导下构建贵州省反贫困合作治理模式

要着力构建贵州省反贫困合作治理模式，尤其是从中央政府规定的11个连片特困地区到贵州省贫困面貌和反贫困的现实情况，再到具体连片特困地区的特点，亦即从宏观、中观和微观三个层面构建反贫困的合作治理模式，迫切需要长征精神的指导。本课题认为，在长征精神的引领和指导下，需要在以下六个方面加强路径构造：

（一）发扬科学谋划的长征精神，为反贫困的合作治理提供政治基础

发扬科学谋划的长征精神，实现中央政府自上而下的制度性分权，为反贫困的合作治理提供政治基础。改革开放以来整体的非均衡经济发展战略带来了东部沿海地区的经济腾飞，总体的经济发展水平也在同步提高，但是西部地区尤其是老少边穷地区的经济发展情形不容乐观，这是反贫困事业的课题所在。所以，从1999年提出西部大开发至今，中央政府确定的区域协调发展总战略逐步实施，尤其是科学发展观的提出更是为反贫困事业注入了政治性活力，促使反贫困进入平衡发力的提升期。此次党的十八届三中全会指出，要"加强中央政府宏观调控职责和能力，加强地方政府公共服务、市场监管、社会管理、环境保护等职责"，并且重点要对中央与地方在事权和财权划分不匹配的状况进行调整改革。调整的关键在于中央对地方自上而下的制度性分权。地方政府的职责如何定位、如何履行、如何评判，都事关贫困地区地方政府新一轮的反贫困能取得何等效果。

（二）发扬紧密配合的长征精神，为反贫困的合作治理提供经济基础

发扬紧密配合的长征精神，优化区域间资源配置、合理布局产业，为反贫困的合作治理提供经济基础。贫困地区多处于连片特困区域，区域内大多自然条件较为恶劣，交通要素缺乏，难以将资源禀赋特点转化成生活改善的幸福指数。所以，地方政府针对区域内的自然地理要素、人力资本要素和经济产业要素开展合作治理是首要选择。在转型升级的新一轮新区建设的重点产业集聚发展趋势下，要充分利用区域范围内的核心城市功能打造城市圈，形成优势互补、差异化发展的地方经济样貌；要充分合理地评估本地区的生产经营要素的基础和特点，开展地方政府之间的沟通与协商；要充分制定连片特困地区的反贫困战略规划和经济发展战术考量，统筹兼顾，把产业发展和文化生态保护结合起来，依靠合作治理模式找到一条具有共识的长效推进的可持续反贫困路子。

（三）发扬脚踏实地的长征精神，为反贫困的合作治理提供市场基础

发扬脚踏实地的长征精神，夯实基础设施建设、促进区域全要素流通，为反贫困的合作治理提供市场基础。对于连片特困地区作为反贫困主战场的地方政府来说，如何降低生产要素流通成本是地方发展的关键。统一的市场流通基础是反贫困合作治理的关键，基础设施建设的区域合作是较其他要素更容易在地方之间取得共识的项目，如何优化基础设施建设的配置并形成区域网络，以提高基础设施建设的效益与扩大都市圈的辐射范围已经成为地方合作的重点。这也是为何先发展地区如此重视重大基础设施建设项目合作的缘由。事实证明，以交通建设为重点的合作进展最快也最容易促进本区域内和区域之间的生产要素流通，从而达成人、财、物的流通，最终提升区域整体经济发展层次。尤其是在旅游专区的交通要素打造上，不仅可以跨区域形成旅游圈的黄金要道，同时也可以打造软实力的文化产业内涵，例如，湖南湘西的黄金旅游圈与贵州铜仁的衔接就可以依靠打造交通要素和提升文化内涵来共同实现互利共赢。

（四）发扬团结一致的长征精神，为反贫困的合作治理提供组织基础

发扬团结一致的长征精神，建立连片特困地区地方政府联席合作制度，为反贫困的合作治理提供组织基础。反贫困事业的重点在连片特困地区，如何推动这一区域的地方政府合作治理是反贫困的重中之重。在资源共享、平台共建起决定性作用的市场目标既定的前提下，地方政府之间的合作就成了重要的历史任务。按照泛珠三角区域合作与发展论坛和泛珠三角区域经贸合作洽谈会两个重要机制的运行经验，推动连片特困区域的地方政府反贫困合作治理重点在于依托市场机制、运用行政协调联席的体制机制，打造政、经、社一体化的反贫困平台。从区域发展宏观布局的顶层设计角度来看，一个区域的反贫困事业能否取得成功，关键就是政治平台的搭建情况。用行政力量建立健全体制机制，而后依托市场基础，从而推动反贫困的合作治理是必然途径。这也是珠三角合作扩展到泛珠三角区域合作的重要经验，也符合区域协调平衡发展的规律。

（五）发扬牺牲奉献的长征精神，为反贫困的合作治理提供制度基础

发扬牺牲奉献的长征精神，落实创新对口支援制度，为反贫困的合作治理提供制度基础。东中西部协调发展的重要经验就是建立了对口支援制度。对口支援是全方面、多层次、宽范围的，不仅仅体现在经济整体发展的东中西产业转移和行业对接以及具体招商引资事项上，也体现在各个领域行政层级的相互对接支援上，更体现在面对灾害危机情况之时，具体到物资、医疗、教育等各个方面的部门对口支援上。"对口支援"是传统筹措资源方式的延续，但同时又是制度创新方式。《汶川地震灾后恢复重建总体规划》之所以能够成功，在很大程度上得益于这一制度安排方式。目前连片特困地区的反贫困走合作治理道路也必须依靠对口支援制度的进一步深化和创新。目前平衡东部与中西部地区差异的主导力量来自中央财政的转移支付。虽然中央财政的一般性转移支付向中西部地区倾斜，但在中央财政向地方转移的全部财力中，东部地区所占数量仍然具有明显优势。中央财政转移支付不仅仅需要兼顾区域差距以及考虑基本公共服务均等化目标，更需要进一步深化区域之间财政科学合理使用的制度设计。

（六）发扬无私无畏的长征精神，为反贫困的合作治理提供社会基础

发扬无私无畏的长征精神，吸纳社会第三部门力量，为反贫困的合作治理提供社会基础。以一大批扶贫防艾生态保护为主要职责的行业协会商会类、科技类、公益慈善类和城乡社区服务类等社会组织在区域治理和地方发展中扮演重要的角色，这就是第三部门的力量。在反贫困时间紧、任务重的形势下，地方政府必须进一步打开视野、畅通思维，在政治基础、经济市场基础、体制基础、经验基础等方面逐步完善的条件下，不能继续抱残守缺，要主动吸纳社会组织参与到政府公共服务的提供和组建方式中来，通过制度创新允许和鼓励社会组织参与政府的公共服务和民生建设等各项事业。不仅在收入分配改革中，要完善以税收、社会保障、转移支付为主要手段的再分配调节机制，加大税收调节力度；建立公共资源出让收益合理共享机制；完善慈善捐助减免税制度，支持慈善事业发挥扶贫济困积极作用，而且在激发社会组织活力环节中，也要支持和发展志愿服务组织，那些适合由社会组织提供的公共服务和解决的事项，交由社会组织承担。由此，方能形成地方政府反贫困合作治理的社会基础。

五　结语与展望

乌蒙山区、武陵山区、滇黔桂石漠化综合治理区、革命老区、少数民族地区……贵州省深处扶贫攻坚的核心区，同时也是脱贫任务最为艰巨的省份之一。如何让全省600多万贫困人口走出贫困，与全国人民同步进入小康社会，不仅仅是贵州的问题，而且是事关同步建成小康的重大政治问题。2015年6月16—18日，习近平总书记深入贵州省连片特困地区视察，对贵州省深入推进扶贫攻坚作出了重大战略部署，嘱托贵州省要"走出一条有别于东部、不同于西部其他省份的发展新路"，向全国发出了坚决打赢扶贫攻坚战的进军令。"十三五"期间，贵州省必须紧紧围绕"扶谁的贫、谁来扶贫、怎么扶贫"，大力实施精准扶贫政策。实现贫困人口如期脱贫，是我们党向全国人民作出的郑重承诺，责任重于泰山。

习近平总书记指出："扶贫开发贵在精准，重在精准，成败之举在于精准。"2015 年 10 月 18 日，贵州省扶贫开发大会在贵阳召开，省委书记陈敏尔，国务院扶贫办主任刘永富，中央农村工作领导小组办公室副主任韩俊出席会议并讲话，省委副书记、代省长孙志刚主持会议并做总结讲话。会议强调，要深入贯彻落实习近平总书记的重要讲话精神，始终把扶贫开发作为"第一民生工程"，举全省之力、集全省之智，冲破贫困的桎梏、撕掉贫困的标签，坚决打赢科学治贫、精准扶贫、有效脱贫这场输不起的攻坚战，奋力闯出一条贫困地区全面建成小康社会的新路子。

此次会议上，省委省政府决策部署分两步实现扶贫攻坚任务，① 并同时下发了《关于坚决打赢扶贫攻坚战、确保同步全面建成小康社会的决定》及 10 个配套文件，鲜明地提出了全省精准扶贫的奋斗目标、着力重点和具体措施。陈敏尔强调，要强化组织领导，以战略部署"扣扣子"、责任履行"担担子"、工作落实"钉钉子"的精神，进一步巩固贵州省扶贫开发的保障力。要注重责任担当，紧紧扭住"党委主体、政府主抓、干部主帮、基层主推、社会主扶"五个关键，努力构建大扶贫工作格局。因此，课题组坚信，"十三五"期间，在长征精神的引领下，贵州省反贫困事业一定能够如愿达成，第十三个五年计划内定会圆满完成各项指标任务，绝不辜负习总书记对贵州省的指示和要求，为带领全体贵州人民与全国同步实现小康奠定坚实的基础，向全国人民交上一份满意的答卷。

附录一

贵州省反贫困的四大经验模式

课题组认为，贵州反贫困主要呈现四大经验做法，这些已有的经验模式都在本区域范围内采取了独特的反贫困政策，四个地方创造出了具

---

① 陈敏尔：《深入贯彻落实习近平总书记的重要讲话精神，坚决打赢科学治贫精准扶贫有效脱贫攻坚战——在全省扶贫开发大会上的讲话》，2015 年 10 月 18 日，贵州省扶贫开发办公室，http://www.gzfp.gov.cn/Web85/News/20151029/15803.htm。

有贵州特点的"四大模块"。分别是毕节试验、晴隆模式、长顺做法和印江经验。

●毕节试验

毕节地区具有典型的喀斯特地貌特征，在 1988 年毕节建立试验区之前，该地区是贵州最贫困落后的地区之一。20 多年来以"开发扶贫，生态建设，人口控制"为主题的扶贫开发历程，毕节试验区的经济社会走出了"人口膨胀—生态恶化—经济贫困"的恶性循环圈，经济实力连续 9 年成倍跃升。它有着以下几方面显著的特征：

（1）"本土试验"模式。试验区实行有利于解决贫困落后和生态恶化问题的特殊措施，先后实行了发展草地生态畜牧业、小流域综合治理、土地制度建设、林权林地制度改革、计划生育村为主并延伸到组等一系列改革试验，探索出了一系列的"本地智慧"，并取得了显著成效。

（2）"集团帮扶"模式。毕节试验区成立以来，始终得到了中央、省市领导、各级国家机关、企事业单位和东部 10 余省市的大力支持和帮助。帮助引进项目 160 多个、资金 300 多亿元、培养干部近 3 万人次、新改扩建各类学校 119 所。

（3）"多党合作"模式。毕节试验区发展凝聚了各民主党派的力量和智慧，中央统战部、各民主党派中央、全国工商联共引进资金 3.4 亿元，项目 80 多个。

（4）"生态文明"模式。试验区成立以来，先后实行飞播造林、封山育林、天然保护林、退耕还林、石漠化防治等综合治理工程，每年人工造林 40 万亩，封山育林 15 万亩。

（5）特色农业及产业化模式。创造了以退耕还林、林下种草、配套养畜为特色的林草间作模式以及营造林果结合、林菜结合、林药茶结合、速生坑木林等治理模式。

（6）大跨度、多层次的横向经济联合模式。试验区各级政府加快改革步伐，打破行政区划束缚，推进广泛的区域合作。

●长顺做法

长顺县位于贵州中南部，是国家"八七"扶贫攻坚贫困县之一，其中县南是有名的麻山极贫地区。长顺县以立体生态农业和特色农业为切入点，积极探索产业化扶贫和连片开发扶贫模式，大力发展山地立体生态农业，总结出了"一业为主、多品共生，种养结合、以短养长，多种经营、循环利用"的长顺做法，初步扭转了"水土流失—土地石漠化—生活贫困"的怪圈，实现了"生态改善—产业发展—农民增收"的良性循环。

长顺做法的最大特点是以贫困农户作为焦点。主要采取了以下几方面的做法：

（1）发展立体农业，以短养长。他们当时项目的做法是"整村推进产业化"，调动起农户的积极性，是真正的"以农为本"做法。

（2）建立投入保障机制。保障退耕缺粮户的吃粮问题，短期针对区域内退耕还林还草的农户，县财政每年按239元的标准进行吃粮补助。

（3）建立政府为主导的利益实现机制。在整个环节，政府扮演着重要角色，如在农户申请阶段，政府综合考虑家庭经济、劳动力、文化、科技等情况进行资格审核和筛选，在产品销售阶段，政府提供买方市场信息等。

（4）利益分配机制。

●印江经验

印江土家族苗族自治州位于贵州东北部，2007年，全省首批唯一一个"县为单位、整合资金、整村推进、连片开发"试点落户印江。其中，杉树乡规划总额4624.3万元，以产业发展为载体、基础设施建设为重点、社会各项事业巩固完善为思路，大力实施攻坚扶贫。2010年，印江县板溪镇被列入"整村推进、连片开发"试点乡镇，规划总投资8142.42万元。印江县按照"渠道不乱、用途不变、统筹安排、各负其责、各记其功"的原则，形成了"整合项目资金、区域连片开发、规模发展能力"的扶贫开发"印江经验"。

印江经验的价值主要表现在：

（1）减贫增收效应明显。

（2）产业发展和基础设施建设相互促进。

（3）全方位整合资金，集中投入。

（4）社会事业发展繁荣。

（5）农民专业合作经济组织发展良好。

（6）低保评定规范化、民主化。

（7）大力发展外出务工人员回乡创业。

（8）真情感召"乡土能人"回乡创业。

（9）大胆启用有知识、有理想、有激情的年轻干部挑大梁。

●晴隆模式

晴隆县位于云贵高原中段，贵州西南部，境内山高、坡陡、谷深，岩溶发育强烈，基本找不到一块像样的土地。2000年人均粮食仅335公斤，胡鞍钢在晴隆考察之后，沉重地说："中国最贫困的县在哪里？就在贵州的晴隆县。"2001年，晴隆县被国务院扶贫办批准为种草养羊科技扶贫试点县，坚持把石漠化地区恶劣的生态环境与种草养羊科技扶贫有机地结合起来，以科技为支撑、项目为载体、扶贫开发为目的、农业产业化为方向、公司建基地带动农户的做法，累计投入财政扶贫资金4470万元，整合省直有关部门资金3400万元。同时，由于项目实行退耕还草，通过科学管理，合理载畜，保水、保土、保肥同步进行，基地四季常青，实现了经济效益与生态效益良性循环。今天的晴隆，基本上从"环境脆弱—生活贫困—掠夺资源—环境恶化—贫困加剧"的陷阱中挣脱出来，走出了一条"生态改善—产业发展—农民增收"的成功道路。

晴隆模式的特征主要表现在以下几方面：

（1）探索出了一条合适于西南地区农村的可持续增收之路，做到了农民增收与环境保护同步进行。发展草地畜牧业是晴隆特色，它使增收与石漠化治理同步进行，农户收入基本稳定、农业生产方式轻巧、成本低廉。

（2）延长产业链，尽量使养羊产业做到强县富民，把养羊业的福利效应尽可能地留在晴隆。

（3）重视人才作用，增加可持续发展动力。具体做法为引进先进技术和管理经验；引进人才；多层次的技术培训和网络式的技术服务，为畜牧产业的健康发展起到了保驾护航作用。

附录二

贵州省产业扶贫特色

贵州省依靠产业扶贫所形成的特色主要表现在以下几方面：

● **草地牧业**

习水是黔北麻羊的原产地，黔北麻羊被国家农业部认定为国家级畜禽遗传资源和地理标志保护产品，荣获"全国肉羊标准化示范县"称号。地方政府紧紧围绕"转方式、创品牌、健体系、促增收"的产业发展要求，依托种草养羊项目，合理利用天然草山草坡和农作物秸秆等资源，健全"良种繁育、疫病防控、饲草饲料、饲养管理"体系，全力做大做强黔北麻羊品牌。

松桃县以畜牧业产业化大县为目标，动员全社会力量，大力加强生态建设与保护，积极引导农民走草地生态畜牧业发展之路，全县畜牧业实现了跨越式发展。2014 年，畜牧业产值已达 13.57 亿元，占农业总产值的 46.3%。

石阡县狠抓种草养羊产业化扶贫项目的实施，组织扶贫干部、技术人员深入养羊户、养殖场开展了种草养羊项目的调查研究，通过"走出去、引进来"，统一了思想，转变了观念。通过推动"5 个改进 5 个转型"，创新项目实施模式，种草养羊项目取得了较好的效果。

三穗县突出"鸭业强县、产业富民"的思路，在草地畜牧业产业化扶贫项目支持下，鸭产业得到快速发展，从零星分散养殖向集中规模养殖转变，从本地活鸭销售到鸭屠宰加工及熟食品加工销售转变，从小规模手工作坊向规范化加工企业转变，初步形成种鸭资源保护、种苗繁育、饲养基地、屠宰加工、羽绒制品加工的产业化经营态势。

● **中药产业**

省级财政现代农业特色优势产业发展资金（中药材）竞争立项已经连续进行 3 年，从 2012 年起共投入省级资金达 3 亿元，有力地促进了贵州省中药材产业发展。截至目前，贵州省中药材产业实现了四大突破。一是种植规模实现新突破。2014 年，全省中药材种植及保护抚育总面积突破 500 万亩，达到 511.28 万亩，提前完成《贵州省中药材产业扶贫规划（2012—2015）》确定的任务。二是品牌建设实现新突破。2014 年，全省人工种植及保护抚育面积上万亩的中药材品种达到 47 个。三是扶贫效益实现新突破。2014 年，中药材种植辐射农户 226.28 万人，其中贫困人口 98.07 万人，中药材种植区农户人均收入 5022 元，较 2013 年的人均收入增加 5.11%，中药材产业的扶贫带动效应不断增强。四是园区建设实现新突破。2014 年贵州省中药材园区发展迅速，园区的产业带动作用不断凸显。

●精品水果

2015 年"雨露计划·贫困村致富带头人培训"省级示范班（精品水果产业）在黔西南州举办，是为选拔培育一支"永久牌"贫困村致富带头人队伍，着力提高带领群众打好扶贫攻坚战的能力而举办的。这次培训提高了全省精品水果产业化扶贫项目的管理水平，为推动扶贫开发工作稳步健康发展夯实了基础。

瓮安县加大对精品水果等特色产业的扶持力度，根据该县的气候条件及精品水果生长的特点，把精品水果种植作为石漠化治理、建设生态家园、培植生态财源、促进农民增产增收的产业来抓，充分利用国家优惠政策，整合涉农项目，多渠道投入，利用雨露计划等培训项目，加强对农户果树栽培技术培训力度。

务川仡佬族苗族自治县是省扶贫办规划的突尼斯软子石榴产业化扶贫项目县，2015 年省下达精品水果产业化扶贫项目资金 100 万元，建设突尼斯软子石榴果园 2000 亩；在 2014 年第二批到县中央财政专项资金（发展资金）中安排资金 100 万元，建设规模为 2000 亩。

●乡村旅游

2015 年 1—7 月，贵州省"四在农家·美丽乡村"基础设施建设六项行动计划稳步推进，累计完成投资 254.7 亿元，为年度任务 304.3 亿元的 83.7%。

铜仁市大力实施"美丽乡村"建设，强化产业发展、集中建房、公共服务、资金筹集和基层组织建设，着力破解城乡统筹发展"最后一公里"，打造了一批生态美、产业强、百姓富的"美丽乡村"升级版。

●特种养殖

贵州省扶贫办日前出台《长毛兔产业扶贫发展规划（2015—2020）》，明确以普安县为中心，在黔西南州 8 个县（市）、六盘水市盘县、安顺市关岭自治县等 10 个县（市）率先重点发展长毛兔产业。到 2020 年，长毛兔存栏 1000 万只，养殖户达 4 万户左右，户均增收 2 万至 3 万元。

从江县加快推进香猪产业健康发展，打牢种质资源基础。用 2 个月时间与贵州大学生物工程重点实验室合作，对从江香猪进行生物学特征分析、做香猪 DNA 的 FSH 基因型检测等工作。推进香猪产业示范园建设，重点扶持一家龙头企业。

●茶产业

"中国名茶之乡"的印江茶叶产业发展如今已呈现规模在扩大、品牌在提升、效益在向好的态势发展，成为印江特色农业主导产业。据发展中心的数据显示，印江茶叶产值首次突破 10 亿元大关，春茶综合产值达到 10.93 亿元。而随着十二五收官，印江正全力谋划，力求在十三五期间实现 20 亿元产值。目前，该县茶叶种植面积已达 35 万余亩，投产茶园已达 18 万亩，已有茶叶加工企业 228 户，规模企业 11 户。

普安以其独特的地理气候和拥有"黔茶第一春"之誉的明前春茶，再加上 7.8 万亩的成片茶园，在茶叶领域大放光彩。1985 年，普安抓住国家对贫困县倾斜扶持的有利时机，争取"星火计划"和"科技扶贫"项目，以江西坡茶果场和新寨茶场为依托，创办普安县万亩茶场。1988 年开始，普安县政府允许干部承包茶园开发，允许外来能人承包荒山建茶园，到 2004 年已成功开发无公害茶叶 20450 亩，茶园投产 18600 平方米，年产干茶 1000 吨。

参考文献

[1] 王曙光：《中国的贫困与反贫困》，《农村经济》2011 年第 3 期。

[2] 国务院：《国务院关于进一步促进贵州经济社会又好又快发展的若干意见》，http：//www. gov. cn/zwgk/2012－01/16/content_ 2045519. htm。

[3] 《生态文明与反贫困论坛举行》，《贵州日报》2014 年 7 月 14 日。

[4] 汪霞、汪磊：《贵州省连片特困地区贫困特征及扶贫开发对策分析》，《贵州社会科学》2013 年第 2 期。

[5] 朱京曼：《从发展经济学的兴衰看反贫困战略的演化》，《首都经济贸易大学学报》2003 年第 2 期。

[6] 张焕蕊、吕庆丰：《简评刘易斯二元经济模型》，《当代经济》2008 年第 2 期。

[7] 方齐云、王展祥：《二元经济中的农业及其现实意义》，《湖南社会科学》2008 年第 1 期。

[8] 杨依山：《哈罗德—多马模型的重新解读》，《山东财政学院学报》2010 年第 6 期。

[9] 李萌、张佑林：《论我国西部大开发的战略模式选择——来自缪尔达尔"地理上的二元经济结构"理论的启示》，《华中师范大学学报》（人文社会科学版）

2005 年第 3 期。

[10] 钱敏泽：《库兹涅茨倒 U 字形曲线假说的形成与拓展》，《世界经济》2007 年第 9 期。

[11] 罗本考：《反贫困的社会学思考》，《社会学研究》1991 年第 4 期。

[12] 徐月宾、刘凤芹、张秀兰：《中国农村反贫困政策的反思——从社会救助向社会保护转变》，《中国社会科学》2007 年第 3 期。

[13] 郑志龙：《社会资本与反贫困治理策略》，《中国人民大学学报》2007 年第 6 期。

[14] 赵娜：《关于反贫困研究的社会学理论综述——基于个体与结构的视角》，《知识经济》2012 年第 11 期。

[15] 陈银娥、高思：《社会福利制度反贫困的新模式——基于生命周期理论的视角》，《福建论坛》（人文社会科学版）2011 年第 3 期。

[16] 黄小荣：《中国农村反贫困的制度社会学思考》，《湖北社会科学》2014 年第 6 期。

[17] 赵娜：《关于反贫困研究的社会学理论综述——基于个体与结构的视角》，《知识经济》2012 年第 11 期。

[18] 沈红：《中国贫困研究的社会学评述》，《社会学研究》2000 年第 2 期。

[19] 张成福、王耀武：《反贫困与公共治理》，《中国行政管理》2008 年第 5 期。

[20] 戴维·伊斯顿：《政治体系》，商务印书馆 1993 年版。

[21] 托马斯·戴伊：《理解公共政策》（第十版），华夏出版社 2004 年版。

[22] 陈振明：《公共政策学》，中国人民大学出版社 2004 年版。

[23] 张成福、王耀武：《反贫困与公共治理》，《中国行政管理》2008 年第 5 期。

[24] 林雪菲：《我国场域内的反贫困逻辑：机遇多维理论视角》，《重庆社会科学》2014 年第 9 期。

[25] 张新文、张国磊：《农村治理如何从传统化向现代化演变——中共十八届三中全会〈决定〉到十二届全国人大二次会议政府工作报告》，《北京社会科学》2014 年第 3 期。

[26] 俞可平：《治理与善治》，社会科学文献出版社 2000 年版。

[27] 张建伟、娄成武：《政策网络研究——治理的视角》，《辽宁行政学院学报》2006 年第 11 期。

[28] 孙柏瑛：《当代地方治理——面向 21 世纪的挑战》，中国人民大学出版社 2004 年版。

[29] 丁煌：《我国现阶段政策执行阻滞及其防治对策的制度分析》，《政治学研究》2002 年第 1 期。

［30］宁骚：《中共公共政策为什么成功？——基于中国经验的政策过程模型建构与阐释》，《新视野》2012 年第 1 期。

［31］彭勃、杨志军：《从"凝闭"走向"参与"：公共事件冲击下的政策体制转向》，《探索与争鸣》2013 年第 9 期。

［32］李传军：《服务型政府职能设计》，《南京农业大学学报》（社会科学版）2009 年第 9 期。

［33］彭勃、杨志军、冯执一：《发展型公共政策与地方治理：制度—机制—行动的三维视角》，《上海交通大学学报》（哲学社会科学版）2014 年第 6 期。

专题十一 长征精神与贵州革命老区整村反贫困实践典型案例①

一 长征精神的基本内涵与贵州革命老区发展基本情况

（一）长征精神的缘起与基本内涵

1. 长征的伟大胜利

中国共产党领导的工农红军长征是中国历史和人类历史上的伟大奇迹。1934 年 10 月，由于党内"左"倾教条主义的错误领导，加之国民党反动派加大"围剿"力度，导致中国工农红军第五次反"围剿"最终失败。在生死攸关的重要时刻，中国共产党决定率领中央主力红军（即红一方面军）进行战略转移。长征初期，由于军事指挥错误的原因，使中央红军在湘江战役中损失惨重。1934 年 12 月召开的黎平会议接受了毛泽东同志的正确主张，使中央红军避免了全军覆亡的悲剧。1935 年 1 月15—17 日，中共中央在遵义举行了中央政治局扩大会议，着重总结经验教训，纠正军事指挥错误，确立了毛泽东同志在党内的领导地位，制定了红军长征的战略方针，在最危险的关头挽救了中国共产党，是中国共产党从幼稚走向成熟的标志。1935 年 3 月，中共中央在今遵义县枫香镇苟坝村（毗邻花茂村）召开了苟坝会议，苟坝会议是遵义会议的延续和完善，会议经过多次讨论后决定撤销进攻打鼓新场（今金沙县城）计划，组成了实际上以毛泽东为首，周恩来、王稼祥参加的三人军事指挥小组，进一步确立和巩固了毛泽东在党中央和红军中的领导地位，完成了遵义

---

① 本专题执笔人：申鹏。

会议改变党中央最高军事领导机构的任务。毛泽东同志在遵义县枫香镇苟坝村负责中国工农红军最高领导权、指挥权，使党中央和中央红军的命运实现了具有深远历史意义的伟大转折。

红军克服了长征期间在军事、生活、民族及自然等方面面临的重重困难，纵横中西部地区的 11 省，行程约二万五千里。遵义会议后，在毛泽东等同志的领导和指挥下，中央红军以高超的智慧和革命的勇气，运用机动灵活的战略战术，取得了一系列胜利，如四渡赤水、攻占娄山关、重占遵义、强渡乌江、威逼贵阳、巧渡金沙江、飞夺泸定桥、强渡大渡河、过雪山草地、夺天险腊子口等，于 1935 年 10 月到达陕北，与陕北红军会师，先期完成了长征。随后，1936 年 10 月，红二方面军和红四方面军到达甘肃与中央红军会师。三大主力会师，宣告了红军长征的伟大胜利。

2. 长征精神的基本内涵

长征的胜利实现了中国工农红军北上抗日的战略大转移，鼓舞了全国人民抗日救国的斗志和信心，成为中国共产党和中国工农红军从挫折走向胜利的生死攸关的重大转折。长征的胜利，实现了中国革命火种的转移，保存了中国革命力量的精髓，开创了中国革命的新局面，创造了人类历史上的巨大奇迹，凝练了不朽的长征精神。长征精神是中国共产党人崇高理想和革命风范的结晶，是红军将士革命精神和优良作风的升华，是中华民族百折不挠、自强不息的民族精神的最高体现。长征精神不仅是精神哲学，更是一种实践哲学。概括起来，长征精神具有以下几个方面的时代内涵。

长征精神就是艰苦奋斗、不怕困难的奉献精神。革命的奉献精神是长征精神的集中体现。红军长征过程中，将士们革命的乐观主义精神一往无前地克服了伤病医药奇缺、粮食补给匮乏、雪山空气稀薄、草地泥潭陷阱等重重困难，发扬艰苦奋斗、不怕牺牲的革命精神，最终实现长征的战略目标。

长征精神就是实事求是、独立自主的创新精神。红军长征是运用实事求是、独立自主精神的典型范例。长征迫使中国共产党在没有共产国际的指导下不断探索，实事求是地进行自主决策，黎平会议、遵义会议、苟坝会议等都是中国共产党独立自主的决策会议，从思想上、政治上、组织上、军事上清算了"左"倾教条主义错误，将马克思列宁主义基本原理同中国革命的具体实践相结合，走上了自主决策的中国革命道路，这在某种意义上也是一种创新精神。

长征精神就是坚韧不拔、百折不挠的拼搏精神。坚定的理想信念是长征精神的思想内核，是红军长征最终取得胜利的重要法宝。正是这种拼搏精神，使中央红军以高昂的士气和持续的动力连续作战，朝着既定目标百折不挠地奋勇前进，胜利实现战略转移的长征目的。

长征精神就是团结合作、敢于创业的团队精神。团队合作精神是长征胜利的根本保证。长征是一次战略性的大范围转移，在此期间的各种艰难困苦始终伴随整个历程，克服自然的和人为的不利因素需要这种团队精神。尽管各路部队长征出发的时间、地点、路线各不相同，但都能够围绕共同的目标相互协作、相互配合、协同作战、共同努力，使长征形成了一个形散神不散的团结整体，也使红军一步一步地迈向胜利。

长征精神就是心系群众、革命为民的民本精神。密切联系群众，一切依靠群众，是红军长征取得胜利的基本保障。中国共产党领导的工农红军是不同于旧式军阀的新型人民军队，以全心全意为人民服务为根本宗旨，始终心系人民，时时处处维护人民利益，获得了广大人民群众的积极支持和拥护，这是人民军队不断取得胜利的法宝。

长征精神激励着中国共产党和人民军队夺取了随后的抗日战争、解放战争、抗美援朝战争的伟大胜利，激励着中国共产党领导中国人民取得了社会主义革命和建设的伟大胜利，是建设社会主义现代化和构建社会主义和谐社会的重要精神力量。在新的历史时期进一步秉承长征精神，凝聚全民族的创造力，提升全民族竞争力和创新力必定为我们民族精神的升华提供不竭的精神财富。今天，我国面临着来自国内外的各种挑战和深入推进改革开放的现实压力，长征精神对于推进革命老区贫困治理、同步建成全面小康社会、构建社会主义城乡和谐社会仍然具有重大的指导意义和现实意义。

（二）长征精神与贵州革命老区发展概况

红军长征途经贵州 68 个县市（区），黎平会议、猴场会议、遵义会议、苟坝会议、强渡乌江、乌蒙山千里回旋、娄山关战役、四渡赤水、盘县会议等一系列重要革命历史活动，为贵州留下了丰富的长征文化资源。长征精神孕育和塑造于整个长征过程，而贵州因在红军长征历史中具有重要地位而成为长征精神的主要发源地，也使贵州因红军长征革命活动而成为重要的革命老区之一。

1. 中国工农红军在贵州的主要革命活动

（1）长征前红军在贵州的革命活动

作为国民党南方统治的最薄弱区域，贵州在长征前就成为红军转移的目的地。1930 年 4 月中旬及 5 月上旬，为躲避国民党的重兵"围剿"，红七军及红八军（10 月合编为红七军）分别从广西进入贵州黔南黔东南的荔波、榕江、从江等县。1930 年 12 月中旬，7000 余人的红七军经贵州黔东南黎平县水口地域北上中央根据地。

因在湘鄂边和洪湖苏区反"围剿"中失利，红三军于 1934 年 5 月中旬进入贵州东北部地区务川、沿河、德江等地，创建了黔东特区革命根据地。1934 年 9 月下旬至 10 月中旬，红六军 9000 多将士从剑河大广一路血战到石阡甘溪，突破敌人重重包围。其中，担任掩护任务的红五十二团激战困牛山，弹尽粮绝，宁死不屈，100 多红军战士跳岩壮烈牺牲。为策应中央红军战略转移，红六军于 1934 年 9 月 20 日由贵州黎平进入清水江流域，于 10 月 24 日在印江木黄与红三军胜利会师。两军会合后开辟了湘鄂川黔边革命根据地，为中央红军的转移准备了新的战略选择方向。

（2）长征期间红军在贵州的革命活动

中央红军长征时间共 1 年零 2 天，在贵州约 4 个月零 20 天，红二、红六军长征时间近 1 年，在贵州共 3 个月，长征足迹遍及贵州 68 个县，红军以自己的实际行动，赢得了贵州各族人民的真心拥护和支持。

1934 年 12 月中旬，中央红军到达湘黔边境。根据敌情及贵州情况，党中央决定采纳毛泽东的意见，改变到湘西与红二、红六军会合的原计划，西进敌人兵力较薄弱的贵州，从而迎来中国革命的生机。1935 年元旦刚过，中央红军先头部队的指战员克服困难险阻，强渡乌江天险。1935 年 2 月底，与敌人在土城青杠坡激战，揭开了四渡赤水战役的序幕，2000 多名红军将士血染了这片土地。

为解决当时军事和组织问题，长征时进入贵州的中共中央先后召开了黎平会议、猴场会议、遵义会议、鸡鸣三省会议、苟坝会议等。

1936 年 1 月 7 日，进行战略转移的红二、红六军从玉屏重入贵州，从黔东转战黔西北，开创了新的生存发展空间。1936 年 2 至 3 月，红二、红六军与敌重兵在黔西北展开乌蒙山千里回旋战，红军将士创造了一个个战争奇迹。1936 年 3 月，红二、红六军召开的盘县会议，确定了北上抗日的战略转移方向，促成了红军三大主力的胜利会师，同样成为红军长征最终取得胜利的重要因素。

人心是孕育长征精神的根本。为建立和保卫红色政权，贵州各族人民积极参与根据地建设，为红军的生存发展做出了巨大的牺牲和贡献。16000多名贵州各族优秀儿女参加红军，各族群众拿出粮食、被服等支援红军，使红军兵源和物资得到了补充；救护和掩护红军伤病员、为红军带路、提供情报及船只等，使红军能够克服天然障碍顺利前进。贵州各族群众对红军的支持，是红军转战贵州并取得长征胜利的重要条件，也是孕育长征精神的红色沃土。至此，贵州也就成为名副其实的革命老区之一。

2. 贵州革命老区经济社会发展概况

贵州革命老区形成于1930年至1936年，中国共产党领导的红七军、红八军、红三军、中央红军（红一方面军）及红二军、红六军先后在贵州68个县区开展革命活动，集中分布在黔北的遵义地区，黔西北的毕节地区和黔东的铜仁地区。截至2014年，被贵州省委省政府认定的革命老区县（市、区）有37个，占全省县级行政区划的42%，大多属于武陵山片区县（9个）、乌蒙山片区县（9个）、滇桂黔石漠化片区县（10个）三大集中连片特殊困难片区县，具体分布在遵义市（11个）、毕节市（7个）、铜仁市（6个）、黔东南州（4个）、黔西南州（3个）、黔南州（3个）、六盘水市（3个）7个州市，其中有11个经济强县，22个国家扶贫开发工作重点县（见表1）。

贵州革命老区大多处于环绕黔中的边远地区，受地理和环境等因素制约，经济社会发展比较滞后。贵州革命老区总体表现在以下几个方面：一是贫困现象严重。贵州革命老区县占全省县市区总数的42%，其中国家扶贫开发工作重点县占全省同类县的比例为44%，贫困人口却占全省农村贫困人口的55%以上，不少贫困人口生产生活条件非常艰苦，大多集中居住在高寒深山、生态脆弱地区和地方病高发区，洪涝、泥石流、低温凝冻、风雹、干旱等自然灾害频繁发生。二是生产生活环境较差。贵州革命老区县基本上分布于武陵山区、乌蒙山区和滇黔桂区域，绝大部分属石山区、高寒深山区、石漠化地区和地质灾害易发区，贫困问题、发展问题、民族问题、生态问题紧密交织，部分老区农村民众的交通出行难、安全饮水难、就地入学难、看病就医难等民生问题仍然突出。三是

表1　　　　　　　　**2013年37个贵州革命老区县人口经济数据表**

序号	市（州）	县（市、区）名	地区生产总值（亿元）	年末户籍人口数（万人）	年末常住人口数（万人）	人均GDP（元）	备注
1	遵义市	红花岗区	256.01	52.23	67.48	38026	
2		汇川区	187.40	36.10	45.23	41532	
3		遵义县	229.08	122.78	93.64	24517	
4		桐梓县	90.41	73.45	52.20	17363	乌蒙山片区县
5		凤岗县	39.67	43.34	30.98	12837	武陵山片区县
6		余庆县	44.54	30.15	23.57	18945	武陵山片区县
7		湄潭县	54.04	49.36	37.64	14391	武陵山片区县
8		习水县	91.01	72.26	51.77	17580	乌蒙山片区县、重点县
9		赤水市	59.66	31.03	24.04	24880	乌蒙山片区县
10		仁怀市	384.46	69.3	54.98	70067	
11		绥阳县	59.50	55.02	38.15	15614	
12	铜仁市	沿河县	58.96	66.86	45.02	13106	武陵山片区县、重点县
13		印江县	48.24	44.10	28.40	17001	武陵山片区县、重点县
14		德江县	60.06	53.15	36.80	16341	武陵山片区县、重点县
15		松桃县	72.81	70.83	48.67	14971	武陵山片区县、重点县
16		石阡县	38.26	41.57	30.42	12592	武陵山片区县、重点县
17		江口县	27.69	23.92	17.29	16017	武陵山片区县、重点县
18	毕节市	七星关区	219.38	154.95	113.47	19357	乌蒙山片区县
19		大方县	129.74	112.03	77.90	16673	乌蒙山片区县、重点县
20		黔西县	130.63	96.15	68.99	18955	乌蒙山片区县
21		金沙县	154.84	66.71	55.59	27884	
22		纳雍县	123.47	100.15	67.28	18370	乌蒙山片区县、重点县
23		威宁县	123.66	145.44	126.73	9767	乌蒙山片区县、重点县
24		赫章县	66.16	79.87	65.33	10138	乌蒙山片区县、重点县
25	黔西南布依族苗族自治州	望谟县	27.62	31.69	25.26	10232	滇桂黔石漠化片区县、重点县
26		贞丰县	62.57	41.85	30.55	20521	滇桂黔石漠化片区县、重点县
27		册亨县	23.14	23.75	19.15	12101	滇桂黔石漠化片区县、重点县
28	黔南布依族苗族自治州	瓮安县	70.37	46.69	38.86	18209	滇桂黔石漠化片区县
29		罗甸县	40.38	34.40	25.64	15948	滇桂黔石漠化片区县、重点县
30		荔波县	32.74	17.55	12.73	24050	滇桂黔石漠化片区县、重点县

续表

序号	市（州）	县（市、区）名	地区生产总值（亿元）	年末户籍人口数（万人）	年末常住人口数（万人）	人均GDP（元）	备注
31	六盘水市	钟山区	296.78	50.21	59.78	49950	滇桂黔石漠化片区县
32		盘县	364.30	119.53	104.15	35049	重点县
33		水城县	137.34	84.83	73.86	18619	滇桂黔石漠化片区县、重点县
34	黔东南苗族侗族自治州	黎平县	47.18	53.52	38.93	12132	滇桂黔石漠化片区县、重点县
35		榕江县	35.43	35.89	28.67	12366	滇桂黔石漠化片区县、重点县
36		锦屏县	25.24	22.83	15.38	16432	滇桂黔石漠化片区县、重点县
37		从江县	34.49	35.16	29.12	11850	滇桂黔石漠化片区县、重点县
	全省		8006.79	4286.15	3502.22	22922	

注：重点县指"国家扶贫开发工作重点县"，片区县指"集中连片特殊困难地区县"。

资料来源：贵州省统计局：《贵州统计年鉴　2014》，中国统计出版社2014年版。

基础设施建设滞后。贵州革命老区大多地处贵州与周边省份的毗邻区域，虽然即将基本实现县县通高速，但是高速路网覆盖面仍较小，以交通、水利为重点的产业发展基础设施建设比较滞后，成为区域经济社会发展的瓶颈。四是产业发展基础条件较为薄弱。受到地理区位、自然资源、资金流向和人口质量等各方面因素的制约，贵州革命老区产业结构单一，第一产业占比较大，二、三产业规模小，产品附加值低、商品化率低且流通效率低下，产品市场占有率低，现代产业体系不健全，农村商品市场和农业社会化服务体系建设薄弱，造成贵州革命老区人民从一、二、三次产业中获得的收益低，不少革命老区县特色产业难以真正成为带动贫困人口增收及反贫困的主导产业。五是农村人口素质普遍偏低，且"三留"人口群体规模大。贵州革命老区广大农村人口人均受教育年限较低，人口文化素质总体偏低，虽然基本实现了"普九"目标，但素质教育的基础仍然薄弱，文盲半文盲人口所占比例高于全省平均水平，自我发展能力较弱，而且留守儿童较多，面临较多的留守人口问题，如近年来毕节市留守人口出现的诸多问题等。"37个革命老区县外出打工人数242.3万人，由于外出务工人口多，土地撂荒13.7万亩。留守老人79.36万人，占全省65岁以上老年人口的26.65%，留守儿童数 55.02 万人，占全省 0—14 岁儿童人口的6.2%。"①

　　当然，贵州革命老区具备一些很好的发展条件或后发优势。一是有资源优势。贵州革命老区是贵州资源富集的区域，自然条件、生态条件得天独厚，自然资源、生物资源、红色资源、民族文化资源、旅游资源等优势明显，尤其是红色文化资源，具有广阔的挖掘和开发空间。因此，积极优化贵州革命老区现有或潜在的红色资源、自然资源、文化资源和旅游资源，变资源优势为产业优势，有利于加快贵州革命老区反贫困步伐。二是经济基础有了较大的发展。改革开放以来，贵州革命老区的三次产业、民生及社会服务领域都得到了较大发展，经济总量有较大增加，具备了加速发展、后发赶超的经济基础。以 2013 年为例，贵州革命老区 GDP 总值为 3947.26 亿元，占全省 GDP 的 49.3%，人均 GDP 为 21884.84 元（达到 3473 美元），与全省平均水平的 22922 元相比，少 997.2 元，差距并不明显，这主要是与贵州 37 个革命老区县中有 11 个经济强县有关，这些数据说明贵州革命老区已基本具备起飞的经济基础。但是，贵州革命老区经济社会发展严重不平衡，人均 GDP 差距明显，如人均 GDP 最高的仁怀市（70067 元）与最低的威宁自治县（9767 元）相比，两地相差 7.17 倍（见表1）。三是有后发赶超的精神基础。中国共产党带领贵州革命老区各族人民培育、滋养和丰富了长征精神、遵义会议精神、革命老区精神等，这些精神构成了当前贵州革命老区"后发赶超"的巨大精神动力。故，大力弘扬长征精神，构筑"精神高地"，能够有效地促进贵州革命老区经济社会持续发展，有效地推进贵州革命老区整村贫困开发工作。

二　长征精神激励下遵义县枫香镇花茂村反贫困实践的调查分析

（一）遵义县枫香镇花茂村概况

遵义县地处贵州省北部，是遵义市的核心区域之一，国土面积

---

①《贵州省革命老区调研情况》，贵州省扶贫开发办公室网站（http://www.gzfp.gov.cn），2011 年 10 月 9 日（注：35 个革命老区县未包括 2013 年 4 月和 2014 年 7 月分别被贵州省委和省人民政府批准的黔东南苗族侗族自治州锦屏县和从江县）。

3391 平方公里，辖 25 个镇 2 个民族乡 223 个村（居、社区），总人口 103 万人。共有耕地 175 万亩，其中山地、丘陵 140 万亩，占耕地面积的 80%，山多地少，耕地零碎，属于典型的喀斯特高原丘陵地区。常年粮食产量稳定在 55 万吨左右，能够保障全县人民的口粮供应，2012 年获得全国粮食生产先进县称号。近年来，遵义县紧紧围绕农业增效、农民增收、农村发展目标，坚持以农业结构调整为主线，以转变农业发展方式为核心，以"四在农家·美丽乡村"建设为抓手，以现代高效农业园区为载体，大力推动现代山地高效农业发展，城乡面貌发生巨大变化。遵义县农业总产值由 2012 年的 56.7 亿元增加到 2014 年的 83.35 亿元；农村居民人均可支配收入由 7621 元增加到 9788 元；粮经比由 48∶52 调整为 42∶58，规模流转农村土地 24.42 万亩；贫困乡镇由 14 个减少到 3 个，贫困乡镇发生率由 45.16% 下降到 9.67%，年均减少贫困人口 2.5 万人，按新标准统计目前全县还有贫困人口 8.52 万，其中需要政府通过低保制度等进行"兜底"的无业可扶、无力脱贫"两无"人口 2.18 万人，剩余的 6.34 万人预计 2016 年可全部脱贫。

枫香镇位于遵义县西部，国土面积 147.6 平方公里，辖 10 个村（居）202 个村民组，总人口 3.98 万，其中农业人口 3.44 万，2011 年还是省级三类贫困乡镇，贫困人口近 6000 人，主要是种植水稻、玉米、辣椒、烤烟等传统产业，农民收入低于全县平均水平。通过新农村建设，发展现代山地高效农业，2012 年摘掉了贫困乡镇帽子，2013 年进行了巩固提升，2014 年迈上了全面小康建设步伐，实现了精准扶贫与全面小康同步走的发展道路，贫困人口减少到 1191 人；农村居民人均可支配收入增加到 10860 元，粮经比调整为 33.5∶66.5，均高于全县平均水平；森林覆盖率达到 51.37%，全面小康实现程度为 95.48%。

枫香镇花茂村原名"荒茅田"（也就是贫困荒芜的地方，过去是贫困村，极为贫困），东接乐山镇新华村，西靠枫元村，南邻土坝村，北抵苟坝村，距离枫香镇政府所在地 6 公里。枫香至花茂公路，鸭溪电厂环线运煤公路横贯全村，全村总面积 13.4 平方公里。耕地面积 5531 亩，辖 26 个村民组 1102 户 4535 人。有党小组 2 个，正式党员 97 名，其中：流动党员 23 名，占党员总数的 23.7%；女党员 18 名，占党员总数的 18.6%；退休党员 8 名，占党员总数的 8.2%；35 岁以下的党员 13 名，占党员总数的 13.4%。全村交通方便，居住集中，通信畅通。电话普及率在98%以上，主要经济来源有闻名遐迩的陶瓷业及运输业、种养业，人均占有粮食600公斤，是县级综合示范村。这些年，花茂村通过扶贫开发和率先小康齐步走战略，由曾经的贫困村变成"望得见山、看得见水、记得住乡愁"的最美田园，实现了农旅文融合、一二三产融合、产业与生态融合、人与自然融合，因此改名为"花茂"，寓花繁叶茂之意。

（二）长征精神激励下遵义县枫香镇花茂村反贫困之路

花茂村有水田、旱地共5531亩，通过土地流转水田、旱地共2248亩，土地流转率达40.6%。流转前种植玉米、水稻等传统农作物，年人均纯收入不到2000元；流转后种植草莓、花卉、有机蔬果等现代高附加值农作物，2014年人均纯收入达10948元。通过土地流转，不仅因地因时制宜调整农业产业结构，而且提高了土地使用效率和经济效益，实现了传统农业向现代农业转型，传统农民向新型职业农民、现代产业工人转型。

为推进花茂村扶贫开发，遵义县以长征精神为依托和指引，成立了苟坝红色文化旅游产业创新区[①]，以"四在农家·美丽乡村"建设为总抓手，坚守发展与生态两条底线，坚持因地制宜、循序渐进、量力而行的原则，探索农旅文一体化统筹发展模式，整合区域板块产房景、山水田、业居商、教学训等资源，实行镇区一体化管理，通过以点穿线、轴线结合、连片开发的方式，以红色文化、田园风光、农业产业和乡愁元素为依托，搭建红色文化旅游创新区大平台，采取多核驱动、分区发展、辐射拉动、面上统筹的模式，使苟坝—花茂率先走出了一条农旅文

---

① 苟坝红色文化旅游产业创新区位于遵义县西部，涉及"四镇二乡"（枫香镇、鸭溪镇、石板镇、乐山镇、洪关乡、平正乡），属贵州省100个重点旅游景区和遵义市10大文化创新区之一。创新区充分发挥红色文化的影响力，以红色文化作为创新区的主打品牌，按照参与式、互动式的理念，打造一个集文化体验、休闲养生、观光览胜、户外运动、康体养生等综合功能于一体的旅游目的地，使各项目之间形成高度的互补性；在产品开发和设计中，除常规东西向南北向的"板块"布局外，还考虑了纵向高低结合以及时空的穿越，形成一个"四维空间"的产品组合体，充分发挥各种产品的互补功能，满足不同消费群体的需求，形成抱团发展的强劲势头。苟坝村位于枫香镇东部，是一块高山环绕的田坝，总面积12平方公里，平均海拔1240米，东有海拔1357米的石牛山，西有海拔1330米的崖头山和银屏山，北有海拔1425米的马鬃岭，森林面积11360余亩，覆盖率达63%，有杜仲面积1600余亩，素有"杜仲之乡"之称。苟坝村辖18个村民组，有760户、3445人，户居相对集中连片，特别是苟坝会议会址周边四合、小湾两个村民组125户，和青杠、岩上、南垭、苟村、街上、民主六个村民组280户为连片村寨。当前，苟坝人在长征精神的激励下，辛勤劳作，艰苦创业，正一步一步地建造自己的美好家园。如从枫香镇、鸭溪镇、乐山镇等地到苟坝村，必须途经花茂村。

统筹发展的创新之路，实现了农业强、农村美、农民富，发展全景域旅游，助推率先实现小康。

1. 筑牢"四在农家·美丽乡村"建设载体，打造统筹精准扶贫与率先小康齐步走的先行区

通过"四在农家·美丽乡村"建设，农业农村基础设施不断增强，农民群众文明素质不断提升、生产生活条件不断改善。良好的生态环境、美丽的山水田园、便利的交通设施，带来源源不断的游客光顾和经济效益。环境和基础设施的改变，催生产业的不断调整和发展，避暑业、餐饮业、手工业等迅速发展，把农民从传统的农业生产中解放出来从事第三产业，促进了农民增收，使精准扶贫与率先小康齐步走。

同时，作为新农村建设升级版试点，花茂村积极探索创新"1+5+5+5"工作法，实施"四在农家·美丽乡村"升级版。精准规划、多规合一，精准产业、富字当头，实施净化、美化、文化、产业化、精细化工程，推进基础配套设施、功能分区设置、管理服务、产业加推、区域形象等进一步升级，促进规范化、标准化、市场化、信息化、组织化，推动农旅文一体化和一二三次产业融合发展，尤其强调环境绿化、环保优化，促使新农村示范点变成小康示范点，农业园区变成农业公园，黔北民居变成产业"孵化器"。如今的花茂村已经变成"望得见山、看得见水、记得住乡愁"的最美田园，做到了"创得了业、留得住人、推得出名片"，真正实现了农旅文融合、一二三次产业融合、人与自然融合。新农村建设，不仅改善了农村居住环境，创造了就业岗位，让群众不离乡、不离土就可以实现稳定就近就业，而且解决了农村空心化、留守人口等社会问题。

2. 着力推进红色文化旅游产业创新区建设，打造全景域旅游发展的试验区

花茂村与苟坝会议会址所在的苟坝村相邻，距离约3公里，遵义县委决定加大对红色苟坝进行保护与开发，投入资金1.6亿元，举全县之力，用8个月时间完成了苟坝会议陈列馆、红军村等20多个项目建设。同时，围绕机构抓改革，把苟坝、花茂、土坝统筹开发，着力打造苟坝红色文化旅游产业创新区核心区，实行镇区一体化管理，规划全景域旅游发展，使之成为拉动旅游发展的引擎和全景域发展的动力。同时，以红军革命活动遗址遗迹为基础，传承和弘扬长征精神，开发红色文化和

地域文化资源，在各点上注重文化挖掘和打造，在苟坝注重红色文化的挖掘打造，在花茂注重陶瓷文化的挖掘打造，真正形成了一村一特、一村一品，避免了同质化和重复化，建成了苟坝红色游、花茂田园游等相结合的旅游观光带，形成了游红色苟坝、观赏褐色花茂、泡枫香温泉、忆美丽乡愁的经典旅游线路。

全面实施花茂、苟坝可持续发展的乡村旅游发展总体规划和低碳发展中长期规划，突出"以人为本、绿色低碳、循环高效、集约发展、智能优化"的理念，实践绿色产业发展与最美乡村建设相结合、新建建筑与旧房改造相结合的创新发展模式，形成生活、生产、生态的有机共生，构建人与自然、产业与生态和一二三次产业融合的新格局。2014年10月，苟坝作为遵义市第三届旅发大会的主会场，成为枫香旅游发展的重要转折点，至此，枫香从"候鸟式"避暑旅游进入到"景区式"全域旅游发展模式。苟坝红色文化旅游产业创新区建设，为乡村旅游的发展注入了新的活力与动力，成为引领区域经济社会发展的重要力量。在花茂村，红色文化元素更是随处可见，无论是民居建筑还是村容村貌，都融入了长征文化印迹和社会主义核心价值观内涵。目前，花茂村共创办乡村旅馆42家、农家乐10家。2015年1—5月，接待游客15万人次，旅游综合收入560万元。

3. 坚持产业扶贫发展思路，建设产业融合发展的示范区

走现代产业发展之路是花茂村精准扶贫的关键，即产业扶贫是根本，走可持续性的扶贫之路。为此，花茂村引进九丰、燎原、赢实3家公司，发展现代山地高效农业，采取"公司＋基地＋专业合作社＋村委会＋农户"模式，由村委会"一事一议"方式，拉出负面清单进行审核，对需政府"兜底"的贫困户，探索土地入股、平时务工、年终分红机制帮助脱贫，用市场办法推进产业化社会化扶贫，既解决精准扶贫问题，又解决率先小康问题，目的在于通过新农村建设，大力发展现代山地高效农业，通过抓一接二连三、抓点连线扩面，推动农旅文一体化和一、二、三次产业融合发展，把农村的一山一水、一草一木、一砖一瓦都变成资源、形成产业、转换成财富，把新农村示范点变成小康示范点、党建示范点，把农业园区变成农业公园、旅游景区，把黔北民居变成黔北"民宿"、产业"孵化器"，把传统农民变成新型职业农民、现代产业工人，进而带动农村产业结构调整，促进农民增收致富奔小

康。而且，花茂村还成立了"互联网＋"服务中心，并在淘宝网上注册网店，主要销售遵义县农特产品和旅游商品，仅1个多月时间销售额就近3万元。通过电商平台将群众生产的农特产品和手工艺品，销售到全国各地，解决了农特产品及相关产品的销售难问题。

枫香蔬菜现代高效农业园区是遵义县2014年8月招商引进山东省寿光市九丰集团公司，投资2.6亿元建成的。该项目实现当月考察洽谈、当月签订协议、当月动工建设、当年建成试产，创造了农业园区建设的"枫香速度"。枫香蔬菜现代高效农业园区是全省一流的集休闲观光于一体的现代高效农业示范园区，引导农民从水稻、玉米传统粗放式农业耕种向果蔬、露地蔬菜、现代高效农业等产业的标准化生产和科学化管理转变，帮助农民从单个分散粗放式个体劳动者向懂得先进技术、具有市场意识的新型职业农民转变。枫香蔬菜现代高效农业园区规划为"一园两区"，核心示范园占地300亩，主要建设13000平方米智能温控展示大棚、2500平方米办公用房、2000平方米加工用房、6000平方米智能育苗中心、3600平方米生态餐厅、15万平方米设施果蔬标准化种植大棚。目前已建成大棚约15万平方米，核心区已开园营业。在经营管理上，公司采取"公司＋基地＋专业合作社＋村委会＋农户"模式，一方面发挥公司一头连市场一头连群众的龙头带动作用，解决市场销售和规范种植问题；另一方面发挥专业合作社和村委会的组织协调作用，解决公司用工和集体经济问题，实现企业、农户、村集体等各方共同受益。据了解，目前在公司打工的80多名当地农民已成为固定员工，最低工资每月可拿到2000多元（习主席视察花茂村期间，曾与该公司农民员工进行过交流）。

4. 探索创新党建机制，创建精准服务型党组织，构建党建扶贫精准化的样板区

花茂村的快速发展，得益于遵义县创建精准服务型党组织活动。遵义县首先是打造阳光党委，"消除藩篱，开门办公"。探索"五带头五提升"，精准服务型党组织建设强责任。精准任务和责任，推动党员干部践行忠诚于党、服务人民、加快发展、优良作风、廉洁自律"五带头"。实现党组织思想建设、服务能力、发展水平、党员素质、群众满意度"五提升"，发挥党组织、党员、干部在精准扶贫、率先小康中的"领头雁"和"火炬手"作用。在"五带头五提升"的指导下，行政审

批从 300 多项压缩至 213 项,"马上办"、"钉钉子"、"认真负责"、"激情创业"、"敢于担当"五种精神被大力倡导。对贵州省确定的 25 项统计监测指标,实施红、橙、黄、绿"四线管理",建立定时间、定责任、定人员、定任务、定效果"五定","一次通报、两次约谈、三次问责",选派村级党组织"第一书记",实行村干部绩效考核等工作机制;结合实际研究制定镇、村两级统计监测指标体系,强化城乡居民收入、创建"四在农家·美丽乡村"、联系服务群众"最后一公里"等工作的动态监测;分级开展小康示范创建,上下联动、示范引领、整体推进。

2014 年,花茂村被遵义县列为"四在农家·美丽乡村"升级版创建试点,按照整村推进小康建设引领精准脱贫要求,以"四在农家·美丽乡村"升级版建设为总抓手,统筹精准扶贫与率先小康齐步走。2013 年末,花茂村精准扶贫建档立卡贫困户 101 户 242 人,其中一般贫困户 4 户 8 人,低保贫困户 42 户 131 人,低保 53 户 101 人,五保户 2 户 2 人;贫困发生率 5.3%。针对花茂村精准扶贫中的问题和主体,该村实施干部结亲、驻村工作组、龙头企业、专业合作社、致富能人"五带"贫困户,找准门路、搞好培训、争取项目、协调销售、改善环境、完成学业、扶助老弱、医疗救助、文明素质、强化法治"十帮"贫困户,构建党委领导、政府主导、群众主体、部门帮扶、社会参与的大扶贫格局,使花茂村党组织成为扶贫攻坚的推动力量。此外,花茂村片区党员群众之家,是基层党组织服务党员、服务群众、服务发展的综合阵地,内设道德讲堂、农民夜校、便民服务超市、金融便民网点等功能,达到凝聚群众之家、服务群众之家、教育群众之家和党建信息化"三家一化"目标。

(三) 长征精神激励下遵义县枫香镇花茂村反贫困的效果分析

2014 年,花茂村被遵义县列为"四在农家·美丽乡村"升级版创建试点后,以新农村建设为抓手,围绕"生态立村、经济兴村、旅游强村"的发展思路,以加快经济建设为中心,以农村基础设施建设和环境整治为重点,以全面建设小康示范村为目标,统筹推进精准扶贫与全面小康齐步走,发展高效特色农业,引导农民积极发展乡村旅游,切实抓好全面小康示范村建设,逐步形成以白泥"四在农家·新农村升级版"、土陶文化和九丰公司高效农业相结合的农旅产一体化示范区,推进农旅文一体化。昔日的小乡村变成了旅游景区，实现了田园风光、红色文化、陶艺文化与产业发展的有机融合（见表2）。

表2   枫香镇、花茂村及苟坝村2012—2015年减贫摘帽和全面小康情况统计表

年度 \ 名称	项目	枫香镇	花茂村	苟坝村
2012	农业人口（人）	34976	4119	3286
	贫困人口（人）	5945	284	293
	贫困发生率（%）	17.10	6.89	8.92
	全面小康实现程度（%）	83.35	90.33	86.53
2013	农业人口（人）	34939	4115	3333
	贫困人口（人）	4811	176	192
	贫困发生率（%）	13.77	4.28	5.76
	全面小康实现程度（%）	91.38	95.84	90.81
2014	农业人口（人）	34986	4568	3412
	贫困人口（人）	2741	242	319
	贫困发生率（%）	7.83	5.30	9.35
	全面小康实现程度（%）	95.48	97.62	95.07
2015年（预计）	农业人口（人）	34826	4570	3460
	贫困人口（人）	5467	165	235
	贫困发生率（%）	15.7	3.47	6.79
	全面小康实现程度（%）	—	—	—

备注：1. 枫香镇是2012年减贫摘帽的。
2. 因2014年贫困人口认定标准调整，故2015年预计贫困发生率指标大于2014年。即2014年遵义市全面启动精准扶贫建档立卡工作，按照农村居民人均可支配收入2736元的贫困识别新标准，分类确定帮扶措施和办法，实现统计指标精准化、统计分类科学化，不漏掉一个贫困户。
资料来源：枫香镇人民政府，2015年。

从表2可知，2012年花茂村贫困人口为284人，预计到2015年可减少到165人，除去需要由政府"兜底"的无业可扶、无力脱贫的"两无"人口140人外，剩余25人2016年可全部脱贫，就是说，该村反贫困工作取得较大的成就。从贫困发生率来看，2012年为6.89%，2013年为4.28%，2014年因认定标准调整，其贫困发生率为5.3%，

2015 年预计为 3.47%。可见，花茂村贫困人口及贫困发生率低于邻村苟坝和枫香镇，说明花茂村 2012 年以来的反贫困工作成效显著。根据县定全面小康监测指标体系来看，该村全面小康实现程度由 2012 年的 90.33% 提升到 2014 年的 97.62%，这也从另一个角度说明花茂村反贫困工作的成效。

农村居民收入主要由工资性收入、家庭经营性收入、财产性收入、转移性收入四个部分构成。从表 3 可知，2012 年花茂村农民工资性收入均为外出务工收入，2013—2015 年则表现为就近务工收入且逐年增加，2015 年预计达到 2869 元，这是花茂村农村居民工资性收入的一大变化或特点；家庭经营性收入主要体现在种植业、养殖业和三产收入，2015 年的旅游收入增速更是喜人，2015 年 1—5 月已达 560 万元；财产性收入主要体现为土地流转收入，且逐年增加，说明花茂村土地流转盘活了农民资产，增加了农户收入；转移性收入则为上级各种惠农补贴，且呈逐渐增长趋势，这说明上级政府的"三农"政策及投入变相增加了农民可支配收入。

从 2012—2015 年花茂村农村居民人均可支配收入构成及增长对比来看（见表 3），由 2012 年的 6478 元增加到 2014 年的 10948 元，2015 年预期可达 12670 元，增速分别为 30%、30%、16%；从具体收入构成来看，家庭经营性收入呈稳定增长态势，主要是三产收入增长较快，2015 年占农民人均可支配收入的 58%。总体来看，2014 年，花茂村农民人均可支配收入为 10948 元，高于遵义县农村居民人均可支配收入（9788 元）水平，也高于遵义市农村居民人均可支配收入（8365 元）水平，这充分说明花茂村在长征精神激励下的反贫困效果显著，正坚实地走在全面小康建设道路上。根据花茂村产业发展规划，到 2018 年，该村农民人均收入预计可达到 21000 元，这将极大地推动花茂村全面小康社会建设。

花茂村在增加农户收入的同时，村级集体经济也得到进一步扩张。花茂村集体经济规模由 2012 年的 4 万元增加到 2014 年的 16 万元，2015 年预计可能达到 30 万元，在此期间增加的部分主要是开办农家乐的收入，这说明花茂村三产尤其是旅游收入发展形势喜人（见表 4）。

花茂村不仅在反贫困、农民人均可支配收入、集体经济方面发展势头强劲，而且产业结构调整方面也取得显著成效，使其产业结构日渐合

表 3　花茂村 2012—2014 年农村居民人均可支配收入构成及增长对比表

时间		农村居民人均可支配收入（元）	工资性收入及构成		家庭经营性收入及构成		财产性收入及构成		转移性收入及构成	
2012 年		6478	2623 元（40%）	均为外出务工收入	3286（51%）	种植业收入 2320 元，占 35.8%；养殖业收入 918 元，占 14%；三产收入 48 元，占 0.7%	254 元（4%）	均为土地流转收入	315 元（5%）	均为上级各种惠农补贴
2013 年	绝对值	8423	3127 元（37%）	外出务工收入 1442 元，就近务工收入 1685 元	4587（54%）	种植业收入 3530 元，占 42%；养殖业收入 624 元，占 7.4%；三产收入 460 元，占 5.5%	334 元（4%）	均为土地流转收入	375 元（5%）	均为上级各种惠农补贴
	增速	30%	19%		39%		31%		19%	
2014 年	绝对值	10948	3969 元（36%）	外出务工收入 2060 元，就近务工收入 1909 元	6143（56%）	种植业收入 1795 元，占 16.4%；养殖业收入 407 元，占 3.7%；三产收入 3721 元，占 34%	394 元（4%）	均为土地流转收入	442 元（4%）	均为上级各种惠农补贴
	增速	30%	27%		34%		18%		18%	
2015 年（预测）	绝对值	12670	4257 元（34%）	外出务工收入 1388 元，就近务工收入 2869 元	7371（58%）	种植业收入 1456 元，占 11.5%；养殖业收入 641 元，占 5%；三产收入 5274 元，占 41.6%（1—5 月旅游收入已达 560 万元）	512 元（4%）	均为土地流转收入	530 元（4%）	均为上级各种惠农补贴
	增速	16%	7%		20%		30%		20%	

资料来源：枫香镇人民政府，2015 年。

表 4　　　　　　花茂村 2012—2015 年集体经济积累及构成情况表

2012 年	2013 年	2014 年	2015 年（预计）
村集体土地流转费用 4 万元	村集体土地流转费用 4 万元，开办农家乐 3 万元，合计 7 万元	村集体土地流转费用 4 万元，开办农家乐 12 万元，合计 16 万元	村集体土地流转费用 4 万元，开办农家乐 18 万元，合计 22 万元

资料来源：枫香镇人民政府，2015 年。

理，粮经比得以大力改善（见表 5），2012 年，花茂村产业结构调整前，主要产业集中在传统农业种植，如水稻、油菜、玉米、烤烟等农作物，粮经比为 51.2∶49.8。2013 年花茂村引入现代高效农业，种植 800 亩，产业结构开始调整，其他农业作物播种面积减少。2014 年，随着枫香蔬菜现代高效农业园区的新建，现代高效农业耕作面积逐年增长，产值也在增加。2015 年现代高效农业耕作面积达到 2720 亩，实现产值 2319 万元；经果林、蔬菜等耕作面积得以扩大，向日葵"从无到有"，耕作面积也在不断增加，而传统农作物播种面积却逐年减少，产业结构调整后，2015 年的粮经比为 37.6∶62.4。这说明花茂村产业结构正向现代农业产业体系演进。

表 5　　　　　　　花茂村产业结构调整前后收益对比表

2012 年（结构调整前）				2013 年（结构调整）			
主要产业及产品	面积（亩）	产值（万元）	粮经比	项目	面积（亩）	产值（万元）	粮经比
水稻	2000	300		水稻	1700	255	
油菜	2000	120		油菜	1500	90	
玉米	1600	176		玉米	1200	156	
辣椒	500	200		辣椒	500	200	
蔬菜	520	260	51.2∶49.8	蔬菜	520	260	46.4∶53.6
农业　烤烟	1050	315		烤烟	500	150	
经果林	0	0		经果林	100	80	
其他	500	100		其他	500	100	
常规养殖	—	378		常规养殖	—	247	
现代高效农业	—	—		现代高效农业	800	680	

续表

2012 年（结构调整前）				2013 年（结构调整）			
主要产业及产品		面积（亩）	产值（万元）	粮经比	项目	面积（亩）	产值（万元）	粮经比
第三产业	旅游业	—	20	—	旅游业	—	80	
	务工收入	—	1080	—	务工收入	—	1362 万元，其中就近务工收入 734 万元	—

2014 年（结构调整后）				2015 年（结构调整后）			
项目		面积（亩）	产值（万元）	粮经比	项目	面积（亩）	产值（万元）	粮经比
农业	水稻	1200	180		水稻	800	120	
	油菜	1000	60		油菜	600	36	
	玉米	800	104		玉米	300	39	
	辣椒	500	200		辣椒	300	15	
	蔬菜	650	455	37.6:62.4	蔬菜	830	581	37.6:62.4
	烤烟	0	0		向日葵	200	30	
	经果林	200	160		经果林	400	320	
	其他	500	100		其他	500	100	
	常规养殖	—	186		常规养殖	—	217	
	现代高效农业	1800	1535		现代高效农业	2720	2319	
第三产业	旅游业	—	400	—	旅游业	—	900	—
	务工收入	—	1816 万元，其中就近务工收入 872 万元	—	务工收入	—	1547 万元，其中就近务工收入 1345 万元	—

资料来源：枫香镇人民政府，2015 年。

三　长征精神作用于贵州革命老区整村反贫困实践的经验与启示

（一）长征精神作用于遵义县枫香镇花茂村反贫困实践的路径分析

"朝苦夕苦一年到头欠债款，春愁秋愁四季结尾缺吃穿"是前几年花茂村村民生活的真实写照。枫香镇花茂村根据《遵义县"减贫摘帽·同步小康"实施意见》和《关于实施扶贫攻坚"531 工程"的通知》要求，在长征精神的激励和鼓舞下，抓好"扶谁的贫"、"谁去扶贫"、"怎样扶贫"三个环节，以逐年增加贫困户经济收入和改善贫困村生产生活条件为主要目标，抓好"扶贫攻坚六大行动"，加快贫困人口脱贫致富步伐，实现村有主导产业、户有增收门路、人有增收技能，优势特色产业发展壮大，确保贫困人口全部脱贫迈向全面小康。而今，全村公路入户率 100%，无线 WiFi 全覆盖，2014 年接待游客已达 45 万人次，村容村貌明显改观，村民生活水平不断提高。花茂村的华丽转身，得益于该村坚持创业就业型、景区带动型、产业融合型等多种精准扶贫模式。

1. 创业就业型扶贫

创业就业型扶贫指以建设农产旅综合体为平台带动相关产业发展并吸纳就业，促进贫困人口就地转业致富，实现"搭建一个平台、成就一方百姓"，以此带动当地农民创业就业。花茂村"红色之家"农家乐是习近平总书记 2015 年 6 月的到访户。"红色之家"农家乐是花茂村白泥组外出务工返乡人员王治强创办的。2013 年前，他家 6 口人，3 亩土地，2 人外出务工，2 人在校读书，2 人在家务农，家庭年收入 6 万元左右。2014 年，王治强夫妇看到了家乡的变化及由此带来的商机，决定从外地返乡，拿出多年积蓄，创办乡村旅馆，并流转土地、山林15 亩，发展提子种植和林下养鸡，年收入达 30 多万元，创造就业岗位10 个。"藤艺轩"藤编销售店是 2014 年引进的，目前主要是产品展示和现场销售，还专门设置一个体验区，加工厂也已经落户废弃的沈村小学，面积 1000 余平方米，预计年产量 2.5 万件左右，年产值 24 万余元，形成了产、加、销完整链条，既可解决当地群众就业 40 余人，又能让群众学到一门增收致富的手艺，2015 年以来，已实现销售额 4 万多元。花茂陶艺始于清光绪年间，距今有 140 多年历史，是市级非物质文化遗产。2014 年前，花茂村母氏陶艺馆仅把陶艺制作当成一门农闲时的"活路"，差点因生意不好关门，通过政府引导和乡村旅游带动，现将传统工艺与文化创意相结合，不断推进产业升级，每年产品销售额达 20 多万元。此外，母氏还利用自家多余的房子，开起了乡村旅馆和农家乐，年收入达 30 余万元。类似的创业就业个案在花茂村仍有不少实例，而且花茂村农家乐已成为当地居民创业就业的主要行业。

2. 景区带动型扶贫

景区带动型扶贫是以建设全域景区为引擎，发挥旅游产业吸纳就业能力强、就业门槛相对较低的优势，实现"建一个景区、富一方经济"，以旅游带动农民脱贫致富。枫香蔬菜现代高效农业园区不仅带动当地农民就近务工就业，而且还已成为花茂村乡愁旅游的景点之一。花茂村陶艺文化创意一条街是花茂新农村示范点，是遵义县新农村建设的3.0版，已成为花茂乡愁旅游的珍珠。母氏陶艺馆已成为体验旅游景点。节假日到母氏陶艺吧和藤编体验区体验的人很多，游客在体验中收获着快乐、传承着文化，同样成为增加收入的主渠道之一。"红色之家"农家乐已成为集餐饮、旅游等为一体的景点，是游客到花茂乡愁旅游的必去之处。此外，花茂村保留的旧式建筑和物品，有古老的水车、"乡愁烤烟房"、"乡愁老磨"和"乡愁牛圈"等，成为人们念想旧时记忆的物品，增添了花茂村乡愁旅游的品质和特色。

3. 产业融合型扶贫

产业融合型扶贫指发挥旅游产业链条长、辐射带动能力强的优势，加快旅游业与农业、现代服务业、文化产业等融合，实现"融合一种产业、调优一方结构"，加快转变村级农业发展方式。枫香蔬菜现代高效农业园区使用的土地，主要种植水稻、玉米、辣椒等传统作物，亩均年产值最多4000元，现在一个辣椒大棚年均亩产7.8万斤、番茄大棚年均亩产9.2万斤、黄瓜大棚年均亩产11.8万斤，除去设施投入、人工工资、种苗肥料等投入后，比传统农业亩均分别增收10万元、8.2万元和6.6万元。同样是1亩土地，但单位产出效益大大提高。为发挥示范效应，做给农民看，带着农民赚，公司还在周边流转土地700亩建设露地果蔬栽培示范区，以此引领周边9个乡镇2.6万农户种植露地蔬菜5万余亩，形成产业发展的辐射带动区，预计可实现年产值4亿元，带动群众亩均增收8000元以上。花茂村"互联网＋"服务中心成立于2015年4月10日，在淘宝网上注册网店，通过电商平台可以将群众生产的农特产品和手工艺品，销售到全国各地，增加了农民产业发展后劲，并促进农户增产增收。而且，花茂村通过产业结构调整，含旅游收入在内的三产收入增势喜人，实现了田园自然风光、红色文化旅游、陶艺文化体验与产业融合发展的有机统一，不仅成为农民脱贫致富的重要途径，还是农民全面小康生活的可持续保障。因此，产业融合型扶贫已成为该村反贫困及全面小康社会建设的主要经济手段。

（二）长征精神作用于遵义县枫香镇花茂村反贫困实践的经验总结

枫香镇花茂村的反贫困实践表明，只要发挥长征精神的激励和引领作用，实事求是、团结合作、敢想敢干、艰苦创业、一心为民，以改革创新为根本动力，持之以恒地坚持反贫困事业，就能够取得反贫困的最终胜利。在我们看来，花茂村反贫困实践有以下经验值得借鉴。

1. 村级党组织的带头作用

村级党组织是党在农村各项工作的基础，是贯彻执行党的各项农村政策、推进农村改革发展的战斗堡垒，是带领农民群众脱贫致富奔向全面小康的核心力量。花茂村党支部组织作为扶贫开发工作的主体，认真发挥自身在精准扶贫中的带头扶贫、带领群众脱贫致富的"领头雁"作用，深入实施"三关爱"工程，探索"五带十帮"帮扶机制①，把贫困人口工作做实做足，积极做好贫困人口登记、建档立卡，推动精准扶贫与率先小康齐步走，解决了贫困户的实际困难问题，降低了贫困发生率，提高了全面小康总体实现程度。花茂村基层党组织坚持"一把手"带头抓扶贫，结合"双亲"、干部驻村、"计生三结合"等工作，实行"四定帮扶"，责任到干部，帮扶到农户，创新扶贫"结亲连心卡"②，实现扶贫对象精准、定点帮扶精准、资金投入精准、考核评价精准，把每一个基层党组织都培育成一个坚强的战斗堡垒，把每一名党员都培养成一面鲜艳的旗帜，实现了"贫困人口、矛盾纠纷、外出务工人员"三个下降，"农民收入、森林覆盖率、小康水平"三个提升，实现传统农业向现代农业的转变。2015 年 6 月 16 日，习近平总书记在视察花茂村时对花茂村把"四在农家"与"美丽乡村"建设结合起来的做法表示肯定，并要求村支部书记带好头把花茂村建设好、发展好。

2. 长征精神的激励作用

花茂村及苟坝村是遵义县倾力打造的红色文化旅游产业创新区核心区域，长征精神不仅是红色文化旅游产业创新区建设必不可少的重要内

---

① 五带即干部结亲、驻村工作组、龙头企业、专业合作社、致富能人带头帮扶贫困户；十帮即找准门路、搞好培训、争取项目、协调销售、改善环境、完成学业、扶助老弱、医疗救助、文明素质、强化法治。

② 结亲连心卡包括结亲对象、结亲类型、结亲干部、联系电话、帮扶原因、帮扶措施及目标，并把结亲卡制牌挂在农户的外墙上，以示监督。

容和文化内涵，而且长征精神对广大村民具有较强的激励作用。从花茂村村民的反贫困实践来看，反贫困是一项长期的事业，只有起点，没有终点，这就需要农村党组织基层干部和群众坚持艰苦奋斗、不怕困难的奉献精神和心系群众、革命为民的人本精神，找准本村反贫困工作切入点，实事求是、探索创新反贫困的思路、路径和机制，整合各方资源、资本和条件，团结合作、敢于创业，鼓励农民工等返乡人员创业就业，以坚忍不拔、百折不挠的拼搏精神巧干实干，实施"滴灌"式的精准扶贫，增加农民收入，使贫困人口在长征精神的激励下逐步走出贫困，踏上全面小康社会建设的康庄大道。花茂村基层党组织在反贫困实践中坚持和创新"三关爱"工程、"五带十帮"帮扶机制、"1＋5＋5＋5"工作法、走产业融合发展之路、农民（含返乡农民工）农家乐和乡村旅馆等，可视为长征精神激励下的工作机制创新和创业就业新路。

3. 农旅文一体化与农户增收

坚持农业规模经营、发展现代山地农业、走农业产业化之路是贵州革命老区农村现代产业发展和培育新型职业农民的基本需求和必然趋势，也是当前农村改革发展的必然要求。枫香镇整合涉农投入资金，大力实施扶贫攻坚"531 工程"，因地制宜、因户施策、宜种则种、宜养则养、宜工则工，注重贫困农民当前增收与长远发展相结合，以短养长，长短结合，积极引入外部力量，通过土地流转发展现代农业，实现了土地规模经营，做到扶真贫、真扶贫，确保扶贫取得真效果。在扶贫增收和集体经济发展方面取得了较为明显的成绩。花茂村按照"生态立村、经济兴村、旅游强村"的思路，结合农业结构调整、退耕还林和精准扶贫，大力实施好栽、好看、好吃、好卖的"四好"工程，因地制宜培育特色主导产业，以"公司＋合作社＋农户"、"公司＋支部＋合作社"等现代农业经营模式，推进"产业生态化、生态景观化、景观特色化"，推动农旅文一体化和一二三次产业融合发展。目前，贵州金泽地精品特色水果种植有限公司已种植精品水果 480 亩，生态传统农业 120 亩；天津枫桦公司的苗林一体化项目已经种植银杏 1200 余亩，天竺桂 800 余亩，刺梨种植 3750 亩，这两家公司已成为枫香镇观光农业发展的示范典型。山东省寿光九丰现代高效农业园区已完成生产大棚建设并投产，该园区带动周边发展蔬菜种植 5 万余亩，实现项目区农民年人均增收 2000 元以上。此外，花茂村还成立了遵义首家"互联网＋"服务中心，开展农村"三资转换"试点，办理房屋土地使用证604户，完成林权证核对1100个，发放房屋产权证106户。在精准识别、精准帮扶的基础上因户、因村施策，突出产业化扶贫，解决短期脱贫与可持续发展问题。重点依托红色文化旅游，引导培育农业观光、水果、乡村旅游、藤编、陶瓷5大产业，流转土地2248亩，建成高效生态观光农业基地5个，创办42家乡村旅馆，农家乐10家，带动了农户增收，使花茂村反贫困取得了持续的成效，成为远近闻名的扶贫示范村。

（三）长征精神作用于贵州革命老区整村反贫困实践的启示：基于花茂村和杉坪村的比较与思考

1. 桐梓县娄山关镇杉坪村反贫困实践的成效与思考

（1）娄山关镇杉坪村概况

杉坪村地处210国道、兰海高速、川黔铁路交汇地带，距离桐梓县城4.5公里，距离著名的红色圣地娄山关3公里，区域内平均海拔1150米，年均气温21℃，森林覆盖率达70%以上。全村总面积7000亩，耕地2726.7亩，其中田1307.7亩、土1419亩，人均拥有耕地面积0.64亩，全村耕地多为25°坡地，8个村民组中就有5个分布在1000—1300米的高山地带，列属国家扶贫开发的二类重点贫困村。杉坪村曾隐于大娄山深处，崎岖的山路，阻塞的通信，原始的劳作，多少年来"贫困"成为杉坪村的主要标签，传统农业种植作物主要就是玉米、水稻、红薯等，经济作物甚少，农业生产非常滞后，农村家庭辛苦一年，仅能基本解决口粮问题。全村有田坝、黄家坝、垮山、山岔溪、榜上、钟家山、上水沟、兰草8个村民组，其中5个村民组分布在高山上，共1033户4232人，其中劳动力1680人，外出务工350人；有贫困农户358户，贫困人口1350人，占全村总人口的31.9%，2001年被列为国家扶贫开发二类重点村。

2014年以前，由于水、电、路等基础设施落后，产业结构单一，农民增收致富难，农民人均可支配收入不足5000元；村级集体经济积累难，累计负债10多万元。2014年，为帮助这个名副其实的"贫困村"、"空壳村"改变命运，确保2016年与全县人民同步实现小康，结合该村区位、气候、资源等优势，桐梓县委、县政府决定将其纳入桐梓县休闲农业园区整体规划范围，作为核心区内容之一，按照坚守发展和生态两条底线，按照"农旅一体化"发展思路进行打造，高起点规划，高标准建设，带动群众发展特色农业、乡村休闲旅游，实现助农增收。通过一年时间就实现了跨越发展，路、水、电、房、讯、寨一步到位，真正是农旅结合、转型升级，真是种养业转型升级、乡村农家乐喜客盈门、土地流转花果满山、村民就地打工效益倍增、旅游经济风生水起，村级集体经济从负债 10 余万元到积累 120 余万元；2014 年全年纯收入超过 4750 万元，农民人均可支配收入从不足 5000 元增加到 11230 元，翻了 1.2 番，各项小康指标快速提升，实现从国家二级贫困村到小康村的嬗变，建设成文化、法治、生态、产业等各项综合指标名列前茅的小康村，为同类贫困村开展小康创建探索了一条可行之路。

（2）桐梓县娄山关镇杉坪村反贫困实践的主要做法及成效

①围绕打造"四化乡村"要求，高标准实施整村规划。全村围绕建设"四化乡村"，实现同步小康目标，邀请专业设计机构进行整村规划，把全村作为景区来规划，把农房作为艺术品来设计，把荒山作为绿色银行来建设，把山水作为园林风景来雕琢，对每一座山冈、每一条沟渠、每一条小路、每一面山岩，进行逐步设计，在高标准规划设计的基础上，着力打造"四化乡村"。一是乡村景区化。以打造"中国知名·贵州一流"的 5A 级景区为发展定位，规划设计一个 6 万平方米的人工湖泊，沿湖建设亭台楼阁、观赏步道；栽植风景林 2000 余亩、行道树 10000 余棵，让每条通村公路都变成风景带、观光带；在重要节点规划打造孔子像、耕牛雕像、青铜浮雕、摩崖石刻、十友花瓶、农耕文化园 6 处人文景观，与自然景观交相辉映；打造林下花园、全景式花海 1500 余亩，让全村移步换景、美轮美奂。二是乡村产业化。突出产业结构调整，采取"绿色产业＋家庭农场＋大户"特色产业致富模式，因地制宜发展经果林、蔬菜等种植业，通过招商引资和扶持本地农户，打造黄秧坪生态农场、王刚生态农庄等 5 家标准化家庭农场 5 个，共发展特色经果林 6188.45 亩，精品苹果、柑橘等 1600 亩，折耳根 1000 亩，蔬菜 1200 亩，花卉苗木 4000 余亩，建设标准化养殖场 4 个，全村全年种植养殖收入 2000 余万元，解决当地农民 300 多人就业，既确保了农户的经济效益增长，又创建了乡村旅游观赏的游览环境和配套的基础设施建设，实现了农民稳定就业与增收致富的局面。三是乡村城镇化。完善健身、休闲、娱乐等公共设施，融入城镇现代元素，让广大群众身处农村又能享受城里人的生活；对山体、景点、房屋进行灯光装饰，安装太阳

能路灯 200 余盏、太阳能星星灯 1000 余盏，让全村夜晚繁星点点、美不胜收。四是乡村时尚化。引导和组织群众开展形式多样的文化娱乐活动，成立了 20 人的农民管弦乐队，举办健身大赛、广场舞比赛等，引导群众转变思想观念和生活方式，养成了农闲时节唱歌跳舞等健身习惯，生活越发时尚化，而且，绝大多数中青年的群众养成了讲忠孝、思发展、谋致富的良好风尚。

②整体推进"四大工程"建设，高标准改善发展环境。坚持宜农则农、宜林则林、宜游则游，以生态旅游为龙头，带动发展绿色扶贫产业，牢牢守住发展和生态两条底线，着力改善生产生活条件。一是实施基础设施致富工程。杉坪村重点以村组道路、水利工程、电力设施为切入点和突破口，以实施全面小康创建"六项行动计划"① 为契机，高标准、高质量组织实施以通组路、断头路、烟区路、旅游路为重点的道路硬化工程，共修建和硬化柏油路、水泥路等 55 公里，实现组组通公路、户户通连户路的小康目标；改造电网 8 公里，新增变压器 3 台，安装200 多盏太阳节能路灯，1000 多盏太阳能星灯，对山体、景点、房屋进行了灯光装饰；修建灌溉沟渠 30 公里，新建水窖 20 口，安装自来水管 16 公里，实现农户家庭 100% 通自来水；规划建设观景台 5 个，健身场 3 个，绿化风景林 500 亩；购买 20 台电瓶观光车接送游客，有效保护环境，形成亮丽风景。二是实施乡村旅游带富工程。打造美丽新乡村、带动乡村旅游，按照"渠道不变、管理不乱、各负其责、各记其功"的原则，积极招商引资，整合相关资金和项目集中投入，探索利用生态、气候、土地资源优势，转化为加快农村基础设施发展优势，带动了杉坪村乡村旅馆的快速发展。杉坪村依托交通、区位和气候优势，引导农民建设乡村旅馆，整体提升乡村旅游点品位，构建乡村旅游环村示范带。引进贵州广恒龙旅游开发有限公司、世纪花卉公司等龙头企业，全面实施荒山开发和休闲农业观光园林建设等，以休闲度假为主打品牌，投资 5800 余万元，建设县城周边"吃、住、行、游、娱"旅游要素齐备的休闲避暑场所。全村现有高品质乡村旅馆 40 家、床位 2500张，2014 年接待游客 8000 余人次，旅游综合收入 1500 余万元，解决了本村部分人口的就业，破解了农村建设全面小康的难点。三是实施公

---

① "六项行动"即"小康路、小康水、小康电、小康房、小康讯、小康寨"行动。

共文化创建工程。完善了文体设施，共新建健身场所 3 个、文化广场 2 个、农家书屋 1 间、篮球场 1 个、乒乓球台 6 个、羽毛球场 1 个。四是实施环境整治美化工程。修建 8 个垃圾池收集点，设置 5 多只移动垃圾箱。每年投入专项资金 10 万元，招聘保洁员 4 名，每日清扫、转运村组道路垃圾，无害化处理率达 100%。定期开展集中整治活动，督促群众整改乱倒垃圾、乱堆柴草行为。通过开展环境整治活动，制定文明卫生公约，对村民进行"十星"文明户流动评定，杜绝了村民乱倒垃圾、随地吐痰、乱堆乱放柴草树木等行为。

③全面落实"四个统筹"措施，大力破解资金难题。坚持"政府引导、群众主导、整合项目、社会参与"的原则，整合项目资金集中投入基础设施建设，积极对接相关政策，全力争取上级资金、项目支持，撬动民间资金投入，加大招商引资力度，积极鼓励民间资金参与建设，扶持农户发展生产，引导当地农民投资和社会资本投入，政府投入 5000 多万元资金，撬动 2 亿元民间资金，建设 20 多个重点项目，为新农村建设注入强大动力，实现集中财力办大事，有效破解资金难题。一是统筹项目资金。统筹"一事一议"、扶贫开发、水土保持、退耕还林、土地复垦等 20 余个项目资金 1500 余万元，重点用于建设基础设施、环境整洁、公共文化等设施。二是统筹扶持资金。统筹整合县镇扶持资金 600 余万元，集中用于补助家庭农场和民居建设。三是统筹社会资金。引导企业 100 余家，个体工商户 1000 余户，投入社会资金 1.5 亿元，扶持群众发展苗圃、花卉等特色产业，建设公益设施。四是统筹群众资金。引导群众参与环境建设，共投入资金 4910 万元，以黔北民居的方式，改造亮化黔北民居 400 余栋，硬化院坝 45000 余平方米，改厨 600 户，改厕 750 户，修建花池 3500 个，大大改善了村民的生产生活条件，使 355 户的 1174 个贫困人口摆脱贫困，实现了整村整体脱贫。

④引领做好"三资转换"工作，全方位保障群众增收。坚持以资源为基础，以市场为导向，以改革为动力，依托交通区位、生态气候优势，发展特色种植业，带动乡村旅游业，全面盘活村集体资产、资源、资本，让资产流动、把资源搞活、吸引社会资本投入，最终实现发展乡村旅游、带动产业发展、促进群众增收目标。一是探索建立农民以土地入股、实物分红的土地流转模式。具体方法是，采取分红方式，农民出让土地使用权，引导农户将土地集中连片流转给种植大户，由种植户统

一管理经营、发展规模经果种植，到经果林开始挂果采卖时，每年由农民在自家承包地上按10%的比例选择优质果树，自行采摘，充抵每年的流转费用，着力解决转出土地农户固定租金不高和转入土地大户前期投入过大"两难选择"问题，使农民土地收入成倍增加。例如，园区内王刚苹果园流转土地300亩，现金流转每亩400元，农户每年按流转土地上收获实物的10%选择果树自行采摘和出售。以2014年产量和价格计算，实物分红每亩最高可达4000元，是以现金补偿方式流转土地收益的10倍。二是农民土地入股，以"公司＋农户"形式发展产业，以货币分红的土地流转模式。具体操作方法为：由帝景园林花卉公司，根据市场需要，统一购进种子，统一技术指导，农户以土地入股并投工投劳，由农民在自家的土地上种植花卉苗木，成林成熟后，由公司统一销售，公司除去种子苗木和物资等成本后，农户与公司按4:6现金分配销售农产品的纯利润。在未培植苗木花卉期间，公司为保障群众的利益，每年按每亩1000—1500元提前预付群众收益，最后按交易收入统一结算。通过这两种土地流转模式，发展较大的家庭农场5个，既保障了农户的切身利益，又帮助农业大户有效解决了用地难的问题，还节约成本，使群众、公司、种植大户形成一个利益共同体，实现共同发展。例如，黄秧坪苗圃园流转土地200亩，采取利润分红后，农民亩均收益5000元，是现金补偿流转土地收益的7倍，转出土地农户与种植大户和公司结成了利益同盟。三是让群众得到利息分红。经村民同意，将一家一户分散的补助集中起来统一使用，资金使用采取利息分红的方式补偿该部分农户，提高资金使用效益，有效保障其他农户利益。四是让群众发展旅游增加收入。鼓励群众创建乡村旅馆，每年利用夏季接待游客避暑，获取住宿租金，同时兼售饮食或农产品，以增加收入。

2. 长征精神作用于贵州革命老区整村反贫困实践的启示

（1）以长征精神激励助推扶贫攻坚战略

深入践行"坚韧不拔、百折不挠"的长征精神和"笨鸟先飞"、"滴水石穿"的扶贫精神，按照"四在农家·美丽乡村"建设的新要求，努力挣脱"意识贫困"和"思路贫困"，决战决胜扶贫攻坚。花茂村毗邻苟坝村，充分利用长征文化元素和传统地域文化，塑造新型职业农民，着力解决扶穷志、拔穷根、换穷业、治穷窝的问题，激发农民反贫困的内在潜能和实干动力，提高农民自我发展能力，使其充分利用各种资源要素投入反贫困实践中的创业就业、脱贫致富、开源增收，确保脱贫致富奔小康目标如期实现。杉坪村利用自身的区位、生态和文化优势，推动扶贫开发和生态建设的有机结合，以全景全域理念发展生态旅游，积极开发红色旅游资源，通过扶贫、产业结构调整、乡村旅游，实现了整村脱贫奔小康。

（2）建设坚强的基层党组织战斗堡垒

牢固树立"抓党建就是抓关键、抓作风就是抓重点"的理念，在新常态下加强基层组织和干部作风建设，选好配强村支部书记和农村致富带头人，充分发挥村级党组织的先锋模范作用，通过"第一书记"和"项目书记"等的结对帮扶，实现结对帮扶全覆盖、户户有帮扶责任人，努力为扶贫攻坚工作提供坚强的组织、人才和资金保障。花茂村基层党组织认真发挥自身在精准扶贫中的带头扶贫、带领群众脱贫致富的"领头雁"作用，深入实施"三关爱"工程，探索"五带十帮"帮扶机制，积极做好贫困人口登记、建档立卡，推动精准扶贫与小康齐步走，解决了贫困户的实际困难问题，降低了贫困发生率，提高了全面小康总体实现程度。杉坪村通过村支书、致富带头人队伍建设及其示范带动作用，通过干部、教师、企业（家）、能人等社会力量参与帮扶，实施"结对帮扶、产业发展、教育培训、危房改造、扶贫生态移民、基础实施等六个方面到户"的精准扶贫措施和"八个一工作要求"具体扶贫帮扶方法，被誉为"杉坪经验"。"杉坪经验"中各级党组织在精准扶贫、干部担当中的战斗堡垒作用，为脱贫致富和全面小康建设提供了成功模式。

（3）走村级产业综合体的精准扶贫新路

以村为整体单元，把扶贫开发和生态建设有机结合起来，通过发展现代农业、产业结构调整、完善基础设施、发展乡村旅游，使农村变成景区、土地变成果园、农民住房变成餐饮旅游集散中心，走工业化增加就业、产业化提升农业的发展新路，促进产业向园区集中、土地向农民专业合作组织集中，加快推进扶贫攻坚工作，确保贫困对象参与现代产业发展过程，做到经济效益、社会效益、生态效益同步提升，实现农产旅一体化，走整村产业综合体发展新路，以实际成效守住发展和生态两条底线，诠释绿水青山就是金山银山，全力实现"农业强、农村美、农民富"的目标。花茂村按照"生态立村、经济兴村、旅游强村"的思路，因地制宜培育特色主导产业，注重园区发展示范带动效应，实现规模化、产业化生产运营，以"景区＋农户"、"产业＋农户"、"公司＋合作社＋农户"、"公司＋支部＋合作社"等现代农业经营模式，通过发展现代农业、调整产业结构、壮大第三产业，积极推进农旅、文旅、商旅一体化，配套连接二、三产业，推进"产业生态化、生态景观化、景观特色化"，经济发展态势良好，实现了田园自然风光、红色文化旅游、陶艺文化体验与产业融合发展的产业综合体，积极打造现代农业综合体，引导现代农业向高产、优质、高效、生态、休闲发展，不仅带动农民脱贫致富，而且能够实现农村收入稳定并持续增长，故，整村产业综合体成为农村反贫困及全面小康社会建设的主要经济手段。杉坪村结合自身区位、气候、资源等优势，坚守发展和生态两条底线，通过大力调整产业结构，以发展经果业、乡村旅游为支柱，搭建新农村建设平台，提出了乡村景区化、乡村产业化、乡村城市化、乡村时尚化的"四化"理念，走"农旅一体化"道路，高起点规划，高标准建设，带动群众发展特色农业、乡村休闲旅游，实现助农增收，一年时间实现基础设施一步到位，真正是农旅结合、转型升级，各项小康指标快速提升，形成一个集文化、法治、生态、产业为一体的整村产业综合体，为同类贫困村开展小康创建探索了一条可行之路。

（4）夯实农村集体经济基础，完善农村发展要素

农村集体经济是农村发展现代农业及农村基础设施建设的保障，能够推动城乡统筹发展、加快农业现代化和社会主义新农村建设、体现和巩固党在农村地区的执政地位。花茂村和杉坪村农村集体经济的主要收入来自村级集体土地流转收益，以此带动村级集体经济其他来源的增加，如花茂村土地流转收入为 4 万元，带动农家乐 18 万元；杉坪村土地流转收入为 10 万元，积累集体经济收入 120 万元。有了一定规模的集体经济收入，既可用于完善农村基础设施建设和农村环境要素整治，也可用于改善农村民生事业及相关事业支出，有效发挥集体经济带动的再分配效应。鼓励和引入集体经济收入积极推进"雨露计划"与科技培训有机结合，继续兴办农民夜校，以身边人说身边事等多种方式，加大种养、加工、旅游业等实用技能培训力度，确保每个贫困户掌握 1—2 门农业生产技术，培养造就一大批有文化、懂技术、会经营、能服务的新型农民。

四　以长征精神为动力，推进贵州革命
老区整村反贫困实践的政策建议

（一）贵州革命老区整村反贫困实践的精神动力：长征精神

"在新的历史条件下，继续弘扬长征精神，是取得建设中国特色社会主义事业更大胜利的重要保证，长征精神要发扬光大，更要不断创新，在全面贯彻'三个代表'重要思想、全面建设小康社会的奋斗过程中，弘扬和丰富长征精神。"① 当前，贵州革命老区正处在推进精准扶贫、建成全面小康这一攻坚克难的关键时刻，从根本上改变贵州革命老区社会经济的"欠开发、欠发达、欠开放"状况，缩小区域发展差距，更是贵州革命老区面临的新"长征"，更需要传承、丰富和弘扬长征精神的深刻内涵，使之在贵州革命老区反贫困实践中发挥更大的作用和价值。为此，需要继续发挥长征精神的精神动力作用，把长征精神与贵州革命老区发展的时代特征和现实需求结合起来，转化为贵州革命老区整村反贫困实践的巨大精神力量，通过坚持不懈的努力获得整村反贫困战役的决定性胜利，使贵州革命老区人民与全国人民一道进入全面小康社会，彰显长征精神的时代价值和旺盛生命力。在扶贫攻坚的进程中培育既体现长征精神本质内涵，又反映时代特征的贵州革命老区"长征精神"内涵。由于孕育文化的社会背景和现实条件已发生根本性变化，我们认为，贵州革命老区"长征精神"的具体内涵已发生了深刻变化。现详述如下：

"不怕困难、艰苦奋斗"。温家宝同志在视察兴义市则戎乡冷洞村抗旱保苗事迹后，总结了"不怕困难，艰苦奋斗，攻坚克难，永不退缩"的"贵州精神"，其实质是长征精神在新形势下的具体体现，是对长征精神的传承、丰富与弘扬。对于贵州革命老区反贫困新征程来说，更是需要这种奉献精神，只有一代又一代的老区人民不怕困难、艰苦创业，才有可能完成新形势下反贫困的目标。

---

① 联合课题组：《弘扬长征精神，加快老区发展》，《毛泽东思想研究》2013 年第 1 期，第 10—16 页。

"实事求是、独立自主"。整村反贫困是一项具有挑战性的"长征",需要贵州革命老区干部群众结合本地自身的经济条件和现实基础,探索农村经济发展要素集聚的体制机制,走出一条不同于其他地区农村反贫困实践的发展新路,真正实现"一村一品"和村级特色产业发展,使每一个农村都形成具有自身特色和优势的整村产业综合体。

"坚韧不拔、百折不挠"。由于区域经济发展的现实差距及贵州革命老区内部发展不均衡,需要老区人民不仅要缩小区域发展差距,还要改变内部发展不均衡状态,这就需要一种在困难和差距面前顽强拼搏的精神,尤其是对于贵州革命老区内部发展滞后的县域更是如此,如"凝心聚力、苦干实干、攻坚克难、勇于争先"的"威宁精神"就是一种拼搏精神,是长征精神在具体县域的体现和实践。

"团结合作、敢于创业"。时至今日,反贫困工作单靠贫困农户自身的努力,要想真正脱贫致富几乎不可能,这就需要一种团队合作精神,统一认识,集团帮扶、整体推进、整村脱贫,在各方共同努力下,增强贫困人口反贫困的内生动力,真正组织贫困人口参与扶贫项目的全过程,以产业发展带动贫困人口就业创业,提高自我发展能力,增强造血功能和发展活力,才能真正实现农村贫困人口脱贫致富奔小康的共同目标。

"心系群众、革命为民"。以人(农民)为本,执政为民,是中国共产党在贵州革命老区基层执政的基础,这就需要始终坚持党的群众路线,发挥农村基层党组织的先锋模范作用,积极带领革命老区人民群众与反贫困做长期斗争,时时处处维护基层农民利益,获得反贫困战役的最后胜利。

(二)以长征精神为动力,推进贵州革命老区整村反贫困实践的对策建议

1. 传承和弘扬长征精神,凝练和提升贵州革命老区反贫困的内在动力

长征文化是长征精神的载体,是贵州革命老区重要的文化资源。传承长征文化有助于增强贵州革命老区人民的文化自信、精神自信和道路自信,激励老区人民反贫困的内在动力。

(1)挖掘和保护长征遗址遗迹,保护和开发长征文化资源,使长征成为老区人民的文化符号,并为其他产业发展提供文化支撑。贵州革命老区是红军在贵州长征期间活动的主要区域，具有丰富的长征遗址遗迹，应进一步挖掘和整理并按照世界遗产标准保护和建设；长征遗址遗迹蕴藏深厚的长征文化内涵，承载着红军在黔期间的英雄事迹，已成为老区人民消除"物质贫困"和"精神贫困"的重要思想武器，应认真加以开发和利用，使之成为老区人民共同的文化符号；认真开发和利用长征遗址遗迹，使之成为贵州革命老区打造红色旅游、乡村旅游的阵地，为打造村级产业综合体形成文化支撑。

（2）传承和弘扬长征精神，让长征精神内化为老区人民反贫困的内在动力。长征精神是贵州革命老区人民共同的文化价值符号之一，具有内省和激励的价值功能。在扶贫攻坚的当下，传承和弘扬长征精神，是贵州革命老区人民群众践行社会主义核心价值观的重要举措，也是实现"致富梦"的精神文化依托。为此，需要新的载体和方式传承和弘扬长征精神，增强老区人民脱贫致富的自信和动力，使之内化为贵州革命老区干部群众反贫困实践的内在动力。

2. 挖掘党建扶贫的制度潜力，发挥贵州革命老区村级党组织反贫困作用

坚持"心系群众、革命为民"的民本精神，以党建促发展，以发展带脱贫，充分利用党建的制度优势和政策红利，以长征精神为动力，整合驻村工作等党建扶贫力量，发挥各类扶贫的党组织建设、驻村干部、第一书记、农村党员等各类人员的积极性，发挥村级党组织在精准扶贫及全面小康建设进程中的带头作用。

（1）加强发展型、服务型基层党组织建设，提升党组织服务能力。在抓党建扶贫工作中，以长征精神为动力，重点抓好基层党组织建设，以服务群众、做群众工作为主要任务，整合服务资源，完善服务功能，改进服务方式，提高服务水平，建成一张功能强大、覆盖广泛的服务网络。整合政策、技术、项目、资金等资源，打捆使用，统筹推进，形成党建扶贫工作的整体合力。着力加强基层党组织书记、党务工作者和党员队伍建设，打造一支服务意识较强、服务能力突出的工作队伍。要推进党群服务中心和党员活动之家建设，搭建一个服务内容多元、资源有效整合的服务平台，增强基层党组织利用网络宣传政策、汇集民意、服务群众、引导舆论的能力。

（2）坚持"统分结合"的原则，健全精准扶贫工作责任体系。"支

部结对·干群结亲·精准扶贫·同步小康"的驻村工作是相互贯穿、相辅相成、不能割裂的统一整体，要统筹谋划、统筹安排、统筹推进，防止顾此失彼。各级党组织一定要敢于担当，拿出有效的措施，让"四个轮子"同速同频转起来，齐心协力把工作抓实抓好、抓出成效。要分级负责、落实责任，通过督导检查、加强指导、资金监管、考核评定，建立健全精准扶贫工作责任体系，严格落实工作责任，切实解决党员干部驻村责任问题，扎实推进扶贫产业项目实施，确保脱贫致富取得真正成效。

（3）选好配强驻村干部，完善帮扶资金的运行机制和监督机制。严格把握人选条件，把"支部结对·干群结亲·精准扶贫·同步小康"驻村工作的干部选好配强。要注重选派政治素质过硬、工作踏实肯干、年富力强、发展潜力较大、群众公认度高的干部，特别要优先选派各级后备干部、优秀年轻干部，确保选派干部具有较高的政治素质和较强的工作能力。在党建扶贫工作中，各级党组织要全力以赴、倾力支持，把帮扶联系点当成家，把贫困群众当成亲人，把帮扶当成责任，在广听民意、集中民智的基础上，积极争取资金，发挥好"输血"功能，固本培元。对协调和争取到的资金，要从制度上着手，建立和完善公开、透明的操作运行机制，让资金在阳光下运行，让公众参与到资金的监督之中，确保资金安全、高效地发挥作用、发挥效益，形成扶贫资金撬动社会资本参与扶贫的集聚效应。

3. 深化农村集体产权制度改革，夯实贵州革命老区整村反贫困的经济基础

农村集体产权制度改革是对现有农村社会生产关系的重大调整，是激发农业农村发展活力的重大举措。坚持"实事求是、独立自主"的创新精神，深化农村集体产权制度改革，是贵州革命老区亟待完成的一项任务。发挥"三资转换"的经济效应，夯实贵州革命老区集体经济发展的产权基础。

（1）深化农村经济制度改革，为打造整村产业综合体铺平道路。党的十八届三中全会提出，要保障农民集体经济组织成员权利，积极发展农民股份合作，赋予农民对集体资产股份占有、收益、有偿退出及抵押、担保、继承权。为此，贵州革命老区在贯彻和执行上级各部门相关政策的过程中，实事求是，自主创新，围绕本地农村集体资产实际，在

不违背上级政策基本精神前提下，积极推进农村集体产权制度改革，探索符合本地发展需求的农村集体所有制实现形式和产权体系，明确农民的土地权益及由此产生的收益，打通集体经济发展面临的思想误区和制度障碍，为农村集体经济发展和农产旅一体化发展铺平道路。

（2）充分利用政策利好抢抓机遇，积极发展村级集体经济。加快村级集体经济发展，是巩固党在农村执政地位，增强村级班子凝聚力、号召力和战斗力的重要保障。创新农村土地流转制度，探索由村"两委"牵头，成立公司或企业、合作社的形式，或者通过引进公司、企业、合作社、种植大户的方式，把村里外出务工农户的土地、未承包到农户的村集体土地、村里无人管理撂荒的土地集中流转出来经营，从而增加村级集体经济收入。完善农村集体资产管理体制，通过股份合作、出租等方式，将闲置或低效使用的校舍、办公用房等村级集体资产盘活，如创办村级托儿所、卫生室等，实现村级集体资产保值、增值。培育集体经济增长点，通过村"两委"牵头创办公司、企业、合作社、工程队等形式，以村里的荒山、荒滩等优势资源入股合作，因地制宜发展茶园、果园、药园、林场、养殖场等绿色产业，对农产品进行深加工，将资源优势转化为经济优势，增加农民收入和村级集体收入。同时，充分利用政策红利，争取基础设施项目、退耕还林等国家惠农政策项目资金，以项目资金入股合作形式，引进能人，因地制宜发展多种产业来增加集体收入。

4. 积极构建农村现代产业发展体系，探索贵州革命老区整村产业化精准扶贫之路

坚持"艰苦奋斗、不怕困难"的长征精神，结合贵州革命老区山地资源优势，鼓励通过"一村一品"、农业工业化、挖掘"乡愁文化"等途径探索和创新贵州革命老区村域经济业态，提高粮经比例，培育新型农民，增加农户收入，走农产旅一体化。

（1）加快发展现代农业，转变农业发展方式。积极做好贵州革命老区农村土地确权工作，完善农地收益分享机制，保障农民土地征收权益。大力发展农业专业合作社，积极发展优质特色农业和农产品加工业，培育新型农业市场经营主体，构建集约化、专业化、组织化、社会化的新型农业经营体系，提高贵州革命老区现代农业经营水平和市场应变能力。发挥贵州革命老区植物资源优势，依靠农林科技力量，遵循科

学规律，合理调整优化农业产业布局，适时根据市场变化调整农产品品种品质结构，逐步改善种植结构，重点发展绿色生态农业，提高农业产业品质，保障贵州革命老区粮食及主要农产品的有效供给。加快发展生态农业，以发展现代生态农业为主攻方向，发展壮大农业产业化龙头企业，加快农业产业结构转型升级，促进生态农业持续发展。

（2）增强"造血"功能，加快培育"一村一品"的特色产业。要把帮扶工作和精准扶贫有机结合起来，瞄准"扶谁的贫"、"谁去扶贫"和"怎么扶贫"三个关键问题，以农村特色产业培育为核心，以加快农村基础设施建设为抓手，根据群众的主观愿望和客观实际，因地制宜、突出重点，统筹规划、因户择业，分类指导、分类施策，建设基地、培育龙头，形成特色、打造品牌，培育贵州革命老区特色产业体系。

（3）积极发展红色旅游、生态旅游、山地旅游等多种旅游业态，使其成为贵州革命老区村域经济的新增长点。践行生态文明理念，依托丰富的旅游文化资源，充分发挥红色旅游、生态资源、山地资源的优势，围绕贵州革命老区旅游产业发展需要，提高旅游服务与管理水平，着力打造具有老区特色的旅游精品工程和旅游产业体系。充分利用贵州革命老区喀斯特地形地貌优势，积极发展富集旅游生态和人文内涵的山地旅游，着力构建适宜山地旅游发展的交通体系和公共服务保障体系，深入推进山地旅游的制度建设和机制创新，全面打造贵州革命老区山地旅游品牌，持续释放山地旅游发展活力。充分利用民族文化资源优势，加快培育区域文化集聚的文化产业体系，做大特色文化品牌，力争使文化产业成为贵州革命老区产业发展的新增长源。

5. 大力发展农村非农产业，推进贵州革命老区农村劳动力就近就业创业

坚持"团结合作、敢于创业"的团队精神，结合各地农村实际，紧扣村域产业发展新态势，积极促进包括贫困人口在内的农村劳动力就业创业，出台鼓励贵州革命老区农民工等返乡人员创业政策，以创业带动就业；多方位满足创业人员的技术需求，提高创业人员闯市场的本领。

（1）积极推动农村劳动力就地就近就业。加大转变农业发展方式力度，推动农地规模经营，鼓励金融、保险等机构服务农村现代产业，

大力发展农民专业合作社、家庭农场等新型农业经营主体，积极培育现代高校农业示范园区，增强农业园区等现代农业体系的就业吸纳能力，实现贵州革命老区农业转移人口稳定就近就业。

（2）认真抓好农村劳动力职业技能培训，提高贵州革命老区农民工等返乡人员就业创业能力。设立职业技能培训资金，采取多元化培训方式，加强贵州革命老区农民工等返乡人员及在劳动密集型产业就业农民的职业技能培训，提高非农就业能力和产业适应能力；以消除贫困、促进就业为目标，抓好技能培训、劳务基地建设、品牌推介、就业创业扶持等贵州革命老区农村劳动力就业培训工作；适应现代产业发展需要，加快新兴职业农民专业技术培训，实现贵州革命老区农民稳定非农就业和就业技能化。

（3）结合贵州革命老区产业发展实际，大力发展劳动密集型产业及其配套产业。制定相关的支持性产业发展政策，创新农村金融服务体系，以中小企业、小微企业为依托，依靠贵州革命老区比较优势加快发展劳动密集型产业的相关配套产业，发展和延伸相关产业链。以稳定就业为目标，加强对劳动密集型产业发展的金融支持，给予自主创业的人财政支持和信贷支持，缓解就业困难群体的融资瓶颈，对吸纳农村劳动力就业的小微企业实施税收优惠政策，推动贵州革命老区农村劳动力稳定就地非农就业。大力发展新型劳动密集型产业，鼓励发展符合贵州革命老区地方特色手工艺品生产的劳动密集型产业，合理引导人口向非农产业集中，增强贫困人口反贫困能力和可持续生计能力。充分发挥"互联网＋"助推经济发展作用，按照"政府引导、市场运作、社会参与"原则，完善农村物流分配机制，大力培育农村电子商务主体，扶持农村电商企业发展，打造农村电商产业体系，带动贵州革命老区农民非农就业创业。

五　结语与展望

贵州革命老区整村反贫困实践充分证明，长征精神正成为革命老区人民群众脱贫致富奔向全面小康的巨大精神力量，是增强贵州革命老区人民文化自信、精神自信和道路自信的不竭动力，传承、丰富和弘扬长征精神已成为贵州革命老区人民的自觉追求。当前，贵州革命老区正处在打赢扶贫攻坚战、建设扶贫开发示范区的关键时期，充分发挥长征精神的内在动力作用，创新精准扶贫、精准脱贫工作机制，深挖党建扶贫制度潜力，推进农村集体产权制度改革，发展和完善农村现代产业体系，鼓励农民非农就业创业，形成贵州革命老区农民致富增收合力，实现贵州革命老区人民同步小康，彰显长征精神的时代内涵和实践价值。

参考文献

[1] 习近平：《摆脱贫困》，福建人民出版社 2014 年版。

[2] 袁银传、乔翔：《论长征精神的科学内涵》，《武汉大学学报》（人文科学版）2006 年第 11 期。

[3] 徐静、徐圻等：《让红色基因代代相传，让遵义会议精神永放光芒》，《贵州日报》2015 年 6 月 30 日（论苑）。

[4] 徐静、丁凤鸣等：《以"四个全面"引领贵州革命老区精准扶贫工作》，《贵州日报》2015 年 4 月 14 日（论苑）。

[5] 蔡雪珍、周显信：《论长征精神的当代价值》，《甘肃社会科学》2006 年第 6 期。

[6] 徐明忠：《贵州革命老区的"遵义会议精神"内涵》，《中共铜仁地委党校学报》2007 年第 5 期。

[7] 郑紫东、秦自强：《弘扬长征精神，促进老区发展》，《毛泽东思想研究》2012 年第 6 期。

[8] 四川省社会科学院等联合课题组：《弘扬长征精神，加快老区发展》，《毛泽东思想研究》2003 年第 1 期。

专题十二 弘扬长征精神，利用红色资源，促进地方经济发展新跨越[①]

习近平总书记在 2015 年 6 月 16—18 日在贵州考察期间发表了一系列重要讲话。为深入系统学习和研究习近平同志重要讲话精神，贵州大学 2015 年 7 月设立了重大专项研究课题。我们承担了《弘扬长征精神，利用红色资源，促进地方经济发展新跨越研究——基于遵义娄山关镇、长征镇的调研分析》课题。遵义市桐梓县娄山关镇、红花岗区长征镇是著名的革命老区，如何使娄山关镇、长征镇这样的红色故地既具有历史的厚重，又能在现实经济社会发展过程中当饭吃，传承红色文化，依托红色资源，使群众过上越来越好的日子？长征镇、娄山关镇如何继承革命传统？弘扬红色文化和在经济社会发展中取得的成就，以及在新的起点上如何实现新的跨越？这些问题是值得深入研究的。课题负责人家乡在遵义县，曾经多次到访过娄山关镇、长征镇，对这两个镇有很多的感性认识，课题组成员今年 8 月重点对娄山关杉坪村脱贫和长征镇城乡一体化建设进行了田野调查，召开座谈会，走访镇村干部、企业家、个体户和农民，获得了大量第一手研究材料，并在此基础上经过辛苦的劳动，完成这篇调研报告。

一 遵义革命老区娄山关镇、长征镇的红色文化资源

遵义是中国工农红军长征经过和活动的重要地方，红军在以遵义为

---

① 本专题执笔人：李治邦。

中心的贵州活动历时 6 年之久，纵横驰骋于全省五分之四的地方，经过贵州 68 个县（市、区），其中主力在遵义活动 2 个多月。1935 年 1 月，党中央在遵义召开了具有伟大历史意义的遵义会议，"遵义会议""四渡赤水""强渡乌江""娄山关大捷""二进遵义""兵逼贵阳"等红军长征史上著名的重大历史事件都发生在遵义。《2004—2010 年全国红色旅游发展规划纲要》把"以遵义为中心的黔北黔西红色旅游区"列为全国四大红色旅游区，遵义是国家旅游局确定的全国十大红色旅游基地之一。

红军长征对贵州、遵义的革命事业发展产生了重要影响，播撒了革命的火种，传播了革命思想，维护了各族人民的利益。在红军革命精神的感召下，各族人民积极拥护红军、支援红军，与红军结下了深厚的鱼水之情，共有一万多名贵州各族优秀青年参加了红军长征，壮大了红军的长征队伍，贵州各族人民为红军长征顺利进行并取得最后胜利作出了重大贡献。

遵义娄山关镇、长征镇是红军长征活动的重要地方，形成了很多纪念地、遗址和革命历史、革命事迹和革命精神，挖掘、开发红色文化资源，大力弘扬长征精神和遵义会议精神，构筑精神高地，促进经济社会跨越发展，是娄山关人、长征人的历史机遇和使命。

（一）遵义娄山关镇、长征镇红色文化资源

1. 长征精神和遵义会议精神

中国共产党及其领导的工农红军万里长征给党和人民留下了伟大的长征精神。江泽民同志 1996 年 10 月在纪念红军长征胜利 60 周年大会上的重要讲话中对长征精神进行了概括："把全国人民和中华民族的根本利益看得高于一切，坚定革命的理想和信念，坚信正义事业必然胜利的精神；为了救国救民，不怕任何艰难险阻，不惜付出一切牺牲的精神；坚持独立自主、实事求是，一切从实际出发的精神；顾全大局、严守纪律、紧密团结的精神；紧紧依靠人民群众，同人民群众生死相依、患难与共，艰苦奋斗的精神。"① 胡锦涛同志 2006 年 10 月在纪念红军长征胜利 70 周年大会上继续强调了这些长征精神，并进一步强调，"长

---

① 江泽民：《在纪念红军长征胜利 60 周年大会上的讲话》，《人民日报》1996 年 10 月 23 日。

征精神，是中国共产党人和人民军队革命风范的生动反映，是中华民族自强不息的民族品格的集中展示，是以爱国主义为核心的民族精神的最高体现。长征精神为中国革命不断从胜利走向胜利提供了强大精神动力。"①

　　遵义会议精神是长征精神的重要组成部分，早在1945年党的六届七中全会通过的《关于若干历史问题的决议》，就明确了遵义会议在党的历史上的伟大功绩。但如何表述遵义会议精神，党史界、学术界讨论热烈，到目前还没有像延安精神、井冈山精神、西柏坡精神那样明确的和最权威的表述。2011年7月，时任中共中央政治局委员、书记处书记、中央宣传部部长的刘云山视察贵州时指出："贵州有着深厚的历史文化积淀，有着光荣的革命传统，铸就了伟大的长征精神、遵义会议精神，概括起来就是勇于突破，敢于超越，善于转变，攻坚克难的精神，这是推动贵州发展的宝贵财富。"② 2015年1月15日，中共中央政治局委员、中央书记处书记、中央宣传部部长刘奇葆在纪念遵义会议80周年大会上的讲话中指出："贵州是红军长征途中经历时间最长、活动范围最广的省份，贵州各族群众为迎接红军、支持长征、夺取中国革命胜利付出了巨大牺牲，作出了重大贡献。遵义会议确立了中国革命的正确战略战术，确立了中国革命的基本方针原则，确立了毛泽东同志在党中央和红军的领导地位，形成的革命传统、孕育的宝贵精神财富，始终是推动党和国家事业发展的巨大力量。"③ 这里充分强调了遵义会议的重要地位。

　　在纪念遵义会议召开80周年之际，中共中央党史研究室主任曲青山发表在《光明日报》上的文章说："遵义会议为什么能成功召开，为什么能产生如此重大的历史作用和意义？我们可以从多方面、多角度去概括和总结，但实事求是、独立自主、民主集中制和党指挥枪是其中最主要、最基本的方面。"④ 这实际上也是对遵义会议精神的概括。由贵州省委党史研究室承担的国家社科基金特别委托研究项目"遵义会议

① 胡锦涛：《在纪念红军长征胜利70周年大会上的讲话》，《求是》2006年第21期。
② 王兵：《刘云山贵州考察工作纪实》，《人民网》2011年10月21日。
③ 纪念遵义会议80周年大会在遵义隆重召开［EB/OL］，新华网，2015年1月16日，http://www.gz.xinhuanet.com/2015-01/16/c_1114013717.htm。
④ 曲青山：《遵义会议精神永放光芒》，《光明日报》2015年1月7日。

精神研究"课题组把遵义会议精神概括为："长征精神的重要组成部分，其实质是求索精神，其内涵主要是坚定信念、实事求是、独立自主、民主团结。"①

2. 红色革命故事、传说及其影视作品

遵义是红军长征途中停留和活动时间最长、流传红军故事最多的地区，红军在遵义留下了许多感人的故事。1935 年 2 月，红军一军团一部到达遵义城东部一个叫沙坝的村庄休整，红军帮助当地缺水群众挖了一口水井，当时红军给这口井取名"合百井"，意为和合美满、百年长存，后来演变成"河北井"，河北井就成了这里的地名。1935 年红军攻占遵义，时值遵义城郊桑木桠村"鸡窝寒"（伤寒病）流行，病死人无数，人心惊恐，红军首长派出卫生员深入疫区为民治病的故事，流传至今。2006 年遵义市川剧团据此创作了现代川剧《红军魂》，在遵义首演非常成功，先后到全国十多个省市巡演约 700 场次，受到热烈欢迎，得到主流媒体和中央领导的高度肯定。2014 年贵州省推出的电影《近距离击杀》和电视剧《领袖》获全国"五个一工程"优秀作品奖，电视剧《十送红军》和《烽火燃情》2014 年 6 月、10 月分别在 CCTV – 1 和 CCTV – 8 黄金时间播出，扩大了遵义、贵州红色文化的影响力。

3. 红色革命标语口号和诗词歌赋

革命标语、口号曾经鼓舞人民群众为了革命事业前仆后继，遵义 14 个市区县，大部分地方都留下了红军标语，内容丰富，如"红军是工农自己的军队！"、"红军是帮助穷人的军队，当红军去！"等。其中，在湄潭天主教堂完好地保存着"学生起来组织抗日会和义勇军！"、"贫苦工农自动起来当红军！"等 20 多条红军标语，特别珍贵的是在遵义会议会址楼房间里当年红军写下的一些宣传标语得以保存下来。红军标语，对我们今天研究、感受学习红军长征精神和社会主义文化建设具有重要意义。

红军长征组歌十首中，贵州、遵义占有两首（《遵义会议放光芒》和《四渡赤水》），毛泽东的名诗《七律·长征》中的"乌蒙磅礴走泥丸"描写的是贵州，《十六字令三首》写出了贵州高山峻岭的独特魅力。娄山关大捷时毛泽东写下了慷慨悲烈、雄沉壮阔的词《忆秦娥·

---

① 苏超：《大力弘扬长征精神》，《人民日报》2014 年 9 月 23 日。

娄山关》："西风烈，长空雁叫霜晨月。霜晨月，马蹄声碎，喇叭声咽。雄关漫道真如铁，而今迈步从头越。从头越，苍山如海，残阳如血。"这首词具有极高的思想和艺术价值，在领袖笔下，贵州的山是十分壮美的，这更是一种崇高之美，经过艰苦卓绝斗争获得的胜利之美。如今这首词全文被镌刻在娄山关关口当年红军激战的点金山石壁上，宽25米、高14米，由396块大理石镶嵌而成，字体遒劲、气势磅礴。著名书法家舒同题写了"娄山关"摩崖石刻，也成了一道独特的风景。

4. 红色（革命）文化遗存

遵义有许多的重要革命遗址如遵义会议会址、娄山关战斗遗址、四渡赤水纪念地、强渡乌江渡口遗址等。红色文化遗存所具有的历史文化价值是记忆，是文化，是精神，与国家和民族的一般价值观相联系，是稀缺、独特和不可再生的重要战略性的公共资源，具有普遍性的意义，"通过分享对方的价值而建立相互理解并共同创造一种全新的生活意义。"① 如娄山关红军战斗遗址，被国务院列为全国重点文物保护单位，全国爱国主义教育示范基地。2009 年 9 月修建并且开放了娄山关红军战斗遗址陈列馆，自开馆以来，最高峰时日接待游客 1 万多人。娄山关关口西侧有 1966 年建造的由彭德怀和张爱萍分别亲笔题写碑名和碑文的"娄山关红军烈士纪念碑"。

（二）遵义对长征精神和遵义会议精神的传承与弘扬

中国共产党长征过程中在遵义召开了遵义会议，在遵义留下了大量红色资源，如今的遵义城，成了一座没有围墙的革命历史博物馆。如革命圣地娄山关，蕴含着不怕艰难困苦、积极进取的精神，执着追求、牢不可破的坚强意志，坚不可摧的信念和团结协作的精神。作为一种价值形态而存在，蕴含的意义对遵义的文化建设和经济社会的发展有着积极的影响作用。

1. 长征精神、遵义会议精神的继承和弘扬

遵义会议虽然已经过去 80 年了，但是，光辉的历史是不会被人们忘记的。2013 年 7 月，在中国共产党成立 92 周年前夕，习近平同志在主持中央政治局第 7 次集体学习时强调指出，"历史是最好的教科书"，

---

① 杜维明：《文明对话：背景、旨趣、路径——哈佛大学杜维明教授访谈》，《寻根》2003 年第 2 期，第 5—14 页。

在西柏坡考察时指出："中国革命历史是最好的营养剂。"① 我们今天继承和弘扬长征精神、遵义会议精神，就是从中获取精神力量和智慧，为我们今天改革开放和社会主义现代化建设服务，为实现中华民族伟大复兴的中国梦服务。② 鲁迅先生曾经说过，中国人民正是从红军身上看到了中国的光明未来。美国作家协会副主席、《纽约时报》原副主编哈里森·索尔兹伯里在享誉世界的名著《长征——前所未有的故事》里以独特的视角评价长征说："长征是举世无双的，长征是无与伦比的"，"阅读长征的故事将使人们再次认识到，人类的精神一旦唤起，其威力将是无穷无尽的。"③

　　80 年来遵义老区人民继承和发扬长征精神，经历了革命战争的严峻考验，建设道路的艰辛探索，改革开放的创新实践，展示了遵义人民在中国共产党的领导下英勇顽强、波澜壮阔的奋斗足迹。老区人民在长征精神、遵义会议精神引领下，顽强拼搏，大胆改革，率先突破，在实践中总结的遵义湄潭试验区"增人不增地、减人不减地"经验写入中央文件，进入 21 世纪余庆县开展以"富、学、乐、美"为内容的"四在农家"活动，创造了推进农村小康社会建设新的重大典型。在新长征路上，老区遵义继承和发扬长征精神和遵义会议精神，努力把遵义会议精神和长征精神宝贵的精神财富变成推动遵义各项事业前进的巨大力量。

　　2. 遵义红色典型人物对长征精神的继承传扬

　　人物一：泥水工人。当年红军在遵义会议址楼房间写下的宣传标语，在红军离开遵义后，房主强迫工人铲掉所有的红军标语，泥水工人怀着热爱红军的深厚情感，机智巧妙地用石灰水将所有的标语覆盖起来。新中国成立后，经过仔细清理，多数标语仍清晰可见，重新展现在墙上。

　　人物二：遵义会议纪念馆馆长。首任馆长、老红军孔宪权，参加了红军长征，身经百战出生入死，在娄山关战斗中腿负重伤，做手术时没

---

　　① 中共中央党史研究室：《历史是最好的教科书——学习习近平同志关于党的历史的重要论述》，《人民日报》2013 年 7 月 22 日。

　　② 曲青山：《遵义会议精神永放光芒》，《光明日报》2015 年 1 月 7 日。

　　③ 哈里森·索尔兹伯里：《长征——前所未有的故事》，中国人民解放军出版社 1986 年版。

用麻醉药就锯掉一条腿，留下后流落遵义，身残志坚，顽强生存生活，还帮助当地群众，被当作能救死扶伤的"红军菩萨"，新中国成立后担任遵义会议纪念馆首任馆长，保持红军本色和艰苦奋斗精神，为纪念馆的创建和发展作出了重要贡献，邓小平称赞他是馆长"最合适的人选"。曾经担任纪念馆馆长的雷光仁，也有着深深的红色情结，保持艰苦奋斗本色，辛勤工作，勤俭节约，他把馆里购买轿车的指标改为购置一辆中型客车，挂出"参观毛主席旧居专送车"招牌，参观毛泽东等住处的观众因此增长几十倍。2004年雷光仁被评为全国爱国主义教育基地工作先进个人。

人物三：老红军。老红军李光年已90多岁，仍坚持每年出去宣讲几场，他长期资助贫困学生，20多年时间从工资里一点点抠出来40万元捐助善款。如今，受他资助的孩子很多已经成才，并在他的影响下投身公益事业，红军精神继续传扬。为了表达对这位老红军的敬佩，遵义市将一所小学和一所中学分别改名为"李光小学"和"李光中学"。

3. 公共建筑物承载和表现红色元素和红色文化

遵义会议会址，已成为举世闻名的建筑物，被评选为"1949—2009中国60大地标"之一。这一建筑已经成为遵义会议精神、遵义（贵州）红色文化和遵义乃至贵州的象征。遵义一些公共建筑物、标志性建筑沿用遵义会议会址建筑物的一些元素和特征。下面是遵义市红花岗区长征镇政府大楼及室内场景：

上面三张照片从左至右分别是长征镇的政府大楼、大厅和小会议室。

大楼：以"长征"命名的长征镇政府大楼保持了遵义会议会址建筑的一些元素和特征。这一特征及其设计蕴含着历史和文化韵味，也是对长征精神和遵义会议精神的纪念，是传承红色文化的具体表现。

大厅：简朴，大方，墙壁上有毛泽东手书的词《忆秦娥·娄山关》

全文。

小会议室：简洁朴素，前墙壁上书写毛泽东手书"长征是宣言书，长征是宣传队，长征是播种机"。

上面照片中的建筑是高速路遵义收费站：有遵义会议会址建筑的外形和色彩特征，站名"遵义"二字是毛泽东为"遵义会议会址"题写的书法字体中的两个字，外地人一看就知道到遵义了，既实用，体现地方特色，又承载了红色文化。

4.红色地名传承长征精神和红色文化

现在遵义好多地方的地名都与长征、红色有关，如长征镇，娄山关镇娄山关村。长征镇的长征社区，长征社区所辖长征、夜郎等居民小区，桐梓县娄山关镇工农村，板桥镇娄山关脚下的娄山关村长征组，等等。遵义战役以红军辉煌的胜利带亮了娄山关、洗马滩、洛江桥、懒板凳（今遵义县城南白镇）、老鸦山、鸭溪等红色地名。"桐梓叙说着红色的战斗，洗马滩飘逸着红色的记忆，鸭溪雕刻着红色的遗迹。"①

二　娄山关镇经济社会发展状况

娄山关镇因娄山关大捷和毛泽东的诗词《忆秦娥·娄山关》名扬天下，1992年7月"建并撤"时，由娄山关乡、东山乡、城关镇合并为娄山关镇。娄山关镇1994年分别获贵州省"拥军优属先进镇"和贵州省"乡镇企业亿元镇"，2014年获全国"小城镇建设示范乡镇"等称号。

（一）娄山关镇经济发展的有利条件

桐梓县娄山关镇位于革命圣地娄山关脚下，全镇国土面积140.4平

---

① 鲁恒跃：《遵义战役以红军辉煌的胜利带亮了一片红色地名》，《红色地名》2012年第6期，第14—15页。

方公里，辖 10 个村 7 个社区，总人口 18 万人。娄山关镇是桐梓县政治、经济、文化中心，在全县全面小康建设中具有示范带动作用，在县区域经济协作中发挥着基础支撑作用，经济发展具有明显的有利条件。

1. 区位优势明显，自然资源丰富

娄山关镇地处黔中经济区与成渝经济区的经济走廊，在西南出海大通道上，处川黔要道，崇遵高速公路、黔渝铁路、210 国道和正在建设的黔渝高铁从娄山关镇穿境而过，南距省城贵阳、北距重庆市中心 200 公里，距遵义市 40 多公里，是桐梓实现崛起的重要支撑点。主要矿产资源有煤炭、硫铁矿、钾矿、石灰石、白云石等，有建材、化工、冶炼、煤炭、食品加工为主的工业。有娄山关风景区、娄山关溶洞、小西湖、黄河沟风景区、黄莲柏箐自然保护区、凉风垭森林公园等自然景观和旅游资源。娄山关镇（县城）周围的山坡郁郁葱葱，全县森林覆盖率从 1985 年的 13.9% 上升为 2013 年的 48%。

2. 工农业基础较好，城镇化发展加快

娄山关镇年平均气温 14.8℃，降雨量 1052 毫米，无霜期达 300 天左右，水热同季，冬无严寒夏无酷暑，光、热、水富足，适宜多种作物生长，天然中药材蕴藏丰厚，农业生产水平较高，是县内粮食、油菜、烤烟、蔬菜生产区之一。主要经济作物有烤烟、油菜、水果、干果，是"中国方竹之乡"，土特产牛肉干、关刀肉、松花蛋等享誉国内外。按照科学规划、打造精品的理念，把历史、人文等元素融入城镇建设，逐步完成了县城进出口大道、河道治理、污水处理、旧城棚户区改造、天然气管网建设和供水管网改造、道路"白改黑"基础实施工程。"十一五"时期以来，共引进企业 73 家，其中规模以上企业 15 家，累计完成固定资产投资 30 亿元。投资 50 多亿元的桐梓电厂、西南最大的煤化工项目桐梓煤化工一期工程、重庆国欧房地产开发有限公司相继落户，一批工业项目正在谋划、生成和落地，"工业强镇"正在形成。娄山关镇先后投入 5000 余万元建设"亮化"、"绿化"、"美化"工程，投入财政奖补资金 290 万元，改善农村人居环境和生产生活条件。新建完善了杉坪村、东山村、水井村、鞍山村、城郊村 5 个村的农民体育工程和农民文化家园。

3. 有悠久的历史和丰富的文化资源

娄山关镇及其所在的桐梓县有革命圣地娄山关战斗遗址、娄山关毛泽东词碑、毛主席居住旧址、马鞍山旧石器晚期文化遗址（"桐梓人"）、南宋鼎山县和播川县城遗址、小西湖张学良将军囚禁处旧址、民国 41 兵工厂旧址、民国海军学校遗址、周公馆及佛顶山降龙寺、天主教堂等一大批历史文化资源。1993 年获贵州省文化厅授予"灯谜之乡"称号。位于镇东北 5 公里的小西湖，小巧玲珑，景观独特，有"黔北明珠"美誉，抗战后期张学良将军被转移到这里囚禁，渡过了两年多时光。湖上建有纪念塔，塔上刻有为抗战建造的"贵州第一座水电站"的总工程师陈祖东教授的《歌石工》，在大堤上可见河水从天门洞奔流而过的壮观景象。

（二）娄山关镇经济发展成绩及存在的问题

1. 娄山关镇经济发展状况

2014 年，娄山关镇财政总收入 2.737 亿元，占全年预算任务 1.28 亿元的 222.45%，同比增长 98.86%。地方级财政收入 1.51 亿元，占全年地方级预算任务 6193 万元的 243.63%。固定资产投资 36.58 亿元，比 2013 年增长 11%。社会消费品零售总额 13.1 亿元，比 2013 年增长 16%。乡村旅游收入约 17 亿元。招商项目 32 个，总投资 73.6 亿元，累计到位资金 31.5 亿元。城镇居民医疗保险参保率 125%，新型农村合作医疗参合率 114%，城镇登记失业率 4.2%。城镇居民储蓄存款余额 48.65 亿元，城镇居民人均可支配收入 20588 元，农村居民人均可支配收入 9926 元，近五年来年均分别增长 17% 和 11.9%。

全镇村级集体经济总量 478 万元，村级固定资产 1272 万元，全部省定二类贫困村和其他经济薄弱村集体经济积累超过 5 万元，30% 以上的超过 20 万元，10% 以上的超过 50 万元。严格控制"三公"经费支出，2014 年比 2013 年同期经费缩减 17.68 万元，减少 30%。全镇适龄儿童入学率 99.86%，小学辍学率为 0，中学辍学率为 0.88%，小学六年巩固率 100%，初中三年巩固率 96.7%。统筹城乡发展，城区 6 个社区和城郊村在 2014 年整体实现小康，实现率达 100%。①

2. 娄山关镇经济社会发展中存在的问题

娄山关镇正处在工业化、城镇化快速转型关键阶段，土地征收、违法建筑整治、重点项目推进、就业、保障等方面存在的问题比较突出，

---

① 《娄山关镇政府工作报告》，2015 年 4 月。

社会维稳、安全生产等方面压力大。特别是违章建筑形成了"农村包围城市"的态势，控违拆违是一大难题。主要问题有以下四个：

一是农业基础薄弱，主导产业不大不强，农民增收依然困难。农业有效灌溉面积率实现程度仅有 34.4%；人均固定资产投资及万人拥有企业数两项指标也比较靠后。

二是财政收入增速有所放缓，可用财力不足。基本社会保险覆盖率仅为 26.9%，离全面小康目标值 90% 差距很大。基础设施建设处于高峰期、民生支出扩面提标等导致刚性支出快速增长，一些涉及群众切身利益的问题解决还不到位。

三是城乡社区基层民主自治建设完善率低，农村社区建设、和谐社会建设达标率实现程度降低。城乡生活垃圾快速增长，垃圾管理不善、处理能力严重不足，城乡生活垃圾处理率仅为 25%。

四是在文化教育方面，文化发展指数较低，特别是其中的文化支出占公共财政支出的比重仅为 0.4%，全面小康实现程度仅为 40%。

（三）娄山关镇经济发展路径分析

从建设"黔渝经济走廊"和打造"黔北大门"的战略高度进行谋划，以建设黔渝合作示范城、黔北重要节点城市和遵义历史文化名镇的定位，抓住机遇加快发展，充分发挥作为桐梓县城的集聚效应和辐射带动作用，做大城镇规模，壮大镇域经济。全面推进改革，因地制宜，积极进取，抓好建设全面小康，率先在全县建成全面小康。

1. 统筹城乡发展，加快发展步伐

统筹城乡规划、产业布局、基础设施、社会服务、劳务就业、社会保障、户籍管理一体化，大力建设东山森林公园，环城农业产业和环城乡村旅游示范带，娄山绿色食品工业园区、工农业集聚区、红色旅游度假区。打造安山、杉坪一带劳动密集型小企业集聚区，加快形成与金赤化工、桐梓电厂、楚米工业园等规模工业相呼应和配套的工业布局。加快乡村城镇化、农民市民化进程。

2. 突出产业驱动，推进经济发展转型升级

一是大力建设新型工业基地，着力培育现代工业经济区。支持科技创新，引导企业发展，把节能降耗减排与产业结构调整、生态环境保护结合起来。支持镇域内民营企业发展壮大，大力发展配套型、劳动密集型中小企业。突出抓好一批对经济社会发展具有较大影响和带动作用的

基础设施、社会事业和产业项目，以大项目、好项目突破带动产业经济跨越发展。二是发展壮大特色农业。努力探索土地流转及入股新方法，巩固和发展蔬菜、烤烟、畜牧三大产业，建设现代农业产业示范带。巩固发展家庭农场，探索转型发展致富新路，促进农民增收。

3. 建设依托中心城区辐射带动卫星集镇群

放活并规范城乡过渡带开发建设，统筹城乡用地规划，合理布局城建、住宅、农业与生态用地，建设现代农业示范区和环城绿化带，重点建设鼎山城古县城一条街、娄山古镇、安山－杉坪工业生活区、东山移民安置区，建设环城三角集镇群，改变城乡规划分割、建设分治状况，促进农民梯度转移。

4. 发展壮大红色旅游、乡村旅游，突出旅游产业带动作用

着力打造度假养生基地，实施乡村旅游富民工程，抓好"四在农家·美丽乡村"示范建设，引导农民发展休闲观光农业。做大特色农业产业，以"公司＋基地＋农户"的模式，建设家庭农场，发展生态农业，使经济效益、社会效益、生态效益同步提升。重点建设杉坪国家AAAA级景区、娄山关红色旅游度假中心、红军长征纪念馆、鼎山城古县城、小西湖文化旅游度假区，发展和壮大旅游产业。

三　长征镇经济社会发展状况

遵义市红花岗区长征镇因红军长征时在此驻扎而得名。20 世纪 50 年代初，中共遵义市委为纪念中国工农红军长征，命名该市第一个农业合作社为长征农业合作社。1977 年成立长征公社，1983 年改为长征镇。长征镇 1994 年、1998 年分别被贵州省命名为"亿元镇"和"小康镇"，其中沙坝村、坪丰村获"亿元村"称号。长征镇连续三年取得红花岗区综合目标考核一等奖，2014 年获遵义市强镇建设二等奖。

（一）长征镇发展经济的有利条件

1. 交通发达，商贸繁荣

长征镇位于遵义市红花岗城区东部，210 国道、326 国道、东联线、石佛东路、龙礼路、内外环路贯穿其境，火车站、汽车客运站位于其中。辖区面积 12.63 平方公里，辖 4 个行政村、6 个社区，26 个村

（居）民组。辖区总人口 16 万余人。长征镇有着悠久的商贸传统，商贸繁荣，有苟家井小商品批发市场和机电街家装建材市场两个大型市场，有坪丰综合批发城、天宇建材市场、沙河小区等多个专业市场，有苟家井、沙河小区、坪丰等 11 个批发市场，是一个典型的人流、车流、物流"旱码头"。坪丰农副产品综合批发市场 2005 年被农业部定为国家级定点农副产品批发市场。

2. 地处城郊结合部，区位优势强，发展潜力大

长征镇是典型的城郊结合镇，是遵义市城郊结合部，是都市区内、中心城市周边的区域，既是城区也是市郊区，是城市与农村之间的过渡地带。长征镇发展水平低于遵义城区中心地带但高于农村，受城市中心的辐射影响大，变化与发展速度既快于农村也快于城区。1997 年 6 月，原县级遵义市撤销改建为红花岗区，遵义市升级为地级市。随着城市经济的快速发展，城市规模急剧扩张，需要拓展城市发展空间，城郊结合部被划入新建城区的行政版图，需要配套建设和完善相应的城市基础设施等，这是城市发展和提升城市化水平的客观要求，也是长征镇的良好机遇。党的十八届三中全会提出我国要建立城乡统一的建设用地市场也是长征镇发展的大好机遇。

3. 长征镇历史文化悠久

矗立在礼仪村中央的东绥寨（又名寨营上），建于清同治元年（1862 年）。宗教文化留存丰富；位于沙坝村的石佛洞寺，修建于清乾隆年间；位于板山水库的水口寺（原名水月庵），修建于明万历三年（1575 年）。在东绥寨断垣上还留存着当年红军驻扎时的印记，长征精神在全镇得到继承和发扬。

（二）长征镇经济发展成绩及存在的问题

改革开放后的长征镇破除陈规陋习，把握发展机遇，在继承优良传统中开拓创新，实现跨越发展；把握发展主线，强化镇域经济支撑力，一手抓存量，壮大现有集体经济，一手抓增量，全力抓好项目引进和招商引资，不断增强镇域经济竞争力。

1. 长征镇经济发展成绩

2014 年全年地方公共财政收入 2.12 亿元，同比增长 34.6%，从 1998 年到 2014 年地方级财政收入年均增长速度为 12.2%。农业总产值 1.16 亿元，同比增长 7%；农民人均纯收入 1.53 万元，同比增长

18.6%；个体工商户和企业数 7186 个，同比增长 18.8%；固定资产投资 36.58 亿元，比 2013 年增长 11%。非公企业 200 余家，每千人企业利润总额 499 万元；2014 年在省外招商引资 10.5 亿元，同比增长 29.9%。[①]

目前，城镇化率已达到 87%；普及了九年义务教育，入学率达 100%；城镇登记失业率低于 4.2%；养老保险覆盖率、养老保障率、合作医疗参合率等社会保障指标均保持在 99% 以上。项目建设提速增效，渝黔高铁、川黔铁路东迁、东联线改造、凤凰山南隧道东出口等项目快速推进；圣城华府、碧水江元等房地产项目按计划稳步推进；凉水中学、凉水小学、名城中学等民生项目已全面启动。

长征镇专业市场蓬勃发展，全镇有上规模的农副产品、建材、百货批发、物流等各类市场十多个，年营业额近 13 亿元，吸纳 2 万余人就业，物流经济是长征镇域经济的重要支撑和支柱产业。股份制经济快速生长，搭建了以村组资产为核心的股份制公司 25 家，促进村组集体经济的可持续发展，做大做强了镇域经济总量。

2. 长征镇社会经济发展中存在的问题

长征镇经济发展有很多有利条件，也存在一些不利因素：一是辖区人口多，人员结构复杂，流动性大，社会管理难；二是突发事件多，违法犯罪多，社会稳定难，打击控制难；三是项目建设多，征地拆迁难，违章建筑多，遗留问题多。如 2014 年全年发生"两抢一盗"案件 723 起，矛盾纠纷 439 件，13 起房屋拆迁、征地补偿、医患纠纷等问题引发的突发事件；四是经营商户多，市场规范和管理比较困难；五是集体资产多，资本营运管理要求高，保值增值难。全镇有集体资产近 20 亿元，年收入约 0.5 亿元，但增收渠道还比较单一，营运管理水平有待提高。这些问题是制约遵义市及长征镇城市化发展和社会和谐稳定的重要因素。

（三）长征镇域经济发展思路

长征镇在红军当年走过的红色土地上，长征镇人发扬红军长征精神，努力建设"经济发达、商贸繁荣、民风高尚、环境优美"的东部新城区。近年来，坚持"以政治优势创经济优势，以地域优势创产业

---

① 《长征镇政府工作报告》，2015 年 7 月。

优势"的发展思路，以"财政增收、农民增收"为目标，加大产业结构调整力度，加快城乡一体化进程。以东部片区建设为契机，以项目建设为载体，壮大全镇综合实力，推进镇域经济快速发展。

1. 突破城市建设发展难点，拓展城市发展空间

一是大力推进"造城"战略。紧紧围绕红花岗区"打造中部经济增长极和黔北区域中心城市目标"，推进长征镇棚户区改造和黔北风情一条街、碧水江园等房地产开发，推进东出口、东联线区域城市发展取得新突破。实施市政基础设施建设和改造工作，推进沙河片区"三化一治理"、东联线水电路网和排污改造等项目建设，提升城市配套功能。二是实施"做市"战略。清除不利于公平竞争的地方保护主义，鼓励、引导各类资本进入金融保险、交通运输、科技服务、教育培训、医药卫生、仓储物流等领域。鼓励、引导能人开拓创业，大胆创办、领办各类企业和社会中介组织，把城镇开发与市场建设相结合，发展壮大各类市场、商业街和商贸城。

2. 大力推进项目建设，以投资拉动发展

根据国家产业政策和投向，筛选论证一批质量高、产业链长、市场前景好、辐射带动力强的项目，做好项目储备。谋划、编制一批项目，把前期工作延伸到发展规划、结构调整、资产重组、产业整合与存量盘活等方面。完善规划、用地、环评等基础要素，建成内容齐全、论证到位、动态管理的项目数据库。继续实行领导干部联系服务项目责任制，抓好国家、省、市重大项目建设，以工程项目为抓手，推进市政交通、水利水电、教育卫生、社会事业等民生项目建设。

3. 突出产业发展重点，促进经济跨越发展

以第三产业为龙头，引导、扶持以建材、物流、农副产品交易和小商品批发为主的专业市场转型升级，建设更集中、更高效、更有活力的现代市场，把长征镇建设成中心城区连接新蒲新区的经济走廊。着力沙河片区建设，把沙河片区建设成以商贸流通和小商品批零兼营为支柱的"商业圈"。规范升级坪丰副食品等批发市场，把坪丰片区建设成以扶持规范专业市场为主的"产业区"，新建一批批零市场。规范钢材、机械等物流市场，把凉水片区建设成以商贸流通为主的"经贸圈"。以建立集体经济股份制公司为基础，全镇"一盘棋"，镇建立集团化股份制公司，村建立集体经济股份制公司，组建集体经济股份制子公司。引导

村居民投资，充分参与市场经济活动，共享资源，盘活民间资产，集体经济总量增长、质量提高、实力增强，激活镇域经济活力，提高农村居民收入水平。

4. 统筹城乡发展，使人民群众共享改革发展成果

统筹基础设施建设，推进水电路网和排污系统改造、道路柔化亮化绿化和通组公路维修工程。围绕"四在农家·美丽乡村"建设和小康房、小康水、小康路等项目，改善城郊结合部群众生产生活条件。统筹社会事业发展，建设好名城中学、凉水井中小学、幼教中心和其他教育工程，建设好长征卫生院、劳动就业培训中心、老年活动中心等工程，改善群众生活条件和水平，让人民群众共享改革发展成果。

四 娄山关镇杉坪村"整村推进整体脱贫同步小康创建"调研

2013 年娄山关镇在杉坪村"整村推进整体脱贫同步小康创建"，创造性地把小康示范创建、脱贫致富与乡村旅游发展统一起来，走出了一条杉坪村模式的创建之路，一年的时间里，红色故里杉坪村实现了从"贫困村"到"小康村"的嬗变，昔日"穷旮旯"的贫困村一跃发展成为黔北第一村，被誉为"娄山红叶"。

娄山关镇杉坪村位于娄山关脚下，210 国道、兰海高速、黔渝铁路连接地带，距桐梓县城 4.5 公里、红色革命遗址娄山关 3 公里。1935 年春，红军长征第二次攻占娄山关时，就是以娄山关镇杉坪村为进攻出发地的。杉坪村平均海拔 1150 米，国土面积 7000 亩。全村 8 个村民组有 5 个分布在 2500 米以上的高山上，以前交通等基础设施差，农民收入主要依靠传统农业种植、养殖和劳务输出，产业和收入结构单一，经济发展慢，处于贫穷状态。2001 年杉坪村被列为国家扶贫开发二类重点村，2013 年，杉坪村有 1033 户 4232 人，其中贫困户 358 户，占 34.6%；贫困人口 1350 人，占 31.9%。

（一）杉坪村"整村推进整体脱贫同步小康创建"的实践与经验

2014 年 3 月娄山关镇杉坪村确立了"着力乡村旅游、带动产业发展、促进农民致富、快步实现小康"的发展思路。杉坪村按照"农旅

相生、景田相依"思路，以创建"贵州最美乡村、黔北第一村、国家4A级景区"为目标，以调整产业结构、完善基础设施、发展生态旅游为重点，实践和佐证了"绿水青山就是金山银山"。杉坪人用一年时间实现脱贫致富，创造了"杉坪速度"和"杉坪经验"，实现了跨越发展和质的飞跃，成为新阶段西部贫困脱贫致富、新农村和全面小康建设的典型范例。杉坪村"四化乡村"建设的实践与经验被写入遵义市委党校的教学内容和全国师范院校教学教材的内容。

1. 整村规划和逐点设计，深入推进小康建设

把搞好规划作为发展的基础，先后聘请湖北、遵义等地的专业设计机构进行高标准规划和设计，"把整村作为景区规划，把民居作为艺术品设计，把山冈作为绿色银行建设，把山水作为园林风景雕琢"作为建设和发展理念。一是整村规划。按照"着力乡村旅游、带动产业发展、促进农民致富、快步实现小康"的原则和目标，对杉坪村进行整村规划和设计，保证建设的科学性和持续性。二是逐点设计。以路树同步、路文同步、路亮同步、路卫同步的"四同"要求和目标，对每一座山峰、每一条沟渠、每一条小路、每一面山岩都进行精心策划设计，使杉坪村形成"整村有规划、逐点有设计"的格局。

2. 实施"四大工程"，改善基础实施，培育发展旅游产业

在桐梓县、娄山关镇的领导、支持和帮助下，杉坪村把培育和发展产业作为重点，培育和发展以农业生态旅游为龙头的多种产业，使农民"增收有门路、致富有产业"。一是基础设施改善工程。以村组道路、水利工程、电力设施为切入点，以实施小康"行动计划"为契机，组织实施道路硬化工程，共修建和硬化油路、水泥路等55公里；改造农村电网8公里，新增变压器3台，新建水窖20口，修建灌溉沟渠30公里，安装自来水管16公里，100%的农户家庭通自来水。二是乡村旅游带富工程。2014年7月，娄山关镇杉坪景区管理委员会成立，对杉坪村旅游发展统一管理，利用各种优势，引导农民发展乡村旅游，让山头休闲农业观光带变成绿色银行，民居变成乡村旅馆，大大提高了土地价值，平均每亩土地收益超过5000元，最高达30000元。三是公共文化体育实施建设工程。把文化体育建设作为全面小康建设的重要内容，新建了健身场所、篮球场和羽毛球场等体育设施和文化广场、农家书屋，初步完善了公共文化体育设施。四是环境整治美化工程。共修建垃圾池

8 个、移动垃圾箱 50 个，每年投入 10 万元专项资金，聘用 4 名环保员负责全村公共卫生，垃圾无害化处理率达到 100%，以往一些村民乱丢乱倒垃圾、柴草乱堆乱放等习惯得到改变。

3. 建设"四化"乡村，改善农民生产生活方式

围绕减贫摘帽和同步小康目标，在高标准规划设计基础上，实施"四化乡村"推进整村脱贫和全面小康。一是乡村景区化：以打造"国家 4A 级景区"为目标，以全景域理念，构建乡村美丽风景，实现了游客体验人与自然的和谐、文化与生态的协调。二是乡村产业化：通过招商引资和扶持本地农户相结合的方式，建设家庭农场，建设标准化养殖场、花卉园，发展经济作物，增加农民收入。三是乡村城镇化：完善健身、休闲、娱乐等公共设施，积极融入城镇元素，使乡村都市化。四是乡村时尚化：引导和组织群众开展形式多样的文体娱乐活动，举办健身大赛、广场舞比赛等，成立了 20 多人的农民管乐队，丰富和改善了村民生活方式。杉坪村不仅实现了"物"的农村的根本转变，农民正在实现"人"的农村的根本转变和人的城镇化和现代化。

4. 统筹运用和管理好各种资金资源，发挥最大效益

资金问题历来是农村发展的一大难题，如何破解？光靠政府投入，既不现实也不可能。杉坪村通过整合项目资金和政府资金，形成"政府引导、项目整合、社会参与、群众主导"的投资模式，以发展特色产业为重点，积极引进和培植农业龙头，探索多种投资方式。杉坪村靠各级投入的 2100 万元项目资金和政府扶持资金，撬动了村民投资 4910万元，企业和个体工商户等社会投资 1.5 亿元，项目资金和政府资金的杠杆作用得到充分发挥和运用，使各种资金发挥最大效益。一是统筹国家支持的扶贫开发、水土保持、退耕还林、土地复垦"一事一议"① 等项目资金 1500 多万元，鼓励、引导各种资金重点用于建设公共、公益基础设施，重点建设发展苗圃、花卉等特色产业，夯实发展基础和环境。二是统筹扶持资金，集中用于对建设家庭农场、民居改造补助。把分散的补助资金集中统一使用，使用者给农户利息分红。杉坪村把 51

---

① "一事一议"，根据农业部《村民一事一议筹资筹劳管理办法》的规定，是指农村税费改革后为兴办村民直接受益的集体生产生活等公益事业，按照规定经民主程序采取一事一议确定村民出资出劳的办法。

户计生"双诚信双承诺"专项资金 20 万元集中到王刚苹果园，计生户每户每年获利息分红 200 元，果园用工优先聘用计生户，日平均工资 100—120 元，计生户利息分红和劳务收入增收 20 多万元。

5. 分门别类、有针对性地实施精准扶贫

娄山关镇号召和组织镇党政机关领导干部、村干部、教师、企业（家）、社会能人等社会力量参与帮扶。实施"结对帮扶、产业发展、教育培训、危房改造、扶贫生态移民、基础实施等六个方面到户"的精准扶贫措施和"八个一工作要求"，即向困难群众发"一封公开信"、建立"一块公示栏"、"一张联系卡"、"一套扶贫规划"、"一张连心卡"、"一本扶贫日记"、"一本扶贫手册"和"一块公示牌"等具体扶贫帮扶方法。主要措施有，一是对年人均收入低于国家标准、有劳动能力的人口包括农村最低生活保障对象，通过乡村旅游和经果林产业进行扶持。二是对缺少劳动能力及收入低于低保线的 137 户低收入家庭，通过民政救助帮扶方式保障基本生活需要。三是深入调查，掌握贫困户现状、贫困原因和发展需求愿望等情况，制定具体扶贫开发计划，实现全村扶贫对象全覆盖。四是改善贫困群众生产生活条件，提高贫困群众自我发展能力，解决了贫困群众出行难、农产品运输难、饮水不安全等问题，使 355 户 1174 人贫困人口脱贫致富，实现整村整体脱贫。

（二）杉坪村"整村推进整体脱贫同步小康创建"的主要成效

娄山关镇及杉坪村干部、党员和群众一起抢抓时间，战胜各种困难，在短短一年时间成功创造出了一个崭新的杉坪。如今的杉坪村森林覆盖率提高到 70%，全村庄变成了景区，农地变成果园，农房变成餐厅旅馆，全村一步一景，处处美景，四季花开，色彩斑斓，各种基础设施完善，村民富足，文明和谐，是名副其实的"黔北第一村"。

1. 村集体经济迅速发展壮大

杉坪村按照"黔北第一村"的目标定位，以资源为基础，以市场为导向，以创新为动力，激活村集体资产和资源，引进民间资本，壮大集体经济。仅用一年时间，使村集体经济从负债 10 余万元到积累 120 余万元。目前，该村集体经济收入主要来源一是村级集体土地流转收益。全村流转土地约 2000 亩，在不改变用地性质、不损害群众收益的前提下，村民委员会与土地流转业主约定以每亩 50 元作为村级集体收益，全年收益近 10 万元。二是工程项目管理费用提取收益。村委会注册成立了具有独立法人资格的桐梓县杉坪旅游开发有限公司，负责景区部分建设项目，以项目资金 5% 提取管理费用，全年提取管理费 50 万元。三是景区停车场经营收益。景区入口处的停车场，由杉坪旅游开发有限公司统一管理，收取停车费。2014 年外来车辆停放 4 万余车次，收益 20 余万元。四是各级部门帮扶资金。2014 年获得各级部门帮扶资金 40 万元，这些资金用于改善基础设施建设，以及帮助民居改造、农业技术咨询、综合开发和旅游开发等。

2. 农民收入翻番，收入多元化，生产生活发生重大改变

由于杉坪村多数耕地在 25°的坡地，山高坡陡、土地贫瘠，以前主要靠种植玉米、红薯，亩产收入不足 1000 元，2013 年农民人均年可支配收入 4500 元。2014 年，杉坪村全年农业种养殖产业纯收入 1955 万元，乡村旅游产业纯收入 1500 万元，务工收入 1200 万元，流转土地分红纯收入 97 万元；2014 年全村农民纯收入 4752 万元，人均年纯收入11230 元，比 2013 年翻了一番多。① 大多数农户把自家房屋改建成了餐馆、旅馆，成为农民增收的重要来源和渠道。杉坪村成立了 19 人的"沙坪红帽子志愿者服务队"，对村内留守儿童、孤寡老人等进行经济、精神等方面的关心和帮助，办起了书画、舞蹈、摄影、健身等培训班，组建了农民管乐队，编演了近 200 村民参加的《梦回夜郎》音乐剧，举办了"娄山关镇社区健身舞大赛"等 4 场大中型群众文化活动。特别是 2014 年 5 月"中国优秀青年歌唱家美丽中国行：走进娄山关大型音乐会"在杉坪成功举办。沙坪良好的环境吸引了众多外地人特别是重庆人前来旅游和避暑休闲。

3. 基础设施得到根本改善

2013 年以前，杉坪村只有一条机耕道与外界相连，交通不便，基础设施滞后，信息闭塞，严重制约着杉坪村群众增收致富、全面小康建设。因此，杉坪村把村组公路建设作为突破口，先后修建改建了一环、二环两条通村主干道柏油路 36 公里，新建通组水泥路 8 公里，连户路 11 公里，85% 的农户小汽车能开进家，村民组之间实现硬化道路闭合循环。改造民居 400 多栋、硬化院坝 4.5 万平方米、改厨 600 户、改厕 750 户，修建大小花池 3500 个。从根本上解决了以往村民出行难、农

---

① 《娄山关镇政府工作报告》，2015 年 4 月。

产品运输难、饮水难等问题，根本改善了村民的生产生活条件。

4. 村民致富产业得到培植和壮大

以休闲度假为主打品牌，实施荒山开发和休闲农业观光园林建设等，引进贵州广恒龙旅游开发有限公司、世纪花卉公司等龙头企业，投资 5800 余万元，建设"吃、住、行、游、娱"休闲避暑旅游场所。用"绿色产业 + 家庭农场 + 大户"产业模式，建设了 5 家标准化家庭农场，发展精品水果、特种蔬菜和养殖业，收入达 2000 万元，吸收村民 300 多人就业。2014 年，全村建起 40 家有品质的乡村旅馆，床位 2500 个，接待游客 8 万人次，吸纳 200 多本村农民就业，旅游收入 1500 万元。村民赵大发前些年在广东打工，2011 年带着一些积蓄回老家翻修了房子，就遇到杉坪村改造的好机遇，做起乡村家庭旅馆生意，一年纯收入 10 多万元。种养业大户王刚同时又忙起了另一条致富门道，2013 年投资 175 万元修建了 2800 平方米有 70 多个标准间的乡村旅馆，2015 年 6 月开张，准备好好地赚一把。

5. 农村土地流转成功破题

土地流转是新农村建设发展中的重大问题，杉坪村积极探索实践了两种土地流转方式。一种方式是农户将土地流转给大户，土地集中连片，大户统一经营管理，实现规模种养殖，农户以承包地上 10% 的实物收入充抵流转金。如种养大户王刚用流转来的土地经营果园，农民每年按流转土地上 10% 的比例选择果树自行采买，按 2014 年产量和价格，农民每亩收入最高达 4000 元，是农民单纯靠土地流转每亩现金收入 400 元的 10 倍。另一种方式是农民以土地入股并投工投劳，以"公司 + 农户"形式，销售纯利润农户与公司按 4:6 货币分红。具体由帝景园林花卉公司，根据市场情况，统一购进种子，统一技术指导，农民在自家土地上种植花卉苗木，由公司统一销售，收益以现金分红。黄秧坪苗圃园流转土地 800 亩，农民亩均收益 5000 元，收益增加 6 倍。以上述两种主要方式流转土地，农户利益有保障，收益大，农民、公司、种植大户形成利益共同体。通过土地流转，农民土地收益成倍增加。王刚通过流转来的土地，进行农业多种经营，2013 年收入 30 万元，村民彭永秀在王刚的家庭农场打工，年收入 2 万多元。2015 年 6 月，国家发改委主任徐绍史一行在沙坪考察后认为，"杉坪村合理开发'荒地、集体经营地、林地'，促进了农村发展，走出了一条整体脱贫致富的好路子。"①

6. 干群关系明显改善

在扶贫开发和小康建设过程中，组织镇村干部进村入户征求群众意见、了解群众意愿，帮助群众解决生产生活中的实际困难。引导村民成立自治委员会，自我决策、自我创建、自我管理。2013 年底以来，全村建设征用 170 亩土地，没有发生一起阻工和越级上访事件。村民建设富裕、美丽、和谐杉坪的热情很高，主动、志愿投工投劳 6 万多人，不到 1 年时间完成了一般要 2—3 年才能完成的任务。如 17 米高 80 米长的人工湖堤坝工程，规划工期为 1 年半，杉坪人用 3 个半月就建成了，创造了"杉坪速度"。

昔日革命老区娄山关镇在精准扶贫脱贫致富和全面小康建设中积极探索创新，取得重要成就，创造和积累的经验，有典型性和代表性。杉坪村无愧于红色的土地，为娄山关辉煌的历史增添了新的光彩。娄山关镇杉坪村把扶贫开发和生态建设结合起来，通过产业结构调整，完善基础设施建设、发展生态旅游、走农旅一体化的发展路子，使贫困村变成了美丽景区，经济效益、社会效益、生态效益同步提升。杉坪村为脱贫致富和全面小康建设的跨越发展提供了成功经验，探索出了一条乡（村）如何实现精准扶贫和精准脱贫的路径和方法，提供创造了一个鲜活的样本和范例，成为遵义党员干部的特色教育材料，杉坪村成为遵义干部特色教育基地和贵州省贫困地区农村发展乡村旅游和生态建设的示范基地。

今年 4 月，中央农村工作领导小组副组长陈锡文到杉坪村调研考察，对杉坪村给予鼓励和希望，"小康不小康，关键看老乡。杉坪村要坚定发展信心，进一步深化农业产业结构调整，努力实现整村推进，整体脱贫，同步小康发展目标。"② CCTV、人民网、新华网等主流媒体高度关注，积极宣传报道，仅 2014 年 7—10 月，就有重庆、内蒙古等省市的 30 个团队前来参观、考察和学习。杉坪村的主要经验和启示就是弘扬和实践实事求是、勇于探索实践、敢于担当、敢于拼搏、艰苦奋斗

---

① 郑先才：《杉坪村的变迁》，作家出版社 2015 年版，第 6—8 页。
② 同上。

的长征精神。

五 长征镇城乡一体化和"组改居"调研

改革开放后长征镇快速发展，成为贵州省有名的"亿元镇"和"小康镇"，其中长征镇的沙坝村、坪丰村发展成为"亿元村"，长征镇站在了一个新的历史起点上。进入新阶段以来长征镇适应遵义市城市发展需要，因地制宜，拓展城市发展空间，积极探索城乡一体化和"（村）组改居"，促进经济发展实现新的跨越，创造和积累了经验。

（一）城乡一体化和"组改居"改革实践与成效

长征镇要实现新发展、新跨越，必须有新的改革、新的措施，城乡一体化发展是一条重要途径。长征镇站在新的起点，立足发展方式和发展路径转变，增强城镇发展能力，把城乡一体化改革作为发展的突破口和着力点，加快农民生产方式和生活方式转变，促进农村人口向社区集中、土地向规模经营集中。

表1 长征镇村（社区）基本情况①

村名 社区	村、社区 数（个）	户数 （户）	户籍人口 （人）	耕地面积 （亩）	地域面积 （平方公里）	农民人均纯 收入（元）
坪丰村	1	2066	5271	93	2.5	16546
沙坝村	1	431	1247	60	1.46	14413
民政村	1	1358	4200	80	2.20	16468
凉水村	1	1352	4265	550	4.16	9526
社区	6	3132	9431	—	2.31	19652
合计	10	8339	24414	783	12.63	15321

2006年以来，遵义市城镇化加速，长征镇被全部纳入遵义市中心城区规划建设范围，6个村的土地房屋全部被征用，村民生产和生活环境发生了重大改变。2013年，河北井社区人均年纯收入1.7万元，村

---

① 遵义市红花岗区长征镇：《长征镇年鉴（2015）》。

民组集体经济得到发展，实现了资产的保值增值，居民安全感、满意度、幸福指数都大幅提升，达到 95% 以上。

长征镇在统筹城乡综合配套改革试验工作中，以试点先行、分步推进的方式破解行政管理改革、土地管理与使用改革、农村宅基地和房屋产权改革、户籍管理改革"四项课题"，推进城乡一体化。经过几年努力，长征镇的城乡一体化改革实践取得显著成效。

1. 科学规划，制定工作实施方案

长征镇组建了镇、村、组三级工作组联合开展前期实践调研，概括出 2 个村民最关心的关键问题：其一，实施"组改居"后原村民组集体留地联合开发建设的经营性固定资产如何经营管理？其二，实施"组改居"后社区如何建设？长征镇实事求是，充分掌握村民从业结构、村民资产状况和村民意愿等情况，因地制宜，一是在镇前期调研基础上再聘请专家到镇讲课并参与了 5 个月实地调研，之后《长征镇城乡一体化试验试点工作方案》、《长征镇"村民组改居"实施方案》和《凉水村城乡融合新型社区建设方案》等文件，明确了总体思路、发展目标和工作步骤，细化了河北井村"组改居"工作任务、时限、责任人。二是坚持民主、公开、公平、合法原则，召开村（组）民大会讨论审议《工作方案》，经村（组）民大会讨论同意后上报区级人民政府审核批准实施。三是建立健全社区工作机构、服务平台和工作网络，形成社区管理制度化和服务的规范化，为改居工作的社区管理铺平道路、夯实基础。

2. 根据城市发展需要，推进城乡一体化建设和"组改居"

2009 年，遵义市委、红花岗区委统筹城乡发展，决定在长征镇河北井村进行城乡一体化试验试点，实施"组改居"工程，探索行政管理和户籍管理改革，着力从体制上解决"村管城"的定位不恰当、功能不配套、责权不对等、资源共享差、管理有盲区等问题。河北井村（社区）地处遵义市红花岗区东部，因红军长征时期路过此地为老百姓挖井取水而得名，社区总面积 0.25 平方公里，户籍人口 923 人 365 户、外来人口 11779 人 3050 户，个体工商户 600 余户，属典型的城郊型农村社区。社区紧临遵义客车站、小商品批发城、建材市场，是典型的"旱码头"，"城中村"问题突出，严重影响城市发展。

2009 年实施"村居合一"为过渡做准备，先后投入 80 余万元完成了社区阵地建设。成立了沙河片区社会管理创新办公室，对交通、治安、经商、卫生等中的乱象进行治理，推进机构先设及配套户籍管理改革等相关措施。在凉水井新型融合社区项目建设中，以解决和改善农民居住问题为核心，综合开展土地管理与使用制度、农村宅基地和房屋产权改革，并推进户籍管理及行政管理综合改革。目前已经基本建成"农民居住集中、功能配套完善、社区管理规范"的凉水井城乡融合新型社区，实现村庄向城市的转变。

3. 改善城市发展环境，拓展城市发展空间和承载能力

长征镇坚持以人为本，加大资金投入，建设民生工程，以"多彩贵州，文明行动"活动为抓手，把镇域环境综合整治作为提升城镇形象和项目承载力的主要手段，建立长效机制，提升生态环境，营造亲商重商的良好氛围。投入900万元对辖区进行整治，城镇面貌焕然一新；投入8000万元，建成民主生态移民工程还房，改善了农民居住环境；投入70万元修建饮水工程，解决了两个村民组584人的饮水问题。投入900万元，建成长征敬老院，建立居家养老中心，探索居家养老新途径。提供劳动培训、就业指导等多功能一站式服务，实现子女教育、卫生文化同等待遇，为居民创造良好的工作生活环境。

4. 量化集体资产，成立股份制公司，发展壮大集体经济

长征镇结合实际，制定了《长征镇关于推进村组集体经济股份合作制改革的指导意见（试行）》、《长征镇沙坝村相关村民组集体资产量化工作实施方案》。按照村民既有利益不变原则，在享受市民待遇和服务的同时，村民利益不减；按照"生不增死不减"和"顺序继承"原则，对原河北井村民组集体资产进行清核、评估、量化，资产量化到人，分股到原村民组村民。通过村民大会表决，确定了811名村民组集体资产股权权益人。成立股份制公司，以股份制公司模式对村民组集体资产实行公司化管理，实现集体资产的保值、增值和村民"无地保增收"，集体资产股权人每年每人收益分红近5000元。积极探索集体经济发展新模式，利用镇、村、组集体资金开发金融产品的有效形式，与红花岗区信用联社签订合作协议，通过银、企、政合作的方式，在坪丰村、民政村等村（组）组建了现代化集体股份制公司16家，激发辖区经济新活力。学习上海长征镇等地成功经验，以镇为主组建股份制集团公司，采取开发金融产品、申请、注册担保公司等途径，搭建以村组资产为核心

的新型融资平台，发展壮大集体资产，实现由农村经济向城市经济发展转型。

5. 促进社区职能由管理向服务转变，创新服务方式和内容

以基础设施城市化、管理服务社区化、生活方式市民化为目标，逐步推行社区化管理模式，构建新型的社会服务体系，将公共服务向基层延伸，实现管理服务重心下移，形成社会治安、人民调解、计生管理和便民服务一体化的新格局，村（居）民就近享受高效、便捷、周到的人性化服务，改善服务内容和管理方式，延伸和规范了社区服务，改变了以往重管理轻服务现象，改善了社区公共和公益服务体系。近几年长征镇先后投入 80 余万元完成了社区阵地建设，并按照居民自治，民主选举产生了社区"两委"成员。通过资源共享、阵地共用、活动分开方式升级服务，建立了河北井社区综合服务站和"一站式"综合服务平台。设立了计划生育、社会事务、劳动保障等 8 个服务窗口，为居民提供"菜单式"服务，开通了服务热线，开展引导员服务，规范窗口服务和服务承诺等。建起了社区幼儿园、慈善爱心超市、居民健康档案；开展就业推荐服务，修建了市民休闲广场，设立了社区警务室，居民安全感指数提高到 86%。全面开放社区公共服务设施，在推荐就业、困难救助、临时住宿等方面开设外来人口专项服务，设立流动人口管理平台，建立了全省首家社区公共法律服务工作室。外来人口享受服务由无向有转变，逐步实现了社区居民服务均等化。

（二）城乡一体化和"组改居"改革实践的主要经验

长征镇人民秉承长征精神，立足实际，不断推进改革，围绕"诚信、宜居、宜业"新长征的建设目标，全镇经济社会步入了快速发展时期，以创新精神为指导，努力建设经济强镇，实现高起点上新的跨越。长征镇探索和推进社区管理创新，已完成 8 个村民组"组改居"并且取得显著成效。

1. 因地制宜，实事求是，循序渐进

沙坝村在改革前约 5 万人，村民、居民混居，外来居民占总人口的 85% 以上，人员结构复杂，90% 以上农民已经没有从事农业生产。长征镇认真分析困难和问题，成立了以镇党委书记为组长的试点工作领导小组，建立相关工作制度。工作组深入调研，详细准确地了解村、组产业状况及基础设施、发展潜力和群众愿望，摸清家底，比较优势，分析难

点，最后确定在沙坝村和凉水村试点。

2. 坚持以民为本，保障群众利益

实施城乡一体化试点改革，核心主体群众是村民。以保障群众的利益和改善民生作为出发点和落脚点，让集体财产收益投入到社区设施建设、完善配套功能、改善群众生产生活条件和帮扶困难群众等方面，让利于民、受惠于民。长征镇坚持村民的主体地位，充分调动村组干部和村民参与改革的热情，制发《致村（居）民的一封信》3 万余份，广泛宣传，使改革工作家喻户晓。特别是帮助无房户、困难户、危房改造户和宅基地置换户解决居住难题。稳固群众原有权益，完善服务网络，让村民享受市民服务。

3. 搞好村民自治，民主决策，民主管理

通过"海选"和"两推一选"办法，民主选举产生了社区领导班子，在社区选举监督委员会，保证村居各项事务透明。在"组改居"、股份制改造、融合社区建设、户籍改革等工作中，坚持收集群众意见，经村组研究、党员大会讨论、村民代表大会表决通过后再实施，上级组织做好指导、引导和服务工作，尊重历史沿革、现实状况和群众意愿，民主议事和决策。坚持群众意见、工作方案、重大事项程序和村组财务等公开。

4. 调动干部群众积极性，群众广泛参与

在试点工作中，广泛征求村组干部、村组党员、村民代表、村民能人和"两代表一委员"的意见，在决定重大事项决策时，召开村组干部会、村组党员大会和村组村民代表大会，经 2/3 以上的村民同意后实施，群众享有知情权、决策权和监督权，提高群众的责任感，激发村组干部和村民群众参与改革的热情和积极性。长征镇河北井社区先后荣获"全国文明社区"、"全国和谐社区"、贵州省"五好"基层党组织、遵义市"文明社区"等 30 多项荣誉称号。2012 年中国人民大学郑杭生教授到社区调研社会管理创新时，给予河北井社区"四民社区四转变，一年建新居；三宜服务三开心，两载换旧貌"的积极评价。①

随着城市化发展和户籍制度改革，城乡一体化发展成为解决"三农"问题的基本途径和必然要求。村（组）改居是撤销行政村建制，

---

① 遵义市红花岗区河北井社区创建"全国和谐社区"交流材料（内部材料）。

建立居委会，农民变成居民，涉及基层组织建设、集体土地和资产处置、村民住宅处置、市政设施建设和管理、社会保障及群团组织关系等问题，是一项复杂的工程。目前村改居还在探索当中，国家还没有统一完善的规定标准，是需要研究总结的实践问题。长征镇河北井村（社区）的"组改居"探索试验提供了一个路子，对促进城乡一体化建设、城市建设发展和农村经济社会发展转型有着重要意义。

六 弘扬长征精神，利用红色资源，促进地方经济发展新跨越

红军长征给遵义留下的巨大的精神财富和丰富的红色文化遗产，是地方经济社会发展极其重要的精神动力和经济资源。红军长征是中国共产党的伟大壮举，是人类的精神史诗。长征是在极其险恶和艰苦的条件下进行并且取得胜利的，长征铸就的不畏艰难险阻、艰苦奋斗、敢于胜利的伟大革命精神，是我们党和中华民族的宝贵精神财富。在大力推进全面深化改革和努力实现中华民族伟大复兴"中国梦"的新征程上，弘扬伟大的长征精神可以促进经济社会发展。今天发扬长征精神、遵义会议精神，就是要积极把握历史性发展机遇，坚持艰苦奋斗，勇往直前，顽强拼搏，发扬敢于战胜一切困难的革命精神，利用宝贵的和丰富的红色文化资源，站在新的历史起点上，不断开拓创新，锐意改革，创造发展新局面，实现经济社会新的发展与跨越。

（一）弘扬长征精神，敢于担当，不断开拓创新

遵义人民具有光荣的革命传统，清末民初反帝反封建斗争风起云涌。自1929年遵义第一个中共党组织成立以来，人民革命斗争如火如荼，1935年党中央召开了具有伟大历史意义的遵义会议，党领导遵义人民创建以遵义为中心的黔北根据地，革命烽火燃遍黔北城乡。

胡锦涛同志在纪念红军长征胜利70周年大会上的讲话中强调："我们继承和发扬红军长征的光荣革命传统，就要大力推进马克思主义中国化，不断开拓马克思主义在当代中国发展的新境界；就要大力弘扬革命

理想高于天的崇高精神，为建设中国特色社会主义提供强大精神支柱。"① 习近平同志指出，实现"中国梦"必须弘扬中国精神。遵义会议精神是长征精神的重要组成部分，长征精神是中国精神的重要组成部分。长征精神是历史的，又是现实的，伟大的土地孕育伟大的精神，伟大的精神引领伟大的实践。遵义会议和红军长征的伟大精神，深深植根于遵义人民心中，成为激励遵义人民不屈不挠、艰苦奋斗的精神支柱和发展动力。弘扬长征精神，就要坚定理想信念，与时俱进，昂扬奋进，敢于担当。

红军长征革命的大无畏精神，奋发有为的精神状态，是改革开放和现代化建设事业的重要精神动力源泉。遵义革命老区与其他发达地区相比，交通、信息等基础设施还比较落后，底子薄、发展不平衡等仍然是老区的基本区情。因此，要加强长征精神的理想信念教育，加强区情和发展形势教育，号召老区人民大力弘扬革命精神、长征精神，艰苦奋斗，自强不息，开拓进取，不断创新，形成合力，促进老区经济社会实现新的发展和跨越。

（二）弘扬长征精神，坚定理想信念，艰苦奋斗，昂扬奋进

支撑红军长征胜利的精神支柱，是崇高的理想和坚定的信念。理想和信念使红军将士产生了强大的凝聚力和感召力及强大的战斗力和英勇献身精神。红军一不怕苦、二不怕死、前仆后继、流血牺牲，战胜千难万险，谱写了一曲曲气壮山河的英雄赞歌。理想信念是中国共产党创造辉煌历史的精神支柱，是红军长征胜利和战胜一切艰难险阻的精神动力和力量源泉。今天，理想信念是进行现代化建设新长征的精神动力和保证。

江泽民同志指出，"实现中国现代化的宏伟目标，我们还有很长的路要走，任何时候都不能涣散革命意志，懈怠奋斗精神。在中国这样一个大国，彻底改变历史上遗留下来的贫穷落后的面貌是异常艰巨复杂的任务。在实现社会主义现代化的道路上，不可避免地会遇到各种困难和

---

① 胡锦涛：《在纪念红军长征胜利 70 周年大会上的讲话》［EB/OL］，中国网，2006—10—23，http：//www. china. com. cn/authority/txt/2006 – 10/23/content_ 7266944. htm。

风险，需要我们不断地发扬长征精神，发扬党的艰苦奋斗的传统。"①
2002 年 12 月，胡锦涛在西柏坡学习考察时的讲话中指出："一个没有
艰苦奋斗精神支撑的民族，是难以自立自强的；一个没有艰苦奋斗支撑
的国家，是难以发展进步的；一个没有艰苦奋斗支撑的政党，是难以兴
旺发达的。过去我们靠艰苦奋斗，创造了一个新中国，开创了社会主
义大业的基础。今天，建设有中国特色的社会主义，路程更长，工作更伟
大、更艰苦，更需要我们发扬艰苦奋斗的精神。"②

（三）继承长征精神、遵义会议精神，弘扬民主，发展民主

民主集中制是我们党的根本组织制度和领导制度，是我们党最大的
制度优势。遵义会议是我们党在幼年时期依据民主集中制原则，在没有
共产国际直接指导的情况下，自己解决自身重大军事和组织问题的一次
会议。遵义会议是按照党的"会议决定"的原则，集体讨论和决定党
的重大事务，会上大家的意见发表得都比较充分，虽有尖锐的交锋但没
有人身攻击，虽有严厉的批评但没有以势压人，就是在作出决议后，仍
然允许一些同志保留意见。遵义会议是一次真正团结的会议，是经过明
辨是非后思想认识上的团结统一的会议。遵义会议开得好、开得成功，
是民主集中制起了作用。遵义会议的历史证明，民主集中制作为中国共
产党的一个根本组织原则和组织领导制度，必须长期坚持。只有坚持民
主集中制，党才能不断克服自身存在的问题，不断完善自我，提升自
我，党才有凝聚力、战斗力，才能更加坚强，不断发展壮大。党的十六
大、十七大报告分别指出，"党内民主是党的生命，对人民民主具有重
要的示范和带头作用"，"党内民主是增强党的创新活力、巩固党的团
结统一的重要保证"。党的十八大报告对积极发展党内民主作出新的部
署，强调"要坚持民主集中制，健全党内民主制度体系，以党内民主
带动人民民主"，民主是社会主义和现代化建设的本质要求。

曾任遵义会议纪念馆馆长的说，"遵义会议认真贯彻党的群众路
线，坚持从群众中来，依靠民主团结，吸纳各方意见，改组了中央领导

---

① 江泽民：《在纪念红军长征胜利 60 周年大会上的讲话》，《人民日报》1996 年 10 月 23
日。

② 魏国富：《"两个务必"是新中国 60 年拒腐防变最有效的"预防针"》，中国共产党新
闻网，2010 年 5 月 18 日。

机构，恢复了中央领导人民主决策、集体议事的良好作风，从而使中国革命转危为安，走向胜利。遵义会议开创了党坚持群众路线、坚持民主集中制的先河，创造了党的贯彻执行党的群众路线最为典型的经验，对当前仍有重要的现实意义。"① 遵义会议是体现党内民主团结的光耀典范，在我们推进民主政治建设、改革和完善党的领导方式和执政方式、创建中国政治文明的今天，民主现代化的重要内容和中国特色社会主义核心价值观的重要内容，弘扬遵义会议民主团结精神，具有重要的现实意义。

（四）利用红色文化资源优势，壮大旅游产业，促进经济发展新跨越

1. 抓住机遇，壮大红色旅游，拓展经济发展新的生长点

红色旅游已经成为经济工程、富民工程和民心工程，党中央、国务院高度重视红色旅游发展，把红色旅游发展纳入了国家发展规划。2009年12月，国务院发布的《关于加快发展旅游业的意见》，把旅游业正式纳入国家战略体系，明确要求"继续发展红色旅游"。红色文化资源具有巨大的潜在经济价值和现实价值，如有学者对遵义会议纪念馆的经济价值进行研究得出结论，"按照 2007 年红花岗区的国民生产总值为122.2 亿元，其中第三产业增加值为 66.9 亿元（遵义市红花岗区统计局提供），则可以计算出遵义会议会址对红花岗区的 GDP 贡献率为1.31%，对第三产业贡献率为 2.39%"②。

2014 年贵州省红色旅游接待游客 1697.5 万人次，增长 14%，年综合收入 139.2 亿元，增长 16%。接待入境游客 3.53 万人次，同比增长22.87%；直接就业 2 万余人次，间接就业机会 12 万多人次；遵义会议会址旅游区和遵义娄山关景区接待上百万人次游客。③ 发展红色旅游，可以有效推动革命老区将历史、文化等资源优势转化为经济优势，是带动老区人民脱贫致富的富民惠民工程。遵义红色旅游经典景区接待游客数量和红色旅游综合收入 10 年来年均增长 20% 以上，红色旅游为社会主义核心价值体系的传播开辟了新的渠道，为遵义经济社会加速发展、

---

① 《遵义会议开创党坚持民主集中先河》，人民网，2014 年 9 月 2 日。

② 但文红、张聪：《文化遗产对地方经济发展贡献研究——以遵义会议纪念馆经济价值评估为例》，《贵州师范大学学报》（自然科学版）2009 年第 8 期，第 57—60 页。

③ 贵州省旅游局：《贵州省 2014 年红色旅游工作情况暨 2015 年工作思路的报告》，贵州旅游在线，2015 年 1 月 20 日，http：//www. gz-travel. net/zwgk/zwgk/201501/20575. html。

转型发展、跨越发展开辟了新的生长点。

2. 依托地域文化优势，深入挖掘遵义红色文化内涵

遵义的文化资源非常丰富，具有独特的地域性、丰厚的文化内涵和较高的历史文化价值。遵义除红色文化外，还主要有：一是酒文化。遵义有着悠久的酿酒历史和丰富的酒文化，是我国著名的酒乡，1988 年遵义被评为"中国酒文化名城"。2004 年 7 月，仁怀市被认定为"中国酒都"，红军四渡赤水的赤水河有"美酒河"之称。二是土司文化。遵义海龙屯土司文化遗址是贵州省内最大的、集大型军事建筑与宫殿建筑为一体的土司城堡。建筑居群山之巅，左右环溪，随山势绵延十余里，给人极大的艺术美感，具有很高的历史、文化和旅游价值，2015 年 7 月，海龙屯土司遗址被列入世界文化遗产名录。三是沙滩文化。遵义新舟禹门沙滩曾经孕育了一大批文化名人和文化成果，如郑珍、莫友芝编纂的《遵义府志》为时人激赏，梁启超推之为"天下第一府志"。抗战时，浙大学者研究这一文化现象，称为"沙滩文化"。四是茶文化。遵义的湄潭、凤冈等县盛产茶叶且有深厚的历史底蕴和独特的茶文化。2014 年 5 月，湄潭县、遵义市分别获"中国茶文化之乡"和"圣地茶都"称号。应当充分利用这些文化资源，深入挖掘和开发遵义红色文化资源，丰富和发展红色文化内涵。

一是充分利用遵义红色文化资源的品牌效应。"转折之城、会议之都"是遵义的招牌和旗帜，有非常高的知名度，应当充分利用这一资源，展现遵义红色文化的独特魅力。深入挖掘红色旅游思想文化内涵，不断丰富发展内容，积极创新发展方式，增强红色旅游的时代感和现实感。二是依托地方特色挖掘遵义地方特色文化。任何文化都是具体的、历史的、有生态的。遵义地域文化资源特别是"酒、茶、烟"等地域文化资源是非常独特的、丰富的、有底蕴的，依托这些特色和优势资源，深入挖掘遵义红色文化，丰富和发展遵义文化，为发展遵义红色旅游和地方经济提供更多更好的文化资源支持。三是创新发展红色旅游。如将更多青少年吸引过来，通过设计开发具有时尚感、科技感和现代感的红色旅游产品，增强红色旅游吸引力。很多地方已经在此方面作了积极尝试，如，井冈山博物馆以全景画声光电演示馆将传统水墨画、红色革命历史以及科技元素相融合。

3. 加强管理，保护好遵义红色文化资源

红色旅游发展既首先坚守红色，习近平同志在河北省阜平县考察扶贫开发工作时指出，"关于发展红色旅游，指导思想要正确，旅游设施建设要同红色纪念设施相得益彰，要接红色纪念的地气，不能搞成一个大游乐场"，还说"红色纪念设施不要搞得太形式化，太形式化反而把原来的意义给破坏了。"①

当前，全国很多地方都在大力发展红色旅游，红色旅游竞争激烈，出现了一些不良现象，首先是一些地方追求商业利益，用消费主义、实用主义对待红色文化，红色文化被过度商业化。其次是一些地方把红色文化建设、红色旅游当成政绩工程、形象工程，抽空了红色文化的精神内核，红色旅游变味、变色。因此，应当加强管理，制止和打击滥用和损害红色文化资源的行为。如地处红军二渡赤水之地的茅台镇的一家酒类企业一度以"遵义会议酒"为酒名进行了生产和销售，并且还向国家商标局申请了商标注册。② 这明显亵渎历史和红色文化，国家商标局对此进行了认真研究，最终依法决定"遵义会议"不得作为商标注册和使用，历史和红色文化得到尊重和保护。但要充分意识并认识到在市场经济环境条件下，商业开发与公共文化资源保护之间始终是存在矛盾与博弈的。

4. 红色旅游与绿色旅游、乡村旅游以及扶贫开发相结合

第一，红色旅游与绿色旅游相结合。遵义拥有独特的自然旅游资源，对游客来说应该是非常有吸引力的，但其知名度还不够高。许多游客参观完遵义市城区的主要几个红色文化旅游景点就匆匆离去，遵义一些著名自然旅游资源的巨大价值未能实现。如娄山关不仅是"红色"的，还是"绿色"的，娄山关是大娄山脉的主峰，为黔北咽喉，地势极为险要，历来为兵家必争之地。娄山关巍峨磅礴，千峰万仞，峭壁绝立，若斧似戟，风景优美。《贵州通志》说它"万峰插天，中通一线"。娄山关壮美加秀美，具有很高的自然旅游价值。应把丰富多彩的自然旅游资源融入红色文化旅游线路中，使两种资源的优势叠加和互补，相映

---

① 《新形势下红色旅游如何创新发展——学习贯彻习近平总书记系列重要讲话精神暨创新发展红色旅游研讨会专家观点摘要》，《中国旅游报》2014 年 12 月 19 日。

② 《工商总局驳回酒企注册"遵义会议"为商标的申请》［EB/OL］，新华网，2008 年 4 月 19 日，http：//news. xinhuanet. com/politics/2008 - 04/19/content_ 8006915. htm。

生辉，相得益彰，实现经济价值，推动地区经济发展。

第二，红色旅游与乡村旅游、扶贫开发相结合。综合利用、发挥红色文化资源的整体优势效应，统筹发展，使红色旅游与文化旅游、乡村旅游、休闲度假旅游和扶贫开发等相结合，使红色旅游与其他产业深度融合。国家一级贫困村娄山关村，秉承先烈奋斗精神，抓住机遇，利用红色资源，发展红色旅游和乡村旅游脱贫致富，2014 年成为小康示范村。红色旅游与城镇化建设、生态建设统一起来，把发展红色旅游与新型城镇化建设有机结合，建设美丽乡村。合理利用红色旅游区的民族村寨、古镇古村，建设和保护有红色旅游特色的名镇、名村，注重生态旅游的发展规划与国家生态建设对接，把发展乡村游、生态游作为县域经济发展的重点。

第三，红色旅游与其他文化旅游相结合。2010 年 5 月的"赤水丹霞地貌"被联合国教科文组织确定为"世界自然遗产"。2015 年 7 月，遵义海龙屯土司遗址列为"世界文化遗产"，遵义文化和旅游的环境、资源不断优化，知名度和影响力在不断提高。遵义大美的丹霞地貌、娄山关等自然景观与红色文化、海龙屯土司文化等的组合形成优势叠加，构成了丰富、独特的遵义文化旅游资源系统。

5. 学习借鉴外地、外国开发和经营管理经验

遵义红色旅游中存在的一个突出问题是"红色"氛围不够浓烈，没能充分展现"红色遵义"的形象，与井冈山、延安、韶山等地的红色气氛相比差距较大。如遵义会议会址旁边的主题广场，缺少红色元素如雕塑等，像是一般休闲娱乐的地方；附近的红军街铺售卖的产品也主要是特产和现代商品，销售红色文化产品的很少。井冈山、延安等地发展红色旅游有许多有益经验，例如，湖南韶山太空农场将红色文化与农业观光相融合，成功打造了国内首个红色文化辣椒馆——江山多椒馆。遵义的娄山藤编久负盛名，有"黔北藤编之乡"之称，2012 年，中央电视台"远方的家"栏目曾对娄山村的竹藤编织产业进行过宣传报道，更是提高了知名度，因此，可以探索建立"娄山藤编馆"——融展览、销售和体验为一体，拓展娄山旅游产业链。

国外目前虽然没有"红色文化"概念，但与之相似相关的开发和经营管理的经验很多，特别是对相关文化资源的价值评估方面值得我们研究和学习借鉴。欧洲许多国家对反法西斯战争期间的历史遗迹、革命

领袖、开国元勋、博物馆等历史文化资源的保护管理与开发利用相比较成熟和完善。如法国对诺曼底登陆遗址的开发就很成功，它们的经验是将本地区有关的战争纪念地加以整体开发，突出纪念的主题，强化尊重历史的文化精神。[①] 中国的红色历史文化，可以成为世界的遗产；红色旅游，可以成为人类的共同记忆和精神财富。遵义应充分利用国外旅游者对中国传统文化的热爱和对红色文化的好奇心，开拓海外市场，吸引更广泛、更多层次的旅游者，促进和实现文化与旅游的协同发展。

七　结语与展望

红军长征改变了中国面貌，创造了中国和世界的历史奇迹，长征以百折不挠、排除万难、艰苦奋斗、勇往直前的精神，激励着我们继续前进。长征精神是铸就中华民族灵魂的材料，是我国实现经济社会发展历史性跨越中必须汲取的思想营养。继承和弘扬长征精神，仍然是全面建设小康社会和加快推进社会主义现代化的力量源泉。党的十八大以来，习近平总书记多次强调，中国革命历史是最好的营养剂。

2015 年 6 月，习近平总书记到贵州遵义视察时指出："我们要运用好遵义会议历史经验，让遵义会议精神永放光芒。"中国特色社会主义现代化建设是新的长征，仍然有许多艰难险阻，从今天的时代需要出发，研究弘扬长征精神，获得思想启迪和精神滋养，就是坚定不移的理想信念、实事求是的思想原则、严明而自觉的纪律、前仆后继的英雄气概、群众路线的工作方法。中国共产党领导人民进行革命、建设和改革的全部奋斗，目的就是实现国家的富强、民族的振兴和人民的幸福。

贵州遵义是我国西部地区，目前总体上仍然是比较落后的，在经济发展水平和发展程度及各方面条件和工作环境比较差的情况下，弘扬长征精神，继承和发扬红军在长征中的革命热情、革命干劲、拼搏精神，尤为重要。弘扬伟大的长征精神，就是把我们的家园建设好，就是要不断推动经济社会发展，改变贫困落后面貌，使人民群众过上更加幸福、美好、安康的生活。经济社会发展有阶段和目标性但却是没有止境的历

---

① 《国外战争纪念馆案例分析》，旅研网，http://www.cotsa.com/News/T - 18619。

史过程，实现经济社会发展的历史性跨越具有艰巨性。长征精神的全部内涵，长征精神每一个元素，都是我们应当在实践中学习、吸收并加以弘扬的。放眼遵义的发展，要在全省当先锋、走前列，坚定的信念和担当的精神尤为重要，要始终保持强大的政治定力和战略定力，坚定道路自信、理论自信、制度自信，主动作为，敢于担当，精准发力，克服一切困难，"顽强地走出一条坚持科学发展、体现遵义特色、符合时代要求、惠及人民生活的后发赶超之路。"①

江泽民同志指出，"我们要把长征精神一代一代地传下去，激励和鼓舞全国人民奋发图强，开拓前进，在建设有中国特色社会主义的新长征道路上不断夺取新的胜利。"② 在中国共产党的领导下的新的长征征途上，长征精神、遵义会议精神将永远鼓舞我们继续开拓进取，艰苦奋斗，奋发图强，创造更加美好的未来。

参考文献

[1] 江泽民：《在纪念红军长征胜利 60 周年大会上的讲话》，《人民日报》1996 年 10 月 23 日。

[2] 胡锦涛：《在纪念红军长征胜利 70 周年大会上的讲话》，《求是》2006 年第 21 期。

[3] 王兵：《刘云山贵州考察工作纪实》，人民网，2011 年 10 月 21 日。

[4] 《纪念遵义会议 80 周年大会在遵义隆重召开》，新华网，2015 年 1 月 16 日，http://www.gz.xinhuanet.com/2015−01/16/c_1114013717.htm。

[5] 曲青山：《遵义会议精神永放光芒》，《光明日报》2015 年 1 月 7 日。

[6] 苏超：《大力弘扬长征精神》，《人民日报》2014 年 9 月 23 日。

[7] 杜维明：《文明对话：背景、旨趣、路径——哈佛大学杜维明教授访谈》，《寻根》2003 年第 2 期。

[8] 中共中央党史研究室：《历史是最好的教科书——学习习近平同志关于党的历史的重要论述》，《人民日报》2013 年 7 月 22 日。

[9] 哈里森·索尔兹伯里：《长征——前所未闻的故事》，中国人民解放军出版社 1986 年版。

---

① 王晓光：《让遵义会议之光照耀圆梦征程》，《光明日报》2015 年 1 月 14 日。

② 江泽民：《在纪念红军长征胜利 60 周年大会上的讲话》，《人民日报》1996 年 10 月 23 日。

［10］鲁恒跃：《遵义战役以红军辉煌的胜利带亮了一片红色地名》，《红色地名》2012 年第 6 期。

［11］郑先才：《杉坪村的变迁》，作家出版社 2015 年版。

［12］胡锦涛：《在纪念红军长征胜利 70 周年大会上的讲话》，中国网，2006 年 10 月 23 日，http：//www. china. com. cn/authority/txt/200610/23/content_ 7266944. htm。

［13］魏国富：《"两个务必"是新中国 60 年拒腐防变最有效的"预防针"》，《中国共产党新闻网》2010 年 5 月 18 日。

［14］但文红、张聪：《文化遗产对地方经济发展贡献研究——以遵义会议纪念馆经济价值评估为例》，《贵州师范大学学报》（自然科学版）2009 年第 8 期。

［15］《贵州省 2014 年红色旅游工作情况暨 2015 年工作思路的报告》，贵州旅游在线，2015 年 1 月 20 日，http：//www. gz－travel. net/zwgk/zwgk/201501/20575. html。

［16］《新形势下红色旅游如何创新发展——学习贯彻习近平总书记系列重要讲话精神暨创新发展红色旅游研讨会专家观点摘要》，《中国旅游报》2014 年 12 月 19 日。

［17］《工商总局驳回酒企注册"遵义会议"为商标的申请》，新华网，2008 年 4 月 19 日，http：//news. xinhuanet. com/politics/2008－04/19/content_ 8006915. htm。

［18］《国外战争纪念馆案例分析》，旅研网，http：//www. cotsa. com/News/T－18619。

［19］王晓光：《让遵义会议之光照耀圆梦征程》，《光明日报》2015 年 1 月 14 日。

［20］江泽民：《在纪念红军长征胜利 60 周年大会上的讲话》，《人民日报》1996 年 10 月 23 日。